아동상담의 이해

| 김춘경 · 김숙희 · 최은주 · 조민규 · 성정혜 공저 |

UNDERSTANDING CHILD COUNSELING

학지사

머리말

『아동상담: 이론과 실제』가 출간된 지 16년의 세월이 흘렀다. 그사이 여러 차례 개정판을 집필하려고 했으나, 이런저런 일에 떠밀려 차일피일 미루다가 이제서야 집필하게 되었다. 초판을 집필할 때와 비교해 보면 현재의 상황은 여러 가지로 많은 변화가 있었다.

가장 큰 변화는 무엇보다 상담의 필요성이 16년 전보다 훨씬 더 커졌다는 슬프고도 안타까운 현실이다. 안정된 환경에서 보호를 받으며 성장해야 할 아동에게 현재 우리 사회는 너무 복잡하고 위험하다. 가정과 보육기관에서 지속적으로 일어나는 아동학대 사건, 최근에는 학대가 심각해지면서 아이가 트라우마로 고통받는 수준을 넘어 죽음에까지 이르는 지경이 되었다. 예전에는 청소년기에 나타났던 학교폭력과 또래괴롭힘 문제가 이제는 유아기에도 나타나 문제행동의 저연령화 현상이 심화되고 있다. 그뿐만 아니라 스마트폰, 인터넷, 게임의 과다사용 문제가 유아동기부터 나타나기 시작한다. 10년 전만 해도 유아나 아동이 이러한 매체를 사용하는 것이 그리 심각하게 여겨지지 않았다. 그러나 최근에는 유아의 스마트폰과 게임 등의 과몰입, 과의존, 중독의 경향성을 걱정하며 상담을 의뢰하는 경우가 늘어나고 있다.

문제행동을 보이는 유아의 60% 이상이 성인이 되어도 문제행동을 지속한다는 연구와 유아기의 문제행동이 청소년기 이후에 폭력이나 범죄문제로 발전할 가능성이 많다는 연구 등이 있다. 이러한 연구를 통해 유아동기에 나타나는 문제행동을 초기에 적절히 개입하지 않으면 이후 성인기를 거쳐 전 생애 동안 더 심각해진 형태의 역기능적 문제행동이나 정신장애를 유발할 가능성이 높다는 것을 짐작할 수 있다.

아동기 문제의 다양화, 저연령화, 심각화, 초기개입의 중요성 등은 아동상담의 필요성과 중요성을 말해 주고 있다. 이런 시대적 · 사회적 문제를 반영하듯 방송 매체에서도 문제아동 관련 프로그램들이 많은 인기를 끌면서 지속적으로 방송되고 있고, 문제아동은 상담을 통해 빠르게 문제를 해결해 주어야 한다는 인식이 높아지고 있다. 시대적 필요성을 인식해서인지 10여 년간 상담학과 상담현장도 크게 발전하였다. 상담학이라는 학문이 이론과 실제 면에서 급성장하였으며, 무엇보다 상담자 양성기관이 많아졌다. 상담 관련 학과와 대학원, 전문대학원 그리고 학회가 많아지면서 활발한 학문적 연구와 교류가 이루어지고 있다. 학회와 학과 차원의 자격증뿐 아니라 정부 차원에서도 국가에서 승인한 청소년상담사와 전문상담교사 제도를 만들어 상담 관련 전문가 양성과 배출이 체계를 갖추게 되었다.

아동상담 분야에서도 아동상담전문가 양성기관이 많이 생겼고, 아동상담 이론과 실제적 측면, 특히 상담 매체로 소개했던 놀이치료, 미술치료, 음악치료, 문학치료, 독서치료, 모래놀이치료, 이야기치료 등이 엄청난 발전을 하였다. 초판을 집필할 때만 해도 상담 이론 분야에 구성주의상담 이론까지 소개할 필요는 없다고들 하였는데, 이제는 구성주의상담의 해결중심치료와 이야기치료는 그 이론과 실제가 이미 널리 활용되고 있다. 더 나아가 마음챙김 기반 상담의 MBSR, MBCT, 수용전념치료에 이르기까지 새로운 상담 이론과 실제가 아동상담 분야에 적용되고 있다.

시대적 · 사회적 · 학문적 변화에 맞추어 아동상담 현장도 많이 변화하였다. 예전에는 찾아보기 어려웠던 아동상담전문가들이 많이 배출되어 학교에 전문상담자가 배치되었고, 예전에는 몇몇 소아정신전문병원에나 있었던 아동상담자들이 최근에는 대부분의 소아정신전문병원에 배치되어 협업을 하면서 아동의 심리정서 행동문제를 사전에 예방하고 적절하게 치료하려는 노력을 기울이고 있다. 지금 생각해 보면 정말 짧은 기간 안에 이루어진 커다란 발전이라 할 수 있다. 이러한 노력으로 다음 세대의 주인공인 우리 아이들이 더욱 건강하고 행복하게 자라날 수 있기를 바란다.

사회적 · 학문적 변화가 빠르다 보니, 애초에 『아동상담: 이론과 실제』(2004)의 내용을 조금 수정 · 보완하려던 계획을 포기하고 대폭적인 개정을 하게 되었다. 책의 내용이 많아지면서 『아동상담의 이해』와 『아동상담의 실제』로 분리하게 되었다. 또한 단독으로 집필하려던 계획도 포기하고 여덟 분의 상담전문가와 함께 집필하게 되었다. 아동가족상담 및 문학치료 분야에서 임상경험이 풍부하고 오랜 기간 연구해 온 전문가들과 함께 집필하는 것이 책의 내용을 더 전문적이고 풍부하게 할 것이라 생각하였는데, 이러한 판단이 신의 한 수였다는 생각이 든다. 현장에서 오랜 경험과 실력을 갖춘 상담전문가들과 함께 작업을 할 수 있어서 매우 기쁘고 감사하다.

이 책 『아동상담의 이해』는 총 2부로 구성하였다. 제1부에서는 아동상담 이론을 이해하는 데 필수적으로 알아야 할 아동상담 이론의 기초, 아동발달과 아동상담을 다루었다. 제2부에서는 아동상담의 주요 이론을 5가지 접근법에 맞추어 12개의 이론으로 다루었다. 정신역동 접근에 속한 이론으로는 정신분석, 분석심리, 개인심리, 대상관계, 애착이론, 인본주의 접근에 속한 이론으로는 인간중심, 게슈탈트 이론, 인지행동적 접근에 속한 이론으로는 행동주의, 인지행동 이론, 구성주의적 접근에 속한 이론으로는 해결중심, 이야기치료 이론, 마음챙김 기반 접근에 속한 이론으로는 수용전념 이론이 있다. 제2부의 각 장은 그 이론이 발달한 배경, 이론의 기본 개념, 상담목표, 상담과정, 상담기법 등의 상담 실제 내용과 이론의 이해를 돕기 위해 대표적인 아동상담 사례와 활동 등의 내용을 다루었다. 제1부의 제1장과 제2장은 김춘경 교수가 집필하였고, 제2부의 제3장, 제6장, 제7장은 김숙희 박사, 제5장, 제8장, 제9장은 최은주 박사, 제10장, 제11장 제13장은 조민규 박사, 제4장, 제12장, 제14장은 성정혜 박사가 집필하였다.

앞서 언급했듯이 수정 · 보완하는 방향으로 개정하려던 작업이 새로운 내용으로 대폭 수정되면서 새 책으로 탄생하였다. 교정 마지막 순간에 '개정판'이라기보다는 새 책으로 출판하는 것이 좋겠다는 출판사의 결정에 조금은 당황하였으나 출판사의 의견을 따르기로 하였다. 이 내막을 밝히는 이유는 혹시나 내용 중에 원저인 『아동상담: 이론과 실제』(2004)의 내용이 출처 표시 없이 그대로 인용된 면이 있을 수도 있겠다는 생각에서이다.

바라건대 이 책이 아동상담을 전공하는 대학생과 대학원생 그리고 일선에서 아동을 상담하고 계신 상담사와 교사, 복지사, 임상심리사 분들에게 도움이 되었으면 한다. 또한 상담학 발달에 크게 기여해 주신 학지사 김진환 사장님께 감사드리고, 이 책이 나오기까지 교정과 편집에 애써 주신 편집부 여러분, 특히 김진영 차장님께 진심으로 감사드린다.

2021년 2월

저자 대표 김춘경

차례

제2부 아동상담의 주요 이론

제3장 정신분석 아동상담 • 61

제4장 분석심리 아동상담 • 89

제5장 개인심리학 아동상담 • 117

제6장 대상관계 아동상담 • 143

제 1 부

아동상담의 이해

제1장

아동상담 이론의 기초

상담은 실천적 성격이 강해서 상담을 배우는 많은 사람은 상담이론보다는 상담의 실제, 즉 상담의 기법이나 매체에 더 많은 관심을 갖는다. 그러나 상담이론에 대한 전문적 지식이 없으면 상담의 목표 설정이나 상담과정의 진행, 상담기법의 선택 등에서 어려움을 겪게 된다. 이 장에서는 상담과 관련하여 가장 기초가 되는 상담의 의미와 목표, 기본원리 등에 대해 먼저 알아보고, 상담이론의 의미와 기능, 그리고 상담이론의 주요 접근법에 대해 알아보고자 한다.

1. 아동상담의 이해

1) 상담의 의미

상담이란 용어는 매우 다양한 분야에서 여러 가지 의미로 사용되고 있다. 심리상담학자들 조차도 상담의 의미에 대해 다양하게 정의를 내리고 있다. 의미와 정의가 다양할 지라도 상담이 이루어지기 위해서는 기본적으로 최소한 3가지 요소가 있어야 한다. 첫째, 스스로 해결할 수 없는 문제를 가지고 있어서 도움을 필요로 하는 내담자이다. 둘째, 내담자를 돕기 위한 상담자이다. 상담자는 상담에 관한 전문적인 이론과 기술을 습득하기 위해 전문적 훈련을 받은 사람이어야 한다. 셋째, 내담자와 상담자 간에 상호주관적이면서 인격적인 만남(encounter)과 상호작용을 하면서 이루어지는 특수한 조력의 과정이다. 이러한 조력의 과정을 통해서 내담자의 자기이해, 문제해결과 예방은 물론이고 바람직한 행동형성, 인간적 성장과 발달, 행복한 삶을 추구할 수 있게 된다.

김춘경(1994)은 상담을 "도움을 필요로 하는 사람과 도움을 줄 수 있는 사람 사이의 개별적인 관계를 통하여 내담자의 문제해결과 성장발달을 위한 새로운 학습이 이루어지는 과정"이라고 정의하였다. 여기서 '개별적인 관계'를 통한 학습과정이라는 점을 강조하였는데, 그 이유는 상담의 전체 과정이 진정한 인간관계의 과정이기 때문이다. 이 관계의 과정을 통해 새로운 세계를 통찰하고 삶의 의미를 발견하며 앞으로 살아가야 할 삶의 방향의식을 학습하게 된다. 한 가지 더 주의해야 할 점은 '도움을 필요로 하는 사람과 도움을 줄 수 있는 사람 사이의 조력의 과정'이라는 부분이다. 상담에서 도움이 이루어지는 건 사실이지만, 도움을 주고받는 모든 과정이 상담은 아니다. 상담의 의미를 이해하기 위해서는 상담을 통해 추구하는 상담목표에 대한 이해가 필요하다.

2) 상담의 목표

상담에서 목표 설정은 상담의 전체 방향을 제시하기 때문에 매우 중요하다. 도움을 받아야 할 내담자의 특성과 그들이 가지고 온 다양한 문제 유형, 그리고 상담자의 인간이해와 철학적·이론적 배경에 따라 상담의 목표는 차이가 있고, 그 범위는 매우 광범위할 수 있다. 정원식 등(1999)은 이런 특징들을 고려하여 상담의 목표를 소극적 목표와 적극적 목표로 구분하여 제시하였다.

(1) 상담의 소극적 목표

소극적 목표는 내담자가 불편이나 고통을 경험할 때, 또는 새로운 환경에 적응하지 못하거나 쉽게 해결할 수 없는 문제를 가지고 있을 때 설정하는 것이다. 구체적으로 다음과 같은 5가지가 있다.

첫째, 내담자가 스스로 문제라고 생각하는 것을 해결할 수 있도록 돕는다. 상담은 현재 내담자에게 고통을 주거나 미해결된 문제에 초점을 맞추고 문제를 집중적으로 관리할 수 있는 힘을 길러 다른 문제까지도 스스로 해결할 수 있게 돕는 것을 목표로 한다.

둘째, 내담자의 다양한 욕구를 다루어 개인 내적 또는 외적으로 훌륭하게 적응할 수 있도록 돕는다. 상담은 내담자의 욕구와 환경 사이에서 혹은 내담자의 다양한 내적 욕구들 사이에서 생기는 갈등과 대립을 해소하여 삶 자체가 방해받지 않도록 돕는 것을 목표로 한다.

셋째, 내담자의 심리적 상처를 치료해 준다. 불안, 갈등, 좌절, 분노, 스트레스 등 현대인이 가지고 있는 마음의 상처 자체가 주는 고통이 매우 크고, 그것들이 인간의 삶에 미치는 영향이 크기 때문에 상담은 내담자의 심리적 상처를 치료하는 것을 목표로 한다.

넷째, 폭력, 가출, 범죄나 비행, 성격장애, 신경증과 정신질환 등 인간이 가질 수 있는 문제를 사전에 예방한다. 교육, 직업, 성격, 결혼, 여가 등 광범위한 삶의 문제를 장기적으로 예방하고, 발달과정에서 제기되는 장애나 문제를 사전에 방지하고 대비하여 바르게 성장할 수 있게 돕는 것을 목표로 한다.

다섯째, 내담자가 심리적 · 대인관계적 갈등을 극복하고 해소하도록 돕는다. 인간은 심리적 갈등을 극복하면서 정신적으로 성숙하기도 하지만, 만성적으로 지속되는 심리적 갈등은 삶에 나쁜 영향을 준다. 또한 가족관계, 교우관계, 상사와 부하관계, 이성 관계 등 사람과 사람 사이에 발생하는 대인 간의 갈등은 자연스럽고 사회적 성숙의 기회가 될 수도 있지만, 그 관계가 고통스러워 정신적 이상의 원인이 될 수도 있다. 따라서 상담은 가정, 학교, 사회, 직장 등 일상생활에서 인간관계의 갈등을 해소하도록 돕는 것을 목표로 한다.

(2) 상담의 적극적 목표

적극적 목표는 긍정적이고 적극적인 인간 특성을 형성하고 강화하기 위해 설정하는 것이다. 구체적으로 다음과 같은 5가지가 있다.

첫째, 가정, 학교, 사회, 직장 등의 생활에서 내담자가 보다 생산적이고 만족스러운 삶을 누릴 수 있도록 적극적이고 긍정적인 행동의 변화를 가져오도록 한다. 상담은 내담자가 자신과 주변 환경에 대하여 바른 통찰력을 가지고, 긍정적으로 사고하고 바람직한 가치관을 형성하도록 하며, 증오와 의심 등의 부정적 정서를 극복하고, 사랑과 믿음 등의 긍정적 정서를 발달시키도록 돕는 것을 목표로 한다.

둘째, 교육, 직업, 결혼 및 기타 수많은 선택과 결정에서 합리적 · 현실적 · 논리적이고 융통성 있는 의사결정을 할 수 있는 능력을 키운다. 인간의 삶이 크고 작은 의사결정의 계속적 과정 속에 있다고 할 때, 비합리적이고 비현실적인 선택과 결정은 개인의 삶에 불행과 실패를 가져다준다. 그러므로 선택과 결정의 필요를 내담자가 인식하고 그에게 요구되는 정보를 이해 · 수용 · 수집 · 평가하는 긍정적이고 적극적인 태도를 기르도록 도와주는 것을 목표로 한다.

셋째, 내담자의 잠재적 능력을 개발하고 다양한 인간 특성을 조화롭게 발달시킨다. 조화와 균형을 이루지 못하면 개인의 심리적 안정이 깨지고 사회적 적응이나 인격적 통합이 어려워진다. 그러므로 상담은 개인의 신체적 · 심리적 · 사회적 · 문화적 측면이 균형 있고 조화롭게 발달할 수 있게 하여 하나의 통합적 인격체로서 전인의 모습을 조형해 내도록 돕는 것을 목표로 한다.

넷째, 긍정적 자아개념을 형성하고 발달시킨다. 자아개념이 성격의 발달은 물론 인간의 적응행동 등 삶 전체에 걸쳐 영향을 미치기 때문에 자아개념 형성은 매우 중요하다. 자아와 환경에 관해 대립과 모순, 갈등과 부조리 같은 것을 넘어 조화와 균형을 이루고 그 가운데 자기 자신의 참된 가치를 발견할 때 건실한 자아존중감이 형성된다. 따라서 자아의 부정적 요소와 긍정적 요소의 대립과 모순을 넘어서 참된 자아의 가치와 의미를 발견하도록 돕는 것을 상담의 목표로 한다.

다섯째, 개인적 강녕을 누릴 수 있도록 돕는다. 강녕이란 건강하고 편안하다는 의미로 신체적인 것만을 가리키는 것이 아니라 사회적으로 평화롭고 안정되어 있으며 정신적으로 굳세고 흔들림이 적은 것을 가리킨다. 상담은 내담자로 하여금 신체적 · 심리적 · 사회적 · 도덕적 · 경제적으로 건강하고 안정되어 있을 뿐만 아니라 의연하고 평화로운 가운데 보람을 느끼는 삶을 살아가도록 하는 데에 그 목표를 둔다.

전 연령층을 대상으로 한 일반적인 상담의 목표에 대해서 살펴보았는데, 아동을 대상으로 하는 상담의 경우에는 아동의 연령적 특성 때문에 부모를 동반하는 경우가 많다. 그래서 상담의 목표를 정할 때 기본적 목표, 부모의 목표, 상담자의 목표, 아동의 목표 등 4수준으로 나누어 제시하기도 한다(Geldard & Geldard, 1997). 기본적 목표 이외의 목표는 부모, 상담자, 아동이 내담자의 문제와 관련하여 각자가 설정하는 목표를 뜻한다. 아동상담 시 모든 내담아동에게 적용할 수 있는 기본적 목표로는 다음과 같은 것이 있다.

- 아동이 고통스러운 정서적 문제를 다룰 수 있게 한다.
- 아동의 사고 · 정서 · 행동이 어느 정도 일치할 수 있게 한다.
- 아동이 자신의 한계와 장점을 받아들이고, 그것들에 대해 긍정적으로 느낄 수 있게 한다.
- 아동이 부정적인 결과를 가져오는 행동을 변화시킬 수 있게 한다.
- 아동이 상담실 밖 외부환경에서 편안하고 적응적으로 행동할 수 있게 한다.
- 아동이 발달단계에 맞게 성장하도록 기회를 극대화시킨다.

3) 상담의 기본원리

상담은 개인이 가진 문제를 해결하고 적응활동을 증진시킴으로써 건전한 자아형성을 통한 성장을 돕는 것이다. 이를 위해 전문적 소양을 가진 상담자가 상담을 전개할 때에 대부분 준수해야 하는 일정한 기본원리가 있다. 상담이론에 따라 다양한 기본원리가 제시될 수 있지만, 대부분의 상담이론에서 거의 모두가 동의하는 기본원리로는 다음과 같은 것이 있다(김헌수, 김태호, 2006).

- **개별화의 원리**: 개별화(individualization)의 원리란 내담자의 독특한 특성을 알고 이해하며, 적응을 잘할 수 있도록 각 개인을 원조함에 있어서 각자에게 맞는 원리나 방법을 활용하는 것이다. 인간은 개인차가 있으므로 개인의 욕구 충족에 따르는 행동의 권리를 갖고 의무를 다하는 개인을 존중해야 한다. 따라서 상담자는 내담자의 개성과 개인차를 인정하는 범위 내에서 상담을 전개해야 한다. 개별화의 원리를 지키기 위해서 상담자는 1) 편견이나 선입견으로부터 탈피해야 하고, 2) 인간 행동의 유형과 원리에 대해 전문적으로 이해해야 하고, 3) 내담자의 말을 경청하고 세밀하게 관찰해야 하고, 4) 내담자의 보조에 맞추어 진행해야 하고, 5) 내담자의 감정변화를 민감하게 포착해야 하며, 6) 내담자와 견

해차가 있을 때 앞을 내다보는 능력을 갖고 적절한 선택을 해야 한다.

- **의도적 감정표현의 원리**: 감정표현이 서툰 사람들이 많다. 특히 심리적 증상과 장애를 가진 사람들은 더욱더 자신의 감정을 표현하지 못하고 억압하고 사는 경우가 많다. 의도적 감정표현(purposeful expression of feelings)이란 내담자가 자신의 감정, 특히 부정적 감정을 표현하려는 자신의 욕구에 대한 인식이다. 사람은 누구나 정당하고 잘한 일에 대하여 떳떳하게 표현할 수 있는 자유가 있듯이, 반대로 부정적 자기감정을 표현할 수 있는 자유도 있다. 부정적 감정을 자유롭게 표현하기 위해서는 온화하고 안전한 분위기를 조성해 주어야 한다. 의도적 감정표현의 원리를 지키기 위해서 상담자는 1) 압력이나 긴장으로부터 내담자를 완화시켜 주고, 2) 내담자 개인을 이해하고, 3) 심리사회적 지지를 보이면서 그의 부정적인 감정표현 자체를 진정한 문제로 인식하고, 4) 내담자의 감정표현을 비난하거나 낙심시키지 않고, 5) 인내를 가지고 경청해야 하며, 6) 내담자가 자기표현을 유감없이 발휘할 수 있도록 해야 할 것이다.
- **수용의 원리**: 상담자는 내담자에게 따스하고 명랑하며 친절하면서 수용(acceptance)의 자세와 태도를 가져야 한다. 내담자를 하나의 인격체로서 존중하고 있다는 것을 말이나 행동으로, 특히 비언어적 단서인 얼굴 표정을 통해 잘 전달해야 한다. 상담자는 내담자의 의견에 동의하지 못할 경우에는 동의하지 않는다는 사실을 분명히 전달하되, 그 표현이나 자세는 어디까지나 온화해야 한다. 상담자가 권위적이거나 강압적인 자세를 취하면 상담관계는 깨어지고 만다. 따라서 내담자 중심으로 그의 진정한 욕구와 권리를 존중하며 감정이나 태도를 적극적으로 이해할 수 있어야 한다. 수용의 대상은 선한 것만이 아니고 진정한 것, 있는 그대로의 현실이어야 한다.
- **무비판적 태도의 원리**: 수용의 원리와 유사한 개념으로, 내담자는 현실 세계와는 달리 상담장면에서는 비난, 비판, 평가, 판단, 질책, 책임추궁 등을 받지 않을 거라는 확신과 안전감과 신뢰감을 가지고 있어야 한다. 무비판적 태도(nonjudgemental attitude)란 상담자가 내담자의 행동과 태도, 감정과 의도에 대해 비판적인 태도를 보이지 않는다는 뜻이다. 일반적으로 내담자는 죄책감, 열등감, 불만감, 고독감 등을 가지고 있기 때문에 타인의 비판에 예민하여 자기자신을 방어하고 안전을 추구하려고 한다. 상담자는 내담자가 자신을 방어하

고 안전을 추구하는 데 에너지를 소모하지 않고, 자신의 참모습과 자신의 문제 해결에 집중할 수 있도록 무비판적인 태도로 일관성 있게 내담자를 대해 주어야 한다.

- **자기결정의 원리:** 상담이라는 용어는 '조언하다'라는 뜻을 가진 'to counsel'에서 유래했다. 이와 관련하여 일반적으로 상담이라 하면 전문가인 상담자가 내담자의 문제를 해결할 수 있는 방법을 조언해 주는 것으로 잘못 알고 있는 경우가 많다. 상담자는 내담자가 나아갈 방향을 스스로 선택하고 결정하려는 내담자의 자기결정(self determination)을 존중해야한다. 그리고 내담자가 스스로 결정할 수 있는 잠재적 힘을 자극하여 활동할 수 있도록 안내하고, 내담자에게 해결책을 제시해 주어서는 안된다. 상담자는 내담자의 능력이나 법률 및 도덕규범, 사회에서 수용되는 선에서 내담자의 자기결정과 선택의 자유, 권리, 욕구를 존중해 주고, 스스로 자신의 문제를 해결해 나갈 수 있도록 안내해 주어야 한다.
- **비밀보장의 원리:** 비밀보장의 원리는 상담자 윤리의 기본강령 중 하나로, 상담자가 내담자와의 대화 내용을 타인에게 공개해서는 안 되고, 반드시 비밀을 보장(confidentiality)해 주어야 한다는 것이다. 상담은 본질적으로 내담자가 상담자를 신뢰하는 데에서 이루어진다. 몇 가지 예외 규정이 있기는 하지만, 상담자는 대부분의 경우 내담자의 비밀을 지켜 주어야 한다. 상담자의 윤리 가운데 가장 중요한 것 중 하나는 내담자의 비밀을 보장하는 것이다.

2. 아동상담 이론의 이해

1) 상담이론의 의미

상담이론이란 심리적으로 어려움을 겪는 사람을 이해하고 돕기 위한 일련의 이론적 시스템이라 할 수 있다. 따라서 인간이 주어진 환경을 어떻게 받아들이고 체계화하는가에 대한 일련의 논리적 과정 혹은 설명이 상담이론이다(강진령, 2013).

이론이란 "과학적 방법을 통해 도출된 지식이나 법칙을 근거로 어떤 원리를 논리적으로 체계화하여 사물이나 현상을 예측하고 통제하기 위해 추론한 검증되지 않은 가정"이라고 정의할 수 있다(김성회, 2013). 이와 관련하여 김성회(2013)는 상담이론을 "전문적 자격을 갖춘 전문상담자가 도움을 필요로 하는 내담자와의 상호작용을 통해, 내담자가 자신의 어려움을 극복하고 나아가 자신의 행동을 예측하고 통제할 수 있을 것으로 기대되는 지식이나 법칙을 과학적 · 논리적으로 추론하여 체계화 한 원리"라고 정의하였다.

상담이론은 오랜 역사를 거치면서 발달하였다. 고대 선사시대에는 정신장애가 있는 사람은 악마에게 정신을 점령당했거나 빼앗겼다고 믿었다. 그들의 정신에서 악마를 쫓아내기 위해서 두개골에 구멍을 뚫어서 더 심각한 문제를 초래하기도 하였다. 중세시대에도 이런 사상이 지속적으로 적용되어 정신장애가 있는 사람에게서 악마의 정신을 내쫓는 엑소시즘(악마 퇴치법)이 성행하였다. 악마를 내쫓기 위해서 태형, 굶기기, 사슬에 묶기, 뜨거운 물에 가라앉히기 등의 방법을 사용하였다(강진령, 2013; Neukrug, 2007).

이후 르네상스 시대에 와서는 귀신들림 이론에 대한 불신이 강하게 일어나면서 정신장애자를 위한 시설 수용과 보살핌의 방법으로 대체되기 시작하였다. 그러나 아직은 이들을 위한 처치방법에 대한 이론적 구조가 마련되어 있지 않아서 신체적 감금과 보호 외에는 다른 치료적 접근이 없었다.

18세기 근대시대에 들어서면서 유럽을 중심으로 정서문제에 대해 인도주의적인 새로운 이론이 형성되기 시작하였다. 그 영향으로 정신과 환자들은 사슬에 묶이지 않았고, 보다 나은 치료를 받을 수 있었으며, 매일 집 밖으로 외출도 가능했고, 보다 나은 음식을 제공받았으며, 다른 사람들과 의사소통도 할 수 있게 되었다(강진령, 2013; 김성회, 2013; Gladding, 2005).

20세기에 들어서서야 상담이론에 대한 관심이 커졌고 현재 우리가 다루고 있는 상담이론이 개발되기 시작했다. 치료(therapy), 심리치료(psychotherapy), 상담(counsel), 전문상담자(counselor)라는 용어는 1930년대 중반이나 후반부터 사용되기 시작했다. 현재 우리가 사용하는 상담(counseling)이라는 용어는 1940년대가 되어서 본격적으로 사용되었다고 볼 수 있다(Rogers, 1942: 김성회, 2013 재인용). 1950년대에 들어서 몇몇 상담이론이 나오게 된 이후, 상담이론이 활발하게 개발되기 시작하였다. 그러나 이때까지도 아직 상담이론이라는 용어를 사용하지는 않았다(예, Perls et al., 1951; Kelly, 1955). 1976년에는 약 130여 가지(Parloff, 1976)의 이론이 보고되었으나 1979년에는 200여 가지(Prochaska & Norcross, 2003), 2001년에는 400여 개의 이론(Corsini, 2001)이 보고되었다. 수백 가지의 이론이 있지만 이론들이 사용되지 않고 있는 것도 많이 있고, 그 효과에 대한 검증이 충분히 이루어지지 않은 이론들도 있다.

21세기에 들어와서는 이미 다양한 상담이론이 개발되어 있기에 계속해서 이론을 개발하기보다는 기존의 이론들을 연계시켜서 내담자에게 가장 적합한 이론들을 절충하거나 통합하여 사용하는 경향이 강하게 나타나고 있다.

2) 상담이론의 기능

초보상담자들은 상담을 배우기 시작함에 있어서 상담의 기법이나 기술에 더 많은 관심을 가지고 상담이론의 중요성을 인지하지 못하는 경우가 많다. 아동상담의 경우에는 특히 놀이, 미술, 음악, 이야기, 게임 등 다양한 상담매체를 사용하는 실천론적인 기술 습득에 일차적 관심과 흥미를 가지는 경향이 강하다. 그러나 실제 상담을 하게 되면 이론적 배경이 부족하여 낭패를 보는 경우가 많다. 이에 이 절에서는 상담을 진행하는 데 있어서 상담이론의 중요성과 그 기능에 대해 살펴보고자 한다(Brammer, Abrego, & Shostrom, 1993; Gelso & Fretz, 1992; Gladding, 2005: 김성회, 2013 재인용).

첫째, 상담이론은 내담자를 체계적이고 통합적으로 이해하게 한다. 아무리 좋은 물건이라도 주변의 다른 것과 조화를 이루지 못하면 제외된다. 즉, 부분은 전체와 조화를 이룰 때 의미가 더 커진다. 부분과 전체의 연결성과 체계성이 없으면 혼란을 가져올 수 있다. 또한 부분들이 다른 부분을 포함한 전체와 통합을 이룰 때 그 부분이 해야 할 일이 더욱 명확해진다. 우리가 이론을 잘 알고 있으면 내담자가 노출하는 내용들 하나하나를 이론과 관련지어 체계를 세워 전체와 통합시킬 수 있게 된다.

둘째, 상담이론은 상담의 큰 목표를 제시해 준다. 상담이론은 무엇을 상담목표로 해야 하는지에 대한 큰 틀을 이미 가지고 있다. 만약 행동을 강조하는 상담이론이라면 그 목표는 원하는 행동에 도움이 안되는 행동은 소거하고 도움이 되는 행동은 학습시키면 된다. 인지를 강조하는 이론은 원하는 행동을 방해하는 인지를 찾아 이를 도움이 되는 인지로 바꾸면 된다. 여기서도 그 행동과 관련된 구체적인 인지, 즉 도움이 되는 인지와 도움이 되지 않는 인지만 찾아 도움이 되지 않는 인지를 도움이 되는 인지로 바꾸면 된다. 이와 같이 상담이론은 그 이론에 따라 목표를 분명하게 설정할 수 있는 근거를 제시해 준다.

셋째, 상담이론은 상담과정과 상담기법의 선택을 도와준다. 상담이론이 없으면 상담을 어떻게 이끌어가야 할지, 어떤 상담기법을 적용해야 할지 막막하다. 그러나 상담이론이 있으면 정해진 상담목표에 따라 필요한 상담과정과 그 과정에 적용할 상담기법이 나와 있다. 상담자는 이미 제시되어 있는 상담과정과 상담기법 중 보다 효과적일 것으로 기대되는 것을 택하면 된다. 상담이론이 없으면 자신도 모르는 방향으로 상담을 이끌어 갈 수 있고 자신감을 가지고 상담기법을 적용하기가 어려울 수도 있다.

넷째, 상담이론은 상담결과를 평가하는 근거를 제공한다. 앞에서 언급한 바와 같이 각 상담이론은 큰 틀에서 상담목표를 제공하기 때문에 상담결과에 대한 평가의 근거도 제시해 주고 있다. 따라서 그 근거에 따라 평가를 하면 된다. 만약 상담이론이 없다면 평가의 준거가 명확하지 않아 상황에 따라 주관적 근거를 두고 평가할 가능성이 크며, 이러한 평가는 내담자에게는 물론 상담의 발전에도 도움이 되지 않는다.

다섯째, 상담이론은 그 이론 자체를 평가하게 하고 그 결과에 따라 후속 연구를 자극한다. 상담결과 평가를 통해 그 상담이론이 실제로 상담효과를 가져오지 못한다고 판단될 경우도 있다. 이럴 경우에는 전문상담자가 체계적으로 그 상담이론을 연구할 필요성을 느끼게 된다. 그 결과 더 효과적인 상담이론을 개발할 수도 있다. 정신분석 이후 많은 이론이 정신분석 이론의 한계를 극복하기 위해서 개발된 것이 그 예이다.

이상에서 상담이론이 가진 다양한 기능에 대해 살펴보았는데, 실제로 모든 상담이론이 그 기능을 잘 수행하고 있다고 볼 수 없다. 그래서 상담자는 기능을 잘 수행하는 좋은 상담이론을 구별할 줄 알아야 한다. 좋은 이론이 갖추고 있어야 할 몇 가지 요소를 살펴보면 다음과 같다(강진령, 2013; 김성회, 2013; Gladding, 2005).

첫째, 좋은 이론은 우주관, 세계관, 인간관, 성격 또는 행동의 발달, 상담과정과 기법 등 전체가 일관성이 있는 체계를 갖추고 있어야 한다.

둘째, 상담이론이 아무리 체계성을 가지고 있어도 그 이론이 내담자에게 확실한 도움을 줄 수 없으면, 즉 유용성이 결여되면 이론으로서의 가치가 줄어든다. 또한 시간이 많이 걸리거나 적용방법이 지나치게 복잡하고 어렵거나 비용이 많이 드는 상담이론은 활용도가 줄어들 수 있다.

셋째, 좋은 이론은 과학적 방법으로 검증이 가능해야 한다. 검증될 수 없거나 검증하였다고 해도 많은 사람이 그 결과에 의문을 제기한다면 그 이론은 타당성이 낮다고 볼 수 있다.

넷째, 이론에 사용되는 용어를 포함한 개념들이 명확하게 정의되어야 한다. 용어의 의미가 여러 가지로 해석될 수 있으면 그 이론을 적용한 연구의 결과를 신뢰하기 어렵다.

다섯째, 상담이론은 다양한 내담자에게 도움을 주기 위해서 일반화의 폭이 넓어야 한다. 따라서 이론을 평가할 때는 그 이론이 얼마나 포괄성이 있는지에 대해서는 관심을 가져야 한다.

여섯째, 이론은 최대한 간결하게 기술되어야 한다.

일곱째, 좋은 이론은 간결하더라도 핵심 내용은 구체적으로 기술되어야 한다. 간결하지 못해도 이론을 이해하기 어렵지만 내용이 구체적이지 못해도 이해하기 어렵다.

좋은 이론이 갖추고 있는 7가지 요인에 대해 살펴보았다. 무엇보다 좋은 이론이란 상담에서 일어나는 다양한 현상을 얼마나 그리고 어떻게 잘 설명하는가에 달려 있다고 볼 수 있다(강진령, 2013).

3) 상담이론의 한계

좋은 상담이론은 많다. 그러나 완전한 상담이론은 없다. 아무리 좋은 이론이라 해도 한계를 가지고 있다는 점을 알아야 한다. 상담이론을 처음 접한 사람들은 용어가 새롭고 복잡하게 느껴질 수도 있지만, 인간에 대해 전에는 인지하지 못했던 다양한 부분에 대한 설명에 흥미를 느끼고, 인간이해의 폭을 넓혀 가는 것에 매력을 느껴 어느 한 이론에 푹 빠져 그 이론의 신봉자가 되는 경우가 있다. 그러나 이론이란 하나의 가설이고 인간이 만든 것이기에 완전할 수는 없다. 이론은 그 이론을 만든 사람의 인간이해의 범주 안에서 만들어진 것이기에 그 범주(시대적 · 문화적 · 사회적) 밖의 사람들을 이해하는 데는 한계가 있기 마련이다. 그래서 많은 상담자는 기존에 개발된 상담이론 중 자신의 내담자에게 적합한 한두 가지 이론을 절충 또는 통합하여 사용한다.

상담이론을 적용함에 있어 주의해야 할 사항을 제시해 보면 다음과 같다(김성회, 2013; 이형득, 1987).

첫째, 상담자는 상담이론의 한계점을 알고 있어야 한다. 자신이 적용하고 있는 상담이론이 모든 내담자에게 도움을 줄 수 있다고 생각하지 말고 다양한 상담이론을 섭렵하여 내담자에게 적합한 상담이론을 토대로 상담을 해야 한다. 상담자는 여러 상담이론이 있음과 내담자에 따라 보다 적절한 상담이론이 있음을 인정해야 한다. 본인이 내담자에게 적합한 상담이론을 습득하지 않았다면 그 내담자를 다른 전문상담자에게 의뢰하는 것이 바람직하다.

둘째, 상담자가 선호하는 상담이론은 보통 자기 자신의 성장배경과 밀접한 관계가 있을 수 있다. 또한 상담자 자신의 특성에 맞는 특정한 상담이론이 있을 수도 있다. 그런 점을 인정한다고 해도 전문상담자는 자신이 선호하거나 자신의 특성에 맞는 상담이론만을 취할 것이 아니라 다양한 상담이론을 섭렵해야 한다.

셋째, 자신이 충분히 훈련을 받아 잘 활용할 수 있는 상담이론을 가진 상담자는 종종 자신이 선호하는 이론이 모든 내담자에게 다 적용하여 효과를 볼 수 있다고 믿고 싶어 한다. 그런 경우 내담자에게 더 적합한 다른 상담이론을 배제하고 자신이 현재 선호하는 이론에 내담자와 상담자 자신을 맞추는 문제가 발생하기도 한다. 즉, 상담자가 이론에 노예가 되는 경우가 생길 수도 있다는 것이다. 이 점을 경계해야 한다.

넷째, 완전한 이론이 없고, 어느 이론이나 제한점을 가지고 있기에 그 제한점을 극복하기 위한 노력을 하는 과정에서 새로운 이론이 개발되기도 하고, 기존의 이론이 수정 · 보완되기도 한다. 이론은 검증을 위한 가정임을 잊지 말고 지속적으로 더 나은 이론체계를 구축하기 위한 노력을 계속하면서 상담자의 전문성을 높여 나가야 할 것이다.

3. 아동상담 이론의 주요 접근법

상담자의 인간에 대한 이해, 삶의 문제와 이를 보는 관점, 병리관, 역사관, 세계관에 따라 내담자의 문제해결을 위한 상담목표와 상담과정, 상담전략 등이 달라진다. 상담이론은 내담자의 어떤 측면에 초점을 맞추느냐에 따라 개인의 정서와 감정에 초점을 맞추는 정서적 접근, 개인의 사고와 신념에 초점을 맞추는 인지적 접근, 관찰가능한 행동에 초점을 맞추는 행동적 접근으로 분류할 수 있다. 어떤 상담자는 내담자의 감정에 초점을 맞추고, 반면에 어떤 상담자는 사고나 행동을 강조한다. 어느 정도 중첩되는 부분이 있으나 상담이론을 정서적 · 인지적 · 행동적 측면으로 분류하면 다음과 같다(Tompson & Rudolph, 1992).

- 정서(감정): 인간중심 상담, 게슈탈트 치료
- 인지(사고): 합리적 정서행동치료(REBT), 인지행동치료, 정신분석상담, 교류분석
- 행동(행동): 행동치료, 현실치료, 단기상담, 개인심리학

각 접근마다 나름대로 유용한 측면이 있기 때문에 한 이론을 따른다고 다른 이론을 배척할 필요는 없다. 사실 사고, 감정, 행동 중에 한 영역이 변화되면 다른 두 개 영역도 연계되어 변화될 수 있다. 따라서 최근에는 한두 개의 차원보다는 사고, 감정 및 행동을 모두 아우르는 통합적 모델을 시도한다(Corey, 2013; Tompson & Rudolph, 1992). 상담자는 내담자의 사고, 감정, 행동 모두에 관심을 가지며 통합적 접근을 시도할 필요가 있다. 인간의 사고, 감정, 행동 중 어느 하나에 치우친 치료접근은 인간이 분리될 수 없는 존재인 한 불완전한 치료접근이 되기 때문이다. 통합적 접근을 시도할지라도 각 치료접근의 기본 이론을 이해하는 것은 매우 중요하다.

상담이론은 특정한 시대적 · 문화적 산물이라고 할 수 있다. 상담이론을 내담자의 인지적 · 정서적 · 행동적 측면으로 나누어 분류하기도 하지만, 이 장에서는 시대적 · 문화적 · 철학적 산물인 상담이론을 개괄적으로 이해하는 데 도움이 되도록 상담이론의 접근법을 정신역동적 접근, 인지행동적 접근, 인본주의적 접근, 구성주

의적 접근, 마음챙김 기반 접근으로 분류해 보고자 한다.

각 접근법들은 그 나름대로의 독특한 방식으로 내담자의 문제를 이해하고 그들의 문제를 해결하려는 관점과 방법들을 가지고 있다. 각 접근방식들 간에는 핵심적인 차이가 있고, 같은 접근방식을 따르는 상담이론들 간에는 서로 공통된 요소가 있다. 다양한 이론의 세부적인 내용을 다루기 전에 접근방식을 먼저 알고 나면 구체적인 상담이론의 내용을 이해하는 데 도움이 될 것이다. 같은 접근법 안에 있는 다양한 상담이론은 그 이론들마다 서로 다른 기본가정과 원칙, 주요 개념, 상담목표와 상담기법들을 가지고 있다.

이 책에서는 오랜 기간 좋은 이론으로 검증되어 전 세계에서 활용되고 있는 대표적인 아동상담 이론 12가지를 소개하고자 한다. 각각의 이론을 상세히 다루기에 앞서 이 이론들의 접근법을 5가지로 나누어 개괄적으로 살펴보고자 한다.

1) 정신역동적 접근

정신역동은 19세기 말에 정신과 의사 프로이트(Sigmund Freud)에 의해 창안된 정신분석학(Psychoanalysis)에서 유래되었다. 정신역동적 접근은 정신의 무의식적 영역의 존재와 무의식이 삶에 미치는 막강한 영향력을 강조한다. 정신역동이론가들은 대부분의 사람이 자신이 행동하는 동기를 알아차리지 못한다는 것과 그 무의식적 동기를 알아차리게 되면 심리적 문제를 더 잘 해결할 수 있다고 주장한다. 그러나 유감스럽게도 사람들은 문제해결의 열쇠가 되는 무의식 속에 숨겨진 동기를 인식하는 것에 저항하거나 방어한다. 그래서 사람들은 변화하지 못하고 강박적으로 과거의 행동을 반복하며 산다. 강박적 반복행동은 어릴 적에 괴로운 감정들을 무시하거나 억압할 때 사용하며 성공적으로 괴로운 감정에 대처할 수 있었던 초기경험들 때문에 지속되는 것이다. 정신역동이론가들은 초기 아동기의 발달을 중요하게 보았고, 그때의 경험이 무의식에 저장되어 있어 지속적으로 한 사람의 인생에 큰 영향을 미친다고 한다.

정신역동상담은 프로이트의 동시대 인물인 심층심리학의 대부로 불리는 융(Carl Gustav Jung)과 아들러(Alfred Adler), 그리고 프로이트의 제자들 페렌치(Sandor Ferenczi), 스테클(Wilhelm Stekel), 랭크(Otto Rank) 등에 의해 계승되었다. 그리고 영국을 중심으로 발전한 '대상관계(object relations)' 치료자들, 특히 모성과의 초기 관계에서 파생된 중요한 타인의 이미지를 어떻게 내면화하는가의 중요성을 강조한 정신분석학자인 클라인(Melanie Klein), 소아과 의사이자 정신분석학자인 위니컷(Donald Winnicott), 모성상실과 모성에 대한 애착의 문제를 강조한 정신과 의사이자 정신분석학자인 볼비(John Bowlby)와 같은 애착이론가들에 의해 발달하였다.

- **프로이트의 정신분석학**: '정신의학의 아버지'라고 불린 프로이트는 인간의 무의식, 초기 경험, 성(性), 공격성 등을 강조하였다. 프로이트는 인간을 비합리적이고 결정론적인 존재로 보았으며, 인간의 행동은 비합리적인 힘, 무의식적 동기, 생물학적 및 본능적 충동, 생애 초기 6년 동안의 심리성적 욕구에 의해 결정된다고 하였다. 프로이트는 자아 · 원초아 · 초자아의 개념, 방어기제에 대한 정의, 꿈의 무의식적 중요성, 실수 속에 담긴 무의식적 의도, 그리고 전이요소를 통해 치료하는 것의 중요성 등에 대해 강조하였다. 그의 주장은 정신의학과 상담학 분야뿐 아니라 대중문화와 예술 분야에도 막대한 영향력을 발휘하고 있다.
- **융의 분석심리학**: 정신과 의사였던 융은 처음에는 무의식에 대한 프로이트의 생각이 자신의 생각과 일치한다고 생각하여 프로이트의 정신분석학회 회원으로 활동을 하였다. 그는 프로이트의 성적 본능에 근거한 심리적 에너지인 리비도에 관한 관점이 너무 협소하다고 생각하고, 그것보다 더 중립적이며, 생명 에너지에 더욱 근접하며, 생물학적 · 심리학적 · 영적 · 도덕적인 여러 가지 형태를 취할 수 있는 심리내적 에너지가 있다고 주장하였다. 프로이트가 아동기의 중요성을 강조했던 점과 달리, 융은 성인기 및 노년기에 이르는 전 생애에 걸쳐 개성이 형성되는 과정에 초점을 두었다. 융은 신화학, 인류학, 신학 이론, 점성술, 연금술과 그 외 다른 원리들로부터 영향을 받았으며, 개인무의식뿐만 아니라 집단무의식을 주장했고, 초개인적인(transpersonal) 영성을 지향하는 자신만의 이론인 분석심리학을 발전시켰다.
- **아들러의 개인심리학**: 아들러는 1912년 무렵에 자신만의 '개인심리학'에 착수하기 전까지는 프로이트의 동료였다. 아들러도 프로이트가 성심리 발달을 강조한 것에 대해 논박했다. 그는 사회적이고 교육적인 범위를 결합하면서 전체적

인 관점의 중요성을 강조했다. 아들러는 인간의 열등감과 우월추구의 노력, 보상심리, 가족구도, 잘못된 삶의 목적지로 이끄는 개인의 그릇된 논리, 가상적 목적론 등의 개념을 가지고 내담자들의 문제를 진단하고 치료하였다. 그의 이론은 때로는 상식에 가까운 일반적인 것이라는 비판을 받기도 했지만, 인본주의 상담과 인지행동상담 발달에 큰 영향을 미치는 등 현대 심리상담 및 심리치료 발달에 크게 기여한 이론으로 인정받고 있다.

- **대상관계 이론**: 대상관계 이론은 개인이 다른 사람들과 맺는 관계, 즉 대상과의 관계에 초점을 맞추고, 특히 생애 초기에 형성되는 양육자와의 관계의 중요성을 강조하였다. 대상관계 이론에서 대상(object)이란 다른 사람(중요한 타인)을 의미한다. 대상관계 이론의 핵심은 현재의 인간관계가 과거에 이루어진 관계에서 영향을 받는다는 것이다. 어릴 때 내재화된 대상관계가 그 후 모든 대인관계에서 재현되고 반복된다는 의미이다. 여기서 내재화란 인식과 판단의 과정을 거쳐 개인이 마음속에 갖게 된 타인에 대한 이미지 혹은 타인과 맺는 관계에 대한 이미지를 말한다. 대상관계라는 개념은 프로이트가 제안했는데, 이후 클라인, 페어베언(William Fairbairn), 위니컷, 말러(Margaret Mahler), 코헛(Heinz Kohut) 등에 의해 구체화되었다.
- **볼비의 애착이론**: 애착이론은 영국의 정신분석학자인 볼비에 의해 개발된 것으로 애착은 생후 1년 동안 영아가 초기 양육자와 맺는 강한 정서적 유대를 뜻한다. 애착이론에서는 생애 초기 부모를 비롯한 주요 양육자와 맺은 애착관계가 성인기 이후의 삶과 자아형성, 특히 대인관계에 전반적인 영향을 지속적으로 미친다고 주장한다. 초기에 양육자와 안정적인 애착관계가 형성되면, 성인이 되어서도 타인과 신뢰 있는 긍정적인 관계를 형성할 수 있다. 반면 초기에 양육자와 불안정한 애착관계를 맺거나 양육자의 부재나 방임 등의 경험을 하게 되면 성인이 된 이후 대인관계 및 일상에서 여러 가지 문제를 경험하게 된다는 것이다. 볼비의 이론은 그의 제자들 에인즈워스 등(Ainsworth et al., 1978), 헤이즌과 세이버(Hazan & Shaver, 1987), 바솔로뮤와 호로위츠(Bartholomew & Horowitz, 1991) 등에 의해 지속적으로 발달하였다.

2) 인지행동적 접근

행동치료나 인지치료 모두 정신역동적 접근에 반기를 들고 발전한 이론들이다. 역사적으로 행동치료는 인지치료보다 앞서 발달되었다. 행동치료와 인지치료는 그 초점부터 아주 다른 별개의 것으로 분류할 수 있다. 그러나 최근 들어 인지치료적 접근에서 행동치료적 접근을 포함하면서 서로 관점을 달리하는 이 두 접근법이 결합하여 함께 사용되고 있다.

- **행동치료**: 행동치료는 한 명의 학자에 의해 개발된 것이 아니고, 고전적 조건형성이론을 만든 파블로프(Ivan Pavlov)와 울프(Joseph Wolpe), 조작적 조건형성이론을 만든 스키너(Burrhus Frederic Skinner), 사회학습이론을 만든 밴듀라(Albert Bandura) 등의 학자들에 의해 발전되었다. 행동주의는 인간의 문제를 잘못된 학습에서 비롯된 습관으로 본다. 행동주의 상담자들은 인간을 기질이나 성격을 통해 특정 반응을 하는 존재가 아니라, 환경과의 상호작용을 통해 사는 데 필요한 기술과 능력을 학습해 나가는 존재로 보았다. 그들은 인간을 자극에 대한 반응자이고, 조건화의 산물이라고 하였다. 행동주의 치료사들은 문제행동과 연관된 정확한 환경 요소를 확인하고, 대처 및 사회적 기술, 체계적인 둔감화, 반응 방지를 가르친다.
- **인지치료**: 인지치료사들은 인지결정론적 입장을 가지고 있다. 인간의 감정, 정서, 행동, 사고 중 가장 중요한 것이 사고, 즉 인지라는 것이다. 이들은 개인의 사고와 인지를 변화시키면 부차적으로 감정과 행동을 수정할 수 있다고 보았다. 인지행동상담에는 엘리스(Albert Ellis)가 개발한 합리적 정서행동치료(REBT)와 벡(Aaron Beck)이 개발한 인지행동치료(CBT)가 있다.
  - **합리적 정서행동치료**: 임상심리학자인 엘리스는 정신분석학보다 더 효과적인 접근을 개발하려고 노력하던 중 AD. 1세기 그리스의 철학자인 에픽테투스(Epictetus)의 말, "인간은 객관적 사실 때문에 혼란스러워 하는 것이 아니라, 그 사실에 대한 자신의 관점 때문에 혼란스러워 한다."로부터 영감을 얻어 REBT(Rational Emotive Behavior Therapy)를 개발하였다. 엘리스는 우리 삶에서 일어나는 어떤 사건이 우리를 화나게 하는 것이 아니라 우리가 우리 자신

과 삶에 대해 지각하고 있는 비합리적인 신념이 우리의 감정을 상하게 한다고 주장하였다. 엘리스는 인간이 비합리적 신념으로 인해서 부적응적인 정서와 행동에 고착되는 것을 설명해 주는 ABCDE 모델을 제시하였다.

–**인지행동치료:** 정신과 의사이자 심리치료사인 벡은 정신분석학적 방법을 개선하기 위한 시도로 1950년대에 CBT(Cognitive Behavior Therapy)를 개발했다. 벡은 인간의 심리적 문제는 환경적 스트레스나 부정적 생활사건을 경험하게 될 때 자동적으로 떠올리게 되는 부정적인 자동적 사고, 역기능적 인지도식, 인지적 오류 등으로 인해 유발된다고 하였다. 인지행동치료는 개인이 자아실패적 · 부정적 자동적 사고를 바꿈으로써 성격과 행동을 변화시키도록 돕는 접근으로 행동적 기술과 인지적 기술을 통합하여 사용한다.

3) 인본주의적 접근

인본주의적 접근은 인간에 대한 무한한 신뢰와 긍정적 측면에 대한 믿음을 가진 접근이다. 인본주의 상담자들은 개인의 자율적인 선택과 결정을 긍정적으로 받아들이고 존중한다. 상담과정에 있어서도 과거보다는 현재와 미래에, 제한된 합리적 사고와 전통과학보다는 신뢰하는 감정과 그들의 표현에, 행동변화를 위해 내담자의 문제나 증상에 초점을 두기보다는 내담자가 지닌 잠재성과 희망에 초점을 둔다. 이 접근에서는 성장과 변화를 위해서는 외부의 개입보다는 인간이 타고난 능력의 중요성을 강조한다. 이 접근에는 로저스(Carl Rogers)의 인간중심 상담과 펄스(Friedrich Salomon Perls)의 게슈탈트 치료가 있다.

- **인간중심 상담:** 로저스는 정신분석학과 행동주의 방식의 전통을 거부하고, 인간이 본질적으로 신뢰롭고 사회적이며 창조적이라는 인간에 대한 긍정적인 신념에 기초하여 1940년대에 내담자 중심상담을 개발하였다. 이 치료명은 나중에 인간중심 상담(Person-centered Counseling)으로 변경되었다. 로저스는 내담자에게 무조건적인 긍정적 수용(unconditional positive regard), 공감(empathy), 일치성(congruence)과 같은 치료적 요소가 제공되면 내담자는 스스로 자신의 잠재능력을 발현하여 자신을 치유할 뿐 아니라 성장과 발전할 수 있다고 주장하

였다. 인간중심 접근의 기본원리는 긍정적이고 가능성 있는 관계형성을 위한 기본 원리로 인정되어 대부분의 상담에서 널리 사용되고 있다.

- **게슈탈트 치료**: 게슈탈트 치료(Gestalt Therapy)는 정신분석학과 인지치료에 대한 거부감을 가진 펄스 부부[Frederick(Fritz) Perls & Laura Perls]에 의해 개발된 것이다. 정신분석학자이며 창조적인 심리치료자였던 펄스는 내담자의 어려움을 분석하고 해석하고 설명하는 것보다는 상담자와 내담자가 함께 직접적으로 지각하고 경험한 것에 초점을 맞출 것을 요구하였다. 주관적인 인간 경험이 설명과 해석보다 더 현실적이란 것을 강조하는 것이 게슈탈트 치료의 현상학적 기초이다. 게슈탈트 상담에서는 내담자가 왜 그것을 하는가에 집중하기보다는 무엇을 하고 있으며, 어떻게 하고 있는지를 자각하게 한다. 직접적인 경험에 초점을 둔 상담과정 속에서 내담자는 자신을 가치 있게 여기고 수용할 수 있는 방법을 배우고, 자신의 경험을 신뢰할 수 있게 된다. 게슈탈트 치료는 상담과정 중에 일어나고 있는 지금-여기(here-now)에서 경험하는 것에 초점을 둔다고 하여 과정지향적 상담이라고도 한다.

4) 구성주의적 접근

구성주의적 접근은 포스트모더니즘(postmodernism)의 확산으로 발전된 상담모델로 해결중심상담과 이야기치료가 대표적인 상담이론이다. 이 두 이론은 사회구성주의(social constructionism) 철학에 기반을 둔 상담이론으로 처음에는 가족치료에서 발달하였지만, 최근에는 아동·청소년 상담, 개인상담, 집단상담 등 모든 상담분야에서 활발하게 활용되고 있다. 객관적인 사실과 실재만을 믿는 과학적 낙관주의와는 다르게 사회구성주의는 현실이란 개인에 의해 사회적·심리적으로 구성된 것이라 주장한다.

사회구성주의자들은 객관적 진실은 인식될 수 없는 것이기에 객관적 진실을 추구하는 자체가 헛된 노력이라고 한다. 그들은 진리가 개인과 독립하여 존재하는 것이 아니고 환경과의 상호작용을 통해 구성되는 것이라는 점을 강조한다. 진실을 알기 위해서 경험의 일부 요소들을 선택하고 조직화하는 것 자체가 이미 주관적 목적과 필요에 의해서 행해지는 것이기에 객관적 인식이란 불가능하다는 것이다(김춘경 외, 2016).

- **해결중심상담**: 해결중심상담은 드 세이저(Steve De Shazer)와 그의 부인 김인수(Insoo Kim Berg) 그리고 그의 동료들에 의해 개발되었다. 인간에 대한 긍정적인 철학을 지닌 해결중심상담은 근본적으로 인간은 건강하고 능력이 있고, 누구나 자신의 문제를 해결할 수 있는 능력을 가지고 있다는 신념을 갖고 있다. 그들은 상담자가 문제를 해결하는 것이 아니라, 문제를 해결할 수 있는 능력을 지닌 내담자가 자신의 강점 · 자원 · 특성을 규명하고 이것들을 수용하여서 내담자가 스스로 해결책을 찾아 나가도록 돕는다. 일반적으로 심리상담이 내담자의 문제의 근원이나 원인을 탐색하는 데 집중하는 데 비해, 해결중심상담은 문제의 해결에 집중한다. 상담의 초점을 문제의 원인에 두지 않고, 내담자가 원하는 변화, 문제해결 방안과 새로운 행동유형에 둔다.
- **이야기치료**: 이야기치료는 화이트(Michael White)와 문화인류학자인 엡스톤(David Epston)이 개발한 상담모델이다. 이야기치료에서는 인간을 자신의 삶을 이야기하는 존재이며 자신의 이야기에 따라 인생을 살아가는 존재라는 사실을 강조한다. 사람들은 이야기를 통해 삶의 사건들을 해석하고 의미를 부여하는 작업을 한다. 이야기한다는 것은 단순히 과거와 현재의 삶을 반영하는 것뿐만 아니라 현재와 앞으로 일어날 미래의 삶을 구조화(structuring)하는 작업을 하는 것이다. 그래서 문제로 가득 찬 이야기를 가지고 온 내담자가 건강하고 긍정적인 새로운 대안적 이야기를 만들어 가는 과정이 이야기치료 과정이다.

  이야기치료에서는 문제를 가지고 있는 내담자가 문제가 아니라, 문제 바로 그 자체가 문제라는 주장을 한다. 문제를 의도와 전략을 가진 독립적이고 객관적인 실체로 부각시켜서 문제가 문제이지 사람은 문제가 아니라는 것이다. 이러한 주장은 내담자에게 내재화(internalizing)되어 있는 문제를 객관화하고 외재화(externalizing)시키는 작업을 통해 실현된다. 사회구성주의 철학에서 강조한 바와 같이 문제는 문화와 역사의 산물이기 때문에 문제를 갖고 있는 사람의 정체성과 분리하여 문제를 생각해야 한다는 것이다.

5) 마음챙김 기반 접근

지금까지 소개한 상담이론은 대부분이 서양문화에서 서양인들이 개발한 이론들이다. 서양인과 동양인이 인간으로서의 심리적 구조가 공통된 점을 지니고 있다는 점에서 서양의 상담이론을 동양인을 대상으로 한 상담에서 활용하는 데 무리가 없을 것이다. 그러나 상담이론 발달에서 중요한 세계관, 인간관, 가치관, 철학 등에 있어서 동양과 서양의 차이는 크다.

동양에서는 심리치료 및 상담을 학문적으로 체계화시켜 발전시키지는 않았다. 그러나 동양에서도 개인의 심리적 고통을 극복하고 평화로운 삶을 영위하기 위한 체계적인 수행방법이 오래전부터 개발되어 왔고, 그 노력이 불교, 유교, 도교, 힌두교 등의 종교적 신념이나 행위를 통해서 발달되어 왔다. 최근 들어 서구의 심리치료자들은 동양 종교에서 수행의 방법으로 사용해 오던 명상을 받아들여 심리치료의 영역과 방법을 확대하고 있다. 그중 가장 큰 관심을 받고 있는 심리치료법이 마음챙김(mindfulness)에 근거한 심리상담법이다(권석만, 2012).

마음챙김은 불교 명상에 뿌리를 둔 빨리(Pali)어 'sati'의 번역어로 '매 순간순간의 알아차림'의 의미를 지니고 있다. 카밧진(Jon Kabat-Zinn)은 마음챙김을 현재 순간에 비판단적으로 주의를 기울이는 것으로 정의했고, 말랫과 크리스텔러(Marlatt & Kristeller)는 매 순간의 경험에 완전한 주의를 기울이는 것이라고 했다(장문선, 2014). 마음챙김을 기반으로 한 상담으로는 마음챙김에 근거한 스트레스 감소법(MBSR), 마음챙김에 근거한 인지치료(MBCT), 변증법적 행동치료(DBT), 수용전념치료(ACT) 등이 있다.

MBCT와 DBT 그리고 ACT는 인지행동적 전통 내에서 제3의 흐름 또는 제3세대로 새롭게 출현한 이론들이다. 이들의 치료법은 정서나 인지의 직접적인 변화보다는 사적 경험(private experience)의 수용이라는 맥락의 변화를 도모하는 공통점을 가지고 있어서 수용중심치료법(acceptance-based treatment)이라고도 일컫는다. 즉, 이 이론들은 인지행동적 접근에 포함시켜도 무방하다. 그러나 이 이론들이 기존의 인지행동치료가 가진 한계를 극복하기 위해서 마음챙김 명상을 적극적으로 활용하고 있기에 마음챙김 기반 접근에 넣어서 소개하고자 한다. 이 장에서는 MBSR과 ACT에 대해서만 간단히 소개하기로 한다.

- **마음챙김에 근거한 스트레스 감소법**: MBSR(Mindfulness Based Stress Reduction)을 개발한 카밧진 교수는 분자생물학 박사이면서 숭산 스님에게서 한국의 참선을 배우고 참선을 지도한 인물이다. 그는 내담자들이 그들의 생각이나 감정에 함몰되지 않고 주시하는 법을 배우도록 하는 마음챙김의 명상활동을 기반으로 하여 8~10주간(주 2.5시간씩)의 스트레스 감소 프로그램을 개발하였다. 이 프로그램은 우울증, 공황장애, 불안장애, 만성통증, 부정적 신체상 등의 증상을 감소시키는 효과를 보았고, 일반인들의 자존감과 정서적 안녕감 향상과 스트레스 완화에도 효과적인 것으로 보고되었다. 티즈데일(John D. Teasdale), 시갈(Zindel V. Segal) 등은 MBSR에 인지치료를 접목하여 마음챙김에 근거한 인지치료(Mindfulness Based Cognitive Therapy: MBCT)를 개발하였다. 이 프로그램은 매주 2.5시간씩 8주 동안 진행되는데, 프로그램 내용은 건포도 명상, 몸 살피기, 정좌명상, 하타요가, 걷기명상, 종일명상 등으로 구성되어 있다.
- **수용전념치료**: 인지행동치료의 제3흐름 혹은 제3세대의 하나인 ACT(Acceptance and Commitment Therapy)는 헤이즈(Steven C. Hayes)에 의해 발전된 이론이다. ACT는 다양한 심리 장애의 공통 원인으로 간주되는 부정적인 정서나 행동을 회피하고 변화시키는 것이 아니라 그 자체를 경험하고 수용할 것을 강조한다. 헤이즈는 인지 · 정서 · 감각 등을 다룰 때 그 내용을 직접적으로 변화시키려고 시도하기보다는 변화의 맥락을 수용의 맥락으로 바꿈으로써 생각과 감정이 일어나는 과정을 있는 그대로 수용하도록 촉진하고, 동시에 그것이 인지구조 틀 속에서의 생각이나 감정일 뿐임을 알게 하는 인지적 탈융합(cognitive defusion)을 시도하고, 나아가 마음챙김을 통해 심리적 건강과 삶의 질을 향상시키는 작업을 할 것을 강조하였다. ACT의 목표는 심리적 유연성의 증진에 있다(Hayes, Strosahl, & Wilson, 1999). ACT는 수용과 마음챙김, 인지적 탈융합, 현재에 접촉하기, 초월적 자기, 가치와 가치에의 전념 등을 중요시한다.

상담이론 접근법에서 제시된 상담이론들은 제2부에서 좀 더 상세히 설명할 것이다.

활동

1. 상담이론의 필요성과 가치에 대해서 논의해 봅시다.

2. 당신은 개인적으로 어떠한 접근법에 가장 관심을 가지게 되는가? 그 이유는? 조원들끼리 자신이 선호하는 접근법에 대해 돌아가면서 이야기해 봅시다.

3. 한 접근법이 다른 접근법에 비해 뛰어나다는 객관적인 증거를 어떻게 찾을 수 있는지 논의해 봅시다.

아동발달과 아동상담

아동상담자는 아동의 정상적인 발달과 성장 과정을 알고 있어야 아동의 심리정서 행동적 문제들을 진단 평가할 수 있게 된다. 또한 발달단계에 따른 아동의 발달적 과제에 대한 이해가 있어야 상담자는 아동에게 적합한 상담의 목표를 설정하고 상담 전략을 개발할 수 있게 된다. 아동발달에 대한 이해는 아동의 문제를 해결하는 치료적 차원의 상담에서는 물론이고, 아동의 성장과 잠재력 발달을 촉진하는 교육적 · 발달적 상담을 하는 데 있어서도 매우 중요하다. 이 장에서는 아동상담자가 알아야 할 기본적인 발달이론들 중 프로이트의 심리성적 발달이론, 에릭슨(Eric H. Erikson)의 심리사회적 발달이론, 매슬로(Abraham H. Maslow)의 욕구발달 이론, 피아제(Jean Piaget)의 인지발달이론, 콜버그(Lawrence Kohlberg)의 도덕성 발달이론, 하비거스트(Robert J. Havighurst)의 발달과제 등의 발달이론에 대해 알아보고자 한다.

1. 아동상담과 발달이론

아동상담자는 아동발달이론에 대한 충분한 이해가 있어야 한다. 아동기는 어느 발달단계보다 빠르게 발달하고, 발달적 개인 차이가 매우 크고, 발달단계에 따라 아동들의 욕구과 행동이 특별하다. 이런 이유로 아동과 효율적인 치료적 관계를 맺기 위해서는 상담자가 아동의 발달과업에 맞게 아동에게 접근해야 한다. 특히 상담에 의뢰된 아동의 경우 그들의 문제를 진단 평가하는데 있어서 발달이론은 중요한 기준을 제공해 준다.

아동상담은 1960년대까지는 정상적인 발달을 벗어나서 발달이 지체되거나 인지적 · 정서적 · 사회적 · 행동적으로 일탈된 행동을 보이는 아동을 정상화시키는 적응상담이나 위기상담 위주의 상담이 주를 이루었다. 1960년대 이후 상담은 병리적 현상과 문제에 초점을 두던 적응상담이나 위기상담의 문제지향적 상담에서 벗어나 자기 이해와 자신의 잠재력에 대한 지각, 그리고 자신의 능력을 이용하는 방법 등을 발달시키는 데 목적을 둔 발달상담식 접근을 하고 있다. 발달상담은 자신을 알고 이해하고 수용하도록 개인을 도와주는 데 중점을 두고 있다. 아동은 자신을 이해하고 수용하는 법을 배울 뿐만 아니라 궁극적으로는 자신이 선택한 것과 자신의 행동에 책임을 지는 것을 배운다(Dinkmeyer, 1973). 이 밖에도 상담은 아동이 당면한 스트레스, 갈등 등을 처리하는 기술을 미리 훈련시켜 정상적인 발달을 벗어나는 일을 사전에 방지하는 예방적 차원의 교육적 상담영역도 발전하게 되었다. 발달이론은 아동상담의 치료적 상담 영역은 물론이고 예방적 차원의 교육상담 영역, 그리고 성장과 발달을 촉진하는 발달상담 영역 모두의 이론적 기반을 제공해 준다.

인간의 발달은 인간 내적 요인인 신체적, 생물학적, 심리적 요인과 사회적 요인, 문화적 요인 등의 외적인 요인의 상호작용을 통해 이루어진다. 발달은 어느 시기에 끝나는 것이 아니라 살아가면서 지속적으로 변화해 가는 과정이다(Lerner, Skinner, & Sorrell, 1980). 아동의 발달수준은 아동의 생물학적 · 심리적 · 문화적 · 외부적 결정요인들의 탐색을 통해 평가되며, 이는 아동의 인지 · 정서 · 언어 · 행동 수준, 행동유형, 욕구 등을 이해하는 데 중요한 정보를 제공한다. 그러므로 아동의 발달단계와 발달과업에 대한 지식은 특정 아동이 정상적이고 건강한 발달궤도로 되돌아가도록 돕는 데 유용하다.

상담에서는 정상 행동 또는 바람직한 행동이 어떤 것인가를 알고 있어야 이상행동에 대한 진단과 평가를 할 수 있다. 연령에 따라 아동은 행동이나 감정을 다르게 나타내는데, 같은 행동이라도 어떤 연령에서는 정신병리로 고려되고 다른 연령에서는 매우 정상적인 것으로 생각된다. 예를 들어, 고집이 센 아동이 1~2세라면, 고

집이라는 행동은 그 연령 아동에게는 정상이다(Achenbach, 1982). 그러나 같은 행동이라도 2~5세 아동에게는 불복종(Rothbaum & Weisz, 1989), 5~6세 아동에게는 거짓말(Johnson, Rasbury, & Siegel, 1986), 청소년에게는 반항이라는 강한 자의식의 발달적 특성을 지닌 것으로 이해될 수 있다(Achenbach, 1982). 공포심 같은 장애도 2~5세 아동에게는 일반적인 특성으로 보고되고(Rothbaum & Weisz, 1989), 섭식장애는 청소년에게서 자주 나타나는 일반적인 특성으로 본다(Achenbach, 1982).

발달이론은 상담자가 상담의 방향을 잡고 상담의 목표와 가설을 세우고 상담전략을 개발하는 데도 필요하다. 상담자가 아동에게 맞는 현실적인 치료목표를 세우기 위해서는 아동들의 발달적 · 사회적 · 정서적 학습양상에 대한 철저한 지식과 이해를 지니고 있어야만 한다. 성격이론과 학습이론은 아동상담을 구성하는 데 하나의 골격을 마련해 준다. 구성이란 치료자가 갈등을 진단하고, 문제 영역의 개입을 위한 가설을 설정하고, 아동의 개인적 성장을 향상시키기 위한 개입의 목적, 목표, 전략 등을 개발하여 내담아동의 경과를 평가하는 여러 과정과 절차를 말한다.

아동의 현재 수준에 대한 정확한 진단과 평가, 효과적인 상담 및 치료의 계획, 효율적인 상담의 진행, 상담효과의 검증에 이르기까지 발달이론은 아동상담 전반에 걸쳐 중요한 지침을 제공한다.

2. 프로이트의 심리성적 발달단계

프로이트는 인생 초기가 성격발달의 중요한 열쇠라는 것을 밝히고 성격발달에 초기개입의 필요성을 말한 심리치료 및 상담의 개척자이다. 프로이트는 인간이 이성적이고 논리적이며 지적인 존재가 아니라, 비이성적이고 때로는 자신도 알지 못하는 숨겨진 무의식적 동기에 의해 영향을 받는 존재라고 하였다. 그는 중대한 심리적 본성이 이성이 아닌 욕망이라는 점을 발견하였고, 인간행동에 대한 무의식적 동기에 대한 개념을 정립하였다.

프로이트는 유아도 성욕이 있다고 주장하였다. 그는 아동이 자라면서 쾌락과 만족감을 추구하는 신체 부위가 달라지고, 성적 에너지인 리비도가 집중적으로 표출되고 만족을 얻는 신체 부위의 변화에 따른 심리성적(psychosexual) 발달단계를 제시하였다. 심리성적 발달단계는 생물학적 발달측면에서 볼 때 생존의 본능적 쾌락이 집중되는 단계라고 할 수 있다(김춘경 외, 2018). 각 단계에서 리비도가 추구하는 욕구가 적절히 충족될 때 아동은 정상적인 성격발달을 이룬다. 리비도가 심하게 억압되거나 좌절되면 그 신체 부위의 욕구에 고착된다. 특정 단계에 고착된 아동은 나이가 드는 것과 관계없이 그 단계에서 충족되지 못한 욕구에 집착하게 되므로 성격발달의 퇴행이 일어나게 된다(송명자, 1995).

프로이트는 5단계의 심리성적 발달단계를 기술하였다(〈표 2-1〉 참조). 각 단계의 이름은 잠복기를 제외하고 모두 각 단계를 지배하는 성감대에 따라 붙여진 것이다. 각 단계의 성감대에 리비도(성에너지)가 집중되어 있다. 각 단계에는 갈등이 있을

〈표 2-1〉 프로이트의 심리성적 발달단계

연령	단계	욕구(성감대)	주요 발달과제	특징	고착 성격
0~1세	구강기	입으로 빠는 행위에서 쾌락을 느낌(입, 입술, 혀)	이유 초보적인 자아발달	1차적인 나르시시즘 쾌락의 원리 즉각적인 만족	흡연, 과식과 같은 구강행동(의존적, 비난, 분노)
1~3세	항문기	항문의 배설하는 행위에서 쾌락을 느낌	배변훈련 현실원리 발달 자아 분리	자율성의 투쟁, 통제 문제, 욕구 충족의 방법에서 대상과의 불일치	질서정연함, 간결성, 완고함, 또는 정반대(극단적인 어수선함)
3~6세	남근기	성기에서 쾌락을 느낌	동성 부모와의 동일시, 자아방어기제의 발달, 초자아 획득, 자아 발달	대상 카텍시스, 성에 초점을 둠, 오이디푸스/엘렉트라 콤플렉스, 외부적인 방해	자만심, 무모함, 또는 그 반대
6~13세	잠복기	또래 관계에 중점을 둠(특정 부위 없음)	기술 발달 관심의 발견	심리성적 발달 없음	없음
13세 이상	성기기	이성적인 사랑 행위에서 만족을 느낌(생식기)	성격 친밀감의 성숙 본능을 만족시키는 성숙된 사랑을 함	결혼, 목적-억압된 욕망과 감정, 동정심과 돌봄	초기단계를 성공적으로 통과한 성인은 타인에 대한 보다 성실한 관심과 실제적인 기쁨, 성숙한 성욕이 이 시기부터 출현함

수 있으며, 이 갈등은 다음 단계로 진행되기 전에 성공적으로 해결되어야 한다.

1단계 구강기(oral stage)는 출생 직후부터 18개월까지에 해당된다. 이 단계의 유아들은 리비도가 입에 있기 때문에 빨기, 먹기, 씹기, 깨물기 등의 행동에서 쾌락을 느낀다. 수유를 지나치게 규칙적으로 하거나 이유를 지나치게 빨리 하여 구순만족이 좌절되면 아동은 구강고착(oral fixation) 성격을 갖게 된다. 구강기 초기에 고착된 사람은 음식에 대한 지나친 집착, 과도한 흡연이나 음주, 키스 등의 구강기 만족을 얻으려고 노력을 하거나, 사람과의 접촉에 대한 지나친 요구, 타인에 대한 의존성 등의 퇴행적 성격을 보이기 쉽다. 구강기 후기에 고착된 사람은 공격성, 물어뜯기, 과식과 같은 구강 가학적 성격 특성을 나타내거나, 타인에 대한 비난이나 분노, 냉소 및 조롱하기와 같은 공격적 행동을 나타내기도 한다.

2단계 항문기(anal stage)는 18개월에서 만 3세에 해당된다. 리비도가 항문괄약근의 조정에 집중되어 있어서 배변의 보유와 배설에서 쾌락을 느낀다. 이 시기는 배변훈련을 하는 시기이므로 항문쾌감이 박탈될 가능성이 높아, 부모의 배변훈련에서 갈등이 온다. 부모의 통제와 감시에 유아가 어떻게 반응하느냐에 따라 성격이 형성되는데, 항문기 욕구가 지나치게 좌절되어 항문기에 고착되면 항문기 강박 또는 항문기 보유 성격이 된다. 항문기 강박적 성격은 완벽주의적인 청결과 질서에 집착하며 융통성이 없이 고집이 세고 완고하며 인색하다. 이러한 행동은 항문기 억압에 대한 분노가 소극적으로 나타나는 방식이다. 이와는 반대로 배변훈련 과정에서 적절한 통제와 감시 없이 과도하게 욕구가 충족된 경우에는 항문기 폭발적 성격이 형성되는데, 이들은 감정적이고 분노를 잘 느끼고, 정돈하지 않고 지저분하며, 어지럽히는 행동을 보인다.

3단계 남근기(phallic stage)는 만 3세에서 만 6세에 해당되는 시기이며 리비도가 항문에서 성기로 옮겨가 생식기 영역에서 쾌락을 느낀다. 프로이트는 남근기에 속한 아동의 리비도는 자신과 가장 가까이에 있는 이성의 부모를 향한 근친상간적인 욕구로 나타난다고 주장하였다. 부모와의 삼각관계 속에서 복잡한 심리적 갈등을 경험한다고 주장하여 많은 논란을 일으켰다. 그는 남아의 어머니에 대한 애정과 관련하여 오이디푸스 콤플렉스(Oedipus complex), 여아의 아버지에 대한 애정과 관련하여 엘렉트라 콤플렉스(Electra complex)라는 개념을 제시하였다. 프로이트는 이러한 갈등의 해결과정이 정상적인 성격발달에 매우 중요하다고 하였다.

이 단계의 남아는 어머니를 독점하고 싶어하고 아버지에게 경쟁심과 적대감을 느끼지만, 아버지가 자신의 남근을 자를지도 모른다는 거세불안이 생겨 자신의 적대감을 억압하고 아버지를 동일시하여 아버지의 초자아를 내면화하고 그의 도덕성을 받아들인다(권석만, 2015). 이 단계에 고착된 남성은 지나치게 과장된 남성성을 과시하는 남근기 성격을 가지게 되는데, 이들은 자동차, 트럭 등 큰 기계류에 대한 열망과 같은 남근을 상징하는 취미를 가짐으로써 자신의 남성미를 입증하려고 한다(이미리 외, 2019). 여아의 경우에는 아버지의 애정을 독점하려고 어머니를 경쟁자로 인식하는 경향이 생기며, 남근을 부러워하는 남근 선망이 생긴다. 이 시기에 고착된 여성은 과장된 여성성과 경박하고 남자를 유혹하고 난잡한 성행위와 같은 행동이 특징적인 히스테리 성격을 가지게 된다(이미리 외, 2019).

4단계 잠복기(latency stage)는 남근기와 성기기 사이, 즉 6세에서 사춘기 이전 시기에 해당된다. 이 단계에서는 성적인 에너지가 잠복해 있어 심리성적 갈등이 일어나지 않아 평온한 상태로 지내게 된다. 잠복기 아동은 학교과업이나 운동 등과 같이 사회적으로 용납되고 인정되는 활동에 강력한 에너지를 투입한다. 사춘기의 성적 변화와 더불어 잠재기는 끝나게 된다. 후기 프로이트 학파는 이 시기에 일어나는 중요한 사회적 발달에 많은 관심을 기울인다. 이 시기에 좌절을 경험하게 되면 열등감이 형성되고 소극적이고 회피적인 성격특성이 형성될 수 있다.

5단계 성기기(genital stage)는 사춘기에 시작해서 성인기 동안 계속 지속된다. 리비도가 다시 생식기 영역에 집중되지만, 자위에서 성적 쾌락을 느끼려고 하지 않고 이성과의 접촉을 통해 쾌락을 느끼려고 한다. 이 단계에 이르러서야 이성에 대한 성숙한 관심과 사랑을 할 수 있게 된다. 이러한 리비도의 표출 양식은 전 생애를 통해 지속된다(송명자, 1995; Liebert & Liebert, 1998). 또한 이 시기는 부모로부터의 심리적 독립과 자기 정체성을 확립해야 하는 발달적 과제를 지니고 있다. 이러한 과제를 달성하지 못하게 되면 성기기 이전의 발달단계에서 해결되지 않은 의존적 감정과 오이디푸스적 갈등이 다시 나타날 수 있다. 프로이트는 발달단계를 성공적으로 거친 사람은 "사랑하고 일할 수 있는 심리적으로 건강한 사람이 된다."고 하였다.

3. 에릭슨의 심리사회적 발달단계

에릭슨은 정신분석학자였으나 그의 관심은 무의식적 욕구나 충동이 아니고 자아, 즉 의식적 자기(conscious self)였다. 그는 성적 충동보다는 아동에 대한 문화적 · 사회적 욕구에 보다 많은 관심을 기울였다. 사회문화적 맥락을 중시한 에릭슨은 인간의 성장을 내적 본능 및 욕구나 외적 · 문화적 또는 사회적 요구 간의 상호작용의 소산물로 보았고, 상호작용으로 인한 심리사회적 발달이 전 생애를 통해 계속된다고 주장하였다. 에릭슨은 프로이트보다 인간 본성에 대해 긍정적인 관점을 가졌다. 프로이트가 인간 성격형성에서 인생의 초기 6년 동안의 경험을 강조한 것에 비해 에릭슨은 전 생애에 걸쳐 인간의 성격이 계속 발달된다고 주장하였다. 에릭슨의 심리사회적 발달단계는 다음과 같은 특징을 지닌다.

- 전 생애에 걸쳐 개인은 각 단계마다 특수한 발달과제가 있는 일련의 명확한 발달단계를 거치게 된다.
- 발달단계는 부분적으로는 성숙에 의하여, 부분적으로는 개인이 성장한 사회에 의하여 규정짓게 된다.
- 아동이 각 단계의 심리적 위기를 성공적으로 극복하는 것은 거의 대부분 아동과 부모 또는 아동과 교사 사이의 상호작용에 달려 있다.
- 한 단계의 심리적 위기를 성공적으로 해결하지 못하게 되면 다음 단계의 심리적 위기를 해결하는 데 방해가 된다.

에릭슨은 인간이 성장해 가면서 어떻게 자신의 정체성을 발전시키는지에 관심을 가졌다. 에릭슨의 핵심 개념은 자아정체감의 발달이다. 그는 변화하는 욕구를 충족시키고자 환경과 접촉하는 과정에서 아동의 자아양식이 경험하는 위기(crisis)와 극복 과정을 성격발달의 주요인으로 생각하였다. 긍정적 경험 비율이 부정적 경험 비율보다 높으면, 위기는 긍정적으로 극복되고 아동은 긍정적인 성격으로 발달하게 된다. 하지만 반대의 경우, 부정적인 성격을 갖게 된다.

에릭슨은 확고한 자아정체감을 확립하기 위해서는 일생을 통해 8가지 위기를 성공적으로 해결해야 한다고 하였다. 각 발달단계마다 나름대로의 갈등이 있으며, 그 갈등은 양극의 결과를 초래할 수 있다. 이 갈등들의 성공적인 해결이라는 것이 반드시 긍정적인 측면만을 가져야 한다는 의미는 아니다. 최상의 해결책은 긍정적인 측면과 부정적인 측면이 균형을 잡는 것이다.

에릭슨은 각각의 단계에서 얻은 강점을 기본적 덕목이라고 불렀다. 이러한 덕목은 각 단계에서 위기에 직면하여 만족스럽게 위기를 해결해 나갔을 때 성취할 수 있는 것이다. 이러한 덕목들은 삶에서 매우 중요한 것으로 결코 태어날 때 가지고 태어난 것이 아니라 각 단계에서 개발되는 것이다. 아동기에는 희망 · 의지 · 목적 · 유능성을 얻을 수 있고, 청소년기에는 충실성을, 성인기에는 사랑 · 배려 · 지혜를 얻을 수 있다. 이러한 덕목들은 발달단계를 설명하는 다른 이론과 같이 선행 단계에서 덕목이 형성되지 않으면 이후의 단계에서 그러한 덕목은 발달되기 어렵다.

에릭슨에 따르면, 정신장애를 지닌 사람들은 자아가 미약하거나 부적절하여 타인과 관계를 잘 맺을 수 없고, 사회 내에서도 자신의 자리를 공고히 하지 못하고, 자기 통제감이 부족하고 혼란스러운 정체감을 지닌다.

에릭슨은 성격의 심리사회적 발달 8단계를 제시하였는데, 각 단계의 특징을 살펴보면 〈표 2-2〉와 같다(Hjelle & Ziegler, 1981).

〈표 2-2〉 **에릭슨의 심리사회적 발달단계**

연령	자아의 특징	각 단계의 과제와 행동	덕목
출생~1세	신뢰감 대 불신감 타인을 신뢰하고 그들을 의존할 수 있고 믿을 수 있는 사람으로 보고, 스스로 신뢰할 수 있게 된다.	어머니 또는 주요 양육자나 자신의 능력에 대한 신뢰감을 형성하고 이는 조기의 안정된 애착관계의 주요 요인이 된다.	희망
1~3세	자율성 대 수치감 및 의구심 자기주장과 초보적인 독립심을 학습하며 자신의 행동을 자랑스러워하고, 판단을 연습한다.	보행, 파악 및 다른 신체적 기술이 자유로운 선택을 가능하게 한다. 배변훈련 시 유아는 배설 조절을 배우게 되나 적절히 처리하지 못하면 수치심을 갖게 된다.	의지
3~5세	주도성 대 죄책감 호기심이 생기고 환경에 목적적으로 참여하며 문제를 탐색하고 의문을 가진다.	목표지향적 활동을 조직하게 된다. 보다 자기주장적이고 공격적이 된다. 동성의 부모에 대한 오이디푸스 갈등과 같은 죄의식을 유발할 수 있다.	목적

5~12세	근면성 대 열등감 과업을 어떻게 하고 완성하는지 학습하며 새로운 기술을 시도하고 흥미를 발견한다.	학업 기술과 도구 사용 등을 포함한 모든 기본적인 문화 기술과 규범을 습득한다.	유능성
12~18세	자아정체감 대 역할혼돈 독립심과 개인적인 효능감, 정체성에 맞게 관심과 기술을 통합한다.	사춘기의 신체적 변화에 자신을 적응시키고, 직업의 선택, 성인의 성적 정체성을 확립하고 새로운 가치관 탐색이 이루어진다.	충실성
18~35세 (성인초기)	친밀감 대 고립감 관계에 들어가고 화해하고 만족하는 것을 학습하며 자기 외의 타인을 돌본다.	청소년기 때보다 깊이 있는 1회 이상의 친밀한 관계를 형성하며 결혼과 가정을 이룬다.	사랑
35~55세 (중년기)	생산성 대 침체감 직업을 가지고 의미 있는 생활을 하며 다음 세대를 지도하고, 일과 자녀에 대해 창의성을 발휘한다.	자녀 출산과 양육, 직업적 성취와 생산성에 역점을 두게 되며, 다음 세대를 교육시킨다.	배려
55세 이상 (노년기)	자아통합 대 절망감 생활을 돌아보고 만족감과 성공을 느끼며 사회나 가족에 기여한다.	이전의 단계를 통합하고 기본적 정체성과 타협하게 된다. 자기를 받아들인다.	지혜

1단계(**신뢰감 대 불신감 단계**)는 프로이트의 구강기에 해당하는 0세에서 1세 시기이다. 신뢰감은 생애 초기 어머니와의 안정된 애착관계에 의해 형성되는 것으로, 유아가 어머니와의 관계에서 친밀감, 일관성, 지속감, 동일성 등을 충분히 경험했을 때 형성된다. 생애의 첫 심리사회적 위기는 어머니의 보살핌의 결핍에서 생기는데, 어머니가 아기에게 관심을 두지 않을 때 아기는 불신감이 생기게 된다. 기본적 신뢰감이 결핍된 유아에게는 급성 우울증이, 성인에게는 편집증이 나타난다. 에릭슨은 유아의 건강한 성장발달은 신뢰감에서만 오는 것이 아니라 신뢰와 불신의 적절한 비율이 갖추어졌을 때 형성된다고 보았다.

2단계(**자율성 대 수치감 및 의구심 단계**)는 프로이트의 항문기인 1세에서 3세 시기이다. 이 단계의 유아는 다양한 신체적 · 정신적 능력을 발달시킨다. 자율성은 부모가 자녀에게 자기 삶에 영향을 미치는 활동들을 자유롭게 조절하도록 허용할 때 형성될 수 있다. 여기서 중요한 것은 유아에게 무제한의 자유를 허용하는 것이 아니라 유아가 조절할 수 있을 정도의 '적절한 자유'를 허용해야 한다는 것이다. 반면, 유아가 자율성을 행사하는 것이 허용되지 않았을 때, 유아의 분노가 내면으로 향해 수치심을 경험하게 된다. 부모의 과잉보호 또는 과잉기대도 유아의 수치심을 유발하게 한다.

3단계(주도성 대 죄책감 단계)는 프로이트의 남근기 시기인 3세에서 5세 시기로 에릭슨이 '유희 연령'이라고 칭한 학령기 전 단계이다. 주도성은 부모가 유아의 주도적인 행동에 긍정적인 반응을 보이며 자녀의 호기심을 인정해 주고 방해하지 않을 때 형성된다. 아동의 주도적인 행동이 지지받고 격려받을 때 유아의 행동은 목표지향적인 행동이 된다.

4단계(근면성 대 열등감 단계)는 프로이트의 잠복기인 5~12세 시기이다. 이 시기에 아동은 처음으로 형식적 교육을 통하여 문화에 대한 기초기능을 배우게 된다. 근면성은 아동이 학교를 다니면서 발달하기 시작하는데, 부모와 교사 등의 성인들의 칭찬과 격려가 아동의 근면성을 발달시킨다. 에릭슨에게 있어 근면성이란 단순히 교육적 성취나 직업적 열망만을 의미하는 것이 아니고, 아동이 개인적으로나 사회적으로 의미 있는 목표를 추구하는 가운데 사회에 적극적인 영향을 발휘할 수 있는 자신감을 의미한다. 반면, 아동이 성취한 결과에 대해 관심이나 칭찬을 받지 못하고 비난이나 조롱을 받게 되면, 아동은 자신을 부적절한 존재로 인식하고 열등감이나 무능감을 느끼게 된다. 열등감과 무능감은 아동의 지속적인 성장발달에 큰 방해요인이 된다.

5단계(자아정체감 대 역할혼돈 단계)는 프로이트의 성기기인 12~18세 시기로 청소년 시기이다. 에릭슨은 청소년기에 자아정체감을 가지거나 역할혼돈을 가지게 된다고 하였다. 자아정체감은 초기 아동기가 성공적일 때 긍정적인 청소년기를 보내면서 형성된다. 불행한 어린 시절의 경험이나 현재의 사회 환경 때문에 자아정체감을 발달시키지 못하게 되면 '정체감 위기'를 겪게 된다. 정체감 위기 혹은 역할혼돈을 경험한 청소년은 진로 선택이나 고등교육 이수를 어려워하게 된다.

6단계(친밀감 대 고립감 단계)는 18~35세 시기로 공식적인 성인생활이 시작되는 성인 초기에 해당한다. 이 단계는 성적 친밀감과 사회적 친밀감을 형성하는 시기로서 에릭슨은 '자신에 대한 친밀감'도 언급하였다. 자신에 대한 친밀감은 자신의 무엇을 상실한다는 두려움 없이 "자신의 자아정체감을 다른 누군가와 연합시키는 능력"이다(Evans, 1967). 에릭슨은 진정한 의미의 친밀감을 형성하려면 자기 자신에 대한 통합된 정체감을 먼저 성취해야 한다고 하였다. 5단계에서 자아정체감을 형성해야지 자기 자신과 타인들과 친밀감을 형성할 수 있게 된다. 친밀감을 형성하지 못하고 장기간 소외되어 사는 사람은 반사회적 성격과 정신병리적 성격을 발달시킬 수 있게 된다. 이들은 자신의 정체감을 다른 사람들과 나누지 못하고, 오랫동안 깊이 있는 인간관계를 맺지 못한다. 친밀감을 형성할 수 없는 사람은 고립감에 빠지는데, 대개 다른 사람들과의 접촉을 피하며, 자신의 자아를 위협하는 것으로 생각되는 사람들을 거부하고 공격하는 특성을 보인다.

7단계(생산성 대 침체감 단계)는 35~55세에 해당되는 인생의 중년기에 속한다. 생산성이란 가정에서 자녀를 낳아 기르는 것과 사회생활을 하면서 사회를 발전시키기 위해 노력하여 얻은 긍정적 결과물, 즉 후배 및 제자 양성, 창조적이고 혁신적인 작품 개발, 신기록 달성 등이라고 할 수 있다. 다음 세대에 남겨 줄 유산을 생산하지 못하게 되면, 침체감이나 권태, 대인관계 악화 상태에 빠지게 된다. 개인은 퇴행하여 어린아이처럼 행동하며 자신의 욕구와 만족에 완전히 빠져 버려 신체적 · 심리적 문제를 일으킨다.

8단계(자아통합 대 절망감 단계)는 55세 이상에 해당되는 인생의 황혼기에 속한다. 이 시기는 자신이 살아 온 삶을 되돌아보고 검토하며 평가하는 숙고의 시간이다. 이때 스스로 충족감과 만족감으로 삶을 되돌아보게 된다면 그는 자아통합을 하게 된다. 반대로 되돌이킬 수 없는 인생의 실수에 대해 후회하고 지나가 버린 기회에 분노하고 좌절감과 증오로 자신의 삶을 바라본다면 그는 절망의 상태에 있게 된다. 이 단계에서의 성공적인 자아통합은 지혜를 발현시킨다(김춘경 외, 2018).

4. 매슬로의 욕구단계

매슬로는 인간의 잠재력을 최대한 활용할 수 있는 개인의 강한 추진력을 인간발달의 핵심으로 보았다. 프로이트가 인간을 부정적인 관점으로 이해한 반면, 인본주의 심리학자들은 인간을 긍정적인 관점으로 바라보았다. 매슬로는 인간이 환경과의 상호작용을 통해 내적 에너지를 수정하면서 계속 성장하고 발달함에 따라 인간이 자신을 형성해 나간다는 이론을 세웠다. 매슬로는 결정론적인 입장을 취하는 정신분석과 기계론적 입장을 취하는 행동주의를 강하게 비판하였다. 그는 인간은 각자 자신의 잠재력을 발달·성장시키고 완성시킬 수 있는 본능적 욕구를 가지고 태어난다고 보고, 인간의 성장에 많은 관심을 두었다.

매슬로 이론에서 성격의 형성은 욕구가 어떻게 작용하는지에 대한 이해와 같다. 매슬로는 욕구위계의 5단계를 거치면서 개인의 성격이 형성된다고 하였다. 욕구위계의 5단계는 다음과 같은 특성을 가진다(Hjelle & Ziegler, 1981).

1단계 생리적 욕구는 인간의 욕구 중에서 가장 기본적이면서 가장 강력한 욕구로 유기체의 생존과 유지에 관련된 물, 음식, 산소, 수면, 신체활동, 성(性), 더위와 추위, 감각적 자극 등이 포함된다. 이러한 기본적 욕구가 충족되어야 인간은 더 높은 단계의 욕구를 만족시키려는 시도를 하게 된다.

2단계 안전 욕구는 안정성, 확실성, 질서, 조직(structure), 예측 가능성 등에 대한 욕구로 유아나 어린이에게서 많이 나타난다. 안전 욕구는 어린 시절을 지나 성인기까지 큰 영향을 미치는데, 신체적·정서적·경제적 위험으로부터 보호받고 싶은 욕구이다. 의식주의 해결을 목표로 하는 직업, 저축, 보험 가입 등도 일부는 안전의 욕구에서 나온 행위라 할 수 있고, 종교나 철학 등도 안전감을 획득하기 위한 행위라 할 수 있다.

3단계 소속감과 사랑 욕구는 생리적 욕구와 안전 욕구가 충족되고 나서 생기는 욕구이다. 이 단계에서 인간은 타인과의 애정관계, 가족 내에서의 위치, 준거집단 등을 갈망하게 된다. 개인화된 현대사회를 살아가는 인간은 이러한 욕구의 충족 앞에서 좌절을 자주 경험한다. 매슬로는 사랑과 소속감의 욕구가 많이 좌절된 사회에서 부적응과 다양한 정신병적 증상들이 많이 나타난다고 하였다.

4단계 존중 욕구는 사랑을 받고 사랑하고자 하는 욕구가 충족되고 나서 생기는 욕구로 자기 존중 욕구와 타인으로부터의 존중 욕구가 있다. 자기 존중은 능력, 신뢰감, 자신감, 숙달, 성취, 독립, 자유 등을 갖는 것이 필요하고, 타인으로부터의 존중은 명성, 인식, 수용, 주목, 지위, 평판, 인식 등을 포함한다. 존중의 욕구가 좌절되면 열등감, 무력감 등을 느끼게 된다. 매슬로는 가장 건강한 자존심은 명성이나 지위 등에서가 아닌 다른 사람들로부터 얻어 내는 존경에 근거한다고 하였다. 참된 자기 존중은 개인이 가진 실제 능력에 근거하는 것이어야 하며, 개인이 통제할 수 없는 외부 요소에 의존해서는 안 된다.

5단계 자아실현 욕구는 지금까지의 모든 욕구가 충분히 만족되었을 때 등장하는 욕구이다. 매슬로는 자아실현을 자기가 성취할 수 있는 모든 것을 성취하려는 욕구로 설명하였다. 자아를 실현한다는 것은 자기가 원하는 종류의 사람이 되는 것, 즉 자신의 잠재력을 최고로 발휘하는 것을 의미한다.

매슬로(1968)는 심리학이 인간의 병리적인 측면보다는 건강한 본성에 더 큰 관심을 가져야 한다고 주장하였고 '건강한 아동'의 특성을 다음과 같이 제시하였다.

- 건강한 아동들은 환경과 상호작용하기 위해 자발적으로 노력하며, 자기가 가진 기술은 무엇이든 표현하고자 한다.
- 그러므로 건강한 아동들은 신체적으로 건강하고, 공포로 인해 무력하지 않고, 위험을 무릅쓰고 앞으로 나아갈 만큼 안전감을 느낀다.
- 이와 같은 경험을 우연히 혹은 중요한 성인들의 도움으로 하게 된다.
- 건강한 아동들은 이러한 상호작용과 뒤따를 결과를 두려워하기보다는 오히려 위험을 무릅쓰고 감행할 만큼 충분한 안전감과 자기확신을 가지고 있다.
- 만약 이러한 경험들이 성공적이라면, 아동들은 반복할 것이며, 좀 더 복잡한 경험을 향하여 나아갈 것이다.
- 환경에서의 성공적인 경험은 자아존중감을 향상시키며, 능력과 힘과 통제력이 있음을 느끼게 한다.

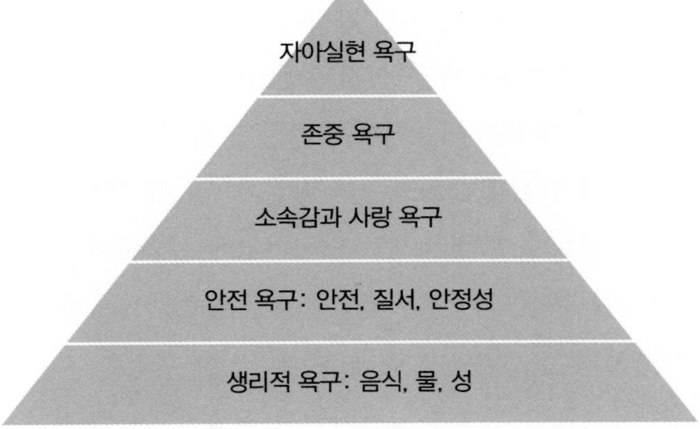

그림 2-1 매슬로의 욕구단계

• 아동들은 그들이 해를 입지 않는 한 앞을 향해 나아갈 것이다.

매슬로의 인간욕구의 위계단계는 심리학, 상담학, 교육학, 인간관계 분야에서 광범위하게 인용된다. 그의 이론이 기여한 것은, 첫째, 인간은 건강, 창의성, 통찰, 자아충만과 같은 상위의 수준을 향하고자 하는 내적 경향성을 지닌다. 둘째, 신경증은 기본적으로 자아실현에 대한 내적 경향성이 봉쇄됨으로써 나타난 것이다. 셋째, 일의 효율성과 개인 성장은 서로 밀접하게 연관되어 있다. 실제로 자아실현의 과정은 각 개인으로 하여금 더 많은 효율성 · 창의성 · 생산성을 촉진시킨다.

5. 피아제의 인지발달단계

피아제는 인지발달 연구의 선구자이다. 정신분석 이론가들이 성격발달에 일차적인 관심을 둔 것과 달리 인지이론가들은 인간의 사고과정의 구조 · 발달 · 과정을 이해하고 예측하는 것에 대해 많은 관심을 가졌다. 피아제는 인간의 인지를 복잡한 유기체가 환경에 대해 생물학적으로 적응해 가는 과정의 특수한 형태로 보고, 인간의 지각 · 학습 · 경험 등 인식의 근본 문제를 과학적으로 연구하였다. 그는 자신의 세 자녀가 성장하는 과정을 지켜보면서 아동이 성숙해 가면서 환경에의 적응을 도와주는 '인지구조'를 획득하는 것과 아동의 사고는 성인의 사고와 매우 다르다는 것을 발견하였다.

인간의 지적 능력이란 개인이 주어진 환경에 효과적으로 적응할 수 있는 능력을 의미한다. 따라서 인지발달을 이해하는 것은 곧 인간의 지적 능력이 환경과의 상호작용을 통하여 어떻게 변화되어 가는가의 과정과 그 변화 양상을 아는 것이다. 피아제에 따르면, 인간은 태어날 때 다른 동물과 마찬가지로 몇 개의 반사기능만을 갖고 있다. 이 반사기능을 바탕으로 마치 생물체가 환경에 순응하기 위하여 자신의 신체구조를 바꾸어 가듯이 인간도 환경과의 적극적인 상호작용을 통해 끊임없이 자신의 인지구조, 즉 도식 혹은 스키마(schema)를 재구성해 나간다. 피아제의 이론은 인지의 기본 구조인 도식들이 어떻게 결합되어서 전체적으로 조직화된 사고를 가능하게 하는지를 설명했다는 점에서 구조주의적이며, 도식들이 결합되는 과정을 설명하기 위해서 동화(accomodation), 조절(assimilation), 평형화(equilibration) 등의 생물학적인 개념을 적용했다는 점에서 생물학적이다(이미리 외, 2019).

인지구조가 발달하는 데는 생득적 요인인 성숙과 더불어 환경적 요인이 크게 작용한다. 환경적 요인은 사물을 대상으로 하는 지적 활동인 물리적 경험과 사람과의 상호작용인 사회적 요인으로 구성된다. 성숙, 물리적 경험, 사회적 요인이 인지발달을 결정하는 주요 요인이다. 도식들이 환경적 요구에 맞춰서 확장되어 가는 과정을 적응(adaptation)이라고 한다. 적응은 동화와 조절의 기능을 통해서 진행된다.

동화는 기존의 도식을 사용해 새로운 환경적 자극을 이해하는 것을 말하고, 조절은 기존의 도식으로 새로운 환경적 자극을 이해할 수 없을 때 새로운 환경적 자극을 이해하기 위해서 기존의 도식을 변경하거나 새로운 환경적 자극에 맞는 새로운 도식을 만드는 인지과정을 말한다. 동화와 조절이 인지발달 과정에서 지속적으로 진행되는 경향성을 피아제는 평형화라고 하였다. 평형화는 개인이 스스로 자신의 인지구조를 형성하고 재구성하는 인지발달의 핵심 기능이다.

피아제는 인지발달이 보편적인 패턴을 따르는 과정이라 보고 인지발달의 4단계를 주장하였다. 각 단계의 인지능력의 특성과 수준은 질적으로 다르나, 다음 단계로의 이행은 반드시 이전 단계의 인지능력을 완수했을 때 가능하다.

1단계 감각운동기(sensorimotor stage)는 0세에서 만 2세까지의 시기에 해당한다. 이 시기의 영아는 타고난 감각 능력(빨기, 삼키기 등의 반사행동)과 신체적인 움직임을 통해서 환경에 적응하며 사고를 발달시켜 나간다. 이 때문에 감각운동기라 불린다. 감각운동기의 초기에는 타고난 스키마를 사용한 반복적인 움직임을 통해서 우연히 세상을 알아 나가지만, 생후 1년 6개월 이후인 감각운동기의 후반기에 접어들면 영아는 의도적으로 행동하게 되고 수단과 결과의 관계를 이해하게 되면서 주변 세상과 자신의 경계를 알게 된다.

2단계 전조작기(preoperational stage)는 2세부터 7세까지의 시기에 해당된다. 조작(operation)이란 논리적인 사고를 말하는데, 이 시기를 전조작기라고 명명한 이유는 비록 감각운동기에 비해서 비약적으로 발전된 상징적 사고가 가능하지만 아직까지는 논리적인 사고가 어렵고 미숙한 사고를 하는 시기이기 때문이다(이미리 외, 2019).

이 시기의 유아는 상징능력을 갖게 된다. 상징능력이 가능한 이 시기에 유아의 언어가 발달하기 시작한다. 상징놀이를 통해 유아의 인지능력이 발달하는데, 반면 비합리적인 상상을 현실로 착각하여 이상행동을 보이는 경우도 있다.

전조작기의 유아는 자아중심적 사고(egocentrism)와 경직된 사고의 특징을 보인다. 자아중심적 사고란 다른 사람의 관점을 알지 못하고, 세상을 '나'의 관점에서 지각하고 이해하고 해석하는 사고 특성을 말한다. 전조작기의 경직된 사고는 중심화(centration)와 비가역성(irreversibility)으로 설명한다. 여기서 중심화란 사물이나 사건의 한 가지 특성에만 주의를 집중하고 다른 특성들을 동시에 고려하지 못하고 무시하는 데서 오는 비논리적 사고 특성을 말한다. 경직된 사고의 두 번째 특징인 비가역성이란 상황의 변화에 대한 가역적 사고를 하지 못하는 것을 말한다.

3단계 구체적 조작기(concrete operational stage)는 대략 7세부터 11세까지의 학령기 시기에 해당된다. 학령기 아동은 보고 행동하는 것과 구체적 사물을 중심으로 논리적으로 사고할 수 있게 된다. 논리적 사고가 가능하다는 것은 보존(conservation) 개념이 생겼다는 의미다. 보존 개념이란 외양이 바뀌어도 원래의 속성은 바뀌지 않는다는 것을 이해하는 개념이다. 구체적 조작기에 발달하는 보존 개념은 액체의 양뿐 아니라 수, 길이, 넓이, 무게, 부피, 전체와 부분, 사물들 간의 관계 등의 물리적 세계를 논리적으로 이해하는 데 적용된다. 물리적 세계에 대한 논리적 사고능력은 사회적 세계를 이해하는 능력으로 확장된다.

구체적 조작기에 사회적 역할을 수행하는 데 아직은 미숙하지만 전조작기에 비해서 자아중심적인 사고가 줄어들고 논리적이고 도덕적인 판단을 하기 시작하며 가족이나 친구 관계에 대해 더욱 민감하게 인식하고 반응한다(곽금주, 2016; Miller, 1983). 자아중심적인 사고에서 벗어나는 이 시기의 아동은 다른 사람의 입장을 이해할 수 있는 능력이 증가하면서 보다 효율적으로 의사소통할 수 있다. 이 시기의 논리적 사고 대상은 현재 존재하는 구체적 대상에 국한되며, 구체적으로 존재하지 않는 가정적이고 추상적인 개념에 대한 논리적 사고는 아직 미숙하다.

4단계 형식적 조작기(formal operational stage)는 대략 11세 이후인 청소년기에 해당된다. 구체적 조작기에는 구체적인 대상이나 사건에 대한 논리적인 사고가 가능하지만 형식적 조작기에는 이러한 구체적 대상이나 사건들 간의 가능한 관계에 대한 가설적 또는 추상적 사고가 가능하다. 또한 사건이나 사물에 대한 다양한 관점과 복합적인 관점에서의 논리적 사고가 가능하여 논리적 조작에 따른 문제해결 능력이 발달하게 된다. 이 단계가 되어야 철학적이고 관념적인 개념 형성을 할 수 있게 된다.

4단계들은 사실상 연속적이며 각 단계는 서로 관련되어 있고 이전 단계가 다음 단계에 영향을 주기 때문에 어떤 단계도 뛰어넘을 수 없다. 피아제를 비롯한 인지발달 학자들은 아동의 사고구조에 중요한 통찰력을 제공하였다. 이러한 통찰을 통해 상담자는 인생의 다양한 발달단계에서 나타나는 제한된 사고를 인식할 수 있고 이러한 제한된 사고와 능력은 아동행동에 영향을 끼친다는 것을 이해하게 된다. 아동의 문제행동이나 이상심리를 다룰 때는 아동의 인지적 특성을 정확히 알고 있어야 아동의 왜곡된 인지구조를 파악하고 이것들을 정상화시킬 수 있는 전략을 마련할 수 있게 된다.

〈표 2-3〉 **피아제의 인지발달단계**

단계(발달시기)	설명
감각운동기 (출생~2세)	영아는 자신의 눈, 귀, 손과 입으로 외부 환경을 탐색하고 행동함으로써 사고한다. 또한 이 단계는 감각운동 문제해결 방식을 찾아낸다. 이러한 방법으로는 음악상자의 소리를 듣기 위하여 손잡이를 당기기, 숨겨진 장난감을 찾기, 상자에 사물을 집어넣고 꺼내기 등이 있다.
전조작기 (2~7세)	취학 전 아동은 이전 감각운동기에서 발견한 것들을 표현하기 위하여 상징을 사용한다. 언어발달, 가상놀이가 생긴다. 그러나 사고는 아직 논리가 부족하다.
구체적 조작기 (7~11세)	아동의 추론은 논리적이고 좀 더 조직화된다. 학령기 아동은 레몬에이드의 양이나 밀가루 반죽의 겉모습이 달라진 후에도 여전히 양이 같다는 것을 이해한다. 그들은 또한 분류나 하위 영역의 단계로 사물을 조직화한다. 그러나 사고는 성인의 인지에는 미치지 못한다. 그것은 아직 추상적이지 않다.
형식적 조작기 (11세 이후)	추상적 능력, 체계적 사고가 가능하다. 청소년이 문제에 직면했을 때 가정을 가지고 시작할 수 있다. 실험할 수 있는 추론에서는 연역하고, 어떤 추론들이 확실한지를 알기 위하여 변수를 분리하거나 결합시킬 수 있다. 또한 청소년은 실제 세계 환경에 대한 언급 없이 언어로만 설명된 논리를 평가할 수 있다.

출처: 김기현 외(2014).

6. 콜버그의 도덕성 발달단계

도덕성은 "어떤 사물이나 상황 등에 대하여 옳고 그름을 판단하고 바르게 행동하는 능력"이다(김춘경 외, 2016). 도덕성에 대한 이해는 아동의 일탈된 사고와 행동을 이해하는 데 필요한 근거를 제시해 주고 있다. 도덕성은 선과 악에 대한 규범을 개인의 사고와 행동, 정서에 적용하는 과정에서 발달하는 것이기 때문에 도덕성이 발달하기 위해서는 도덕적 사고, 도덕적 정서 그리고 도덕적 행동이 함께 일어나야 한다(곽금주, 2016). 도덕성은 사고 · 정서 · 행동의 다차원적 특성을 가지고 있어 도덕적 사고와 정서, 행동에 초점을 두는 이론들이 있으나, 이 장에서는 도덕적 사고에 초점을 둔 콜버그의 도덕성 발달단계에 관해 살펴보고자 한다.

피아제의 인지발달이론에 기초하여 도덕성 발달이론을 개발한 콜버그는 도덕적 사고를 통해서 도덕적 행동을 할 수 있다는 전제를 가지고 인간의 도덕적 사고능력의 발달을 설명하였다. 콜버그는 도덕성의 발달단계를 전인습적 수준, 인습적 수준, 후인습적 수준의 3개의 수준으로 분류하고, 각 수준을 2개의 단계로 하위 분류하여 총 6단계로 구성하였다. 각 수준과 단계의 내용은 다음과 같다.

수준 1: 전인습적 수준(preconventional level)에서는 행동의 결과가 가져다주는 보상과 처벌을 통해서 도덕적 판단을 한다. 구체적 조작 수준의 도덕적 판단이다.

- **단계 1: 처벌과 복종 지향 단계**에서는 행동의 결과에 의해 옳고 그름을 판단한다. 처벌을 피하거나 힘이 있는 사람에게 복종하는 것이 도덕적이라고 판단한다.
- **단계 2: 도구적 상대주의 지향 단계**에서는 자신이나 타인에게 이익이 되는 행동이 옳다고 판단한다. 자신에게 최고의 이익을 가져다주면서 공정한 거래를 만들어 내는 행동이 도덕적이라고 판단한다.

수준 2: 인습적 수준(conventional level)에서는 사회규범을 이해하고 옳고 그름을 객관적인 기준으로 판단한다. 사회질서를 유지하고 타인의 기대에 부응하는 행동이 도덕적이라고 판단한다. 그러므로 타인의 기대, 소속된 사회나 조직의 규칙과 관습의 준수를 중요하게 생각한다. 형식적 조작 수준의 도덕적 판단이다.

- **단계 3: 대인 간 조화 또는 착한 소년 소녀 지향의 단계**에서는 타인으로부터 칭찬받고 인정받는 행동이 도덕적 행동이라고 판단한다. 행동의 결과보다는 의도와 동기에 의해서 옳고 그름을 판단하기 시작한다.
- **단계 4: 법과 질서 지향 단계**에서는 자신의 욕구 충족이나 타인으로부터 인정을 받는 것보다는 사회가 정한 법률과 규칙을 준수하는 것이 옳은 행동이라고 판단한다.

수준 3: 후인습적 수준(postconventional level)에서는 단순히 사회질서를 유지하기 위한 도덕성이 아니라 자신이 옳다고 생각하는 도덕적 가치와 원리에 따라 도덕적 판단을 한다. 사회의 규칙이나 관습은 절대적인 것이 아니고 상대적이고 주관적인 것이라고 생각한다. 사회의 규칙과 관습을 지켜야 하기 때문에 지키는 것이 아니라 자신이 추구하는 도덕적 목표를 지지하는 수단이 되기 때문에 지킨다. 그러므로 인간의 존엄성, 정의, 공정성과 같은 도덕적 이상을 위배하는 규칙은 수정되어야 한다고 본다. 형식적 조작 수준의 사고능력을 가진 사람이 도달하는 수준이지만, 현실적으로 이 수준에 도달하는 사람은 드물다.

- **단계 5: 사회계약 지향 단계**에서는 사회적 규범이나 법은 절대적인 것이 아니며 대다수 구성원의 보다 나은 이익을 위해서 항상 바뀔 수 있다고 판단하는 도덕적 융통성이 생긴다.
- **단계 6: 보편적인 윤리적 지향 단계**에서는 구체적인 규율에 의해서 옳고 그름을 판단하는 것이 아니라 자신이 스스로 규정한 보편적인 윤리적 원리를 토대로 도덕성 여부를 판단한다.

콜버그의 도덕성 발달이론의 한계와 비판점으로는, 첫째, 도덕적 사고에 초점을 맞추고 있어서 도덕적 정서나 행동을 간과하고 있다는 점, 둘째, 도덕적 판단수준이 높다고 해서 도덕적 행동의 수준도 높은 것은 아니라는 점, 셋째, 5단계에 해당되는 사람이 성인의 10% 정도이고, 6단계에 속하는 사람은 거의 예수님, 부처님과 같은 성자 수준의 사람에게만 해당되어 후인습적 수준이 실제 도덕성 발달을 설명하지 못하고 있다는 점, 넷째, 남성만을 연구 대상에 포함시켜 성차를 무시했다는 점 등이 있다.

〈표 2-4〉 콜버그의 도덕성 발달단계

수준	단계
수준 1: 전인습적 수준 도덕적 추론은 행동의 물리적 결과에 지배를 받는다. 행동은 그 결과, 즉 벌을 받는지 또는 상을 받는지에 따라 좋은지 나쁜지가 결정된다.	단계 1 벌을 받지 않는 행동이 옳은 단계. 아동은 벌을 받을까 무서워서 복종한다.
	단계 2 자기 이익의 단계. 자신에게 유익하거나 호의를 되돌려 받을 수 있는 행동이 옳은 행동이다. '당신이 내 등을 긁어 주면 나도 당신의 등을 긁어 줄 것이다.'
수준 2: 인습적 수준 아동은 다른 사람들의 기준을 내면화하고 이 기준에 따라 옳고 그름을 판단한다.	단계 3 상호적 관계의 도덕성. '착한 소년-착한 소녀' 지향, 아동은 다른 사람을 기쁘게 하거나 돕기 위해 행동한다.
	단계 4 사회체계와 양심의 단계. 권위 지향, 도석성은 자신의 의무를 다하고, 권위를 존경하고, 사회질서를 유지하는 것이다.
수준 3: 후인습적 수준 도덕적 행동이 내적 통제를 받는다. 가장 최상의 수준이며 진정한 도덕성을 나타낸다.	단계 5 계약의 도덕성. 개인의 권리와 민주적으로 결정된 법에 대한 존중. 다수의 바람과 일반적 복지에 대한 합리적 평가. 시민이 법을 준수하면 사회가 원만하게 돌아간다는 신념이다.
	단계 6 가장 높은 수준의 단계. 보편적인 윤리적 원칙의 도덕성. 사람은 법적 제재나 다른 사람의 의견과는 무관한 자신의 내적 기준에 따라 행동한다.

출처: Wood, Wood, & Boyd (2015).

7. 하비거스트의 발달과제

하비거스트는 사회적 요구가 인간의 욕구와 어떤 관련이 있는지에 관해 많은 관심을 가졌다. 그는 개인이 사회로부터 요구받은 과제를 학습하게 되는 일련의 과정을 통해 인간이 발달한다고 보았다. 사회는 개인에게 연령에 따라 등급이 다른 발달적 과제를 요구한다. 발달과제는 환경에 적응하고 극복할 수 있는 일련의 기술과 능력으로 이루어져 있으며, 이 과제는 인생의 출발과 더불어 시작되고, 각각의 발달단계에서 적시에 달성되어야 한다.

발달과제는 개인의 삶 속에 어떤 특정한 시기에 일어나는 것이며, 그 시기에 습득해야 할 지식, 기술, 태도, 기능 등을 포함하고 있다. 발달과제의 성취는 성공과 행복을 가져다줄 뿐 아니라 미래에 일어나게 될 부가적인 과제를 만족시킬 수 있는 기술을 습득하도록 도와준다. 반면, 과제 성취에 실패한 아동은 부적응을 경험할 것이고, 다음에 이어지게 될 어려운 과제를 수행할 수 없게 된다(Havighurst, 1952).

하비거스트는 초기 아동기(0~5세)에 성취할 발달과제가 있으며, 중기 아동기(6~11세), 청소년기(12~18세), 초기 성인기(19~30세) 그리고 중년기, 노년기에도 성취할 과제가 있다고 하였다. 초기 아동기(0~5세)의 발달과제에는 걷기 학습, 말하기 학습, 고형 음식물을 먹는 학습, 몸의 청결유지 학습, 성별 차이와 겸손, 생리학적인 안정을 유지하는 학습, 사회와 부모 · 또래 · 형제와 관련된 것에 대한 학습, 옳고 그름을 구별하는 학습이 포함된다. 하비거스트가 제시한 중기 아동기(6~11세)의 발달과제에는 신체적 기술학습, 자신에게 대하는 태도가 전체에게 적용되도록 하는 학습, 또래와 사이좋게 지내는 학습, 남자와 여자에 맞는 역할 학습, 읽기 · 쓰기 · 셈하기의 기본적인 기술학습, 일상에서 필요한 개념학습, 양심 · 도덕심 · 가치척도 발달학습, 독립심 향상학습, 사회집단과 기관에 대한 태도학습 등이다. 이러한 발달과제는 초등학교에서 포괄적인 생활지도와 상담 프로그램인 일반지도에 적합한 것처럼 보인다. 하비거스트는 청소년기와 성인을 위한 발달과제도 제시하였다.

하비거스트의 발달과제는 상담자에게 2가지 측면에서 도움을 준다. 첫째, 발달과제가 학교에서 교육(집단상담과 생활기술훈련)의 목표를 발견하고 설명하는 데 도움을 준다. 둘째, 교육적인 노력이 필요한 적절한 시기에 상담자에게 생활지도와 교육활동을 만드는 데 폭넓은 정보와 방안들을 제시한다.

활동

1. 아동상담 장면에서 아동발달이론에 대한 이해가 필요한 이유에 대해 실제적인 사례를 들어서 설명해 봅시다.

2. 이상행동을 보이는 아동의 사례를 1~2가지 선정하여 그 아동을 이해하는 데 도움이 되는 발달이론을 선정하고, 그 이론을 선정한 이유와 이론을 적용한 실제 사례 등에 대해 조원들과 함께 이야기해 봅시다.

3. 이 장에서 다룬 발달단계 이론 중 하나의 이론을 선택하여 나의 어린 시절의 경험을 그 이론에 맞추어 분석해 보고, 그 결과를 조원들과 함께 이야기해 봅시다.

제2부
아동상담의 주요 이론

제3장

정신분석 아동상담

프로이트(Sigmund Freud) 이전에는 우리 인류에게 정신세계에 대한 체계적인 지식이 없었다. 프로이트에 의해 처음으로 시도된 정신분석은 심리치료 이론이자 기법으로 이후의 모든 심리치료 방법에 대한 토대를 제공하였다. 이러한 위상으로 인해 정신분석은 다른 이론에 비해 분석과 비판을 많이 받으며 현재까지 발달되어 왔다.

정신분석 아동상담은 프로이트가 성인 내담자로부터 축적한 지식을 아동에게 적용하며 시작되었다. 정신병리 증상의 원인을 찾는 연구와 탐색을 끊임없이 한 프로이트는 생애 초기 6년의 중요함을 주장하며 심리성적 발달단계를 제안했고, 아동기 분석의 필요성을 제기하였다. 또한 아동의 언어적 표현의 한계를 극복하고자 놀이에 주목했고, 그의 후계자들은 놀이치료를 도입하여 아동을 직접 관찰하면서 아동정신분석에 대한 기반을 형성하게 되었다. '정신분석'과 '정신역동'이란 용어는 종종 호환적으로 사용되는데, 상담에서 정신역동적 모델은 자아 발달과 대상관계에 좀 더 초점을 둔다고 볼 수 있다. 이 장에서는 프로이트를 중심으로 한 고전적 정신분석의 기본개념을 중심으로 이론과 아동정신분석 실제 사례에 대해 알아보고자 한다.

1. 정신분석 이론의 발달

정신분석적 상담은 어렸을 때 생긴 무의식적 동기와 갈등의 근거를 자유연상, 해석 등의 기법을 통해 의식화시킴으로써 내담자에게 통찰이 일어나도록 하는 치료이다. 상담장면에서는 내담자가 생애 초기 약 6년간 중요한 인물과 나누었던 정서적 상호관계에 관심을 두고 감정적인 관계의 질을 살펴보며 현실의 갈등을 해소하고자 한다.

인간 정신세계에 대한 이러한 접근은 프로이트를 중심으로 시작되어 이후에 나온 인간행동에 대한 결정론과 무의식의 존재를 바탕으로 한 수많은 이론들의 뿌리가 되어 현재에 이르러서는 심리학과 정신의학은 물론 문화 · 예술 등 다양한 분야에서 그 영향력을 확인할 수 있다.

프로이트는 1856년 체코의 유태인 가정에서 태어나 유년 시절 빈으로 이주하여, 나치의 박해를 피해 사망하기 1년 전인 1938년 영국으로 망명하기 전까지 계속 그곳에서 정신과 의사로서 환자들을 진료하며 연구를 했다. 철저한 경험주의자였던 그는 환자들에게서 관찰한 것을 정리하고 자신의 경험에 대한 냉철한 자기분석을 이론화하여 발표했다. 이러한 배경으로 우리는 그의 생애와 정신분석의 전개가 연결되어 있음을 발견할 수 있다.

프로이트는 진료 현장에서 환자가 안고 있는 문제의 심리적 근원을 밝히기 위해 여러 가지 시도를 하였는데, 그러한 작업에 매우 중요하게 사용된 기법이 자유연상

그림 3-1 프로이트와 그의 딸 안나 프로이트

출처: Wonderfulmind 홈페이지.

이었다. 이는 현재에도 정신분석치료의 가장 핵심적인 기법 중의 하나이다. 또한 히스테리 환자를 치료하면서 인간의 정신세계에 자신이 모르는 마음의 세계, 즉 무의식이 존재하고 있으며, 마음의 병은 이 무의식 속 갈등에 근원이 있음을 발견하였다. 프로이트가 환자들의 무의식에 숨겨진 갈등을 찾아 치료하는 데 있어서 가장 결정적인 영향을 준 것은 꿈이었다. 그래서 그는 꿈을 '무의식에 이르는 왕도' 라고 불렀다. 자신의 임상 현장에서 분석한 다양한 꿈 사례를 집대성해서 1900년에 출판한 『꿈의 해석(The interpretation of Dream)』은 그의 가장 중요한 업적 중의 하나일 뿐만 아니라 정신분석을 대변하는 책으로 평가받는다. 1896년, 프로이트는 아버지의 사망 이후 우울증과 불안 등 심리적 혼란을 겪게 되자 이 문제를 이해하기 위해 철저한 자기분석을 했다. 그로 인해 권위적이었던 아버지와 젊고 매력적이었던 어머니에 대한 아동기 기억에 대해 탐색을 하고 자신의 꿈을 분석하면서 심리성적이론을 개념화하게 된다. 그리고 자신이 느꼈던 아버지와 관련된 죄책감과 거세불안을 지칭하기 위하여 '오이디푸스 콤플렉스'라는 개념을 도입한다. 이는 프로이트가 정신분석치료에서 가장 중요시하는 개념이다. 특히 그는 신경증적 장애, 성격장애 같은 정신질환을 오이디푸스 콤플렉스가 해소되지 못한 상태에서 오는 무의식적 갈등 때문이라고 보았다.

아동을 대상으로 한 정신분석은 아동기에 겪었던 경험이 성인기 정신생활의 중요한 근원이 된다는 개념에서 출발하였다. 프로이트는 성인 정신 기능에 대한 탐색을 위해 아동들을 관찰했는데, 이것이 아동정신분석으로 연결되었다. 그는 말 공포증이 있는 다섯 살 된 한스의 증상을 아버지를 통해 간접적으로 치료하며, 아동에게도 보편적 성욕이 존재한다는 자신의 견해를 더욱 확고히 했다. 그는 이 사례를 통해 정신분석의 치료적 잠재력이 성인뿐 아니라 아동에게도 사용될 수 있음을 보여주었다.

성인정신분석의 재구성에서 아동정신분석이 싹텄지만, 자아와 초자아와 같은 정신적 구조가 미성숙한 아동기의 본질 때문에 아동분석은 많은 방식에서 성인정신분석과 다르다. 처음에는 아동정신분석에도 프로이트가 성인에게 사용했던 자유연상을 그대로 사용하였으나, 성인과 달리 아동은 언어 표현이 미숙할 뿐 아니라 자신의 과거 탐색이나 자유연상을 하는 데에 제한점이 있어 놀이가 도입되었다. 프로이트 이후, 정신분석 아동상담의 두 축인 프로이트의 막내딸 안나 프로이트(Anna

Freud)와 멜라니 클라인(Melanie Klein)에 의해 놀이는 아동분석에 필수적인 치료기법으로 활용되어 현재에도 임상현장에서 많이 사용되고 있다(O'Connor, 2000).

프로이트 이후 정신분석적 사고는 안나 프로이트를 중심으로 한 자아심리학(ego psychology), 코헛(Kohut)이 제안한 자기심리학(self psychology), 그리고 클라인이나 위니컷(Winnicott), 말러(Mahler), 페어베언(Fairpairin)과 같은 연구자들에 의한 대상관계 이론으로 발전되어 왔다. 최근의 아동정신분석은 자아혼란, 발달과정의 결함이나 일탈, 또는 경계선 상태에 있는 아동들에게 지속적인 관심을 가지고 있으며(Kennedy & Moran, 1991), 치료과정에 있어 프로이트의 핵심적 개념과 기법은 여전히 중요한 자리를 차지하고 있다.

2. 기본개념

1) 본능

프로이트는 인간의 본능(욕동)이 신체에 존재하는 것으로 간주한다. 본능은 상반되는 2가지 개념으로 존재하는데, 하나는 생(生)의 본능인 에로스(eros), 다른 하나는 죽음(死)의 본능인 타나토스(thanatos)이다.

에로스의 심리적 에너지는 리비도(libido)라고 불린다. 프로이트에 따르면 삶의 본능 중 가장 중요한 것이 성(性)이다. 이것을 적절히 해소하는 것은 매우 중요하지만, 사회문화적 이해 범위 내에서 이루어져야 하는 만큼 쉽지 않은 일이다. 결국 충분히 해소되지 않은 성적 에너지는 인간의 무의식 아래로 억압하게 되고, 억압된 성적 욕구는 종종 최면, 꿈, 자유연상이나 유머, 상징, 말실수 등을 통해 의식 차원으로 드러나게 된다.

또한 프로이트는 1920년 자신의 저서 『쾌락의 원칙을 넘어서(Beyond the Pleasure Principle)』에서 살아 있는 모든 것은 쇠퇴하고 죽는다고 말하면서 죽음과 파괴 역시 선천적인 본능이라고 주장했다. 그러나 타나토스에 대해서는 에로스에 대한 논의만큼 충분히 논의하지 않았고, 단지 하나의 죽음의 본능, 공격성에 대해서만 논의했다.

성욕과 공격욕은 서로 충돌하여 갈등을 일으키기도 한다. 유아가 어머니의 젖을 빨면서 씹거나 깨무는 것은 이 2가지 욕망이 함께 작동된 결과로 사랑과 미움 그리고 애착과 공격을 함께 표현한 행위로 이해할 수 있다(권석만, 2015).

2) 무의식과 지형학적 이론

프로이트는 자기분석과 임상현장의 환자들을 통해 인간 마음속에 존재하는 어떤 힘과 그에 반대하는 힘 사이의 갈등을 끈기 있게 탐구하고는, 인간의 정신기제는 서로 다르게 작동하는 영역—의식, 전의식, 무의식—들로 구성되어 있다고 주장했다. 인간의 심리기능을 설명하는 그의 방식이 마치 사람의 마음을 지도처럼 나누어 묘사한다고 하여 지형학적 이론(topographical theory)이라고 한다. 이 이론에 따르면, 의식과 무의식, 그리고 그 사이에 전의식이 위치해 있다. 의식과 무의식을 나누는 것은 억압(repression)이다. 개인이 수치스럽게 느끼는 내용이나 죄책감, 열등감, 성적 욕구, 공격적 욕구처럼 의식에서 감당하기 힘든 내용은 의식 아래인 무의식에 억압해 버린다. 무의식에는 우리가 상상할 수 있는 것 이상의 방대한 내용이 잠재되어 있고 인간의 의식은 정신세계에서 빙산의 일각에 불과하다고 한다([그림 3-2] 참고). 한편 전의식은 무의식 중에서 비교적 쉽게 의식 차원으로 불러 올릴 수 있는 부분이다. 해수면 위로 드러난 빙산의 일각이 의식이라면, 전의식은 바다 아래 존재하는 무의식 중 해수면 가까운 곳에 위치하는 것으로 볼 수 있다.

프로이트(1917)는 인간의 신체와 정신 사이의 사라진 연결고리가 무의식이라고 설명하였다. 무의식의 내용은 억압되거나 검열되고 있어서 의식에서 인식할 수 없다. 무의식의 내용이 의식화될 때 불안이나 불쾌함이 나타날 수 있기 때문이다. 무의식은 전의식과 의식에 대항하는 것으로 인간의 심리가 항상 갈등 속에 있다는 것을 의미한다. 무의식은 의식의 논리를 벗어나는 쾌락원리(pleasure principle)를 따른다. 무의식에 억압된 내용은 우리 안에 갇힌 맹수들처럼 호시탐탐 의식으로 뛰쳐나오려고 하기 때문에 인간은 많은 정신 에너지(psychic energy)를 사용하여 억누른다. 하지만 자아가 약화된 상태에서 종종 실수, 실언, 꿈, 농담 등의 형태로 의식 밖으로 뛰쳐나와 무의식적 충동과 생각은 자기 존재를 드러낸다.

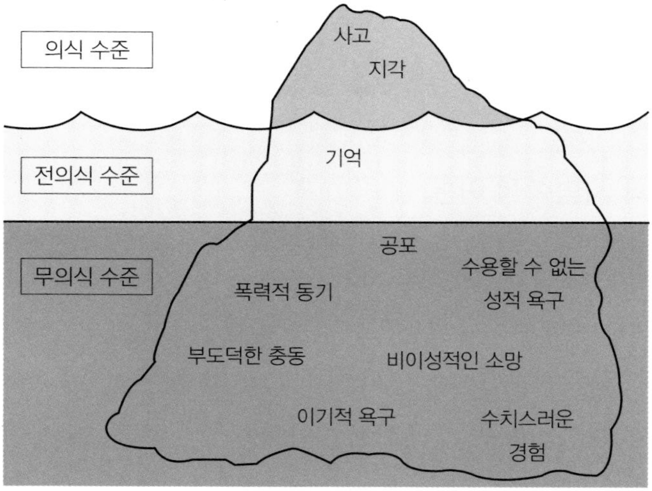

그림 3-2 빙산으로 표현된 지형학적 이론

출처: 권석만(2015).

3) 구조이론

프로이트는 임상 경험과 더불어 인간의 성격에 대한 끊임없는 탐색을 통해 초기에 발표했던 자신의 지형학적 이론을 수정해 구조이론(structural theory)을 제시하였다. 구조이론에서는 인간의 성격이 원초아(id), 자아(ego), 초자아(superego), 3가지로 구성되었다고 보고, 출생 당시에는 본능적인 욕망과 욕구인 원초아와 희미한 자아로 이루어져 있다가 성장해 가면서 자아와 초자아가 발달한다고 주장한다.

(1) 원초아

원초아란 인간이 타고나는 본능적인 욕망과 욕구를 의미한다. 식욕, 성욕, 공격욕, 수면욕 등이 모여 원초아를 이루며, 본능적 욕망과 욕구로 구성된 원초아는 '쾌락원칙'에 따라 즉각적이고 충동적인 만족을 요구한다. 원초아는 비논리적이고 맹목적이며, 긴장과 고통을 피하고 쾌락을 추구하며, 욕구 충족을 위해서 인내하거나 계획을 세우지 않는다. 예를 들어, 내일까지 해야 할 숙제가 있는 아동이 게임에 대한 욕구를 절제하지 못하고 하루 종일 게임에 매달렸다면 이 아동은 원초아의 쾌락원칙에 지배당한 것이 된다. 그럼에도 원초아가 반드시 나쁜 것은 아니다. 오히려 원초아는 인간 삶 속 만족감과 정신 에너지의 원천으로, 원초아의 욕구가 지나치게 억압당하면 생기 없고 무기력한 사람이 된다(이무석, 2003).

(2) 초자아

초자아는 원초아와는 정반대이다. 초자아는 4~5세 무렵에 동성 부모와의 동일시 과정을 통해 발달하기 시작하는데, 쾌락보다는 완벽함과 도덕적인 것을 추구하며 자신을 평가하고 비판하는 양심 기능을 한다. 초자아는 무엇이 선하고 악한지, 어떻게 하는 것이 옳고 그른지가 주된 관심사로 '자아이상(ego ideal)'을 추구하며, 자신의 잘못을 깨닫고, 죄책감을 느끼는 기능을 한다. 초자아는 사회문화적 규범, 부모의 기준, 자아이상을 내면화한 것으로 원초아의 충동을 억제하고 도덕적이고 규범적인 기준에 맞추어 살도록 한다. 거세불안을 느끼는 아동이 부모의 공격과 처벌을 피하기 위해 부모와 사회의 규범을 내면화하면서 형성되는 초자아는 한 개인의 행동을 평가하고 그에 대해 심리적인 보상을 주거나 처벌을 가하는 역할을 한다. 이러한 초자아의 본래 기능은 자아를 도와 원초아의 욕망을 평가하고 조절하는 것이다. 초자아의 순기능에도 불구하고 양육과정에서 부모의 양육방식이 비합리적이고 지나치게 엄격할 경우, 성격 내부의 초자아는 가혹하고 가학적인 비판자로 내면에 자리 잡아 한 개인의 일생을 힘들게 할 수도 있다. 이런 경우, 개인은 스스로를 비난하고 자학적이고 공격적이며 완벽주의에 빠지거나 강박적인 경직된 삶을 살게 된다.

(3) 자아

성격의 또 다른 구조인 자아는 원초아와 초자아 간의 갈등을 조절하고 '현실원칙(reality principle)'에 따라 양쪽의 욕구를 수용 가능한 범위 안에서 적절하게 소화하도록 조정하는 기능을 한다. 자아는 궁극적인 만족을 위해 욕구를 연기하고, 현실을 이해하고 판단하며, 미래에 대한 계획을 세우고 논리적으로 사고하는 행동원칙을 따름으로써 개인의 현실 적응을 도모하여 본능적 욕구와 이상적 기준을 만족하는 균형을 찾는다.

인간은 성격구조의 3가지 중 어느 요소가 통제력을 더 많이 갖는가에 따라 행동특성이 결정되고 개인의 성격 특성이 드러난다. 자아나 초자아보다는 원초아가 심리적 에너지를 좌우하고 주도권을 갖게 된다면, 그 아동은 현실과 규칙을 생각하기보다는 당장하고 싶은 어떤 욕망을 해소시키려는 방식으로 행동할 것이다. 반면, 초

자아가 성격을 좌우하는 아동의 경우, 당장의 욕구충족이나 현실적인 대안을 선택하기보다 부모나 성인들이 제시하는 규칙이나 틀을 지키려고 애쓰고 이상적인 완전무결함을 추구하려 할 것이다. 그것이 실패할 경우 스스로를 강하게 비난하고 죄의식을 느낀다. 건강한 자아는 원초아와 초자아 간 갈등을 중재하고 현실과 환경을 고려하여 합리적으로 욕구를 충족시키고 현실에 적응하도록 한다.

4) 심리성적 발달이론

프로이트는 성적 에너지인 리비도가 신체의 어느 부분에 집중되어 갈등을 일으키고 해결되는지를 기준으로 인간의 발달단계를 설명하였으며, 성격 발달단계에서 경험하는 갈등이 잘 해결되고 과업을 성취하면 다음 단계로 나아가는 것으로 보았다. 만약 그렇지 못한 경우에는 그 단계에 머물러 고착(fixation)되거나 퇴행(regression)한다고 하였다. 프로이트는 성적 에너지인 리비도가 집중되는 신체 부위의 진행 순서를 입－항문－성기의 순으로, 이에 따라 성격발달을 구강기－항문기－남근기－잠복기－성기기(생식기)의 단계로 설명했다. 1단계인 구강기에 유아는 입 주변에서 만족감을 느끼며 애착관계 형성의 기틀을 쌓는다. 2단계는 항문기로, 항문 주위의 활동에서 쾌감을 얻는 단계이다. 3단계인 남근기는 리비도가 항문에서 성기로 옮겨 가는 시기로, 아동이 이성 부모에 대한 강력한 성적 환상과 동성 부모에 대한 질투를 보인다. 이후 성감대에 따른 특징이 두드러지지 않는 잠복기를 거쳐 사춘기 이후의 성기기로 발달한다는 것이 심리성적 발달이론이다.

심리성적 발달이론에서 제시하는 단계는 내담자가 호소하는 문제를 생애발달이라는 맥락에서 이해하도록 돕는다는 점에서 의의가 있다. 내담자의 호소문제나 문제적 증상이 비롯되는 갈등의 기원이 어느 지점이고 이것이 현재에 어떤 영향을 미치는지에 대한 설명의 근거를 제공해 준다. 예를 들어, 강박적이거나 의존적인 아동의 경우, 부모의 양육태도와 부정적인 감정표현의 수용 방식을 탐색할 수 있다. 또한 아동이 자발적이기보다는 주로 타인의 결정을 따르는 경우, 자발적 행동이 갖는 의미를 파악하고 그때의 감정이 죄책감과 관련이 있는지도 탐색할 수 있다. 혹은 아동이 손톱을 물어뜯거나 과식이나 폭식할 경우 구강기 고착과 관련한 가설을 세울 수도 있다.

5) 오이디푸스 콤플렉스

프로이트는 심리성적 발달단계 중 4~6세 무렵 남근기에 이성의 부모에게 애정을 느끼고 동성의 부모에게 질투와 경쟁적인 증오심을 느끼는 기간이 있다고 주장했다. 이때에 아버지와 어머니 그리고 자녀 사이에서 만들어지는 삼각관계를 오이디푸스 콤플렉스라고 불렀다. 프로이트는 이 용어를 그리스 신화에서 자신도 모르게 아버지를 죽이고 어머니와 결혼한 테베의 왕에서 영감을 얻어 차용했다. 어머니를 독점하고자 하는 남자아이의 욕망은 아버지에 의해 남근이 잘릴지도 모른다는 거세불안(castration anxiety)을 유발한다. 이에 남자아이는 이 불안을 감소시키기 위해 어머니에 대한 욕망과 아버지에 대한 적대감을 무의식에 억압하고 차라리 어머니가 사랑하는 사람인 아버지처럼 되기를 선택해 아버지를 동일시의 대상으로 하여 남성다움을 발달시키기로 한다. 아버지와 동일시함으로써 그의 초자아를 내면화하고 도덕성을 받아들인다. 프로이트는 이러한 과정에 성공하면 남자아이는 오이디푸스 위기를 잘 극복하게 되어 건강한 정신건강의 토대를 가지게 된다고 하였다. 오이디푸스 콤플렉스를 제대로 해결하지 못하고 아버지와의 동일시를 제대로 이루어 내지 못한다면 이 단계에 고착될 것이다.

프로이트는 오이디푸스 콤플렉스와 거세불안을 다섯 살 된 한스의 말 공포증을 치료하면서 확인하였다. 한스 사례는 프로이트가 한스를 직접 만나 치료한 것이 아니라 한스의 아버지를 통해 간접적으로 듣고 치료한 것이다. 한스는 매우 영리한 사내아이로 어느 날부터 말에 물릴지도 모른다는 두려움 때문에 밖으로 나가려고 하지 않았다. 한스는 그 전에 말에 놀라거나 물린 일이 없었다. 단지 어머니와 함께 길을 가다가 마차를 끌던 말이 쓰러져 발버둥치는 것을 본 적이 있을 뿐이었다. 한스는 평소에 동물의 성기에 많은 관심을 보이고 그에 대해 자주 질문을 했다. 그리고 어머니의 관심을 끌고 어머니에게 자주 안기려 했으며, 어머니가 없어질까 봐 밤에 무서워 잠을 잘 자지 못했다. 프로이트는 한스가 세 살이었을 때 그가 자신의 성기에 자주 손을 대자 한스 부모는 "그런 짓을 자꾸 하면 성기를 잘라 버릴 거야."라고 했다는 것을 탐색해냈다. 프로이트는 이 말이 한스에게 거세 불안을 유발시켰다고 분석했다. 한스는 자신이 어머니를 독점하고 싶은 욕망을 품게 되면 아버지가 진짜로 거세할지도 모른다는 불안을 느끼게 된 것이다. 한스가 두려워한 것은 커다란 성기였는데, 길거리에서 우연히 말의 큰 성기를 보게 되자 한스의 거세불안이 말에 대한 두려움으로 바뀌게 된 것이다. 한스의 무의식은 거대한 성기를 지닌 아버지를 말에 전치시켰다. 말 공포증은 실은 아버지에 대한 공포, 즉 어머니를 중심으로 삼각관계인 아버지에 대한 거세 공포증이었던 것이다. 프로이트는 한스의 아버지에게 이러한 심리를 설명해 주었다. 프로이트는 한스에게 어머니에게 안기고 싶은 마음은 정상적인 것이며 아버지 대신 어머니를 사랑하고 싶은 마음도 정상적인 것이라는 것을 설명해 주라고 했다. 한스는 아버지와의 대화를 통해 아버지가 더 이상 위험한 라이벌이 아님을 깨닫게 되면서 말에 대한 공포와 성기에 대한 집착이 사라지고 자유롭게 외출도 할 수 있게 되고 정상적으로 잠을 잘 수 있게 되었다(이무석, 2003).

프로이트에 따르면, 오이디푸스 콤플렉스는 인간이면 누구나 성장 과정 중에 경험하는 인류의 보편적인 현상이다. 여자아이의 경우, 아버지의 애정을 독점하고 싶어 하고 남근이 없는 불완전한 모습으로 세상에 태어나게 한 어머니를 원망하면서 남근 선망(penis envy)이 생기는 유사한 현상이 나타난다고 보았다. 프로이트는 여자아이는 거세불안을 경험하지 않기 때문에 초자아를 발달시킬 방법이 없어 여성은 남성에 비해 도덕성이 결핍되어 있다고 주장했다. 그의 이러한 주장은 후대의 많은 여성학자의 비난을 받았다. 여자아이에게서 나타나는 오이디푸스 콤플렉스를 엘렉트라 콤플렉스라고 부르기도 하지만, 지금은 남녀 모두 오이디푸스 콤플렉스라고 부른다.

프로이트는 오이디푸스 콤플렉스를 신경증의 핵심적 원인으로 여겨 신경증적 장애, 성격장애 같은 정신질환을 오이디푸스 콤플렉스가 해소되지 못한 상태에서 오는 무의식적 갈등 때문이라고 보았다. 반면, 오이디푸스 콤플렉스의 성공적인 극복은 건강한 성정체감 형성, 초자아와 자아의 발달, 건강한 이성관계를 맺을 수 있는 능력의 발달이라는 긍정적인 결과를 낳게 된다.

6) 불안과 방어기제

프로이트는 『억압, 증상과 불안(Depression Symptoms and Anxiety)』(1926)에서 자아가 느끼는 불안을 현실 불안, 신경증적 불안, 도덕적 불안 등 3가지 유형으로 구분했다. 현실 불안(reality anxiety)은 가장 단순한 것이다. 이는 세상의 위협에 대해 개체가 느끼는 불안으로 '저 개가 나한테 달려들 것 같아.' '차에 치일 것 같아.' '발표할 때 떨면 어쩌지.' 등을 느낄 때 경험하게 된다. 이러한 불안은 현실의 위험요소를 제거함으로써 해소될 수 있다. 다른 2가지 유형은 개체의 내부에서 발생하는 불안으로 원초아, 자아, 초자아 간의 갈등에서 발생한다. 신경증적 불안(neurotic anxiety)은 원초아의 충동을 조절하지 못해 강렬한 욕망과 감정에 압도될 것 같을 때 느낀다. 이는 원초아의 충동이 표출되는 것이 두려운 게 아니라 그 표출로 인해 처벌받을까 봐 불안한 것이다. 개체의 내부에서 발생하므로 신경증적 불안은 현실불안보다 다루기 어렵다. 도덕적 불안(moral anxiety)은 자아가 초자아와의 갈등으로 인해서 도덕적 규범이나 부모가 소중하게 여기는 가치를 어기거나 어기려 할 때 느끼는 불안이다. 도덕적 불안은 죄책감이나 수치심으로 느껴진다. 도덕적 불안의 주요 원천은 사회의 처벌 위협이 아니라 개인의 내부에 있는 양심이다. 도덕적 불안도 신경증적 불안과 마찬가지로 다루기 어렵다. 인간은 원초아로부터 벗어나는 것도 매우 어렵지만 양심으로부터도 멀리 도망갈 수가 없기 때문이다(Carver et al., 2004).

불안이 발생했을 때 자아는 2가지 방법 중 하나로 반응한다. 첫째, 자아는 합리적으로 문제를 해결하기 위해 대처 노력을 증가시킨다. 이 방법은 현실 불안을 다룰 때 적합하다. 둘째, 자아는 무의식적으로 방어기제를 사용한다. 방어기제(defense mechanism)는 내면적 갈등으로 인한 불안을 감소시키기 위해서 자아가 발달시키는 기능이다. 사실 프로이트는 억압, 부인, 투사 등과 같은 기본적인 방어기제만을 소개했고, 프로이트 학파의 방어기제 대부분은 그의 딸인 심리학자 안나 프로이트에 의해서 제시되었다. 그녀는 아버지의 업적에서 10개의 방어기제를 찾아 『자아와 방어기제(The Ego and the Mechanisms of Defense)』(1936)를 통해 발표했다(권석만, 2015).

- **억압**(repression): 감당하기 힘든 욕구나 기억, 경험 등을 무의식 저편으로 보내는 과정이다. 프로이트가 제시한 방어기제 중 가장 중요한 것으로 다른 방어기제의 기초가 되는 기제이다. 프로이트에 따르면, 5세 이전에 발생한 성적 학대와 같은 외상경험은 무의식에 저장되며, 외상기억의 과도한 억압은 히스테리 반응을 초래한다.
- **투사**(projection): 억압 다음으로 많이 사용하는 방어기제이다. 용납할 수 없는

자신의 감정, 충동, 태도, 행동을 무의식적으로 타인이나 환경 탓으로 돌림으로써 내적 갈등이나 스트레스 요소를 처리하는 과정이다. 예를 들면, 담임 선생님이 마음에 들지 않아 학교에 가기 싫은 아동이 '선생님이 나를 싫어한다.'고 인식하는 것이나 늦잠 자고 일어나면서 '엄마가 깨우지 않아서 학교에 지각할 것 같다.'고 소리 지르는 행위 등이다.

- **반동형성**(reaction formation): 용납하기 힘든 감정을 감추고 정반대 행동이나 생각, 감정으로 대치하는 것이다. 예를 들어, 첫째 아이가 동생에게 엄마의 사랑을 빼앗기는 것 같아 동생을 싫어하지만 실제 행동은 반대로 동생을 잘 돌보아 주면서 엄마와의 갈등을 회피하려는 경우가 여기에 해당된다. 겁이 많은 아동이 불량배의 행동을 따라하는 것도 반동형성이다.
- **합리화**(rationalization): 스스로를 위로하려고 설명하는 과정에서 자신의 진실한 동기를 숨김으로써 감정적 갈등이나 스트레스를 처리하는 방식이다. 사람들은 자존심이 손상받을 위협에 처하면 무의식적으로 자신의 자존심을 보호하려 하기 때문에 합리화를 많이 사용한다. 예를 들면, 상담 시간에 지각한 아동이 '엄마가 밥을 너무 늦게 주었기 때문이다.'라고 이유를 대거나 '차가 많이 밀렸다.'는 등의 변명을 자주할 때 이 방어기제를 쓰고 있는 것은 아닌지 탐색해 봐야 한다.
- **승화**(sublimation): 성숙한 방어기제로서 공격적이거나 성적인 충동을 생산적인 방향으로 바꾸어 사회적으로 용납되는 에너지로 표현하는 것이다. 예를 들어, 공격성이 강한 아동이 운동을 열심히 하여 국가대표 선수가 되는 것, 성적 충동을 화가가 되어 예술작품을 통해 분출하는 것 등을 들 수 있다.
- **동일시**(identification): 상대방이나 타인의 어떤 행동이나 성격 및 태도 등을 자기 것으로 만들기 위해서 동일시하는 대상의 어떤 측면을 자기이미지로 귀속시키는 것이다(Sandler & Rosenblatt, 1962). 자기 이외의 사람이나 집단이 자기에게 바라고 있는 태도를 자신의 태도로 만들기 위해서 거기에 일치된 행동을 취하는 기제이다. 전 생애를 통해 동일시는 다른 사람에게 자신을 열어 놓고 그들이 나에게 영향을 미치고 나를 변하도록 돕게 하는 방식이다. 동생이 형의 큰 신발을 신고 다니거나 여자아이가 엄마의 립스틱을 발라 보는 행위 등은 동일시에서 나온 것이다.

- **주지화**(intellectualization): 불편한 감정을 조절하거나 최소화하기 위해 지나치게 추상적으로 사고하거나 일반화함으로써 감정적 갈등이나 내적 · 외적 스트레스를 처리하는 것이다. 자녀의 ADHD로 상담에 온 부모가 자녀에 대해서 이야기하고 감정을 표현하기보다는 ADHD의 일반적인 증상이나 그와 관련된 의학적 정보와 분석에 더욱 몰두하며 불안이나 두려움 같은 정서로부터 자신을 분리시키는 것이 그 예이다.
- **전치**(displacement): 전치는 자신의 감정이나 욕구를 위험한 사람이나 대상에게 표출하지 않고 안전한 것에 돌려 대리적으로 충족하는 것을 말한다. 프로이트의 한스 사례에서 한스는 아버지에 대한 두려움을 길거리의 말에 대한 두려움으로 전치한 것이다.
- **퇴행**(regression): 현실적인 상황에 비추어 해결이 어렵고 이로 인하여 욕구불만이나 스트레스를 받게 될 때, 그 상황을 피하기 위해서 현재의 성장 시기보다 어린 시절의 행동으로 되돌아가는 것이다. 동생이 태어난 후 동생에게 엄마의 사랑을 빼앗겨 잘 가리던 오줌을 싸거나 젖병을 다시 빨려고 하는 경우가 그 예이다.
- **부인**(denial): 자신의 감각이나 사고 또는 감정을 심하게 왜곡하거나 인식하지 못함으로써 고통스러운 현실을 부정하는 것이다. 원치 않는 소식을 들었을 때 사람들 입에서 자동적으로 내뱉는 첫 번째 반응이 "오, 그럴리가"인 걸로 봐서 우리 모두 이 방어기제를 흔히 사용한다. 또는 사랑하는 아들을 잃은 엄마가 아들의 죽음을 받아들이지 못하는 경우나 자식에 관해 맹목적으로 낙관하고 있을 때도 부인의 방어기제가 작동된다고 볼 수 있다.

7) 통찰

상담에 있어서 통찰은 내담자가 자기 자신에 대한 인식을 넓히는 작용이다. 자신의 내면에 있었지만 자신이 모르고 있었던 어떤 부분, 혹은 알았더라도 수용하지 못해서 자신의 것으로 인정하지 않던 부분을 이해하게 되는 것이다. 그러므로 이를 통해 자신에 대해 더 알게 되고, 이전에는 모르고 행동했던 것이 왜 그랬는지 깨닫게 되며, 이제까지 나를 끌고 가면서 힘들게 에너지를 소모하게 만들던 핵심적인 역동을 이해하게 된다.

다른 측면에서 통찰이란 자신의 대인관계 방식을 객관적으로 보고 깨닫는 것이라고 할 수 있다. 그러므로 통찰이 이루어지면 이전과는 다른 각도에서 자신의 대인관계를 바라보게 된다. 그와 같이 자신의 대인관계 방식에 대해서 깊이 깨닫게 될 때 문제의 초점을 자기에게 두게 되는 것이다. 이때 다른 사람의 입장을 이해하고 포용하려는 마음이 일어나면서 새로운 각도에서 관계를 생각하게 된다. 이로 인하여 과거의 삶이나 오랜 갈등을 새로운 차원에서 바라보며 해결하게 된다.

아동에게 있어 통찰은 자신의 역동성이나 병인을 이해하도록 하는 것이 아니라 감정에 대해 자각하도록 하는 것이어야 한다. 강요된 통찰은 논리적 정확성 여부를 떠나 아동에게 상처를 줄 수 있다. 가장 의미있는 변화는 아동이 스스로 무엇인가를 발견할 때 일어나고, 통찰은 그 발견들을 통합하는 아동의 능력을 앞서서 일어날 수 없다.

8) 전이와 역전이

전이(transference)는 프로이트의 큰 발견 중의 하나로 상담자에 대한 내담자의 감정반응이다. 유년기에 내담자의 삶에서 중요한 역할을 한 대상, 특히 부모와의 관계에서 나누었던 감정이 상담자에게로 이동해 상담장면에서 반복되는 것이다. 전이에 빠진 내담자는 무의식적으로 상담자를 마치 자신의 유년기 주요 대상처럼 대한다.

전이에는 긍정적 전이와 부정적 전이가 있다. 긍정적 전이가 생기면 상담자를 좋아하는 감정이 생기고, 부정적 전이가 생기면 상담자를 미워하는 감정을 갖는다. 전이가 긍정적일 때는 치료에 큰 도움이 된다. 그러나 지나치면 상담자의 마음에 들려고만 하고 사랑받으려고만 해서 상담이 정상적으로 진행되지 못한다(Freud, 1938). 긍정적 전이가 생기면, 아동은 치료시간에 미리 도착하고, 꿈 내용에 상담자와 관련된 것들이 자주 등장하고, 집으로 가고 싶지 않다는 말도 자주 한다. 부정적 전이의 경우에는 상담시간 때문에 불편을 겪고 있다는 말을 하기도 한다. 또한 치료실 환경에 대해 불평하고 상담자가 무섭다는 말도 한다. 이때 상담자는 아동이 재현하는 전이를 분석함으로써 무의식 속 내적 대상관계를 치료 장면에서 활용할 수 있다. 아동의 말과 행동에 대해 중립을 지키며, '아동에게 나는 누구일까? 내면의 어머니일까? 아버지일까? 아니면 누구일까?' 등을 생각해야 한다. 전이를 통해 아동은 자신이 억압했던 부분을 자기도 모르게 입체적이고 시각적으로 보여 주는 것이다. 이를 파악하여 아동을 분석할 때 상담자는 해결되어야 할 문제에 관심을 기울이면서도 아동 치료의 목적이 무엇보다도 아동의 적응기제가 정상적으로 발달하도록 돕는 데 있음을 염두에 두어야 한다. 적응기제는 아동이 생활상의 어려운 현실에 직면할 때 인지를 재정립하고 왜곡을 최소화함으로써 적절히 방어하는 역할을 한다.

전이와는 반대로 내담자에 대한 상담자의 감정반응은 역전이(countertransference)라고 한다. 이는 상담자가 내담자를 자신의 내적 대상으로 착각하는 것으로 상담자 자신의 무의식적 갈등을 내담자를 통해 드러내는 것이다. 역전이는 상담과정을 방해하는 심각한 장애물이지만, 상담자가 끊임없는 자기분석을 통해 스스로 역전이 이슈를 충분히 인식한다면 오히려 역전이 반응을 통해 내담자의 마음을 이해할 수도 있다. 역전이의 징조들은 다음과 같다. 상담자가 내담자에게 필요한 사람이 되고 싶은 강한 욕구를 느낄 때, 내담자의 문제를 다 해결할 수 있는 전능의 욕구를 느낄 때 그리고 내담자를 지배하고 마음대로 조종하고 싶은 욕구를 느끼는 경우도 역전이의 징조이다.

역전이의 발견과 해석은 효과적인 정신분석을 위해서는 매우 중요한 과정이지만 어려운 작업이다. 역전이의 극복을 위해서는 개인분석(personal analysis)을 받을 필요가 있다. 또한 정신분석 사례를 가지고 규칙적으로 개인지도를 받거나 동료들의 모임에서 치료경험을 나누는 대화도 도움이 된다.

3. 정신분석 아동상담의 실제

1) 상담목표

정신분석 상담의 가장 중요한 목표는 내담자의 무의식을 의식화함으로써 성격구조를 재구조화하는 것이다. 내담자는 자신의 무의식에 어떤 것들이 저장되어 있으며, 그것이 자신의 현재 삶에 어떤 영향을 주고 있는지 알지 못한다. 그래서 정신분석적 상담자는 자유연상, 해석 등의 기법을 통해 무의식에 내재해 있는 해결되지 못한 욕구와 충동을 의식화시켜 내담자들의 통찰이 일어나도록 돕는다. 정신분석을 포함한 정신역동적 상담에서는 생애 초기 약 6년간의 중요한 인물과의 정서적 상호관계가 이후 성격의 핵심임을 강조한다. 그러나 내담자의 성장과정 탐색은 과거에 초점을 두는 것이 아니라 현재의 문제를 해결하기 위해서 과거에 이미 형성된 역동이나 표상이 무엇인지 발견하여 그것을 현실에 적합한 반응으로 바꾸도록 해 주기 위해서이다. 그러므로 상담자는 '지금 여기'에서 나타나는 내담자의 역동과 반응 양식들을 보며 내담자의 어린 시절 성장과정에 대하여 이해하려는 노력이 절대적으로 요구된다.

아동상담에 있어서 정신분석적 목표는 아동의 발달을 저해하거나 정상 발달에서 벗어나게 하는 과거의 요인들을 없애는 것이다(Solnit et al., 1993). 정신적 에너지의 중요한 자원들을 묶어 놓고 있는 정지(arrest), 고착, 퇴행, 방어적인 조작 등의 병리적 요인을 탐색·이해하고 해결함으로써 아동이 정상적으로 발달을 재개하도록 돕는다. 따라서 상담자는 과거를 구성하거나 재구성하기, 억압된 내용을 의식화하기, 고착된 시점으로 퇴행시키기 등에 개입한다. 정신분석 아동상담에서 핵심적인 지침은 초기 갈등이 제거되면 발달은 스스로 제자리를 찾아 나간다는 발생학적 관점이다. 아동은 본질적으로 자라고 있으며, 아동에게 신경증적인 증상들이 발달된다고 해도 성숙 경향성은 강력하게 지속될 것이다. 그러므로 정신분석 아동상담의 목표는 과거에 저장되고 억압된 기억을 퇴행적으로 재직면시키는 것이 아니라 아동의 생활연령과 정신연령을 얼마간 유지하면서 정상 속도로 성장과 성숙이 일어날 수 있도록 발달을 보조하는 것이다.

2) 상담과정

정신분석상담 과정은 초기단계, 전이의 발달, 훈습, 전이의 해결 등 4단계로 이루어진다.

(1) 초기단계

아동에 대한 정신분석상담의 시작은 대부분 부모나 교사에 의해 첫 접촉(initial contact)이 이루어진다. 아동·청소년이 직접 심리적 요청을 하는 일은 거의 없는데,

만약 그들이 스스로 도움을 요청했다면 그들의 문제가 아주 심각한 경우일 것이다. 어떤 부모들은 자녀의 상담을 의뢰하고도 첫 면접을 앞두고 종종 갈등에 직면하게 된다. 상담과정 중 자신들의 양육방식이 드러날 것을 어느 정도 예상하고 있고 이에 대해 죄의식이나 방어기제가 작동되어서 첫 접촉을 하는 데 어려움을 느낀다. 그러므로 첫 전화 접촉이나 방문 접촉은 가능한 한 짧게 하고 이후의 약속을 유도하도록 권장한다.

초기단계는 의뢰된 아동이 분석에 적절한지와 호소 문제가 정신분석에 적합한지를 평가하여 상담계약을 맺은 후, 상담관계를 발전시키며 내담아동의 문제에 대한 기본적인 역동을 파악하는 단계이다. 주로 가족 배경, 아동의 발달사와 아동의 갈등이나 부정적 감정, 현재 생활에서의 어려움 등 정보의 표면적 측면을 다룬다.

(2) 전이의 발달

정신분석의 2단계는 전이의 발달이다. 내담자가 어린 시절 자신의 삶에서 중요한 역할을 했던 사람과 있었던 감정을 상담자에게로 이동시키는 것으로 이런 과정이 무의식적으로 일어나고 있다는 것이 특징이다. 프로이트(1938)는 전이를 엄청난 가치를 지닌 치료의 보조도구가 되기도 하지만 심각한 위험도 된다고 설명하였다. 그도 처음에는 전이를 분석을 방해하는 장애물, 즉 전이저항으로 보았지만, 저항의 분석을 통해서 통찰을 얻게 되고 무의식 형태로 남아 있는 어린 시절의 갈등을 발견하고 해소할 수 있다는 사실을 깨달아 치료에 유익한 도구로 바꿔 놓았다.

정신분석상담의 대부분 시간이 저항과 전이의 해석에 쓰일 만큼 중요한 작업이다. 상담자는 내담자가 보이는 여러 감정과 행동에 당황하지 말고 중립적인 태도를 취해야 한다.

(3) 훈습

훈습(working-through) 단계는 전이의 발달과 동시에 발생하며 지속적으로 전이와 통찰을 반복하는 것이다(정문자 외, 2016). 내담자가 자신의 무의식적 갈등에 대해 지적인 수준의 통찰을 몇 번했다고 해서 행동의 변화로 이어지지는 않는다. 통찰만으로는 극적인 효과가 없다. 통찰을 바탕으로 새로운 적응 방식을 개발하고 근본적인 내적 변화를 이루어야 치료적 변화를 일으킬 수 있다. 내담자는 그렇게 변화를 만들기 위해 노력하다가 증세가 악화되면 다시 통찰을 반복하는 훈습과정을 통해 정교화하고 확장해야 한다. 훈습과정에서 상담자는 내담자가 갈등을 잘 이해하도록 설명해 주어야 하며, 내담자로부터 적응적이고 성숙한 행동이 나오기 시작하면 그런 노력을 지지해야 한다. 때로는 훈습과정에서 지지적인 상담자의 태도가 내담자에게 전이저항을 일으켜 내담자가 내면을 변화시키려는 노력보다 상담자로부터 인정을 받으려는 유아기적 욕망에 빠질 수도 있다. 그런 경우에 상담자는 전이저항 자체를 훈습되어야 할 또 다른 자료로 삼아야 한다(이무석, 2003).

(4) 전이의 해결

훈습과정을 거치면서 저항이 극복되고 상담자에 대한 전이가 해소되면 상담의 종결을 준비해야 한다. 정신분석상담의 최종 단계에서 전이의 해결은 필수적인 것으로, 대부분의 내담자에게서 분석의 종결 시기에 전이의 해결이 일어난다. 종결을 준비할 때 내담자에게서 여러 가지 종결 반응이 일어날 수 있으므로 상담자는 최대한의 치료 효과를 얻기 위해서 종결 반응들을 알고 있어야 한다. 전이가 강력하게 일어났던 경우일수록 종결 반응의 신경증적 요소가 강하게 나타난다. 그런 경우 내담아동에게는 중요하고 의미 있는 대상을 상실하는 경험이기 때문에 애도과정이 필요하므로 종결 시기를 정하는 것이나 종결 방법을 소홀히 다루어서는 안 된다.

일반적으로 증세가 없어지는 현상이 치료의 종결을 결정하는 가장 적합한 기준이 된다. 아동의 경우는 그 아동이 속한 나이에 적합한 정서적 성숙도에 도달했는가를 살펴야 한다. 또한 아동이 위기 상황에 처해 있지 않는지, 중요한 생활의 변화가 있는 시기와 겹치지 않는지 살펴야 한다. 종결 시기를 학기가 끝나는 시기와 일치시키는 것은 추천할 만하다. 아동은 학교 교사와 상담자를 동일시하는 경향이 있기 때문에 학기가 끝날 때 치료도 종결될 것으로 기대할 가능성이 있다.

일단 종결하기로 결정했다면 부모가 아닌 상담자 자신이 아동에게 그 결정을 알려야 한다. 그러나 먼저 부모에게 알려서 종결 결정을 번복할 만한 사항이 있는지를 살펴보아야 한다. 아동에게는 명확하고 알아듣기 쉽게 말하고, 아동에게 분리에 대한 감정을 자유롭게 표현하도록 한다. 말로 표현하기 어려워하면 인형으로 재현해 보는 것도 좋다. 아동은 갑작스러운 변화에 적응이 어려우므로 상황에 따라 만남을 줄여 가는 것이 바람직하다(Spiegel, 1989).

3) 상담기법

(1) 자유연상과 놀이

자유연상(free association)은 정신분석의 핵심 기법으로 내담자 마음속에 떠오르는 것이면 무엇이든지 이야기하도록 하는 방법이다. 대개 내담자는 카우치(couch)에 눕고 상담자는 내담자의 옆이나 머리 뒤에 보이지 않는 위치에 앉는다. 카우치를 사용하는 것은 내담자를 이완시켜 어린 시절로 되돌아가는 퇴행을 용이하게 해 주는 장치로 분석에 효과적이기 때문이다. 이때 상담자가 내담자의 머리 뒤에 앉는 것은 내담자로 하여금 혼자라는 느낌을 갖게 하고 자신의 감정이나 주의에 집중하도록 하여 사고의 흐름을 방해하지 않기 위해서이다.

프로이트가 한스 사례를 가족치료처럼 행했던 탁월한 분석을 제외하면 초창기 정신분석가들은 아동에게도 성인과 똑같이 카우치에서 자유연상을 실시하였다. 그러나 아동의 한정된 언어 표현이 장애가 되자 분석가들은 놀이로 자유연상을 대체하였다. 성인이 카우치에서 이완된 상태에서 자연스럽게 마음속에 떠오른 것을 이야기하듯, 아동은 놀이할 때 가장 자연스럽게 마음을 표현한다. 그러므로 아동에게 무의식으로 들어가는 왕도는 놀이라고 할 수 있다(Spiegel, 1989).

프로이트는 아동의 놀이가 수동성을 능동성으로 전환시키며 희생자에서 가해자가 되어 보는 경험을 통해 심리적 변화를 일으킨다는 데 주목했다. 이러한 변화는 원래의 상황을 재연하면서 생길 수도 있고 전치라는 방어기제를 통해서 일어날 수도 있다. 예를 들어, 치과에서 치료받고 온 아동이 자신이 치과의사가 되어 보는 치과 놀이를 하거나 출근하는 엄마에게 밝게 작별 인사한 후 인형놀이를 하면서 외출하는 엄마의 역할을 하는 아동을 보면서 수동적으로 당하는 입장에서 그들이 느낀 두려움을 상담자가 이해할 수 있다. 또한 욕구를 충족시키고 싶어 하는 아동의 강렬한 마음과 미해결 과제를 완결하려는 욕구를 관찰할 수 있다. 따라서 성인분석에서 분석가가 자유연상을 그냥 따라가는 것처럼, 아동의 놀이 속에서도 해결책을 찾을 때까지 상담자는 그냥 따라가야 한다.

자유연상으로부터 성인 내담자의 증상과 관계되는 무의식 자료를 끌어내고 해석해 주듯이, 아동에게 있어 상담자의 역할은 놀이라는 매체 안에서 해석을 함으로써 치료적 동맹을 만든다. 그리고 아동이 과거와 현재를 재연할 때 상담자가 언어적 반

그림 3-3 프로이트가 사용한 카우치

출처: https://mblogthumb-phinf.pstatic.net/20140207_21/jesusbyun_1391754035596kl3ii_JPEG/800px-Freud_Sofa.jpg?type=w2

응을 병행해 줌으로써 아동의 과거와 현재가 연결되도록 하고, 행동이 생각으로 바뀌게 만들며 아동이 행동으로 재연하고자 하는 내용을 언어로 표현하도록 이끌어 준다.

또한 놀이는 발달이 고착된 시점에 대한 인식뿐만 아니라 미래를 위한 준비 역할도 한다. 아동이 수동적인 위치에서 능동적인 위치로 바뀌면 자신이 되고 싶은 역할을 받아들인다. 남근기 아동은 남근기의 과제를 해결하기 위해 영웅이 되고 싶어 하기도 하고, 잠복기의 아동은 자아이상의 영향과 미래의 과제 수행에 필요한 기능을 숙달시키고자 자아의 노력을 보여 주기도 한다. 상담자는 아동의 놀이를 아동의 정신 구조라는 맥락으로 이해하려고 해야 하며, 놀이를 통해 아동이 자신을 단계적인 발달과정으로 들어가게 한다. 아동을 그의 발달단계 이상으로 대해서는 안 된다.

(2) 해석

해석은 정신분석의 과정에서 자유연상, 꿈, 저항, 전이 등을 분석할 때 사용하는 기본적인 하나의 절차로 내담자가 자신의 문제를 새로운 각도에서 이해하도록 그의 생활경험과 행동의 의미를 설명하는 것이다(김환, 이장호, 2008). 이는 내담자에게 통찰을 제공하고 스스로를 이해할 수 있도록 도와준다. 해석은 무의식적이었던 것이 의식적인 것이 되도록 하는 것을 의미할 수도 있고, 내담자가 연결하지 못하고 있는 현상들을 서로 연결해 주는 것이 될 수도 있다(Gabbard, 2014). 또한 해석은 책임감과 자기 통제를 촉진하는 효과가 있다. '이 문제가 바로 그것 때문이었구나. 그래서 그랬구나.'라고 깨닫게 되면, 내담자는 현재의 문제에 대해서 다른 사람을 비난하기보다는 자신의 행동에 책임이 있었고 자신에게 원인이 있었음을 돌아보게 된다. 이런 것들이 결국 성격과 행동의 변화로 이어지고, 인간적 성숙의 밑거름이 된다(김환, 이장호, 2008).

해석이 상담을 촉진하는 기능을 지녔다 해도 이를 남용하면 오히려 좋지 않은 역효과를 초래할 수 있으므로 해석을 제시할 때는 신중해야 한다. 다음의 3가지 원칙에 입각하여 해석을 제시하는 것이 바람직하다. 첫째, 무의식에 잠재되어 있는 내용이 의식에 가까워졌다고 판단될 때 해석해 준다. 상담자가 이미 알고 있는 것이라 하더라도 아직 내담자가 이를 자신의 것으로 받아들일 수 있는 자세가 갖추어져 있지 못한 경우에는 해석해 주지 말아야 한다. 둘째, 해석은 항상 표면에서부터 시작하되 내담자가 그 상황을 감당할 수 있는 깊이까지만 해석한다. 상담자는 내담자의 감정 흐름에 민감하여야 하며, 감정적으로 아직 용납할 수 있는 범위를 넘어서는 해석은 하지 않아야 한다. 셋째, 저항이나 방어 수단 밑에 깔려 있는 감정이나 갈등을 해석하고자 할 때에는 저항이나 방어 수단을 먼저 해석해 주어야 한다. 내담자가 이해하기 어려운 방어나 저항 행동의 무의식적 동기를 설명하기보다는 우선 현재 표출되고 있는 방어 행동을 지적해 주어 내담자의 위축을 막고 자신을 통찰할 수 있는 기초를 마련할 수 있도록 주의하는 것이 좋다(심수명, 2010).

해석은 경험적 관찰로 뒷받침되어 강력한 지지 근거를 가지고 내담자의 참조 체계와 조화를 이루며 일반화가 가능한 해석이 좋은 해석이다. 해석하기 전에 상담자는 그 해석의 근거가 되는 정보가 합리적이고 타당한지를 판단해야 한다. 해석을 할 때는 상담자와 내담자 모두 구체적으로 무엇이 언급되고 있는지를 아는 것이 중요하다(Baller, 2007).

(3) 해석의 종류

① 꿈의 해석

프로이트는 꿈을 '무의식으로 가는 지름길'이라 하고 꿈을 형성하는 근본적인 동기를 소원 성취(wish fulfillment)라고 보았다. 수면 상태에서는 억압하는 힘이 느슨하게 되면서 무의식적인 충동이나 소망들이 방출되거나 충족되기가 쉬워진다는 것이다. 무의식적인 소망과 충동이 억압된 이유는 그것들이 고통스럽거나 스스로 용납되지 않기 때문이다. 수면 중 억압이 느슨해지기는 하더라도 꿈의 검열 기능은 여전히 활발하여 충동이 방출되는 것을 적극적으로 억제하고 본래 성질과 다르게 위장하며 저항한다. 그 결과 억압된 소망과 충동들이 중립적이고 문제가 없다고 느껴지는 이미지들에 부착되어 흔히 일상생활 중 사소하고 별로 중요하지 않은 이미지들 중 어떤 유사성을 띤 것들로 표현된다.

꿈을 분석할 때는 꿈의 내용이 갖는 상징들을 탐구하여 숨어 있는 의미를 파악한다. 그러나 꿈의 해석에 있어서는 보편적 상징에 대한 해석보다는 자유연상을 토대로 해석하는 것이 보다 정확하다고 보고 있다.

② 저항의 해석

'저항'이란 불안으로부터 자신을 방어하려는 경향을 말한다. 저항의 해석은 내담자가 그 저항을 처리할 수 있도록 저항의 이유를 각성시키는 데 있다. 정신분석 초기에 내담자는 억압된 감정이나 생각에 대해 떠오르는 것이 없다고 하거나 혹은 그 표현을 주저하는 경향을 보인다. 상담자는 내담자의 주의를 집중하게 하고 저항들 가운데서도 가장 분명한 저항현상을 해석할 수 있어야 한다.

정신분석을 받는 아동들에게 있어 특히 중요하게 염두에 두어야 할 것은 그들이 자신의 의지로 오기보다는 부모나 다른 권위자에 의해 의뢰되었다는 것이다. 아동 자신의 요구에 의해 행해지는 일은 거의 없다. 그러므로 아동의 적극성이나 사전 동의(consent)를 처음부터 기대하기는 어렵고, 기껏해야 분석 작업의 과정에서 점차적으로 얻게 될 뿐이다. 또한 상담자가 중요하게 다루어야 할 것은 해석을 견디어 내는 일은 아동에게 매우 어려운 요구라는 것이다. 그러므로 직접적인 해석 제공의 시기와 장면 선택에 매우 신중해야 한다. 아동 자신은 아직 방어적인 저항 상태에 있는데 상담자가 실제적으로 너무나 많은 해석에 직면시키면, 아동은 직접적인 해석에 대한 반응으로 불안하고 거북해하며, 이해하지 못하게 될 것이며, 환상놀이를 통한 의사소통을 중단해 버릴 수 있다.

③ 전이의 해석

'전이'란 아동이 성장과정에서 중요한 인물에 대하여 가졌던 사랑이나 증오의 감정을 상담자에게 이동시킬 때 나타나는 현상이다. 전이는 직접 언어적인 의사소통으로 나타날 수도 있고, 자유연상이나 꿈의 내용으로 나타나기도 한다. 프로이트에 따르면, 내담자가 상담자와의 전이관계의 참된 의미를 점차로 각성하게 됨에 따라 내담자는 자신의 문제와 밀접하게 관련되어 있는 과거의 경험과 갈등들에 대한 통찰을 갖게 된다.

아동에게 있어서도 기본적인 전이는 놀이, 환상, 언어적 의사소통, 그리고 상담자와의 상호작용을 통하여 자신의 갈등과 증상들을 나타내게 하는 직접적인 힘을 제공한다(송영혜 외, 2010). 그러나 아동의 경우 전이의 해석보다 중요한 것은 정신분석의 전 과정에서 아동의 자아존중감을 손상시키지 않는 것이다. 상담자는 아동의 잘못을 바로잡는 데 특별히 신중해야 한다. 아동의 인성이 아니라 잘못된 행동에 개입함을 분명히 해야 한다. 무엇보다 염두에 두어야할 것은 치료를 통해 아동의 정서적 성장을 이루기 위해서는 직접적인 해석은 자제하고 자존감의 발달을 지향해야 한다는 것이다. 직접적인 해석은 적절한 방어기제의 발달을 저해할 수가 있기 때문이다. 아동에게 자신의 문제의 원인에 대한 정보를 제공하며 해석해 주는 것은 때때로 정상적인 방어기제의 발달을 박탈하여 자연스러운 성장과정을 건너뛰도록 하는 것이며, 이후의 발달에 있어 심각한 문제를 야기할 수 있다. 정신분석 아동상담에서 이 점은 아무리 강조해도 지나치지 않다. 성장과정을 무시하는 정보의 투입은 이후의 적응에 아주 해로운 영향을 끼친다.

(4) 훈습

훈습은 중심적 갈등을 내담아동이 반복해서 이야기하고, 상담자가 이를 반복해서 해석하는 과정이다. 대체로 갈등의 본질에 대한 한두 번의 통찰경험으로 변화가 이루어지지 않는다. 그래서 전이의 분석은 여러 번에 걸쳐 여러 가지 방식으로 지속되어야 하는데, 이러한 통찰이 계속적으로 반복되고 정교화되며 확대되는 과정이 바로 훈습이다. 주된 저항이나 방어는 한 번의 해석이나 한 번의 면접으로 해결되지 않으며, 역동적 변화는 여러 주, 여러 달의 훈습과정을 거쳐 나타날 수 있다. 그러므로 상담자는 아동의 삶에서 변화가 일어나도록 지속적으로 도와주어야 한다. 그러기 위해서 상담자는 치료를 받으러 온 아동의 증세가 무엇인지 항상 염두에 두어야한다. 부모와의 정기적인 회합을 가질 때마다 그러한 증세에 대해서 언제나 직접 물어봐야 한다. 기본적으로 성인에게서 기대되는 통찰과정의 수준을 아동에게 요구해서는 안 된다는 점은 매우 중요하다. 아동이 느끼는 감정을 표현할 자유를 억제하는 지나친 통찰은 때로는 우울증을 유발하거나 왜곡된 성향을 가져오게 한다(Spiegel, 1989).

4. 아동상담 사례

다음은 정신분석과정에서 남근기(오이디푸스기) 아동이 보여 주는 놀이치료 사례이다. 아동이 성 정체성에 대한 걱정만으로 치료에 의뢰되는 경우는 흔하지 않다. 이 사례에서도 아동은 특정 증상을 걱정하는 부모로부터 의뢰되었다. 남근기의 핵심 중 하나는 아동이 사랑하는 대상을 미워하고 파괴하고 싶은 욕구를 갖는 내적인 딜레마를 경험한다는 것인데, 여자아동과 남자아동의 사례(Solnit et al., 1993)를 통해 그러한 욕구와 공격성이 어떻게 반영되어 있는지 관찰할 수 있다.

1) 여자아동의 사례

- 인적사항: 클러리사(4세 반, 여아)
- 의뢰사유: 유치원에서 보이는 함묵증 때문에 부모가 의뢰하였다.
- 호소문제: 수줍음, 억제된 활동, 그리고 죽음과 관련된 불안한 집착을 보인다.
- 상담내용: 클러리사는 초기 치료회기 동안에는 말을 하지 않았지만, 곧 놀이를 이용해서 치료자와 의사소통을 시도했다. 치료회기에서 클러리사는 등장인물들을 소개했다. 엄마가 좋아해 주지 않아 늘 버림받는 슬픈 소녀, 쌍둥이 소년, 치료자를 달래 주다가 치료자를 잡아먹는 배고프고 화가 난 돌고래와 늑대 등이었다.

  3회기. 클러리사는 작은 소년 인형들을 남자와 여자 2가지로 분류하고서 간호사와 슬픈 소녀 인형들을 세웠다.

  4회기. 클러리사는 배고픈 늑대와 돌고래를 언급했으며, 큰 입과 큰 이빨을 가지고 있는 것을 강조하였다. 늑대와 돌고래는 항상 배가 고팠고 한 번도 배부른 적이 없다고 말했다. 늑대와 돌고래는 치료자를 먹어 치우길 원했고, 동시에 치료자에게 위로받기를 원하였다.

5회기. 클러리사는 놀이를 하면서 다음과 같은 이야기를 하였다. 사실, 슬프고 버림받은 소녀는 정말로 특별한 아동이었다. 그녀의 이름은 '일등급'이었고 아주 멋진 소녀였는데, 치료자와는 닮았지만 그녀 자신과는 닮지 않았다고 하였다. 그리고 자신은 아주 멋지고 특별하기 때문에 슬픈 소녀를 정말로 많이 사랑한다고 하였다. '일등급'은 늑대 그리고 돌고래와 친구였으며, 그들은 그녀가 싫어하는 모든 사람을 먹어 치우라는 그녀의 명령을 따랐다. '일등급'을 제외한 모든 사람은 늑대와 돌고래를 무서워했다. '일등급'이 좋아했던 유일한 사람은 아버지였다. 아버지는 '일등급'을 사랑해 주었고, 뽀뽀해 주고 안아 주었다. 아버지와 '일등급'은 같이 도망을 쳤지만, 어머니는 화가 나서 그들을 집으로 잡아끌고 왔다. 그런 뒤 '일등급'은 크게 화가 나서 늑대와 돌고래에게 어머니의 아기들을 모두 먹어 버리라고 명령했다. 클러리사는 이 이야기를 놀이로 표현하면서 불안해하는 듯했고, 인형의 여기저기 부서진 부분을 손가락으로 가리켰다. 클러리사는 경찰 인형의 목에 작은 구멍이 있다는 것을 발견한 후 불안해했다. 클러리사는 이 인형을 치워야 한다고 했다.

■ 해석: 클러리사는 분석과정 초기 놀이에서 표면적으로는 남아와 여아 사이의 이분법적인 분류를 고수하는 것처럼 보였다. 남아들은 성기를 가지고 있고 능동적이고 존경받는 대상이며, 여아들은 아무것도 가지고 있지 않고 수동적이고 무시당하고 버림받았다. 여성적인 활동성과 여성적인 힘에 대한 대안적인 판타지들이 있는데, 화나고 배고프고 애정 어린 늑대와 돌고래가 슬픈 소녀의 친구로서 표현되고, 그녀의 지배 아래에 있다. 슬픈 소녀는 '일등급'으로 바뀌었고, 아버지의 사랑스러운 딸이며 흥분에 찬 활동을 할 수 있는 아이이다. 이 놀이는 받아들여질 수 없는 소망이 방어기제에 의해 변형된 것임을 알 수 있다. 클러리사는 '일등급'을 통해 소녀로서 자신에 대한 복잡한 판타지를 표현했다. '일등급'은 능동적이고 힘이 있는 존재로서 화를 내고 처벌할 수 있고 사랑스러웠다. 또한 존경받는 것을 즐기며 장난스럽게 과시적이었고 몸에 대한 자부심을 가진 존재로 묘사되었다.

2) 남자아동의 사례

- 인적사항: 맥스(4세 10개월, 남아)
- 의뢰사유: 폭풍우가 동반된 번개와 수도관에 대한 공포증적 집착으로 인해 일상생활이 어려워지고 있어 부모가 의뢰하였다.
- 호소문제: 유치원에서는 매우 위축된 모습으로 혼자 놀이를 하고, 집에서는 부모의 시야에서 벗어나는 것을 두려워한다.
- 상담내용: 첫 분석 시간에 맥스는 불안하고 심각해 보였고, 경직된 상태로 치료실을 계속 걸어 다녔으며, 높은 톤의 목소리로 천장에 물이 새는 수도관이 있을지 모른다고 걱정하였다.

한번은 치료실에서 소방 호스, '출동 준비'를 마친 소방차, 그리고 바쁘게 움직이는 많은 수의 작은 소방관 인형을 배열하면서 빠르게 소방서를 만들었다. 처음에 소방관은 어떤 위치에서 불을 끄려고 애를 쓰는 것으로 보였다. 소방관들은 허둥거리며 소방 장비를 준비했고 소방차를 배치했다. 사이렌을 울리면서 소방차는 불이 난 위험한 장소를 향해 방을 가로질러 달렸다. 매번 소방관은 불이 난 곳을 발견하여 불을 끄기 위해 소방 호스를 준비했고, '나중에 알고 보니 그다지 큰 불이 아니었다.'는 것을 알게 되었다. 갑자기 그들 중 한 명이 "우리 소방서에 불이 났다."라고 외쳤다. 모두 크게 놀라 소방서로 되돌아갔다. 불길은 점점 크게 번졌다. 소방관들은 화재를 진압할 수 없는 무기력한 상태가 되었다. 맥스는 점점 불안해 보였다. 소방관이 더 많은 물을 소방서에 뿌릴수록 지붕에는 더 많은 금이 갔다. 맥스가 계속해서 균열이 생긴 곳에 테이프를 붙이느라 놀이가 중단되었다. 상담자가 맥스에게 소방관이 정말로 엄청나게 많은 물을 뿌리는 것 같다고 말했을 때, 맥스는 창백해져서 놀이를 중단하고 그 장면을 해체하였다. 모든 것을 어질러 놓고는 상담자에게 돌아와서 "지금 내가 모든 걱정에 대해 선생님에게 말했어요. 이제 선생님은 이 걱정을 어떻게 할 건가요?"라고 말하였다.

이후 여러 회기에 걸쳐서 맥스는 이 이야기를 발전시켰다. 어떤 장면에서는 갑자기 소방서에서 붙은 불이 소방관들을 집어삼킬 듯이 위협적이었다. 불을 끄려는 시도가 실패로 끝나면서 물이 새는 지붕을 수리하는 데 점점 많은 시간을 소비했다. 종종 맥스는 이 소방서 놀이에서 치료실 안의 다른 물건을 고치는 놀이로 전환하였다. 맥스는 곧 치료실 집기에 조그만 흠집이 있는 것을 발견하면서 놀이에 두 번째 이야기를 도입했다. 난쟁이들은 거인들의 땅을 빼앗고 싶었지만 그러기에는 너무 작았다. 거인들이 난쟁이들의 소망을 알게 된다면 난쟁이들을 죽일 것이므로, 난쟁이들은 항상 움츠리고는 더 작아져서 거인들이 자신들을 보지 못하고 자신들의 소망을 눈치 채지 못하게 했다. 거인들이 항상 환한 등불을 사방에 켜 두고 지냈기 때문에 난쟁이들은 숨어 지내는 것이 매우 힘들었다. 때때로 등불이 꺼지면 난쟁이들은 몰래 거인들의 땅으로 기어 올라가서 건물과 사람을 파괴하려고 했다. 거인들은 항상 이런 파괴적인 난쟁이들을 발견하게 되었고, 거대하고 강력한 스포트라이트를 켜서 난쟁이들이 도망가지 못하게 하면서 쫓았다.

이 놀이 회기들 동안에 맥스는 눈에 띄게 이야기를 마무리 짓지 못하는 것처럼 보였고, 오만한 태도로 자기가 무언가를 만드는 데 상담자가 돕게 하거나 좀 더 많은 물품을 가져오도록 명령하기 시작했다. 그리고 난쟁이들과 적들 간의 전투 놀이를 하다가 거인들이 만들어 놓은 조명 시스템을 그림으로 정교화하는 작업을 시작하곤 했다. 타원형의 조명이 비추어지고 이를 받치는 거대한 막대기가 눈에 띄었으며, 막대기와 조명을 연결하는 전선을 정교하게 표현하였다.

■ 해석: 맥스의 분석은 2년 반 동안 진행되었는데, 맥스는 신체적인 완전함에 대한 불안이 상당히 큰 것 같았다. 공격성의 표현은 직접적이었고 절대적인 힘에 대한 소망으로 나타났다. 그리고 남근기 소망에 대한 보복을 다루는 주제가 두드러졌는데, 이것은 무제한의 힘과 권력 욕구에 대한 보상적인 판타지이다. 맥스는 무한한 우월성을 향해 남자들이 투쟁하는 남근기적 세상을 만들었다.

두 가지의 놀이, 즉 소방관 이야기 그리고 난쟁이와 거인 이야기는 '귀여운 키티'라는 이름의 작은 소년과 그의 어머니, 아버지에 대한 더 복잡한 놀이로 대체되었다. 이 놀이로 전환되면서 맥스는 남근기 욕구와 두려움을 자세히 표현할 수 있었다. 동시에 이런 놀이는 소년이 되는 것이 어떤 의미인가에 대한 맥스 자신의 고민을 해결하는 방법이 되었다. 처음에 '귀여운 키티'라는 여자 같은 이름은 자신의 남근기 어머니에 대한 에로틱한 갈망을 안전하게 나타내는 위장된 방어로서의 표현인 듯했다. 많은 시간에 걸쳐 놀이가 전개되면서 창조하고 양육하고자 하는 소망, 즉 그의 어머니처럼 되고자 하는 동일시 욕구와 남근기적 인 힘에 대한 갈망을 맥스가 통합해 나가는 과정을 관찰해 볼 수 있었다.

맥스는 놀이를 통해 '예쁜 아이'가 될 수 있고 동시에 남근기 소년이 될 수 있었고, 적극적으로 유혹하는 어머니와 위협적이지만 용서해 주는 아버지가 될 수도 있었다. 등장인물들은 파괴되고 다시 소생하고 변형되었고, 이 모든 것에 대한 놀이는 반복되었다.

활동

1. 정신분석에서는 생후 초기 6년간의 경험이 성격 형성과 적응에 중요한 영향을 미친다고 본다. 자신의 어린 시절 경험이 현재 삶의 질과 대인관계에 어떻게 영향을 끼치고 있는지 생각해 봅시다.
   1) 기억나는 가장 어린 시절의 경험은 무엇인가? 그것이 지금의 자신의 삶에 영향을 끼치고 있는가? 있다면 어떤 부분이 있는지 생각해 봅시다.
   2) 어린 시절 어머니로부터 들은 말 중 기억에 남아 있는 말을 나열해 보자. 그것을 떠올렸을 때 각각에 대해 느끼는 감정은 무엇인가? 현재 그러한 감정을 강하게 느낀 적이 있다면 어떻게 표현하고 있는지 생각해 봅시다.

2. 불안할 때 자신도 모르는 사이에 나오는 습관이나 성격적 특성이 있는가? 그것이 프로이트의 심리성적 발달단계에 비추어 관련이 있는 것이 있다고 여겨지는 점이 있는가? 있다면 어떤 점에서 그러한지 생각해 봅시다.

분석심리 아동상담

분석심리 아동상담은 프로이트의 상담이론과 마찬가지로 내담아동의 무의식을 중요하게 여기고 있지만, 성격은 인생 초기에 결정된다는 프로이트의 결정론에 반대하였으며, 내담아동의 주관적인 체험과 현상학을 바탕으로 인간 정신에 대해 체계적으로 분석하였다. 이 장에서는 의식과 개인무의식, 집단무의식으로 이루어진 정신의 구조와 성격의 중요한 구성요소인 원형에 대해 알아보고자 한다. 또한 분석심리 아동상담의 주요 상담기법으로 꿈 분석과 그림 분석, 모래놀이치료를 중점적으로 다루며, 융의 심리유형 이론을 바탕으로 개발한 아동용 성격유형검사(MMTIC)에 대해서도 알아보고자 한다.

1. 분석심리 이론의 발달

융(Carl Gustav Jung)은 분석심리학의 창시자로 인간의 심층적인 무의식 세계를 설명하였다. 그는 정신의학도가 될 당시 다른 동료들이 환자의 증상에 대한 기록이나 통계적인 처리에만 관심을 가졌던 것과는 달리 환자의 내면세계에서 어떤 일이 일어나고 있는지에 대한 의문을 가졌다. 1902년 바젤 대학교에서 의학박사 학위를

융(Carl Gustav Jung, 1875~1961)

취득한 후, 취리히에서 정신분열증의 개념과 정신병 치료법을 개척한 브로이어(Eugen Breuer)를 만나 정신병에 대해 배웠다. 융은 브로이어의 가르침을 받으며 정신분열증 환자들의 연구에 몰두하는 한편, 단어연상검사(word association test)에 대한 연구를 시작하였으며, 이를 연구하면서 무의식 속에 존재하는 콤플렉스를 발견하게 되었다. 그는 1906년 프로이트의 『꿈의 해석(The interpretation of Dream)』을 읽은 후, 자신이 연구한 단어연상검사와 관련성이 있음을 깨닫고 정신분석학에 관심을 가지게 되었다. 1907년 비엔나에서 프로이트와 직접 만나게 된 융은 13시간의 열띤 토론을 하였고, 이후 서로의 의견을 존중하며 프로이트는 융을 자신의 후계자로 지명하였다. 1911년에는 프로이트가 창립한 국제정신분석학회(International Psychoanalytical Association: IPA)의 회장직에 임명되었으며, 1913년까지 두 사람의 협력은 계속되었다. 하지만 융은 리비도를 성적 에너지에 국한시켜 무의식을 비합리적이고 미성숙한 것으로 본 프로이트의 성욕설에 대해서는 동의할 수 없었으며, 이에 대한 두 사람의 의견은 계속해서 좁혀지지 않았다.

1912년 융은 리비도의 변환과 다양한 상징을 집중적으로 연구하고 분석하여 『무의식의 심리학(Psychology of the Unconscious)』을 출간하면서 자신의 의견을 표면화하였다. 무의식은 삶의 방향을 제시하는 지혜로운 것으로, 성적인 욕구만이 억압되어 있는 것이 아니라 종교적 심상과 같은 여러 가지의 창조적 가능성이 내재해 있으며, 이러한 것들은 모든 사람에게 존재하는 원형이라고 주장하였다. 프로이트는 이러한 주장을 수용할 수 없었으며, 결국 둘은 결별하였다. 이때부터 융은 프로이트의 이론과 구별되는 자신만의 심리학을 '분석심리학(analytical psychology)'이라고 명명하였으며, 내면세계를 탐색하는 작업에 몰두하였다. 프로이트와의 결별이 큰 충격으로 다가온 융은 세상과 단절한 채 의식으로 밀려드는 환상과 꿈의 분석을 통해 자신의 무의식을 깊이 탐구하였다. 융의 내적 여행은 원형과 집단무의식, 아니마와 아니무스, 그림자와 같은 독창적인 개념을 발달시키며 분석심리학을 체계화하였다.

이후 융은 자신의 남은 생애를 무의식과 그 상징들에 대해 탐구하고자 하였다. 그는 환상과 꿈을 지속적으로 탐색하였으며, 다양한 문화와 신화, 예술 등을 폭넓게

칼프(Dora Kalff, 1904~1990)

연구하면서 그 속에서 보편적이고 무의식적인 갈망과 긴장의 표현을 발견하고자 하였다. 융은 자신의 이론에 대해 "나의 일생은 무의식의 자기실현 역사이다. 무의식에 존재하는 모든 것은 표현되려고 하며, 무의식적인 조건에 따라 인격이 발전하며 스스로를 전체로서 체험하게 된다. 내면적인 관점에서 본 우리의 존재는 오직 신화로만 묘사될 수 있다. 과학은 너무 일반적이어서 개인의 독특한 인생이 지니는 개성적인 부분을 올바르게 파악하기 어렵다." (Jung, 1965)라고 표현하였다. 이는 융이 생물학적인 본능에 의해 지배되는 것 이상으로 인류의 문화적 · 정신적 역사를 통해 인간의 정신구조가 발달되었다는 것을 이해하려고 노력하였음을 보여 준다.

융은 별장에서 우연히 칼프(Dora Kalff)를 만난 후, 그녀가 아동을 다루는 남다른 능력이 있음을 발견하게 되고, 그녀에게 아동심리를 공부해 볼 것을 권유하였다. 이에 칼프는 스위스에 있는 융 연구소에서 훈련을 받게 되었고, 1950년대 초에는 취리히에서 열린 로웬펠드(Margaret Lowenfeld)의 강연에 참석하게 되었다. 칼프는 로웬펠드의 강연에서 세계기법(world technique)을 배우게 되었고, 이에 깊은 감명을 받아 융과 이를 주제로 토론을 벌이기도 하였다. 융은 자신도 이 기법에 대해 흥미를 느꼈던 기억이 있어 그녀에게 로웬펠드와 함께 할 것을 권유하였다. 칼프는 이를 받아들이고 런던으로 건너가 로웬펠드와 함께 작업하면서 자신의 연구주제를 정할 수 있었으며, 여기에 융의 분석심리학적 개념을 접목시켜 자신만의 모래놀이치료(sand play therapy)를 완성하게 되었다.

칼프는 모래놀이치료를 아동에게 적용하였을 때, 자신이 아동에게 어떠한 해석을 해 주지 않아도 대부분의 아동에게서 자동적으로 치료가 진행되고, 빠른 속도로 좋아진다는 것을 알게 되었다(Weinrib, 1983). 그녀는 모래놀이치료에 활용되는 모래상자가 아동이 자유롭게 표현하여도 자신이 보호받고 있다고 느낄 수 있는 공간으로 제공되면서 자기실현의 가능성이 높아질 것이라고 하였다. 또한 칼프는 "모든 아동의 내부에 숨겨져 있는 창조적이며 풍부한 표현을 이끌어 낼 수 있는 다양한 상징물이 필요하다."(Kalff, 1966)고 강조하면서 아동이 모래놀이치료를 통해 형성되는 상징의 치유력에 관심을 가졌다. 이처럼 분석심리학의 개념이 적용된 모래놀이치료는 융 분석가들의 지원을 받아 캘리포니아를 시작으로 모래놀이치료 훈련과정을 열어 모래놀이치료를 널리 알렸으며, 모래놀이치료국제협회(International Society of Sandplay Therapists: ISST)를 창설하여 모래놀이치료사를 엄격하게 훈련시켰다. 이러한 모래놀이치료는 현재까지도 학대 피해 아동, 공격적인 아동, ADHD 아동, 불안정애착 아동, 이혼가정의 아동 등 다양한 어려움을 가지고 있는 아동을 대상으로 적용되고 있다(김효원, 박부진, 2015; 이평순, 2014; 전지현, 2018; Carey, 1990; Ferreira, Eloff, Kukard, & Kriegler, 2014; Lu, Petersen, Lacroix, & Rousseau, 2010; Russo, Vernam, & Wolbert, 2006).

2. 기본개념

1) 정신의 구조

융은 인격 전체를 정신(psyche)이라고 하였으며, 인간의 정신을 의식과 개인무의식, 집단무의식으로 구분하였다. 의식은 정신세계 전체 중 극히 일부에 지나지 않으며, 그 아래에는 끝없는 미지의 영역인 무의식이 존재한다.

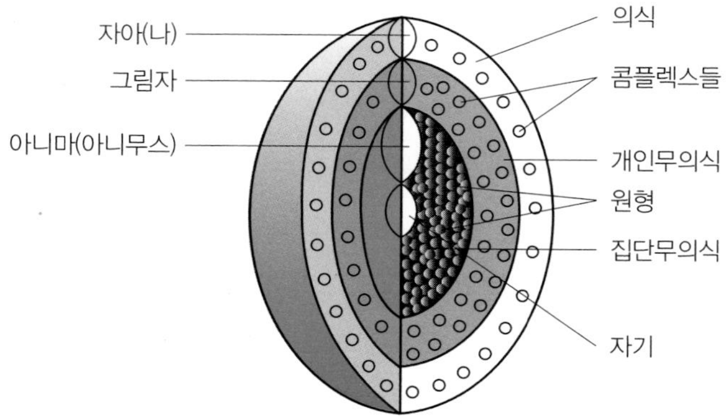

그림 4-1 인간 정신의 구조

출처: 이부영(1999).

(1) 의식

의식(conscious)은 자아(ego)에 의해 지배되는 곳으로, 개인이 직접적으로 알 수 있는 유일한 부분이다. 즉, 내가 경험하고 기억하고 있는 것, 내 생각과 느낌, 이념, 사고, 감정 등 자아를 통해 인지되는 내용이 바로 의식이다. 자아는 인간이 태어날 때 무의식 속에 잠재적으로 존재하다가 '나'에 대해 지각하게 되면서 의식으로 발전하게 된다. 융은 자아를 자아의식이라고도 부르며, 의식을 자아와 거의 동일시하였다(김춘경 외, 2016). 자아는 인간이 살아가면서 경험하는 다양한 자극들을 선별하여 위험하거나 해로운 자극, 무가치하거나 무의미한 자극들을 걸러 내고 억압시키면서 의식에 대한 문지기 역할을 한다. 뿐만 아니라 자기가치감과 개인의 정체성을 추구하며 타인과의 경계를 형성하고 구분하는 기능을 한다. 융은 인간에게서 나타나는 대부분의 정신병리적인 문제는 무의식적인 동기를 알지 못하고 의식의 일방성에 따라 행동하기 때문에 생겨난다고 보았다. 그러나 자아가 지금까지 인지하지 못했던 무의식 속에 존재하는 미분화된 정신요소를 찾아 분화시키고 통합시키게 되면, 자아의 영역이 더욱 확장되고 건강한 인격의 발달이 이루어진다고 하였다. 이러한 자아를 아동기의 발달적 특성과 연관시켜 보면, 아동기 초기에는 매우 유동적인 의식적 기억을 가지고 있으며, 자기 정체성에 대한 인식이 거의 없다. 이는 부모의 정신적인 상태에 의해 영향을 받으며, 아동이 가지고 있는 본능적인 것이 일상생활의 대부분을 지배하고 있기 때문이다. 반면, 아동기 후기가 되면 기억이 부분적으로 연장되며, 부모가 질서를 잡아 줌으로써 행동의 통제가 이루어지고 자기 정체성과 연결되는 자아가 형성되기 시작한다(Hall & Nordby, 1973).

이러한 의식은 무의식과 서로 대립하면서도 상호 보완적인 관계에 있다. 의식이 자아에 의해 지각되는 영역이라면, 자아가 아직 의식하지 못한 영역을 무의식이라고 한다. 프로이트는 무의식이 의식에서 파생되었다고 보았던 반면, 융은 의식이 무의식에서 파생된 것이라고 보았다. 분석심리학은 무의식의 존재와 영향력을 중요시한다는 점과 인간이 성숙해 나가는 과정에서 무의식을 의식화하는 것이 중요하다는 점에서 정신분석학과 공통점을 지닌다. 하지만 무의식의 내용과 기능에 대해서는 정신분석학과 다른 견해를 가진다(Schultz & Schultz, 2016). 융은 무의식을 개인무의식과 집단무의식으로 구분하였다.

(2) 개인무의식

개인무의식(personal unconscious)은 프로이트가 이야기한 무의식과 유사한 것으로, 자아에 의해 무시되거나 억압 또는 억제되어 의식으로부터 사라진 기억, 경험, 사고, 감정, 지각을 의미한다. 개인무의식에는 이전에 의식되었던 것이지만 중요하지 않거나 현재의 삶과 관련이 없다고 여겨져 의식에 도달할 수 없는 정서적 불쾌감을 주는 생각이나 미해결된 문제, 도덕적 갈등 등으로 채워져 있다. 본질적으로는 의식 속에 남아 있지 않지만 쉽게 의식으로 떠오를 수 있는 자료의 저장소이다. 이러한 개인무의식은 지극히 개인적인 것으로, 기억하지 못하고 있었던 부모로부터 받았던 상처들이나 친구와 심하게 다투었던 경험, 무서웠던 경험 등을 예로 들 수 있다.

개인무의식 영역에는 융 이론의 주요한 개념인 콤플렉스(complex)가 존재한다. 콤플렉스는 고통스러운 기억과 감정, 사고들이 어떤 주제를 중심으로 연합되어 심리적인 복합체를 이루는 것으로, 어떤 것에 강하게 집착하는 특성을 가진다. 일반적으로 콤플렉스를 열등감과 유사한 의미로 사용하고 있으나 콤플렉스는 본래 해롭거나 병적인 것은 아니다(Boa & Von Franz, 1988). 다만, 개인에게 의식되지 않은 채 무의식에 오래도록 있게 되면 문제가 된다(Jacobi, 1959). 예를 들어, 아동이 '나는 운동을 못 한다.'라는 열등의식을 가지고 있다고 가정해 보자. 이 아동은 그러한 열등의식에 집착하게 되고, 이는 학교에서의 체육 시간이나 친구들과 함께 운동할 때 자신의 행동을 통제하고 억압하게 된다. 하지만 콤플렉스는 무의식 속에 있어 이를 가지고 있는 사람이 의식하기 어렵다. 즉, 의식화되지 못한 콤플렉스는 의식의 흐름을 방해하고, 더욱 심각해지면 신경증적 장애를 일으키기도 하므로(Jaffe, 1962), 콤플렉스를 의식화하는 것이 인격 성숙의 중요한 과제가 된다.

(3) 집단무의식

집단무의식(collective unconscious)은 개인무의식과는 달리 특정한 개인의 경험이나 인식 내용을 담고 있지 않다. 융은 여러 문화권을 탐구하면서 어느 시대, 어느 장소에서나 사람들은 공통된 경험과 유사한 주체 및 상징성을 갖고 있다는 것을 알게 되었다. 이는 분석심리학의 핵심 개념인 집단무의식에 대한 것으로, 융은 집단무의식을 종족기억(racial memory)이라고도 불렀다. 집단무의식은 인류의 역사와 문화를 통해 전해 내려온 보편적인 경향성으로, 모든 인간에게 공통적으로 존재한다. 예를 들어, 아동이 어두움이나 뱀에 대해 공포를 느끼는 것은 과거 조상이 여러 세대에 걸쳐 경험한 공포와 유사한 것이다. 이러한 집단무의식은 가장 접촉하기 어려운 정신의 한 부분으로 가장 깊은 수준에 존재하며 개인의 정신적 토대가 된다. 집단무의식은 인류 역사의 산물인 민속, 예술, 신화 등을 통해 전해진 것으로 우리는 이것을 직접적으로 의식화하지는 않지만, 아주 오랜 옛날 조상과 똑같은 방식으로 사고하고 지각하고 느끼는 소인이나 경향성으로 존재한다. 집단무의식을 구성하는 주된 요소는 본능과 원형이다. 본능은 행동을 일으키는 충동을 뜻하며, 원형은 경험을 지각하고 구성하는 방식을 의미한다(권석만, 2012). 아동기 초기에는 무의식적인 상태에서 벗어나 점차 의식을 획득해 나가는 과정으로, 본능과 같은 집단무의식의 특성이 더욱 지배적이다. 이후 언어능력이 발달하게 되고, 자신에 대해 인식하고 자기를 표현할 수 있게 되면서 집단무의식으로부터 점차 자아가 형성되고 크기가 커지면서 마침내 분화를 이루게 된다(이유경, 2001).

2) 원형

사람은 다양한 상황 속에서 어떻게 행동할지에 대해 생각하지 않고 즉각적으로 행동하는 경우가 있다. 그 이유는 이전부터 여러 세대를 거쳐 전형적이고 계속적으로 반복되어 온 행동 양식인 원형(archetypes)이 존재하기 때문이다. 원형은 인간의 꿈과 환상, 예술 및 신화에서 반복해서 나타나는 조상의 경험을 대표하는 원시적인 정신적 이미지이다. 융은 다양한 원형들 가운데 특히 페르소나, 아니마/아니무스, 그림자 그리고 자기를 중요하게 여겼다.

(1) 페르소나

페르소나(persona)는 배우가 특정한 역할을 관객에게 보여 주기 위해 사용하던 가면을 뜻하는 말로, 외부 집단세계와 관계를 맺는 데 필요한 다양한 행동 양식을 익히면서 갖게 되는 외적 인격이다. 이 세상을 살아가면서 개인은 많은 페르소나를 가지게 되며, 가정에서는 자녀로, 학교에서는 학생으로, 친구 사이에서는 친구로, 사회 구성원의 한 일원으로 다양한 역할을 하면서 살아간다. 다른 사람들에게 자신을 소개할 때 연령, 소속, 지역, 학교, 가족관계 등을 이야기하는데, 이러한 내용들이 페르소나의 일부이다(Neumann, 1974). 자신이 속한 사회에 적응해 나가기 위해 자신의 페르소나에 충실히 살아가는 것은 바람직한 일이다. 하지만 사람들은 종종 페르소나를 자신의 개성이라고 착각한다. 페르소나는 우리 인격의 한 요소일 뿐이므로 페르소나에 빠져 그 역할에만 동일시하게 되면 문제를 일으키게 된다.

페르소나에 지나치게 압도된 사람은 외부에서 기대하는 역할에 너무 몰두하여 그 역할에 자신을 동일시하게 되면서 자신의 본성을 잃게 되고 진정한 자기로부터 멀어지게 된다. 자신이 소속되어 있는 집단 속에서 등장하게 되는 '사람은 ~ 해야 한다'라는 말은 사람들이 수행해야 하는 본분이나 가치관으로서 집단정신을 대변하고 있을 뿐 개인이 가지는 특수한 상황에 대해서는 고려하고 있지 않다는 것을 알 수 있다. 예를 들어, 아동이 가족으로부터 "너는 형이니까 혹은 누나니까 착해야 한다."라는 말을 자주 들어왔다면, 이 아동은 자신이 가지고 있는 개인적 욕구나 특성을 표출하기보다는 가족에게 착한 아이로 보이기 위해 착한 아이라는 역할에 갇히게 된다. 이처럼 아동이 지나치게 페르소나를 인정하게 되면, 사회적인 기대에만 의존하게 되면서 진정한 자기를 인식하지 못하고, 인생의 후반기에서 자기실현을 방해받을 수 있다. 이러한 페르소나는 자신의 참모습이 아니지만, 사회나 집단이 요구하는 외적인 모습으로서 사회와 자신을 연결시켜 주는 다리의 역할과 기능을 한다. 따라서 심리적으로 건강하기 위해 사회적으로 요구되는 역할과 진정한 자기(self) 간의 관계에서 균형을 이루어야 한다(Feist & Feist, 2002).

(2) 아니마/아니무스

페르소나가 외부세계와 관계를 맺는 외적 인격이라면, 아니마(anima)와 아니무스(animus)는 내면세계의 무의식과 관계를 맺는 내적 인격이다. 사람은 심리학적으로 이성의 특징과 성격을 지니고 있는데, 자신과 반대되는 성(性)의 특성을 아니마와 아니무스라고 한다. 아니마는 남자의 무의식 속에 있는 여성적 요소로, 남성에게 있어 감성적 정서나 다정함과 같은 여성적인 부분을 나타낸다. 아니무스는 여자의 무의식 속에 있는 남성적 요소로, 여성에게 있어 합리성이나 논리성과 같은 남성적인 부분을 나타낸다. 이처럼 사람들에게는 본래적인 성적 특성과 반대되는 성적 특성이 모두 존재한다. 융은 인간이 조화로운 성격을 가질 수 있도록 남성은 아니마를, 여성은 아니무스를 무의식 속에서 이끌어 낼 필요가 있다고 믿었다. 하지만 대부분 자신의 본래적인 성적 특성만을 나타내는 데 익숙하여 이성적 특성의 내적 인격은 발달하지 못하고 열등하게 되기 쉽다(김성민, 2001). 이러한 편중성은 정신 전체의 충분한 발달을 저해한다.

인간의 성적 특성은 대부분 3세 무렵부터 형성되고, 아동기를 거쳐 청소년기가 되면서 성 정체성 확립에 대한 욕구가 최고조에 도달하게 된다. 이 과정에서 아동은 동성의 부모와 올바른 관계를 형성하고, 그들로부터 성 역할을 학습하게 됨으로써 올바른 성 정체성을 확립하게 된다. 즉, 남자아이에게는 아버지가 남성으로서 모범을 보이면서 어머니로부터 분리될 수 있도록 해야 하며, 반대로 여자아이에게는 어머니가 여성으로서 모범을 보이면서 아버지로부터 분리될 수 있도록 하여야 한다. 하지만 남자아이가 아버지로부터 모범적인 남성의 모습이 아닌 강압적이고 공격적인 행동을 습득하게 되는 경우, 힘에 의한 지배나 다른 사람의 복종을 선호하게 되면서 자신의 내면에 있는 여성성과 관련된 부분들을 억압하게 될 수 있다. 이로 인해 다른 사람들과의 관계에서 여성의 가치를 깎아내리거나 지배하려는 행동을 보이게 된다(Adler, Fordham, & Read, 1973). 따라서 아동이 자신의 내면에 존재하는 남성성과 여성성의 통합을 이루면서 전체성을 가진 인간으로 성장하기 위해 평상시에 자신의 타고난 성적 특성과 반대되는 또 다른 하나의 특성이 내면에 존재한다는 것을 이해할 수 있어야 한다. 또한 자신의 성과 반대되는 특성을 발달시키며 자신의 인격에 통합시켜 정신의 모든 측면이 균형 있게 발달할 수 있도록 노력하여야 한다(정문자 외, 2016).

(3) 그림자

그림자(shadow)는 자신의 어두운 부분으로, 무의식의 열등한 인격이다. 그림자는 어둡고 바람직하지 않아 의식되지 못하고 무의식으로 들어가 버린 것으로, 성적이고 공격적이며 동물적인 충동을 포함하고 있다. 스티븐슨(Robert Louis Stevenson)의 『지킬 박사와 하이드(The strange case of Dr. Jekyll and Mr. Hyde)』는 인간의 그림자를 보여 주는 좋은 예이다. 지킬 박사는 낮에는 점잖은 의사로서 의식적 인격을 표현하고 있지만, 하이드는 밤마다 포악한 괴물로 변하는 무의식적 인격으로서 지킬 박사의 그림자라고 할 수 있다.

무의식에 있는 그림자는 투사를 통해 외부로 표출된다. 투사는 의식화시키지 않은 것을 다른 사람의 탓으로 돌리는 것으로, 자신의 결점이나 약점을 다른 사람에게 전가하여 불안으로부터 자아를 보호하고자 하는 방어기제이다. 자신에게 있는 부정적인 특성의 존재를 알지 못하고 이를 다른 사람에게 투사하여 유난히 민감하게 반응한다면 그것은 자신의 그림자에 대한 반응일 수 있다(이부영, 1999). 그림자는 꿈에서 동성의 인물로 상징화되어 나타나기도 한다. 예를 들어, 남자아이가 흉악한 범죄자의 꿈을 꾸거나 여자아이가 만화에 나오는 것처럼 나쁜 마녀나 계모에 대한 꿈을 꾸는 것 등이다. 이는 실제 현실 세계에서 만난 어떤 사람이 아니라, 용납하기 어려운 자신의 감정이나 특징들이 투사되어 나타난 그림자의 모습일 수 있다.

융은 자신의 마음을 모를수록 투사가 많이 일어나게 되어 다른 사람들과 세상에 대해 오해하거나 비난하며 제대로 판단하지 못하게 된다고 하였다. 따라서 아동이 성숙한 인격을 가지기 위해서는 투사를 거두어 내고, 자신에게 어떤 그림자가 있는지 알아차려 이를 수용하고자 노력하여야 한다. 그림자를 수용하고 적절히 표현하는 것은 자발성과 창조력, 잠재력, 활력의 원천이 될 수 있다. 그림자를 의식으로 동화시켜 자아가 그림자의 힘을 조절할 수 있을 때 사람은 생기 있고 열정적이며 활기찬 생활을 할 수 있게 된다.

(4) 자기

자기(self)는 의식만을 나타내는 자아와는 구분되는 것으로, 의식과 무의식을 포함한 정신 전체의 중심이다. 즉, 자기는 의식과 무의식의 양극성 사이의 평형점으로, 정신의 모든 부분을 하나로 묶어 균형을 유지하도록 하는 정신의 중심이다. 인간이 의식의 일방성으로 인해 무의식과 단절된다면 자기로부터 멀어지게 된다. 자기는 의식과 무의식, 자아와 그림자, 페르소나와 아니마/아니무스 등 상반되는 정신적 요소들을 통합시키려고 한다. 융은 인간의 삶에 있어서 궁극적인 목적이 자기실현이라고 하였다. 자기실현은 인간이 세상에 태어날 때 가지고 나온 모든 정신을 통합하는 것이다.

자기실현은 결코 도덕적이고 모범적인 사람을 만드는 것이 아니다. 이는 자신의 자발적인 선택에 의한 것이라기보다는 사회집단 속에서 만들어 놓은 페르소나를 맹목적으로 따르도록 강요한 결과이다. 외부에서 강요하는 페르소나에 빠져 그 역할에 자신을 맞추어 살아가다 보면 진정한 자신의 모습과 괴리된 삶을 살아가게 된다. 따라서 자기실현은 사회의 역할에 순응하면서도 자신의 진정한 개성을 찾아주어 인간의 마음을 치유하고 건강하게 만드는 것이다. 또한 오랜 역사 속에서 전체주의적이고 획일적인 사회는 개개인이 가진 개성을 억누르도록 하면서 자기실현을 억압해 왔으므로, 자기실현은 한 인간의 개인적인 과제일 뿐만 아니라 전 인류의 과제라고 할 수 있다(서현아 외, 2016).

3) 개성화

개인은 다른 사람과 구별되는 자신만의 고유한 존재로 성장하고자 한다. 융은 이러한 과정을 개성화(individuation)라고 하였으며, 자기화 또는 자기실현으로 해석할 수 있다고 하였다. 즉, 개성화는 무의식적인 내용을 의식으로 가지고 오면서 이루어지는 것으로, 개인이 가능한 한 완전하게 자신의 정체성을 인식하는 것을 목표로 한다. 인간은 의식의 중심에 존재하는 자아가 여러 가지의 경험을 의식화하는 범위 내에서 개성화를 이룰 수 있다. 이러한 개성화는 인간의 성격이 발달하는 과정이 인생의 전반기와 인생의 후반기로 나누어서 이루어진다는 융의 관점에서 살펴보았을 때, 인생의 후반기에 나타나게 된다. 즉, 인생의 전반기가 자아를 발견하고 분화시킴으로써 자아를 강화하는 과정이라면, 인생의 후반기는 전반기의 자아 강화를 바

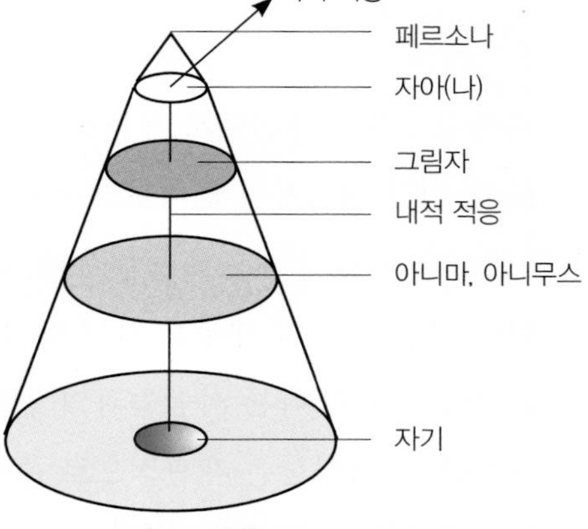

그림 4-2 개성화 과정

출처: 이부영(1999).

탕으로 무의식의 의식화를 통해 자기를 실현하는 과정이다(진교훈, 윤영돈, 2003).

융은 개성화 과정을 위한 의식과 무의식의 통합을 4단계로 설명하였다(이부영, 2006). 1단계에서는 자아의식과 페르소나의 형성 및 분화가 이루어져야 한다. 자기실현을 위해서는 페르소나를 무조건 없애는 것이 아니라 진정한 자신과 구별하여야 한다. 바람직한 역할 수행을 위해 사회가 만들어 놓은 자신의 페르소나를 확인하고 이를 내려놓음으로써 자아를 분리시킬 수 있다. 2단계는 그림자 인식 및 자아와의 통합단계이다. 자신이 부정적으로 생각하여 무의식에 넣어 두었던 그림자를 받아들이는 일은 쉽지 않다. 하지만 자신의 그림자를 계속 무의식에 가두어 두면 어느 순간 그림자의 힘에 휘말리는 상황이 찾아온다. 그러므로 두려움을 버리고 자신의 그림자를 인식하고 수용하고자 노력하여야 하며, 의식으로 동화시켜 자아와 통합이 이루어지도록 해야 한다. 3단계에서는 아니마와 아니무스의 분화 및 통합이 이루어져야 한다. 남성은 여성적 요소를, 여성은 남성적 요소를 인식하고 의식에 통합시켜야 한다. 자기실현에 있어서 남성은 우월감을 버리고 사랑과 감정을 발달시켜야 하며, 여성은 열등감을 버리고 정신적 지혜를 발달시켜야 한다. 4단계에서는 자기를 발견하고 자기실현에 이르게 된다. 그림자와 아니마/아니무스에 대한 인식이 반복되면서 끊임없이 내면세계의 메시지에 주의를 기울이면 인간은 비소로 전체 정신의 중심인 자기와 만날 수 있다. 이러한 개성화 과정을 통해 사람들은 자신의 개인적인 삶을 사회적인 삶에 통합할 수 있다.

4) 심리학적 유형론

융은 인간의 심리학적 유형을 2가지 측면에서 설명하였다. 하나는 세상을 바라보는 정신적 태도 유형으로서, 정신 에너지인 리비도가 흐르는 방향에 따라 외향성(extraversion) 태도와 내향성(introversion) 태도로 구분된다. 외향성 태도를 가진 사람은 중요한 결정이나 어떠한 행동을 할 때 대부분 자신의 의견보다는 객관적인 현실을 중요시하는 유형으로, 사교적이며 다른 사람들과의 진실된 교제를 즐기는 경향이 있다. 반면, 내향성 태도를 가진 사람은 객관적으로 주어진 것에 초점을 두기보다는 주관적인 요인에 방향을 두는 유형으로, 내성적이고 부끄러워하는 경향이 있다(Jung, 1984).

심리학적 유형을 설명하는 또 다른 하나는 세상을 인식하고 적응하는 과정에서 주로 사용하는 심리적인 기능에 따라 사고(thinking), 감정(feeling), 감각(sensing), 직관(intuiting)으로 분류된다(Scharf, 2015). 사고와 감정은 개인의 경험에 대해 평가하고 판단하여 경험을 조직하고 분류하므로 합리적인 기능을 사용한다. 반면, 감각과 직관은 정보를 수집할 때 이성을 사용하지 않고 직접적으로 인식하는 것으로 비합리적인 기능을 사용한다는 공통점을 가지고 있다. 여기서 감각은 오감을 통해 현실을 경험하지만, 직관은 육감과 같은 비감각적인 경험을 토대로 한다(김춘경 외, 2018).

분석심리학에서는 이러한 정신적 태도 유형 2가지와 심리적인 기능 4가지를 조합하여 인간의 심리적 유형을 8가지(외향적 직관형, 외향적 감정형, 외향적 사고형, 외향적 감각형, 내향적 직관형, 내향적 감정형, 내향적 사고형, 내향적 감각형)로 나누어서 설명하고 있다(Schultz & Schultz, 2016). 이는 사람들이 서로 어떻게 다른지를 설명하기 위해 각각의 특징을 나타내는 유형들을 제시하여 보여 주는 것일 뿐 모든 사람을 8가지의 심리적 유형 중 하나에 속하도록 하기 위함은 아니다. 예를 들어, 외향적이면서 동시에 내향적인 기능을 적절한 비율로 섞어서 사용할 수 있는 사람들도 있다. 다만 이러한 2가지의 태도 유형과 4가지의 심리적인 기능이 완전하게 균형을 이룰 수 있는 경우는 드물고, 어느 한 가지의 태도나 기능이 조금 더 많이 표현되어 우세하거나 지배적이라는 것이다.

이러한 융의 성격유형이론을 토대로 마이어스(Isabel Briggs Myers)와 브릭스(Katharine Cook Briggs)는 1920년에 MBTI(Myers-Briggs Type Indicator) 성격유형검사를 개발하였다. 이는 외향(E)-내향(I), 감각(S)-직관(N), 사고(T)-감정(F), 판단(J)-인식(P)으로 분리된 4가지의 선호지표로 구성되어 있으며, 4가지의 선호지표를 조합하여 16가지의 성격유형으로 구분되어 있다. 이러한 MBTI는 중학교 3학년(만 14세) 이상을 대상으로 실시하는 성인용 검사로, 더 어린 연령의 아동 및 청소년에게 적용하기에는 어려움이 있다. 이를 보완하기 위해 1990년 미국에서 머피(Elizabeth Murphy)와 메이스제이어(Charles Meisgeier)가 초등학교 2학년부터 중학교 2학년(만 8~13세)까지의 아동 · 청소년을 대상으로 실시할 수 있는 성격유형검사 MMTIC(Murphy Meisgeier Type Indicator for Children)를 개발하였다. 우리나라에서는 김정택과 심혜숙이 1993년에 우리의 실정에 맞추어 MMTIC를 표준화하였다.

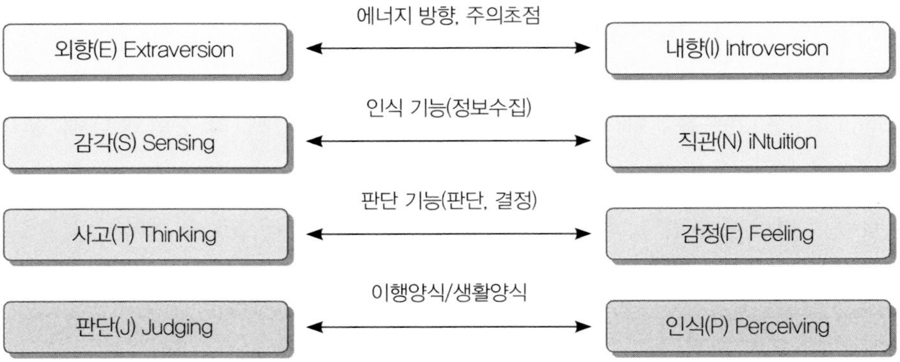

그림 4-3 4가지 선호지표

출처: 한국 MBTI 연구소 홈페이지.

ISTJ 소금형 한번 시작한 일은 끝까지 해 내는 성격	ISFJ 권력형 성실하고 온화하여 협조를 잘하는 사람	ESTP 활동가형 친구, 운동, 음식 등 다양함을 선호	ESFP 사교형 분위기를 고조시키는 우호적인 성격
INFJ 예언자형 사람에 관한 뛰어난 통찰력을 가진 사람	INTJ 과학자형 전체를 조합하여 비전을 제시하는 사람	ENFP 스파크형 열정적으로 새 관계를 만드는 사람	ENTP 발명가형 풍부한 상상력으로 새로운 것에 도전
ISTP 백과사전형 논리적이고 뛰어난 상황 적응력	ISFP 성인군자형 따뜻한 감성을 가지고 있는 겸손한 사람	ESTJ 사업가형 사무적, 실용적, 현실적인 스타일	ESFJ 친선도모형 친절, 현실감을 바탕으로 타인에게 봉사
INFP 잔다르크형 이상적인 세상을 만들어 가는 사람	INTP 아이디어형 비평적인 관점을 가진 뛰어난 전략가	ENFJ 언변능숙형 타인의 성장을 도모하고 협동하는 사람	ENTJ 지도자형 비전을 갖고 타인을 활력적으로 인도

그림 4-4 16가지 성격유형

출처: 김춘경 외(2018).

3. 분석심리 아동상담의 실제

1) 상담목표

분석심리상담의 구체적인 목표는 인간의 발달단계에 따라 달라질 수 있다. 융은 인생을 아동기, 청년기 및 성인기 초기, 중년기 그리고 노년기로 구분하였으며, 다시 아동기, 청년기 및 성인기 초기를 인생의 전반기로, 중년기와 노년기를 인생의 후반기로 구분하였다. 융은 인생의 전반기와 후반기에 따라 각각 삶의 목적이 다르다고 하였다. 인생의 전반기에는 현실 적응을 위해 자아를 형성하고 강화하며, 자신의 정체성 확립에 초점을 두어 사회가 개인에게 요구하는 과제를 수행해 나가는 것을 삶의 목적으로 두고 있다. 반면, 인생의 후반기에는 삶의 목적이 자신의 내면세계를 이해하고 통찰함으로써 자기실현을 이루어 자신의 진정한 모습을 찾는 것이라고 하였다. 따라서 분석심리 아동상담에서는 내담아동이 자아를 형성하고 자신만의 정체성을 확립함으로써 긍정적인 인격발달을 이룰 수 있도록 하는 것을 목표로 두고 있으며, 이를 토대로 내담아동이 인생의 후반기에 개성화와 성격의 통합을 이룰 수 있도록 하고자 한다.

2) 상담과정

분석심리 아동상담은 정신분석과 마찬가지로 상담자가 자신을 분석하고 특별한 훈련을 통해 무의식적인 내용을 다루는 것에 익숙해져야 한다. 상담자는 체계적으로 정해진 틀을 따르기보다는 내담아동 개개인이 가지는 요구에 맞추어 융통성 있게 진행하여야 한다. 또한 상담자는 내담아동과의 관계에서 인간적인 대화를 사용함으로써 내담아동의 의식과 무의식을 탐색하여야 한다. 이러한 목표에 도달하기 위해 융 분석가들은 인위적으로 상담과정을 4단계로 구분하여 설명하였다 (Douglas, 2008).

첫째, 고백(confession) 단계이다. 이 단계는 내담아동이 숨겨 왔던 비밀이나 자신의 억제된 감정 등 개인사를 털어놓음으로써 상담자와 공유하고, 정화(catharsis)

를 경험하는 과정을 의미한다. 내담아동은 자신의 이야기를 상담자와 함께 나누면서 억압되어 있던 그림자를 인식하게 되고, 모든 사람이 약점을 가지고 있다는 것을 인식하면서 인류와의 유대감을 느끼게 된다. 이때 상담자는 공감적이고 무비판적인 태도를 유지해야 하며, 내담아동과 신뢰적인 동맹 관계를 형성해 나가야 한다. 이 단계에서 의식에 지나치게 집착하여 자신의 제한점에 대해 합리적인 설명만을 하거나 무의식에 고착되어 동일한 주제를 반복하여 설명하는 내담아동의 경우에는 치료에 어려움을 겪을 수 있다.

둘째, 명료화(elucidation) 단계이다. 이 단계는 내담아동의 꿈과 환상, 억압된 소망 등의 무의식적 의미를 해석함으로써 자신의 문제에 대해 통찰을 얻게 되는 과정을 의미한다. 내담아동은 자신이 가진 문제 혹은 증상의 의미를 명료화하고, 무의식 세계에 대한 이해를 확장하고 심화시키는 과정을 통해 현실적이고 긍정적인 삶으로 변화시킬 수 있다.

셋째, 교육(education) 단계이다. 오랜 기간에 걸쳐 형성되고 굳어진 습관은 무의식에 대한 이해와 통찰만으로 변화되지 않는다. 이러한 변화를 위해서는 적절한 교육과 지속적인 연습이 필요하다. 이 단계에서는 내담아동이 사회적인 존재로서 불균형적 또는 부적응적인 삶을 초래하였던 발달과정상의 문제에 초점을 두고, 내담아동이 현실적으로 사회적응을 할 수 있도록 돕는다. 많은 경우 이 단계를 마치고 상담을 종결한다.

넷째, 변형(transformation) 단계이다. 아동기가 포함된 인생 전반기의 내담자보다는 인생 후반기의 내담자를 대상으로 진행되는 경우가 많다. 이 단계는 내담자와 상담자 간의 깊은 인격적 교류를 통해 내담자가 단순히 사회에 적응하는 것을 넘어서 자기실현으로의 변화가 형성되는 과정을 의미한다. 이 단계에서는 내담자와 상담자가 서로의 무의식 세계에 접촉하여 영향을 미침으로써 내담자의 개성화를 지향하는 과정에 초점을 둔다.

3) 상담기법

(1) 꿈 분석

분석심리 아동상담에서 무의식을 탐색하는 대표적인 기법은 내담아동의 꿈을 분석하고 해석하는 것이다. 꿈은 무의식이 스스로 자신을 드러내는 것으로서, 상담자에게 내담아동이 의식하고 있지 않은 무의식을 이해할 수 있는 자료가 된다. 프로이트와 마찬가지로, 융은 꿈을 '무의식에 이르는 왕도'로 보았지만 꿈의 의미와 이를 해석하는 방법에 있어서 프로이트의 접근과 차이가 있다. 프로이트는 억압된 성욕과 무의식적 갈등이 꿈에 상징적으로 나타난 것이라고 하면서 원인론적인 관점에서 꿈을 분석하였으나, 융은 목적론적 관점에서 분석하였다. 융은 사람들이 꿈을 꾸는 가장 큰 이유는 의식에서 억압하거나 무시해 버린 요소를 의식에 다시 통합해야 한다는 것을 상징적인 방식으로 알려 주기 위함이라고 하였다.

융은 꿈을 객관적 단계와 주관적 단계라는 2가지 측면에서 해석하였다. 객관적 단계에서는 꿈에 나타난 상황이 현실 상황과 어떤 관계가 있는지 살펴보고 현실적인 의식의 태도를 바꾸어 나가는 것이다. 주관적 단계는 꿈에 나오는 사건이나 여러 대상을 무의식적 경향, 생각, 감정 등의 상징적 표현으로 보고 이를 깨달음으로써 의식에 동화시켜 의식의 시야를 넓히는 것이다. 즉, 주관적 단계에서 꿈의 해석은 외부의 대상에 투사되어 온 다양한 무의식적 요소를 자기 마음속에서 발견하고 이를 인식하고 수용함으로써 의식을 넓히고 보다 성숙한 인간이 될 수 있도록 한다(김성민, 2001).

하지만 꿈의 의미를 발견하는 것은 쉬운 일이 아니다. 내담아동이 꾸는 꿈의 의미를 찾기 위해 상담자가 꿈에서 반복되는 내용이나 주제로 묶어 해석하는 것도 좋은 방법이 될 수 있다. 반복되는 내용이나 주제는 내담아동에게 중요한 의미를 지니는 원형의 발현으로 볼 수 있으며, 꿈을 통해 마음의 깊은 곳으로 들어가게 되면 신화, 전설, 종교 등에서 반복되었던 것과 유사한 원형적 주제를 발견할 수 있다. 과거의 격렬한 감정이 개입된 꿈은 내담아동의 삶에서 중요했던 부분과 관련된 무의식의 표현일 뿐만 아니라 내담아동의 진정한 본성을 만날 수 있는 방법이 될 수 있다.

(2) 그림 분석

융의 자서전을 살펴보면, 그는 어린 시절 돌로 성을 쌓는 놀이와 그림을 많이 그렸다고 한다. 이러한 융의 경험을 토대로 분석심리학에서는 그림을 포함한 조형 작업을 상담기법으로 활용하고 있다. 그는 환자가 그린 그림이 예술적 가치는 없지만 인간의 가장 깊숙한 곳에 있는 자기를 표현하는 가장 중요한 수단이 될 수 있다고 믿었다. 즉, 그림은 무의식적 감정이나 사고를 표현하도록 장려하기 위한 하나의 수단으로, 내담아동이 꿈이나 환상에서 보았던 것을 실제로 그려 보도록 하고, 그림에 나타난 상징을 명료화할 수 있다. 이러한 그림 분석은 무의식의 창조적 기능을 촉진함으로써 의식의 변화를 가져올 뿐만 아니라 자기실현으로 이끄는 출발점이 된다(Rychman, 2012).

융 이론에서는 꿈이나 환상에서 보았던 것을 그림으로 그려 분석하는 것뿐만 아니라 만다라(mandala)를 활용하여 그림을 분석하기도 한다. 만다라는 기본적으로 원을 그리면서 시작하는 것으로, 원은 인간세계를 둘러싸고 있는 우주를 표현하고 있으며 원 안에 그려지는 형태나 색은 무의식에 대한 깨달음으로 이어진다. 융은 매일 일기장에 원 모양의 그림들을 그렸고, 원 안에 그린 그림들이 자신의 마음을 나타내고 있다는 것을 알게 되면서 이러한 작업이 인간의 내면적 요구에 따라 그림으로 나타나게 된다는 것을 발견하게 되었다. 이에 융은 환자들을 치료할 때 만다라를 그려 보도록 하였다. 융은 환자들이 자신의 내면세계를 전형적인 만다라 문양에 색칠할 때뿐만 아니라 자유롭게 만다라의 형태를 그림으로써 정신구조의 일체감에 기여할 수 있다고 하였다(정여주, 2001).

이처럼 만다라는 의식과 무의식을 연결하는 통로로서 무의식에서 우러나온 것을 그림으로 그리도록 하여 치유의 효과를 얻을 수 있다. 즉, 무의식 속에 존재하는 내면세계의 갈등을 외부로 투사하여 만다라를 통해 상징적으로 표현함으로써 이를

그림 4-5 자신을 겉으로 보기에는 단단해 보이지만 외부의 작은 충격에도 쉽게 금이 가는 돌로 표현

출처: 허소임(2019).

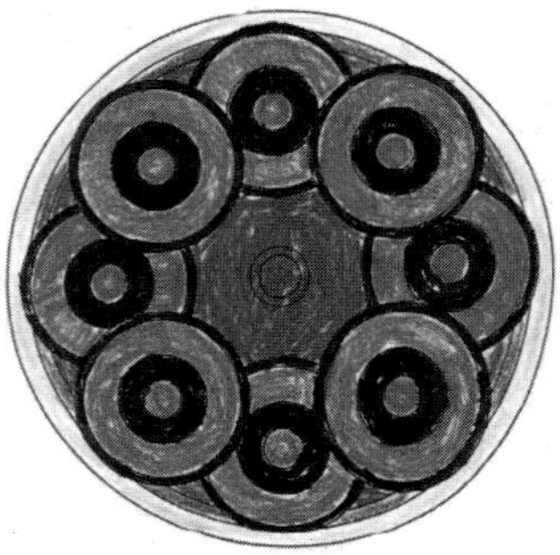

그림 4-6 '가족관계 속의 나'라는 주제에서 가족들이 자신의 다양한 장점들을 잘 모르고 있다고 표현

출처: 전현주, 정미숙(2018).

객관화할 수 있다는 것이다(Fincher, 1991). 또한 융은 만다라가 인간이 외부적인 영역을 배제하고 자신의 내면적인 것을 보존하면서 자기에 집중할 수 있도록 하는 그림이라고 하였다(이부영, 2002). 이는 만다라가 타인과 구별되는 고유한 나 자신을 찾아가는 개성화 과정을 표현하는 이미지로, 개성화와 자아실현을 촉진하기 위한 도구로 활용될 수 있음을 보여 준다(McNiff, 1995). 따라서 내담아동에게 만다라 작업을 적용하는 것은 자신의 내면에 있는 잠재력과 정체감을 확립함으로써 긍정적인 자아상을 형성하고 자신의 가치를 높이는 데 도움을 줄 수 있다.

(3) 모래놀이

모래놀이는 모래가 담긴 상자에 다양한 모형들을 늘어놓고 하나의 작품을 만드는 것으로서 로웬펠드에 의해 고안되었으며, 이후 칼프가 융의 분석심리학을 도입하여 발전시켰다. 로웬펠드는 내담아동의 생각은 성인과는 달리 감정이나 감각, 관념, 기억 등과 같은 모든 것이 서로 얽혀 있어 이것을 충분히 표현하기 위해서는 시각적인 측면뿐만 아니라 촉감과 같은 감각의 요소를 포함해야 한다고 하였다(김보애, 2005). 칼프는 인간의 정신 속에는 전체성을 향한 기본적인 욕구를 지니고 있다는 융의 인간관을 토대로 자신이 배운 기법을 내담아동에게 적용해 보기 시작하였으며, 융의 개성화 이론을 모래놀이에 접목시켜 자유롭고 창조적인 놀이를 통해 무의식 속에 있는 심상을 형성하면서 개성화 과정이 실현된다고 보았다.

모래놀이에서는 모래와 물, 다양한 소품을 활용하고 상담자와의 안정적인 관계를 통해 내담아동이 자연스럽게 치유를 경험할 수 있게 된다. 이러한 모래놀이는 내담아동의 상징놀이에 뿌리를 두고 있는 것으로, 내담아동은 다양한 소품을 활용하여 상징적인 것을 표현하게 되고, 이는 내담아동 내면에 있는 원형이 표출된 것이라고 해석할 수 있다(이정숙, 고인숙, 2002).

모래놀이의 치료적 가치를 구체적으로 살펴보면 다음과 같다. 첫째, 모래놀이는 내담아동의 손을 통해 무의식이 표현된다. 내담아동의 정신적 심상이 눈으로 볼 수 있고 만질 수 있는 구체적인 외적 심상으로 변환되어 상징으로 표현된다는 것이다(이유경, 2007). 둘째, 모래놀이는 다양한 소품을 상징물로 사용하여 내담아동이 자신을 표현하는 데 부담감이 적다. 진열되어 있는 소품 중 자신의 감정과 충동에 맞게 골라 자신의 내면세계를 쉽게 표현할 수 있으며, 이를 통해 내담아동은 치유되고

그림 4-7 학교를 무서운 동물들이 돌아다니는 지옥으로 표현

출처: 박정희(2020).

그림 4-8 내면의 평온함이 찾아왔음을 축하 공연으로 표현

출처: 채혜정(2009).

변화될 수 있다. 셋째, 모래놀이는 내담아동이 모래상자 안에서 자신의 내적 세계를 외적 세계로 가져와 구체화함으로써 억압되었던 무의식적 요소를 의식에 통합시키는 것을 촉진한다. 뿐만 아니라 모래상자는 내담아동이 가지는 내면의 정신적인 측면과 외적 생활이 조화를 이룰 수 있도록 매개 역할을 제공함으로써 현실에 적응해 나갈 수 있는 기회를 갖게 한다(김보애, 2008). 넷째, 모래놀이는 내담아동이 자기방어적인 태도에서 벗어나 안전하고 자유로운 모래놀이 공간에서 작품을 만들면서 자기치유력을 활성화시킨다.

(4) MMTIC

MMTIC는 머피와 메이스제이어가 융의 심리유형 이론에 바탕을 두고 개발한 아동용 성격유형 검사이다. 이 검사는 브릭스와 마이어스가 개발한 MBTI의 이론적인 틀과 4가지 선호지표, 16가지의 성격유형을 그대로 적용하고 있다. 하지만 내담아동의 경우에 주변 환경의 영향을 많이 받아 분화가 제대로 이루어지지 않은 시기로, 각각의 지표에 대한 선호도가 쉽게 드러나지 않을 수 있다(김정택, 심혜숙, 1993). 이에 선호도가 결정되지 않은 지표와 관련하여 결과치에 U-band(Undetermined band, 미결정 영역)를 추가하여 제시하고 있다. 예를 들어, ESUP형의 경우 외향성(E)과 감각형(S), 인식형(P)으로는 결정되었지만, 판단기능과 관련된 지표에서는 T와 F 척도가 분명하지 않은 것으로 둘 중 하나에 선호도의 방향이 귀속될 만큼 충분히 명료화되지 않았다는 것을 의미한다. 이는 청소년기를 거쳐 성인이 되어 가는 과정에서 발생할 수 있는 변화의 가능성에 대해 열어 두고 있는 것으로, 내담아동을 위한 처치나 계획을 구성할 때는 신중하고 조심스러운 접근을 시도해야 한다.

MMTIC를 통한 자신의 성격유형에 대한 이해는 자신이 가지고 있는 잠재력에 대한 자긍심을 높여 주고, 다른 사람과의 다름을 수용함으로써 사회성과 대인관계 능력의 발달에 도움이 되며, 각자의 성격유형에 맞는 학습방식과 진로의 방향을 제시해 준다(김유진, 2017). 또한 부모가 함께 MBTI를 실시함으로써 부모와 내담아동 간의 심리유형 차이에서 오는 눈에 보이지 않는 갈등에 대해 이해하고, 자신의 심리유형이 자녀의 교육이나 성격 형성에 방해가 되지 않도록 제어하는 데 도움이 될 수 있다. MMTIC에 제시된 각각의 선호지표에 따른 아동의 특성을 살펴보면 〈표 4-1〉과 같다.

〈표 4-1〉 **지표별 아동의 특성**

선호지표	아동의 특성
외향(E)	• 처음 보는 친구들과 쉽게 친해지고 이야기를 나눈다. • 슬프거나 기쁜 일이 생기면 주변 사람들에게 즉시 이야기를 한다. • 시간이 걸리는 과제나 놀이에는 쉽게 싫증을 내고, 새로운 활동이나 놀이를 원한다. • 혼자 책을 읽거나 조용히 있는 것보다는 다른 친구들과 어울리는 것을 좋아한다.
내향(I)	• 친한 친구가 없는 모임에 가면 어색하고 불편하다. • 친구들에게 먼저 다가가지 못하고, 부끄러움을 많이 타지만, 소수의 친한 친구들과는 아주 친하게 지낸다. • 조용하고 침착하다는 말을 자주 들으며, 신중히 생각한 다음 행동하는 편이다.
감각(S)	• 현실적이며 정확한 표현을 더 잘 이해한다. • 주변 사람의 외모나 다른 특징들을 자세히 기억한다. • 새로운 방법을 시도하기보다는 다른 사람들이 하는 대로 따라서 하는 것을 좋아한다. • 현재 지금 일어나고 있는 것에 많은 관심을 보인다.
직관(N)	• 공상이나 추리하는 것을 좋아하며, 상상 속의 이야기를 잘 만들어 낸다. • 새로운 것에 관심이 많고, 신기한 것에 호기심이 많다. • 창의력과 상상력이 풍부하다는 말을 자주 들으며, 미래에 관심이 많다. • 종종 물건을 잃어버리거나 어디에 두었는지 기억하지 못할 때가 있다.
사고(T)	• '왜'라는 질문을 자주 하고 궁금한 점이 있으면 꼬치꼬치 따져서 궁금증을 풀고 싶어 한다. • 논리적이고 객관적인 분석과 설명으로 친구를 잘 설득하는 편이다. • 의지와 끈기가 강하다. • 공평성, 객관적인 사실을 토대로 판단한다.

감정(F)	• 다른 사람들과 함께 공부하고 토론하는 것을 좋아하지만 경쟁하는 것을 싫어한다. • 감정이 풍부하고 인정이 많으며, 순하다는 말을 자주 듣는다. • 다른 사람의 반응에 민감하다. • 양보를 쉽게 하는 편이며, 장난감을 선택할 때 쉽게 결정을 못 내리는 경우가 종종 있다.
판단(J)	• 계획에 따라 규칙적인 생활을 하는 것을 좋아한다. • 공부나 다른 할 일을 먼저 해 놓고 노는 편이다. • 목표가 뚜렷하고, 학교나 친구들과의 모임에서 책임 있는 역할을 맡고 싶어 한다. • 깨끗하게 정돈된 상태를 좋아한다.
인식(P)	• 계획을 잘 세우지 않으며, 일이 생기면 그때그때 해결하는 편이다. • 주변에 일어나는 일들에 호기심이 많고 새로운 상황에 잘 적응한다. • 어떤 일을 할 때 마지막 순간에 한꺼번에 처리하는 경향이 있다. • 방이 어수선하게 흐트러져 있어도 개의치 않으며, 책가방을 잘 챙기지 못하는 편이다.

출처: 김정택, 심혜숙(1993).

4. 아동상담 사례

융 이론가들은 놀이에서 상징적으로 표현되는 것들에 대하여 '이 모든 것이 무엇을 의미하는가?'를 깊이 이해하고 분석하는 태도가 치료에 효과를 가지고 온다고 하였다. 모래놀이에서는 내담아동이 자신의 내적 투쟁들을 외면화할 수 있는 곳이며, 모형이나 장난감들을 조정하고 이동하면서 자신의 세계를 만들어 가고 어려운 감정들을 처리할 수 있다. 즉, 내담아동은 자신의 감정을 모형에 투사하여 감정의 분위기를 변화시키고 성장해 나갈 수 있다. 다음은 내담아동이 자신의 꿈에서 보았던 내면세계를 모래상자를 통해 외부로 표출하면서 자기치유 능력이 있음을 보여 주는 사례(Allan, 1997)이다.

■ 인적사항: 에이든(9세, 남아)

■ 의뢰사유: 교사에 의해 아동보호기관에 의뢰되었으며, 의뢰 당시 부모의 이혼과 어머니의 신체적 학대로 인해 또래관계에서 부적응적인 행동들을 보였다.

■ 호소문제: 어머니에 대한 적대적인 감정을 모든 여성에 대한 증오로 활성화시

켜 학교의 여자 교사들에 대한 부정주의를 나타내고 있다.

■ 상담내용: 상담을 진행하면서 에이든이 과거 남동생의 죽음에 대한 우울감과 부모의 이혼에 대한 죄책감, 여동생이 태어나면서 어머니의 사랑을 빼앗겼다는 분노감을 가지고 있음을 발견하였다. 치료자는 모래놀이를 활용하여 에이든이 가지고 있는 부정적인 감정들을 안전하고 보호받는 공간에서 완전하게 표현할 수 있도록 허용해 주었다. 모래놀이를 하면서 몇 회기가 흐른 후에 에이든은 자신이 꾸었던 꿈의 내용을 모래상자에 표현하였다.

에이든: 나는 아기가 죽어서 엄마와 함께 교회에 가서 묻어 주는 꿈을 꿨어요. 내 생각에는 아기를 좋아하지 않아서 내가 죽인 것 같고, 엄마가 나한테 화가 나서 절대로 나를 용서하지 않을 것 같아요. (모래 위에 교회가 있는 마을의 모습을 만들고 옆에 묘지도 만든다.) 그런데 그건 사실이 아니에요. 선생님, 그렇죠? 나는 아기를 좋아하지는 않았지만 절대 죽이지는 않았어요. 그리고 엄마는 나에게 화를 내지 않아요. (성냥갑 속에 아기를 넣고 묘지 아래에 성냥갑을 묻는다.)

상담자: 그것은 정말로 꿈이구나.

에이든: 네. 그런데 나에게 일어난 일이기도 해요. 엄마가 나한테 말해 줬어요. 내가 아주 어렸을 때 남자 동생이 있었는데 죽었대요. 그래서 엄마는 나랑 내 여동생이 죽을까 봐 걱정했다고 말했어요.

상담자: 엄마는 네가 엄마를 이해할 수 있도록 그런 말씀을 해 주셨구나.

에이든: 네. 나는 이제 엄마가 날 사랑한다는 것도 알아요. 엄마는 나한테 화를 내었던 게 아니라 그저 나를 걱정했던 것뿐이에요.

상담자: 선생님이 조금 혼란스러운데… 엄마가 걱정한다는 것이 실제로 그렇다는 거니 아니면 꿈에서 그렇다는 거니?

에이든: 둘 다요. 꿈에서도 그렇고 실제로도 그렇고. 엄마는 진짜로 나를 사랑해요. 나는 항상 엄마가 나에게 화가 나 있다고 생각했었는데, 가끔은 내가 죽을까 봐 걱정이 되어서 그랬던 것뿐이에요.

상담자: 그것을 알게 된 것은 실제로도 엄마가 너를 사랑하고 있다는 것을 알 수 있도록 도와주었구나.

에이든: 네. 난 이제 엄마랑 아빠가 좋아요.

상담자: 너는 아빠를 더 좋아했었지.

에이든: 네. 그런데 이제는 난 엄마랑 아빠 모두를 사랑해요.

상담자: 그러면 지금은 엄마랑 지내는 대부분의 시간들이 아주 즐겁니?

에이든: 네. 엄마하고 동생이랑 다 같이 있는 게 좋아요.

상담자는 에이든과 함께 2~3번의 모래놀이를 더 진행하였고, 에이든은 종결단계에서 모래상자에 만다라 형태의 원을 그렸다. 상담자는 이에 대해 전체성을 향하여 자아가 점차 내부로 모여드는 것으로 보았다.

상담자: 이것은 어떤 것을 그린 것이니?

에이든: 이건 힘을 가진 원이에요. 이 원 안에서는 아무도 다치거나 힘들지 않아요. (손가락으로 모래의 원을 따라 다시 그리며) 여기서는 다 행복할 거예요. 왜냐하면 여기에는 엄마랑 아빠, 여동생이 다 같이 있고, 엄마랑 아빠는 나를 더 잘 돌봐 줄 거라는 걸 알아요. 엄마는 나에게 화를 냈던 것에 대해 미안해할 거예요.

종결단계에서 나타난 에이든의 반응은 자신의 정신에 충분히 좋은 부모의 이미지를 내면화하였음을 보여 준다. 이는 에이든이 가진 분노를 해결했다는 상징적인 의미를 가지는 것으로, 생명의 만다라를 통해 평화를 이끌어 냄으로써 자기 내부의 회복력과 새로운 희망을 가지게 된다.

활동

1. 페르소나

1) 나는 다른 사람들에게 어떤 모습으로 보이기를 원하는가? 내가 중요하게 생각하는 내 삶의 역할은 어떤 것들이 있는지 생각해 봅시다.

역할	역할을 수행하기 위한 나의 행동 및 모습

2) 이러한 나의 행동이나 모습은 진정한 내 모습인가? 이러한 나의 행동이나 모습을 보면서 어떤 생각과 기분이 드는지 생각해 봅시다.

2. 아니마와 아니무스

융은 인간은 누구나 양성성(androgyne)을 가지고 태어난다고 하였다. 남성성과 여성성의 통합을 이루기 위해서는 자신의 내면에 있는 반대 성의 특성을 이해할 수 있어야 한다. 다음은 남성성과 여성성을 표현하고 있는 단어이다.

통솔력이 있다.	추진력이 강하다.	말을 아름답게 한다.	부드럽다.	자신감에 차 있다.
감정이 풍부하다.	섬세하다.	용기가 있다.	주도력을 발휘한다.	애교가 있다.
예쁜 물건을 좋아한다.	활동적이다.	낭만적인 얘기를 좋아한다.	박력이 있다.	독립심이 강하다.
세심하다.	요리하기를 좋아한다.	포부와 야망이 있다.	큰일을 잘 처리한다.	모험심이 강하다.
질투심이 있다.	민감하다.	믿음직하다.	재치가 있다.	순종적이다.
말이 많다.	체력이 강하다.	상냥하다.	성취욕이 있다.	자부심이 강하다.

출처: 한금정(2004).

1) 남성을 표현하는 단어를 찾아봅시다.

2) 여성을 표현하는 단어를 찾아봅시다.

3) 나와 반대되는 성을 표현하는 단어 중 나에게 있는 특성은 무엇인가? 그 특성은 언제 나타나는지 생각해 봅시다.

3. 그림자

융은 자신의 긍정적인 측면과 부정적인 측면을 모두 수용하여야 온전한 사람이 된다고 하였다. 인간의 부정적인 측면은 무의식 속에 존재하는 그림자이다. 다음 활동을 통해 내담아동의 그림자를 탐색해 볼 수 있다.

1) 왜 그런지 모르겠지만 싫은 감정을 갖게 되는 사람이 있는가? 있다면 그 사람의 어떤 부분이 나에게 부정적인 감정을 불러일으키는지 생각해 봅시다.

싫어하는 특성	

2) 불쾌감을 주는 상대방의 특성은 나의 그림자가 투사된 것일 수 있다. 상대방에게서 나타나는 싫어하는 특성과 비슷한 특성들이 나에게도 있는지 생각해 봅시다.

내가 가진 특성	

제5장

개인심리학 아동상담

개인심리학 아동상담에서는 아동이 가지고 있는 생활양식과 신념체계, 사회적 상황에서의 공동체 의식에 관심을 두고 있다. 이런 요인은 아동의 부적응 행동이나 문제행동과도 관련이 있는 것으로 보고 있으며, 재교육의 목표가 되기도 한다. 상담 과정에서 아동이 인식하는 주관적인 해석을 중요하게 다루고 어떻게 형성되고 표현하는지에 주의를 두어 더 창조적이고 완성되어가는 방향으로 변화를 촉진한다. 나아가 아동이 형성한 생활양식을 탐색하고 사회적 상황에서 협력하도록 돕는 과정에서 잘못된 행동목표를 수정하고 새로운 시도를 격려하면서 아동 스스로 통찰해가도록 상담하는 방법과 기술들에 대해 알아보고자 한다.

1. 개인심리학 이론의 발달

아들러(Alfred Adler)는 역사적으로 영향력 있는 정신과 의사이자 치료사로 20세기 초에 철학적 세계에 새로운 아이디어로 관심을 집중시키기 시작하였다. 그는 열등감, 생활양식 및 부모 교육과 같은 요소를 연구하여 개인이 사회적 맥락에 친숙해지는 것이 필수적이라고 하였고, 각 개인은 소속감을 의미 있게 느끼도록 해야 한다

아들러(Alfred Adler, 1870~1937)

고 강조하였다.

19세기 말 아들러는 프로이트의 정신분석학 토론 그룹에서 한동안 회장으로 봉사했지만, 프로이트의 일부 이론에 동의하지 않음으로 인해 프로이트를 떠나게 되었다. 그럼에도 불구하고 프로이트는 아들러의 아이디어를 진지하게 받아들여서 "honorable error(명예로운 오류)"라고 불렀다.

아들러는 프로이트와는 달리 심리학에서 사회적 관심이 정신 내부 영역만큼 중요하다는 주장을 하였고 권력과 보상의 역학은 성욕을 넘어서 더 큰 영향을 미친다고 하였다. 하지만 프로이트는 아들러의 사회적인 신념을 공유하지 않았고, 아들러는 1912년 정신분석 운동에서 분리하여 개인심리학회를 설립하게 되었다.

아들러는 철학자 바이힝거(Hans Vaihinger)의 'As if'의 철학과 도스토예프스키(Fyodor Dostoevsky)의 정신적 구성에도 영향을 받았으며, 여전히 비엔나 정신분석학협회(Vienna Psychoanalytic Society)에서 유기체 열등 및 보상 이론을 발전시켜 왔고, 이는 나중에 현상학으로 전환되어 열등감의 개발을 위한 기원이 되었다.

아들러는 또한 칸트(Immanuel Kant), 니체(Friedrich Nietzsche), 비르호프(Rudolf Virchow), 스무츠(Jan Smuts) 등 정치가들의 철학에 영향을 받아 '홀리즘(Holism)'이라는 용어를 인용하였다. '개인심리학'으로 알려진 '아들러 스쿨-홀리즘'을 강조하기 위하여 불가분을 의미하는 '개별 개체(individual)'에 대한 의미는 심리학뿐만 아니라 사회 심리학으로 확장되었다.

아들러는 성격, 심리치료, 정신병리학에 대해 전체론적 입장으로 보는 개척자였으며, 개인의 부족함과 열등감에 적응할 수 있는 능력에 중점을 두고 있다. 그는 격려를 받고 적절하고 존중감을 가질 때 더 반응적이고 협조적인 사람이 될 것이라고 생각했다. 반면에 누군가가 좌절하고 낙담한 경우에는 경쟁, 패배 및 철수를 나타내는 행동을 보일 것이라고 여겼다. 따라서 '잘못 행동하는 아동은 낙담한 아동'이라고 보고, 성취감과 낙관주의를 증진시키고, 아이들의 행동 패턴이 수용되고 존중되면 개선될 수 있다고 보았다.

이 이론은 특히 어린 시절에 발달된 행동 패턴과 신념체계에 주의를 두고 있으며 초기 습관적 패턴을 관심 있게 보면 개인의 가치와 의미를 두게 된 배경을 알 수 있고 더 창조적으로 완성해 가는 데 필요한 것을 개발하도록 도와주어 궁극적인 변화를 일으키고자 한다.

개인심리학은 실생활에서 직업, 우정, 사랑/성 영역에 대해 과제 지향적이고 실용적인 방식으로 접근하고 있다. 개인의 성공은 협력하는 정도에 달려 있을 정도로 사회지향적 접근을 강조하고, 개인적 측면에서 전체적 완전성과 사회적인 측면에서 모든 사람이 평등하게 개인의 완전성을 추구하도록 한다.

개인심리학 이론은 현재에도 학교전문가, 아동, 부모 및 교사를 치료하기 위해 고안된 치료 회기에서도 영향을 미치고 있다. 이 단기 회기는 가족 또는 지역사회 치료의 초기 형태가 되었고, 많은 지역에서 소외된 집단에게 수행하여 치료적으로 공헌함으로써 심리학의 변화를 꾀하고 있다. 그의 방법은 아동 발달 및 교육, 사회사업, 범죄 치료 등의 필수 부분이 되어 가고 있다.

대표적인 전문가 중 한 사람인 코트만(Terry Kottman) 박사는 아들러 방식의 놀이치료, 즉 개인심리학의 아이디어와 기술 및 놀이 기법을 결합하여 아동, 가족 및 성인과 작업하는 접근법을 개발하였다. 그녀는 아들러 놀이치료를 발전시켜 응용 및 치료 기술을 더 개발해가고 있고 예술 기법을 사용하여 실용화하였으며, 댄스, 음악 및 신체 활동, 모험 치료, 은유적 개입치료 등을 발전시켜 왔다. 이러한 전략을 사용하여 아동을 지도하고 적응적인 행동을 할 수 있도록 돕고, 친사회성 강화, 문제해결 기술 및 관계 개선을 위한 놀이치료에 대해 연구를 지속하며 정기적으로 미국 내 및 국제 워크숍을 개최하고 있고 미국놀이치료협회와 아이오와 놀이치료협회에서 평생 공로상을 수상하였다. 대표 저서로는 『아들러 놀이치료(Partners in Play, 2016)』가 있다.

2. 기본개념

1) 열등감

아동은 신체적으로는 물론 정신적으로 아직 완성되지 않은 존재로서 삶의 요구에 적절하게 반응하지 못하여 매 순간마다 환경의 보호와 도움에 의존하게 된다. 이러한 경험은 자칫 의존적이고 무력감을 지니게 하며, 나아가 열등한 존재로 인식되게 할 수 있다(Adler, 1966).

아들러는 열등감이 인생 전반에 걸쳐서 많은 영향을 미치고 있음을 주장하고 열등감이 인간의 삶에 미치는 영향, 특히 열등감과 인간의 정신병리 현상이 연관 있음을 밝히고 있다. 열등감이 모든 병리 현상의 일차적 원인으로 보고, 많은 병리적 현상은 이차적으로 일어난 반응으로 보고 있다(김춘경, 2006). 열등감의 개념 없이 정신병리학을 이해하는 것이 불가능하다고 하였고, 인간은 누구나 열등한 존재로 태어나므로 필연적으로 열등감을 지니게 된다고 하였다(Adler, 1973). 중요한 것은 열등감 자체가 아니라 개인이 열등감을 어떻게 받아들이고 대응해 나가느냐 하는 것이다. 인간은 자기 결정적인 존재이기 때문에 자신의 경험에 의미를 부여하고 부여한 의미에 따라서 삶의 태도와 방식을 달리한다. 그러므로 개인에게 주어진 열등한 환경과 열등감 자체보다는 그 사람이 열등감을 어떻게 해석하는지에 대한 주관적인 해석이 삶에 영향을 미치게 된다. 따라서 아동과의 상담현장에서 스스로 가치 없다고 느끼거나 낙심하여 건설적인 방식의 행동을 그만두는 아동의 반응에 주의를 두어야 한다.

열등감에 압도되어 과잉보상하는 행동을 보이는 경우가 있는데, 다른 사람과 비교하여 열등하지 않다는 것과 오히려 낫다는 것을 증명하기 위해 많은 시간과 에너지를 사용하고, 다른 사람보다 우월하기 위해 노력함으로써 다른 사람이 이 사실을 알게 하는 것에 집착하는 경우이다. 오로지 우월성을 획득하기 위한 목표를 세우는 이런 반응을 '우월 콤플렉스'라고 말한다(Adler, 1973). 열등감에 압도되어 낙심하고 삶에 적극적으로 참여하기를 거부하여 좌절하는 아동은 내향적이거나 성취가 낮고 물러서는 행동을 할 수 있다. 부적응을 과잉보상함으로써 다른 사람들을 괴롭히거나 폄하하고 자신을 인위적으로 치켜세우며 자랑하는 행동으로 표현되기도 한다(Kottman & Meany-Walen, 2016).

아들러는 열등감이 있는 것은 필요하고 나아가 바람직하다고까지 하였다. 열등감이 열등 상황을 극복하고 우월한 상황으로 나아가게 하는 힘을 발휘하여 잠재력을 발달시키는 자극, 또는 촉진제의 역할을 한다고 보았기 때문이다. 인간의 모든 문화사도 불안과 열등감을 극복하고자 노력한 역사라고 할 수 있다. 즉, 하늘을 날 수 없다는 열등감이 인간을 우주에 갈 수 있게 해 주었고, 빨리 달릴 수 없다는 열등감이 인간에게 자동차를 만들도록 하였으며, 허약한 신체를 가졌다는 열등감이 인간을 뛰어난 의학을 가진 존재로 만들어 주었다고 보았다(Adler, 1973). 아동이 자신의 약함을 극복하고자 교육적 도움을 받아들여 노력함으로써 성장과 발달, 문명의 발전에까지 이바지할 수 있도록 이끌어 주어야 한다. 이와 같이 열등감이 긍정적이고 생산적인 것으로 인식될 수 있는 것은 이기적인 측면을 넘어서 사회적 환경을 고려하여 보상하고자 할 경우에 가능한 것이다.

2) 우월성 추구

인간은 기본적으로 자신의 약점 때문에 생기는 긴장과 불안정감, 남보다 열등하다는 사실을 참기 힘들어한다. 나아가 열등감을 극복·보상하여 우월하고자 하는 목표를 달성하기 위해 노력한다. 아들러는 열등감에 대한 보상의 궁극적인 목적을 우월성 추구라고 하였다. 우월성 추구는 모든 인간이 문제 상황에 직면하였을 때 부족한 것은 보충하며 낮은 것은 높이고 미완성의 것은 완성하며 무능한 것은 유능하게 만들려는 경향성을 말한다(이형득, 1992).

아들러는 우월성 추구를 향한 보상은 어린 시절에 받았던 인상과 경험, 즉 아동이 어린 시절에 얼마나 깊은 열등감과 불안정감을 느꼈는가와 이를 극복하는 데 주변의 사람에게서 받은 영향이 보상의 형태를 형성한다고 하였다(Adler, 1966). 열등감 때문에 억압받지 않고 삶의 유용한 측면에서 찾는 우월성 추구는 실제의 성숙과 발전을 위한 방향으로 실현될 수 있다. 이렇게 얻은 능력은 아동의 인성을 강하게 하고 열등감을 극복하는 데 도움을 주게 된다. 반면, 열등감을 더욱 심화시켜서 아동이 삶에 유용하거나 정상적인 방법이 아닌 우월만 추구하는 데 주의를 두는 경우에는 비뚤어진 보상을 시도하게 되어 비현실적이고 심리적 병리, 열등 콤플렉스를 발달시키게 된다(Rattner, 1963).

아동은 성장할 수 있다는 가능성을 스스로 확인할 때와 자신의 열등함이 학습의 촉진제로 작용할 때 극복하려는 노력을 하게 된다. 계속해서 자신의 약함을 재인식하게 되는 상황이거나 성인의 미숙한 교육으로 성취감을 느끼지 못하는 경우, 부족함을 극복할 수 있는 가능성을 더 이상 발견하지 못하게 하는 경우를 열등 콤플렉스라고 할 수 있다. 이에 아들러는 다음과 같이 서술하였다(Adler, 1966).

> 열등감을 지나치게 억압하면 위험하다. 그렇게 되면 아동은 자신의 미래의 삶이 실패하지 않을까 하는 불안 속에서 단순한 보상으로 만족하지 않고 더 크고 더 이루기 어려운 보상을 획득하려고 한다. 이때 그의 권력과 우월성의 추구는 정도를 넘어 병적으로 치닫게 된다.

아들러는 건강한 보상과 병리적 보상 경향을 판별하는 기준으로 공동체감을 제시하였다. 개인의 열등감 극복과 정신, 문화의 발달은 공동체감 형성, 그리고 사회적 관심과 절대적으로 관련이 있다. 자신을 타인과 연결하여 인식하는 사람들만이 열등감을 극복할 수 있고, 열등감에 사로잡혀 우월감만 가지려는 왜곡된 보상 노력은 열등감을 더욱 강화시키는 악순환을 반복하게 된다.

3) 사회적 관심

개인심리학에 따르면, 인간을 진정으로 이해하고자 할 때 누구나 어떤 사회에 소속되어 있고 다른 사람들과 관계를 통해 소속을 유지하고 있다는 것을 기억해야 한다(Adler, 1938). 아동이 소속감을 얻는 방법 중 하나는 사회적 관심을 통해서 이루어져야 한다. 그리피스와 파우어스(Griffith & Powers, 2007)는 사회적 관심을 다음과 같이 설명하였다.

> 인간 사회와 그들이 속한 우주에 대한 소속감과 그 사회 속에 사는 방식에 대한 개인의 책임감은 개인의 행동에 의해 이루어진다. 이는 타인들 사이에서 동료로서 하나라는 근본적인 느낌이다. 사회적 관심은 적응의 성공적인 지표로서 생각될 수 있으며, 공동체감이 발달할수록 소외와 고립감에 관련된 열등감은 적어진다.

아동의 사회적 관심은 우선 아동이 속한 가정에서 주 양육자에 의해 시작되고, 형제, 이웃, 또래, 교사 등 여러 사람들과의 관계로 확대되어야 한다. 아동에게 적절한 격려와 자극이 주어진다면 다른 나라 사람들과 인류 전체에게까지 관심을 일반화시킬 수도 있다. 아들러는 이에 대해 다른 사람들에게 도움이 되는 방식으로 삶의 목표를 향해 노력하는 사람들은 사회적 관심을 보여 주었으며 사회적으로 유용하지 않거나 사회적 관심이 적은 사람들은 다른 사람들을 해치는 행동을 통해 이기적인 삶을 살아가는 사람들이라고 하였다(Adler, 1927).

상담자는 현장에서 아동이 속한 사회에서 어떻게 관계를 맺고 소속감을 얻는지를 살펴보아야 할 것이다. 아동의 가족, 이웃, 놀이방, 유치원, 학교 등과 같은 사회적 상황을 고려하여 살펴야 한다. 가정 안에서 아동이 어떻게 자신의 중요성을 확립하고 다른 구성원이 아동에게 어떻게 반응하는지에 대한 탐색을 해야 한다.

상담에 오는 대부분의 아동은 사회적 관심이 잘 발달하지 못한 아동이기 때문에 타인과의 관계에 관심을 가지고 관계에 대한 감각을 높일 수 있도록 해야 한다. 따라서 아동을 존중해야 하고, 상담과정에서 타인과의 관계를 확장하는 데 목표를 두고 촉진해야 한다. 또한 부모를 상담환경에 포함시키는 경우라면 긍정적인 양육방식으로 상호작용하는 방법을 가르쳐 주고, 아동과의 관계성을 향상시키는 데 주안점을 두고 상담해야 한다. 예를 들면, 상담자와 아동이 서로 먹여 주는 행동을 할 수 있고, 아동이 인형을 먹여 줄 수 있고 흔들의자를 밀어 줄 수도 있으며, 다른 사람을 위하는 애정적인 행동을 하도록 할 수 있다. 상담을 종료하기 전에 형제나 다른 친구를 데려오도록 하여 타인과의 관계를 확장시킬 수도 있다. 또한 가족에게 협동하는 활동과 재미있는 경험을 숙제로 내줄 수도 있고, 어려운 사람들을 위해 기부하거나 자원봉사를 하는 것, 다른 생명체에 대한 관심과 염려하는 행동을 하도록 격려할 수도 있다(Kottman & Meany-Walen, 2016).

4) 생활양식

생활양식은 개인이 사고하고 느끼고 행동하는 이유와 삶의 목적, 자아개념, 가치, 태도 등 개인의 독특성을 설명해 준다. 생활양식은 인생의 초기에 개인의 경험을 조직하고 이해하고 그것을 예언하고 통제하기 위해서 발달시켜 온 개인의 인지조직도이다(김춘경, 2010). 유전과 환경의 영향을 받지만, 궁극적으로 생활양식은 개인의 창조물로서 환경에 대한 개인의 독특한 해석이다.

각 개인은 삶의 시작 단계에서 스스로를 완성해가기 위해서 자유롭게 움직임의 법칙을 선택하며, 환경에서 받은 독특한 인상들뿐만 아니라 자신의 타고난 능력과 결함까지 넓게 이용한다. 이 움직임의 법칙은 개인에 따라서 그 속도와 리듬, 방향이 다 다르고, 인간의 모든 발달과정에서 구체적인 어떤 생활양식을 떠받칠 정신적 구조를 창조하고 또한 그 구조에 적합한 감정을 만들어 내기에 어디까지나 개인의 독특한 것으로 인식될 수 있다.

생활양식을 발견하기 위해서 먼저 삶의 문제들과 이 문제들이 개인에게 요구하는 것을 어떻게 받아들이는지에 대한 생각을 알아보아야 한다. 문제의 해결과정에서 어느 정도의 사회적 관심이 있어야 하고, 다른 사람들과 함께 어울리고 협력하는 능력이 반드시 필요하기 때문이다. 만약 이 능력이 부족하다면, 그 사람에겐 열등감이 다양한 모습으로 나타나고 그 영향 또한 다양하게 나타날 것이다.

생활양식을 정확히 평가하고 그 생활양식이 사회적 관심에서 어느 정도 멀리 벗어나 있는지를 평가하게 되면, 실패의 원인은 다른 사람들과 접촉하는 능력이 부족한 것으로 드러날 수 있다. 그러므로 생활양식은 어린 시절 초기의 기억과 가족의 서열에서 아동이 차지한 위치, 어린 시절에 저지른 잘못, 꿈, 그리고 마음의 병을 야기한 외부적 요인 등에서 다른 사람들과의 관계에 대한 심상들을 종합적으로 이해함으로써 알 수 있다.

대부분의 사람은 생활양식을 무의식적으로 따르지만, 무의식적일지라도 생활양식의 모든 표현은 목적지향적이다. 개인의 생활양식을 통해 그가 추구하는 우월의 목표와 독특한 우월추구 방법, 자신과 세계에 관한 개인의 주관적인 해석을 이해하는 것이 기본원리이다.

5) 가상적 목적론

개인심리학의 중요한 개념 중의 하나는 모든 인간의 행동은 목적이 있고 목표지향적이라는 것이다(Adler, 1927). 본능에 의해 동기부여되거나 경험, 유전, 기질, 환경에 의해서 영향을 받기도 하지만 삶에서 주요한 원동력은 삶의 목표를 향한 다양한 움직임이고 이를 위해 행동을 결정한다는 것이다. 따라서 개인의 목표를 인지하는 것은 그 사람을 이해하는 중요한 열쇠가 된다.

> 만약 우리가 어떤 사람의 목표를 안다면, 왜 그들이 창조되었고 한 사람으로서 고유성과 그의 성격과 느낌, 감정과 논리와 도덕성 그리고 미학적 특성이 그 사람의

목표에 도달하기 위해 어떻게 구성되었는지를 설명하고 이해할 수 있게 될 것이다 (Ansbacher & Ansbacher, 1956).

인간의 모든 행동에는 목표가 있다는 것의 의미는 인간의 감정, 의지, 사고, 꿈들이 현재의 목표에 따라 결정되고 의식적이건 의식적이지 않건 간에 목표에 따라 행동한다는 것이기도 하다. 어린 아동의 경우 삶의 목표는 생애 초기(4~5세 무렵)에 주로 형성된 것이며, 비록 그 목표가 적절하지 않더라도 활동 방향을 결정하는 데 영향을 미친다. 개인심리학 아동상담에서는 아동의 행동을 살펴 그 행동의 목표를 중요시한다. 아동의 행동 목표를 알고 보다 건강한 방식으로 요구를 채울 수 있도록 도와주기 위해서다. 아동의 행동 목표를 알면 아동이 자신의 목적을 향해 계속 나아가기를 원하는지 그만두려고 하는지를 알 수 있고, 어떤 행동을 가져야 할지 버려야 할지 결정하는 것을 도와줄 수 있다.

아동의 행동 이면에 있는 가상적 목적은 창조적으로 형성되는 독특한 것으로 성격의 통합원리가 되고 성격을 형성하는 데 지배적일 수 있다. 아동이 계획하는 행동은 목표와 연관되어 아동의 현실 세계를 통합적으로 알 수 있게 해 준다. 그런 점에서 우리는 어떤 아동의 문제행동에 대한 목표를 이해한다면 아동의 문제 상황을 이해하기 쉬울 것이다. 따라서 아동의 행동의 원인, 충동, 본능, 힘을 통해 나타난 모든 현상은 가상적 목적이 있음을 이해함으로써 사회적으로 유용한 목표를 가지도록 도와줄 수 있다.

3. 개인심리학 아동상담의 실제

1) 상담목표

(1) 열등감의 극복

개인심리학적 상담목표는 열등의식의 극복과 타인의 도움 없이 스스로 보상을 이루어 낼 수 있는 것이다. 아동이 어떤 이유에서든지 스스로 제한하지 않고 자신이 가진 능력을 용기와 훈련을 통해서 개인과 공동체의 발전을 위해 가치 있고 유용하게 활용하도록 돕는 것이다. 아들러(1936)는 "모든 특수교육 및 상담의 의미는 낙담한 사람에게 자신감, 자아감을 되찾아 주고 그를 격려하는 것"이라고 하였다.

말을 더듬었던 데모스테네스가 입에 자갈을 물고 연습을 거듭하여 위대한 웅변가가 된 것, 시력장애를 가진 사람이 유명한 화가가 되는 것, 베토벤이 청력을 잃었을 때 가장 위대한 작곡을 한 것 등은 열등감 극복의 기능적 예라고 할 수 있다. 아동이 가진 열등감이 그들의 성장 · 발전을 향한 방향으로 자신과 다른 이들을 위한 동기가 되도록 도와주어야 한다.

(2) 공동체감 향상

상담자는 아동의 문제행동을 사회적 관심과 공동체감과 관련하여 볼 필요가 있다(Kaplan, 1991). 정상적인 아동은 학교나 가정에서 별 어려움 없이 잘 지내며 사랑과 인정을 얻고, 학업과 어려운 위기에 부딪힐 때 용기를 가지고 맞서려고 한다. 그러나 잘 적응하지 못하는 아동은 일상의 과제에서도 적응하기 어렵고, 또래관계의 어려움, 사회적 친밀감과 협동심의 부족, 자신과 타인, 세상에 대해서 매우 부정적인 모습을 보이게 된다. 이러한 부정적인 타인관과 세계관은 공동체적 노력을 하는 데 방해가 되며, 오로지 자기중심적인 우월성을 추구하도록 한다. 이렇게 되면 자기 소유와 힘, 영향력을 증가시키려고 하고 다른 사람을 깎아내리고 속이는 행동을 하게 되어 정신병리적인 증상을 나타낼 수도 있다.

공동체감 향상은 생활양식을 토대로 이루어지도록 해야 하며, 아동의 관심이 자신으로부터 가족, 공동사회, 인류, 무생물, 우주, 신에게까지 확대되도록 한다. 이 확대된 공동체감은 아동이 사회적 존재로 살아가면서 해결해야 할 과제에 부딪혔을 때 해결하는 방향의 열쇠가 되도록 해야 한다. 즉, 공동체에 얼마나 유용한지를 생각해 보고 자신이 어떻게 해야 할지를 결정하는 기준이 되는 것이다.

(3) 생활양식 수정

아동의 잘못된 생활양식과 관련하여 우선 해야 할 과제는 아동을 파악한 후 자신이 추구하는 잘못된 목표를 발견하여 거기서부터 유래된 생활양식의 변화 또는 재구조화시키는 것이다. 이것은 아동의 어린 시절의 기억, 가족의 영향, 꿈, 열등감의 보상과 같은 작업을 통하여 이루어진다. 또한 그동안의 잘못된 생활양식을 인식하고 고쳐 가도록 하며 자신에 대한 성찰과 다른 사람과의 관계, 삶의 과제, 자신이 내야 하는 용기, 미래의 긍정적인 발전에 신뢰를 가지고 어려움을 극복하도록 돕는 것이다. 이와 같은 작업을 통하여 아동은 추구할 목표를 명료화하고 목표 성취를 위한 잘못된 수단이 무의식적으로 행해지는 것을 일깨워 줌으로써 자신의 생활양식에 대한 인식을 바르게 하도록 해야 한다. 이러한 인식이 실제 경험으로 행해지고 인간관계 형성과 주변 환경에 적용하여 새로운 시각을 발달시키고 구체적으로 실행되도록 이끌어야 한다.

2) 상담과정

(1) 평등한 관계 형성하기

상담자와 내담아동은 서로 합의한 목표에 의해 적극적인 파트너로서 일하는 평등하고 상호 협력적인 관계를 추구한다. 내담아동은 상담받는 소극적인 수용자가 아니라 협력적인 관계에서 적극적으로 나서야 하는 당사자이다. 평등과 책임을 강조하는 것은 치료받기 위해 상담실에 간다는 일반적인 생각과는 다른 것이다. 서로 협력하여 목표를 정하는 것은 자신의 삶을 스스로 결정하는 능력을 존중해 준다는 것을 의미하는 것이고, 자신의 행동을 책임져야 한다는 사실을 인식하도록 하는 것이다.

평등한 관계 형성은 상담자가 아동을 만나는 순간부터 시작되고, 아동과 교류할 때도 지속되어야 한다. 아동에게 상담에 오는 것에 대해 어떻게 생각하는지를 묻고, 치료계획, 부모와 교사 상담, 비밀보장을 설명하면서 치료과정을 알기 쉽게 이야기해 준다. 상담자는 아동의 행동추적, 재진술, 상위 의사소통, 감정반영, 질문에 답하는 것, 질문하고 아동에게 책임을 돌려주는 것을 통해서 관계를 형성해 가고 친밀감을 강화해 간다.

이와 같은 긍정적 관계는 내담아동의 긍정적 자질을 강조하는 분위기가 되고, 아동이 직면한 장벽과 장애물은 실수, 실패를 배우는 위협적이지 않고 성공하기 위한 기회로 이해하는 데 도움을 준다. 이 과정에서 내담아동에 대한 관심과 주의 깊은 경청이 필요하고, 내담아동은 상담자로부터 자신에게 변화의 힘이 있다는 것을 알게 되도록 한다. 내담아동으로 하여금 종종 '할 수 없는 것'이라 여겼던 사실은 '하지 않았던 것'임을 깨닫게 된다(김춘경, 2006). 또한 내담아동의 자아관 · 타인관 · 세계관을 이해하고, 내담아동의 믿음 · 정서 · 동기 등을 이해하여야 하며, 언어적 의사소통뿐 아니라 비언어적 요소들(표정, 신체 동작, 자세, 목소리, 호흡 등)을 중요하게 다룬다.

(2) 생활양식 탐색하기

생활양식은 자신과 타인에 대한 신념, 지각, 감정, 동기에 의해 세워진 개인의 구성개념이다. 그러므로 아동의 신념, 지각, 감정, 동기를 확인하기 위해 노력하며, 그들의 이야기를 들어야 한다. 이것들은 전체적 통합이 이루어지게 되는데, 어떻게 생활양식에 적용되며 어떻게 사용하는가 하는 관점에서 이해해야 한다(Dreikurs, 1967). 상담자는 아동의 사회관계, 책임, 느낌 등을 나타내는 진술의 앞뒤 맥락과 연관해서 이해하도록 한다.

생활양식을 탐색하기 위해서 영향을 미친 요인들은 가족의 구도와 분위기, 초기 기억, 생애 과업, 아동이 가진 생활과제에 잘 적응하는지에 관한 것이고, 이것은 아동의 강점, 잘못된 신념, 행동 목표, 사적 논리에 관한 정보를 수집하기 위한 것이다. 각각의 정보는 어떤 면에서 유리하고 도전적인지 알 수 있으며 아동에게 강점으로 작용하고 있는 것이 무엇인지 알아내어 격려하기 위하여 활용한다.

(3) 잘못된 행동목표 탐색하기

아동의 잘못된 행동을 그만두고 더 긍정적인 목적, 즉 다른 또래들과 협력하거나 어떤 것으로든 기여하기 위하여 노력하도록 변화를 주는 것이다. 먼저 아동의 잘못된 목표가 무엇인지를 알 수 있도록 해야 하고, 이어서 이러한 목적이 아동에게 유익하지 않다는 것을 알도록 해야 한다.

아동 자신이 잘못된 생각을 자각하고 왜 자신이 그런 방식으로 행동하는지를 이해하도록 돕기 위한 것이다. 아동의 생활양식, 현재에 나타나는 문제, 잘못된 신념 등을 가지고 오류를 찾아 깨닫도록 하고 그것이 어떠한 나쁜 영향을 주는지 알게 한다. 이때 상담자 자신의 제안을 아동에게 강요해서는 안 되고, 무엇으로 하여금 더 효율적인 행동을 못하도록 하는 것인지에 대한 통찰이 일어나도록 상담해야 한다. 이 과정을 통하여 당장 잘못된 행동을 더 이상 하지 않게 되거나 그만두지는 않더라도 심각성이 감소하는 효과를 이룰 수 있다. 이로써 아동이 모순된 것을 알고 잘못된 목적을 버리고 바람직한 행동양식을 추구하도록 도와준다.

(4) 재교육하기

개인심리학 아동상담에서 재교육은 아동이 지각한 것을 행동으로 변화시켜 행동을 유발하기 위한 능동적인 기술이다(김춘경, 2006). 이 과정에서는 대안이 되는 태도, 행동을 탐색하는 공동의 작업을 하게 된다. 이전 단계보다 좀 더 지시적이고 교수 지향적인 기능을 할 수도 있다. 아동이 타인과 세상을 보게 하고 다양한 상황에서 감정을 표현하며 타인과 관계를 만들고, 강점을 활용하며 생활과업에서 기능하도록 하는 것에 목표를 둔다. 이전의 탐색단계에서 얻은 생활양식, 잘못된 행동 목표에 따른 사고 · 행동의 패턴에 대해서도 의사소통을 한다. 아동과 함께 더 건설적인 행동과 상호작용 패턴을 선택하도록 작업하고, 새로운 지각과 행동 기술을 연습할 수 있는 상황을 제공하고, 일반화하는 과정에서 무슨 일이 일어났는지 상담자에게 이야기하도록 한다.

이 단계에서 상담자는 가능한 한 창의적인 것을 활용하고, 대안과 기술을 연습하고 격려하기 위하여 아동의 친구, 가족, 교사를 포함시킬 수도 있다.

3) 상담기법

(1) 격려하기

개인심리학의 상담에서는 전 과정에 걸쳐 격려하는 기법을 사용하는데, 특히 아동과 관계를 형성하고 새로운 방향을 제시하고 재교육하는 데에 있어 중요하게 활용된다(Kottman, 2011). 격려(encouragement)란 용기(courage)의 의미가 포함된 개념으로 용기를 북돋워 주는 것이다. 삶의 문제를 해결하기 위한 용기는 아동의 생활에 큰 자원이 된다. 내담아동에게 관심을 보이고 희망적인 모습을 보여 주고 문제의 해답이 있음을 알려 주고 긍정적인 것을 강조하는 것 등이 격려이다(Mosak & Shulman,1974). 특히 격려하기는 아동이 열등감을 극복하고 자신의 가치를 깨닫도록 돕는 데 중점을 두어 내담아동이 자신의 능력과 유용성을 소유하고 있다고 믿고 도전하는 것을 실천할 수 있도록 한다.

• 아동의 능력에 대한 신념 보이기

아동에게 삶에 잘 대처할 수 있는 능력이 있다는 신념을 보여 주어야 한다. 어려움을 극복할 수 있고 문제를 해결할 수 있는 역량이 있다는 신념을 보여 준다면, 아동은 스스로를 더 신뢰하게 된다. 자신의 능력에 자신감이 없는 아동의 경우, 아동의 삶에서 중요한 성인이 아동에게 신념을 보여 주는 것이 필요하다. 아이들로서는 스스로의 능력에 대한 신념이 정당한 것인지에 대해 확신이 없기 때문에 이 신념을 지지할 수 있는 증거를 제시해 주어야 하고, 아동이 부정적인 반응이나 의구심을 보여도 변함없는 태도를 유지해야 한다.

특정한 과제를 하도록 격려할 때 아동이 해낼 수 있는 능력이 되는지 먼저 확인한다. 종종 '더 노력하면' 할 수 있다고 말하는 것이 자신의 능력을 믿지 못하는 아동이라면 격려보다는 좌절이 될 수 있다. 예전에는 도전하기를 꺼렸던 아동이라면 무언가 시도할 때마다 격려의 말을 해 주는 것도 필요하다. 긍정적인 변화의 신호를 면밀히 관찰하고 작은 발전이라도 보인다면 언급하는 것이 중요하다. 예를 들어, 상담자는 다음과 같이 격려할 수 있다. "인형 가방 잠그는 법을 배웠구나. 지난주에는 잘 잠그지 못했는데, 이번 주에는 한 번에 잠갔어." "줄이 똑바르지 않아서 실망한 것처럼 보이네. 하지만 지난번에 했던 것보다 줄이 더 바르게 됐어. 네가 원하던 대로 조금씩 나아지고 있는 거야."

• 노력 인정하기

많은 경우 아동은 자신이 노력한 결과가 성공적으로 나타날 때 주목을 받는다. 반대로 노력해도 성공하지 못하게 되는 것이 반복되면 아동을 좌절하게 해서 다시 도전하지 못하게 만드는 계기가 된다. 무언가를 해 보도록 격려하고 노력에 대해 긍정적인 표현을 하는 것이 필요하다. 특히 성공이 보장되지 않을 때 시도하는 것이 더 중요하고 존중받아야 한다는 것도 전달해 준다.

시도하려는 용기가 부족한 아동은 너무 비관적이어서 노력하는 것을 포기한다 (Kottman & Meany-Walen, 2016). 이들은 위험을 감수하는 노력에 에너지를 쓰지 않기 때문에 시도하는 자체를 격려해야 한다. 이런 경우에 작은 시도의 노력에 대해서 긍정적인 말을 해 주어야 한다. 예를 들면 다음과 같이 할 수 있다.

"스스로 할 수 없을 거라고 했지만 시도를 해 보았구나."

"그림을 완성하려고 노력하는구나."

"네가 원하는 대로 똑바로 되지 않아서 실망한 것처럼 보이네. 그렇더라도 괜찮아."

• 강점과 자원에 초점 두기

상담에 의뢰되는 아동은 자신의 강점과 자신이 가진 자원을 잘 알지 못하는 경우가 있다. 아동이 스스로 잘하는 것이 없고 자신이 긍정적인 기여를 할 수 없다고 생각하는 이유는 대개 긍정적인 방식으로 자신을 확인하는 경험이 부족해서이다. 부모나 가족 또는 아동에게 중요한 성인이 아동의 자원에 주의를 두지 않았거나, 성인이 가진 가치가 아동이 가진 자원과 부합하지 않아서 주목받지 못한 것일 수 있다. 이럴 때 아동은 자신의 가치를 인정받지 못한다는 생각을 하게 되어 소극적이게 되는 경우가 있다(Kottman & Meany-Walen, 2016). 이러한 아동에게 누군가가 자신의 강점에 주목해 준다는 것은 좋은 경험이 된다. 아동에게 긍정적인 강점을 찾아주고 좋아해 주고 무엇인가에 기여할 수 있다고 피드백을 주는 것은 큰 영향을 미치고 치료적으로도 유용한 것이 될 수 있다.

• 실수를 기회로 깨닫게 하기

상담자는 아동의 실수를 격려의 기회로 활용할 수 있다. 아동은 실수를 하거나 우연히 무언가를 망가뜨리고, 넘어뜨려 쏟았을 때 매우 속상해한다. 실수에서 나타나는 피해를 현실적으로 평가하도록 하는 것은 실수에서 벗어날 수 있게 하고, 실수를 고칠 수 있다는 것을 깨닫는 데 도움을 준다(Kottman & Meany-Walen, 2016). 이러한 예를 보여 주는 말들은 다음과 같다.

"빨간 물감을 써야 하는 데 파란색을 써서 기분이 안 좋아 보이네. 어떻게 하면 기분이 나아질까?"

"이걸 여기에 놓아 게임에서 져 화가 난 것 같구나."

"주스를 쏟아서 많이 겁이 난 것 같네. 이런 실수를 할 수 있지. 지금처럼 쥬스를 쏟았을 때 가장 나쁜 일은 뭘까?"

아동에게 실수를 통해서 배울 수 있고 우연한 사고에 대해 너무 부정적이거나 속상해할 필요는 없다는 것을 깨닫게 해 주고, 먼저 실수에 대한 아동의 기분에 초점을 맞춘다. 이 과정에서 감정적인 언어 사용이나 부정적인 이름 붙이기, 못마땅한 감정이나 화를 드러내는 표현을 삼가도록 주의해야 한다. 대부분의 사람이 실수를 하고 많은 아이가 자주 실수를 저지르고 사고를 겪는다고 말해 준다.

(2) 초기기억 탐색하기

생애 초기기억은 10세 이전에 발생한 일이 특별한 사건으로 여겨지는 것이다. 초기기억들은 우연한 것이 아니고 많은 경우에 과거에 선택적으로 기억하는 인상적이었던 사건들이어서 우리에게 중요한 것을 반영해 주며, 현재 행동하는 것과도 연관되어 있다. 마치 '나에게 이런 일이 일어났기 때문에 나는 결코 다시는 그런 방식으로 행동하지 않을 것이다.'라고 자신에게 말하는 것과도 같다. 이는 아동에게 근본적인 생활양식이 무엇인지, 자신의 삶에서 만족스러웠던 것과 무엇을 자기 발달의 출발점으로 삼았는지, 또는 자신이 지니고 있는 '기본적인 생활양식의 오류'의 근원이 무엇인지를 알려준다(Adler, 1931).

과거 중 일부만 선택적으로 기억한다는 것은 그때의 상황과 관계는 그들에게 중요한 것이라고 할 수 있다. 누군가의 초기기억은 그들의 생활양식, 신념, 사회적 관심, 행동 목표에 대한 유용한 단서들을 제공한다(Maniacci et al., 2014). 단 한 번의 사건이지만 강한 인상을 남기는 사건일 것이다.

상담자는 초기기억에 대해서 아동에게 질문하기 전에 라포를 형성해야 하고 미리 아동의 일상적 행동을 관찰하고 아동의 가족 구도와 생활 정보를 아는 것이 필요하다. 아동이 초기기억에 대한 그림을 그렸다면, 그 그림에 대해서 질문하여 여러 가지를 알아낼 수 있다. 초기기억에서 주로 살펴야 할 것은 '사건의 초점은 무엇인가, 누군가와 함께 있는가, 누군가를 통제하고 있는가, 다른 사람과 관계를 어떻게 나타내고 있는가, 돌보고 있는가 돌봄을 받고 있는가, 사람들에게 관심이 있는가, 순응적인가 반항적인가, 기억과 관련된 감정은 어떤가' 등과 같이 주변의 인물, 삶에 대한 태도, 관계에 대한 시각들로 아동을 이해하는 자료가 될 수 있다. 아들러(1965)는 어린 시절 경험이 생활양식 형성에 영향을 끼치기는 하지만 더 중요한 것은 과거 사건에 대한 현재의 지각과 해석이라고 하였고, 목표지향적이고 창조적인 존재로 이해하는 것이라고 하였다.

(3) 생애 과제 탐색하기

개인심리학에서는 삶에서 3가지 과업, 즉 일, 사랑과 우정에 대해서 다룬다(Maniacci et al., 2014). 아동에게 있어서 일은 학교에서 수행하는 과제들일 것이고, 사랑은 가족 구성원과의 관계와 소속감을 경험하는 것이고, 우정은 다른 아동들과의 상호작용에서 경험하는 것들이다. 이러한 것들은 학교에서의 행동관찰, 가족과의 상호작용, 또래 놀이를 통해서 많은 정보를 얻을 수 있다.

학교에서의 아동의 기능을 살펴보기 위해서 활용하는 질문들은 '학교에서 가장 좋아하는 것은 무엇인가, 학교보다 더 좋은 것이 있는가, 어떤 과목을 좋아하는가, 학교에서 제일 잘하는 것은 무엇인가, 학교에 있는 동안 어떤 기분인가, 학교에 무엇이 바뀌면 좋은가, 선생님과 어떻게 지내는가, 벌을 받게 될 때 어떻게 반응하는가' 등을 활용할 수 있다. 상담자는 즉흥적인 학교놀이를 하며 아동을 관찰하거나, 역할놀이, 피규어를 활용한 학교놀이, 동적 학교 그림 등을 활용할 수 있다.

아동의 사랑에 대한 과업은 가족관계를 통해서 형성될 수 있는데, 가족 한 명씩 이야기해 달라고 질문하기, '누구를 가장 좋아하는가, 다른 형제들 중 누가 이 아동을 좋아하는가, 아동이 느끼는 집에서의 문제는 무엇인가, 가족이 함께 즐거운 놀이를 하는가' 등의 물음을 활용할 수 있다. 인형의 집 놀이, 주방놀이, 동적 가족 그림, 동물 사진이나 콜라주를 활용한 가족 놀이는 아동에 대한 정보를 알 수 있는 데 도움이 된다.

우정과 관련된 생애 과업을 탐색하기 위해서는 '친한 친구가 있는가, 친한 친구에 대해 이야기해 줄 수 있는가, 친구의 어떤 점이 좋은가, 친구와 무엇을 하기를 원하는가, 다른 친구들과는 어떻게 어울리는가, 여러 친구와 놀기를 좋아하는가 혹은 한 친구와 놀기를 좋아하는가'와 같은 질문이 유용하다. 더 구체적인 것을 알기 위하여 미술활동, 모래상자 놀이, 노랫말 지어 보기, 손인형극 등도 활용할 수 있다. 좀 더 나이가 든 아동은 이야기를 하도록 하거나 친구에 관련된 책을 읽고 대화를 하는 것, 영화나 비디오를 보고 우정을 표현해 보는 것도 도움이 된다.

(4) 제한하기

제한하기는 아동이 스스로의 감정, 희망, 생각, 환상 등을 마음껏 표현할 수 있도록 격려해야 하지만, 직접적으로 해가 되는 행동은 제한하고 적절하게 표현할 수 있도록 도와주는 방법이다. 분명하고 일관성 있는 한계를 두는 것은 오히려 아동에게 안전감과 안도감을 줄 수 있고, 치료의 현실성에도 도움이 된다(Kottman & Meany-Walen, 2016).

다른 사람이나 물건을 해치는 것은 절대적인 한계를 설정해야 하고, 이 외에도 상담자의 재량에 따라 적절한 행동을 제한해야 하는 경우가 있다. 아동이 모래상자에 물을 두 컵 붓는 것은 허용하더라도 열 컵을 붓는 것, 부드러운 다트일지라도 여러 번 다트 총을 쏘는 것은 제한되어야 하는 행동이다. 그리고 코트만(2011)은 언제 제한하는 것이 적절한가에 대해서 상담자가 아동의 행동이 예상된다면 아동이 행동을 하기 전에 즉시 제한하는 것이 가장 적절하다고 설명하고 있다. 상담 전에 하지 말아야 할 행동과 규칙을 나열하는 것은 실용적이지 않고, 아동을 혼란스럽게 하거나 이해하기 어렵게 할 뿐이라고 하였다.

제한하기를 설정할 경우, 아동의 비언어적 신호를 잘 살피고 행동 패턴을 고려해서 설정할 수 있다. 예를 들어, 아동이 다트 총으로 거울을 쏘려고 할 때 상담자와 거울을 한 번씩 쳐다보는 경우가 있다. 아동이 행동하기 전에 신호를 주지 않고 충동적으로 행동을 한다면, 상담자는 가능한 한 빨리 제한을 하도록 한다. "네가 다트를 쏘기 전에 내가 빨리 말하지 못했는데, 거울에 다트 총을 쏘는 것은 규칙에 어긋난 행동이야."라는 말을 할 수 있다.

또한 "네가 ~하는 것은 바람직하지 않아." "너는 ~하면 안 돼."와 같은 말은 권위적인 표현이므로 피하는 것이 좋고, 수용 가능한 대체 행동과 해결책을 찾도록 하는 말을 사용하는 것이 좋다. "망치로 거울을 치면 안 돼. 망치로 쳐도 괜찮은 다른 것들을 네가 생각해 볼 수 있을 거야." "다트 총으로 나를 쏘는 것은 규칙에 어긋나. 이 방에서 쏘아도 되는 다른 것들이 있는지 찾아보렴." 사회적으로 용납되는 해결책을 찾아내지 못하는 경우에는 1~2가지를 제시해 주고, "이와 같은 아이디어들이 더 있어. 생각해 낼 수 있을 거야."라고 하여 생각해 내는 것을 촉진하면서 아동에게 문제를 다시 돌려주는 방법이 있다.

이 과정의 최종 목적은 아동이 적절한 행동의 정의를 수용하고 따르기로 동의하는 것이다. 대부분의 아동은 협상기술을 알지 못하여 힘겨루기를 하거나 떼를 써서 자신이 원하는 것을 얻는 데에 익숙해져 있다. 아동에게 자신이 원하는 것을 구체적으로 말하는 것을 가르치고, 원하는 것을 말했다고 해서 항상 얻을 수 없다는 것도 알려 주어야 한다. 그리고 제한하기에서 규칙에 어긋난 행동의 결과에 대한 책임을 지도록 하는 것이 중요하다. 예를 들어, 다트 총을 거울에 쏘았다면 바닥에 널린 다트를 정리하는 것, 교실에 모래를 붓는 행동을 하였다면 빗자루로 쓸도록 하는 것 등이다. 이럴 때에 아동이 5분간 구석에 앉아 있도록 하는 것은 행동과 연관성이 없기 때문에 바람직하지 않다.

또한 아동이 타당한 책임 행동을 받아들이기로 하면 다음 회기에서 다시 기회가 있을 것이라고 언급해 준다. 넬슨(Nelson, 2011)은 결과보다 해결책을 고안하는 것이 낫다고 제시하였는데, "아동에게 상황에 대해서 곰곰이 생각하고 해결책을 찾기 위한 기본적인 지침을 사용하도록 요구하고 무엇을 해야 하는지 가르치는 것"에 집중하는 것이 낫다고 하였다. 아동을 존중하면서 합리적이고 도움이 되는 연관성 있는 해결책을 도출하는 방법을 배울 수 있도록 해야 한다.

(5) 은유적 기법

은유적 기법은 역할놀이, 이야기, 손인형극, 모래상자, 모든 예술 작업에서 아동의 감정과 사고, 태도, 경험한 것에 대해 의사소통할 수 있는 방법이다(Mills & Crowley, 2014). 은유적 기법에 사용되는 것에는 아동 자신이 사용하는 은유, 필요에 의해 고안된 치료적 은유, 창조된 인물, 상호 이야기 만들기, 독서치료에서 쓰는 은유 등이 있다. 아동이 손인형을 좋아하면 손인형을 활용하여 은유를 전달하는 것이 좋을 것이고, 동작과 춤을 좋아한다면 음악과 동작이 있는 이야기가 아동의 관심을 끌 것이다. 그림 그리기와 책을 좋아하는 아동에 따라서 그에 맞는 은유적 아이디어를 낼 수 있다.

다음에서는 코트만(2011)의 치료를 위해 고안된 이야기를 간추려 제시한다. 어렸을 때 부모를 사고로 잃고 삼촌과 숙모와 함께 살고 있는 일곱 살 소년에 관한 이야기이다. 불안장애가 있고 어떤 위험에도 맞서는 것을 피하고 숙모를 떠나 새로운 경험을 하는 것을 거절하고 있는 아이이다. 소년이 치타 손인형을 좋아했기 때문에 치타와 다른 동물들을 등장시켜 더 용감해지고 새로운 것을 시도하도록 도움을 주기 위하여 고안된 이야기이다. 새끼 치타를 소년이 불안해하고 스트레스에 맞서지 않고 용기를 내지 않는 것에 비유하였고, 스트레스를 토네이도의 사나운 바람과 연관지어 은유적으로 표현하였다.

옛적에 '우미'라는 이름의 새끼 치타가 친절한 사자 아주머니, 사자 아저씨와 함께 평원에 있는 숲 근처에서 살고 있었다. 우미는 매우 어렸을 때 엄마, 아빠가 사라졌기 때문에 이들과 함께 살게 되었다.

어느 날 우미가 외롭게 앉아서 침울해하고 있는데, 사나운 바람이 불어와 우미는 바람에 휩쓸려갔다. 바람은 우미를 일으켰다가 쓰러뜨리곤 하였고, 우미는 더욱 무서워했다. 사자 부부를 다시는 볼 수 없을까 봐 두려웠고, 부모님처럼 사라질지도 모른다는 생각이 들었다. 그가 바람에 들려 아래의 땅을 바라보니 사자 부부가 뒤따라오며, "우리는 너와 함께 있을 거야. 우리는 너를 날려 보내지 않아. 바람을 놓고 우리한테 떨어져. 우리가 너를 잡을게."라고 소리쳤다.

우미는 "난 못해요. 어떻게 내려갈지 모르겠어요."라고 대답했다. 독수리는 "시도하는 건 나쁘지 않아. 붙잡고 있던 바람을 그냥 놓고 미끄러지렴." 하고 말했다. 우미는 바람조각을 놓는다면 어떤 일이 벌어질지 몰라서 선뜻 놓을 수가 없었다. 그러나 이렇게 끌려가다가 사자 부부를 다시 만나지 못하게 되는 것은 더 무서운 일이었다. 우미는 눈을 질끈 감고 바람조각을 놓았고, 바람 끝까지 튕겨져 떨어지고 있었다. 뒤따라오던 사자 부부가 우미를 향해 뛰어올라 붙잡아 안았다. 주변에 있던 새끼 치타들이 함성을 지르며, 바람을 놓고 튕겨져 나온 건 좋은 방법이었다고 말해 주었다. 이에 우미는 "바람을 놓는다는 것은 좀 두려웠지만, 내려오는 것은 내가 생각했던 것보다 무섭지 않았고, 할 수 있는 일이었어. 다음에 이런 일이 있어도 지금처럼 할 거야."라고 대답했다.

(6) 마치 ~인 것처럼

아들러는 '마치 ~인 것처럼' 기법을 바이힝거의 철학에서 개발하여 사용하고 있다(김춘경, 2006). 미래의 사건, 신념, 바라는 행동을 예견하고 가장하거나 행동하는 인지행동적 개입으로도 볼 수 있다. 이 기법은 미래 목표를 앞당기는 데에 목적을 두는 것으로서 아동이 이미 목표를 이룬 것처럼 행동해 볼 것을 제안한다. 인간이 자신의 신념에 따라 행동하려는 경향이 있다는 점에서 자기충족적 예언이 되어 미래의 행동에 깊은 영향을 미친다는 것에 착안한 것이다. 가상하는 것은 진술문 양식의 언어로 표현되고, 이는 사적 논리와 생활양식에 의해 뒷받침된다.

이 기법에 해당하는 질문에는 "너에게 이 문제가 없었다면 네 삶이 어떻게 달라졌을까?"와 같이 아동에게 목표를 분명하게 하고, 마치 목표를 이룬 것처럼 생각하거나 행동하도록 도와준다. 이것은 역할연기, 심상, 공상, 은유, 역설적 기법과 같은 과정에서 다양하게 활용할 수 있다.

(7) 단추 누르기

개인심리학에서 단추 누르기 기법은 자신이 선택한 사고에 의해 자신의 감정을 창조해 낼 수 있다는 개념에서 비롯된 것이다(Mosak, 1977). 다음과 같은 순서대로 제시할 수 있다. 먼저, 눈을 감고 자신의 삶에서 아주 행복했던 사건을 상상하라고 요청한다. 그때의 좋은 감정을 다시 경험하도록 요청한다. 그러고 나서 현재 겪고 있는 실패와 불쾌한 사건을 상상하고 부정적 감정을 느껴 보도록 한다. 그 다음으로 다시 이전에 떠올렸던 행복한 사건과 행복감을 경험하도록 요청한다. 이 기법은 내담아동으로 하여금 자기 몰입을 중단하게 하고 초점을 밖으로 돌린다는 의미에서 이루어지고, 우울과 유머가 양립할 수 없다는 것을 바탕으로 이루어진다. 레이미(Raimy, 1975)의 '자기에 대한 몰이해'에서 언급한 일부를 발췌하여 인간의 감정을 켤 수도 있고 끌 수도 있는 단추 누르기의 이해를 돕고자 한다(김춘경, 2006).

> 사람이 느끼는 것은 무엇을 생각하는가에 달려 있습니다. 만약 당신이 즐거운 생각을 한다면, 즐거운 감정을 느낄 것입니다. 만약 불쾌한 생각을 한다면, 불쾌한 감정을 느낄 것입니다. 문제는 오로지 불쾌한 생각만을 하고 있다는 것입니다. 당신의 기분이 나쁜 것은 당연합니다. 당신은 우울을 오게 할 수도 있고 가게 할 수도 있습니다. 당신이 무엇을 생각할 것인지를 결정하는 것으로 당신은 그것을 켜고 끄고 다시 켠다는 것을 알았습니다. 당신의 우울을 제거하는 데 영원한 시간이 걸려야 하는 것이 아닙니다. 언제라도 당신이 원할 때 그것을 바꿀 수 있습니다. 그러므로 나는 두 개의 누름단추를 드리려고 합니다. 행복단추와 우울단추입니다. 만약 당신이 행복단추를 누르면, 당신은 행복한 생각을 하고 행복한 감정을 느낄 것입니다. 만약, 우울단추를 누른다면, 불쾌한 생각과 불쾌한 감정을 느낄 것입니다. 만약 당신이 다음 주에 왔을 때 여전히 우울하다면, 나는 당신에게 행복단추를 선택할 수 있는데 왜 계속 우울을 느낄 것을 선택했는지를 설명해 달라고 할 것입니다.

(8) 스프에 침 뱉기

> 아들러는 가정적인 은유를 사용하여 내담자가 실제로 하고 있는 것을 노출시키는 과정을 특성화하여 이러한 행동을 불쾌하게 만들었다. 그것은 잘못된 행동을 계속할 수는 있지만 더 이상 순진하게 할 수 없는 내담자의 깨끗한 양심을 망치는 방법이다. 방향을 다시 잡기 위해 환자의 목표와 의도를 대면하는 거울 기술을 사용한 것이다. … 내담자가 자신의 목표를 인식하기 시작하면 자신의 양심이 동기부여 요인이 된다. 아들러는 이 과정을 "환자의 스프에 침을 뱉었다."라고 말했다(Dreikurs, 1973).

이 상담기법은 내담아동의 자기 파괴적 행동 뒤에 감춰진 제안이나 목적이 드러날 때 일어나는 것을 묘사한 표현방법이다. 내담아동의 숨겨진 의도를 제시해 주면 내담아동이 지금까지의 행동을 계속할 수는 있겠지만 더 이상 예전처럼 편하게 할 수는 없을 것이다. 이 기법은 개인을 이전의 부정적 행동으로부터 분리시키고자 할 때 사용할 수 있다.

이 기법의 목적은 아동의 비합리적 또는 부적응적 행동을 지적하고, 그들이 왜 그 행동을 하고 있는지를 알리는 것이다. 이 상담기법의 목표는 행동이 아동에게 매력적이지 않은 것처럼 보이게 하여 발생을 감소시키는 것이다. 아동의 의도에 대해 또는 현재의 태도가 건설적이고 적절한 것이 아니라는 제안을 하기 위해 '스프에 침 뱉기'를 사용한다.

먼저, 상담자와 아동의 관계가 형성된 이후에 아동이 하는 잘못된 행동의 이로운 점을 찾아야 한다. 상담자가 행동의 동기를 이해해야 수정되도록 할 수 있다. 이러한 동기가 이해되면, 상담자는 아동에게 행동의 동기를 지적하고 그 행동이 실제로는 얼마나 매력적이지 않은지 보여 주어야 한다. 그런 다음, 이 행동을 대체할 수 있는 효과적인 행동을 수행할 수 있도록 한다. 이 기법은 일반적으로 다른 개인심리학적 상담기법과 동시에 사용되기도 하며, 다소 공격적인 것 같지만 올바른 설정이 따르면 효과적 일 수 있다.

4. 아동상담 사례

초등학교 2학년인 마시카는 교육수준이 높은 중산층 가족의 맏딸로 자신이 가치 있고 중요하다는 느낌이 강하고 다른 사람보다 더 우월해지려고 하여 학업 수행이 완벽하지 않으면 가치가 없다고 생각하고 있다. 학교 과제에서 백 점을 받지 못하거나 학업 성적이 불만인 경우에 항상 운다. 생활양식을 조사해 본 결과 완벽하고자 하는 욕구가 있고 출생순위, 가족 환경, 부모의 양육태도와 관련이 있다는 것을 알아냈고 이를 수정하고자 상담을 진행하였다(Kottman & Meany-Walen, 2016).

- 인적사항: 마시카(9세, 여아)
- 의뢰사유: 학업성적이 불만인 경우에 우는 행동
- 호소문제: 친구들에 대하여 우월하고자 하는 욕구가 강하고 또래와 갈등 관계
- 치료내용: 완벽성에 대한 부정적 신념과 생활양식의 탐색과 수정

상담자는 마시카의 부모를 상담하면서 부모 둘 다 우월감을 우선시하고 자녀의 학업 성적이 부모 역할 수행이라고 믿고 있다는 것을 발견하였다. 상담자는 우선 마시카의 부모가 자녀의 학업 성적에 상관없이 매우 좋은 부모란 것을 인식하는 것이 필요해 보였다. 또한 마시카의 성적이 어떠하든지 그녀가 가치 있고 소중한 아이라는 것을 스스로 알 수 있도록 작업하였다. 또한 상담자는 마시카가 가지고 있는 '완벽하지 않으면 사랑받을 만하지 못하다.'라는 신념에 대해 다루었다. 마시카의 부인하면서 방어가 심한 불편한 감정을 다루기 위해서 예술작업, 모래상자들도 사용하였다. 마시카는 점점 긴장이 풀어져 느슨해지기 시작하였고 자기를 수용하기 시작하였으나, 완벽하고자 하는 높은 기준은 계속 가지고 있었다.

이를 위해 이후의 상담과정에서는 개구리 손인형을 사용하여 은유적 이야기를 들려 주면서 완벽성을 수정하기 위한 대안을 이끌어 내도록 진행하였다.

연못에서 제일 높이 뛰는 녹색개구리는 자신이 다른 개구리들보다 높이 뛰어야만 다른 개구리들이 그를 좋아하게 될 것이고, 그렇지 않으면 그의 곁을 떠날 것이라고 하였다. 어느 날 개구리들이 점프대회를 하게 되었고, 녹색개구리는 최선을 다했는

> 데도 가장 높이 점프하지는 못하였다. 정말 당황하고 화가 났다. 이제 다른 개구리가 그를 좋아하지 않을 것이기 때문에 스스로 다른 연못으로 떠나가야겠다고 생각했다. 노란개구리 친구는 녹색개구리가 단지 다른 개구리보다 높이 점프하지 못했다고 해서 떠나야 한다는 것을 믿을 수가 없다고 하였다.

상담자는 마시카에게 녹색개구리가 연못에서 최고의 점프가라는 것을 알려 줄 좋은 방법을 생각해 볼 수 있겠는지 제안하였다. 마시카는 녹색개구리는 다른 개구리들이 그를 좋아한다는 말을 들으면 좋아할 것이라고 대답하였다. 상담자는 또 마시카가 음악을 좋아한다는 것을 알고 있었기 때문에 녹색개구리가 그대로 충분하다는 것을 상기시킬 노래를 쓰자고 제안하였다.

이 이야기를 듣고 작업하는 동안 마시카는 객관적인 입장에서 녹색개구리를 이해하였고, 새로운 아이디어를 내도록 하는 과정은 자신이 학교 과제에 대한 완벽수행에 대한 생각을 바꾸는 데 도움을 주었을 것이고, 항상 완벽하지 않아도 자신을 좋아한다는 것을 수용하도록 도왔을 것이다.

활동

1. 아들러는 열등감이 모든 인간에게 필수적인 요소라고 하였고, 열등감의 극복이 삶의 원천이 된다고도 하였다. 자신이 인식하고 있는 열등감은 어떤 것이 있으며, 이 열등감 극복을 위해 노력해 오고 있는 것은 무엇인지 설명해 봅시다.

2. 개인심리학 아동상담의 목표에는 어떤 것이 있는지 설명해 봅시다.

3. 개인심리학 아동상담에서 아동의 잘못된 행동 목표와 동기를 수정하고자 할 때 활용할 수 있는 상담기법에는 어떤 방법들이 있는지 3가지 이상 설명해 봅시다.

4. 아동상담자의 생활양식에 따라서 아동이 하는 행동 제한하기에 차이가 있다. 자신이 가치 있다고 여기는 행동은 더 강조하고 격려하며, 그렇지 않은 행동에 대해서는 허용하지 않는 경향이 있다. 여러분이 상담자 입장이라면 각자 자신이 중요하게 다루고자 하는 아동의 행동목록에는 어떤 것이 있는지 설명해 봅시다.

대상관계 아동상담

대상관계 이론에서는 타자와 관계를 맺고 정서적으로 교류하고자 하는 욕구를 인간의 가장 근본적인 욕구라고 전제한다. 인간은 태어날 때부터 대상과 관계를 형성한다. 따라서 대상관계 아동상담은 인간의 심리구조 형성의 중심을 3세에서 6세에 두었던 고전적 정신분석 이론을 비판·수정하며, 출생부터 3세까지 어머니와 맺은 관계경험이 개인의 성격 형성과 증상 발달에 지대한 영향을 준다고 보았다. 대상관계 이론은 연령의 특성상 부모의 영향을 직접적으로 받을 수밖에 없는 생애 초기의 성장과정에서 형성한 심리적 표상과 부모-자녀관계가 어떠한지에 대해 체계적으로 이해할 수 있는 정보를 제공했다는 점에서 의의가 있다. 정상 아동에 대한 관찰연구를 통해 대상관계 관점에서 제시한 중요한 개념들은 아동상담 현장에서 부모교육뿐만 아니라 아동·부모 간의 문제를 상담하고 개입하는 데 활용되고 있다. 이 장에서는 아동발달 영역 전문가로서 유아와 어머니를 매우 잘 이해했으며 대상관계 이론의 현실적 적응에 크게 기여함으로써 아동 심리치료에 많은 공헌을 한 위니컷의 이론과 그가 실제로 상담한 사례에 대해 살펴보고자 한다.

1. 대상관계 이론의 발달

프로이트(S. Freud)의 고전적 정신분석 이론은 놀이를 활용해서 아동정신분석을 확장시킨 안나 프로이트(Anna Freud)를 중심으로 한 자아심리학(ego psychology), 코헛(Kohut)을 중심으로 제안된 자기심리학(self psychology), 그리고 클라인(Melanie Klein), 위니컷(Donald Winnicott), 말러(Margaret Mahler), 페어베언(Ronald Fairbain) 등의 대상관계 이론으로 발전 · 계승되었다. 그중 이 장에서 다루게 될 대상관계학파들은 인간의 성격발달이 3세에서 6세 사이 유아기 성욕과 관련하여 경험하는 오이디푸스 콤플렉스에 의해 형성된다는 프로이트의 고전 이론에 반기를 들고 출생부터 3세까지 어머니와 상호작용하며 맺은 관계경험이 개인의 자아구조와 성격 형성, 심리적 증상에 영향을 준다고 주장하였다.

앞서 언급하였듯이, 대상관계 이론에서는 타자와 관계를 맺고 정서적으로 교류하고자 하는 욕구를 인간의 가장 근본적인 욕구라고 전제한다. 이러한 점이 인간의 기본 동기를 생물학적인 본능인 성적 · 공격적 추동으로 본 정신분석 이론과 다르다. 정신분석 이론에서의 '대상'은 본능적 추동과 관련된 욕구를 충족시켜 주는 사람이나 물건이라는 의미로 한정되지만, 대상관계 이론에서는 그 이상의 의미를 대상에 부여한다. 즉, 대상과의 상호작용을 통해 그 대상에 대한 이미지를 자기 속에 내면화하며, 그렇게 내면화된 정신적 표상이 자기 대상과 상호작용할 때 한 개인의 심리적 환경에 중요하게 영향을 미친다고 주장한다.

그림 6-1 아동과 선긋기 놀이를 하는 위니컷

출처: studylib 홈페이지.

대상관계 이론의 초기 중심적인 인물이었던 클라인은 어머니로서 자신의 자녀들을 관찰함으로써 아동의 출생 직후 몇 달간에 초점을 맞추는 세부 분야를 개척했다. 클라인은 공상과 방어, 두려움이 포함된 유아의 정신적 삶을 강조했다. 그녀는 인간에게 있어 모든 관계의 근원은 어머니-자녀 관계이고, 어머니라는 전체 인간에게 기쁨을 느끼게 될 때, 외부 세계에 존재하는 다른 전체 인간을 인지하게 되고, 그들과 관계를 맺는 유아의 자신감과 능력도 증가한다고 보았다. 그는 인간의 정신구조는 다양한 내적 대상에서 비롯되며, 이러한 내적 대상은 외부 세계와의 상호작용을 통해 변화된다고 하였다. 이러한 관점을 바탕으로 클라인은 투사, 내사, 분열, 투사적 동일시 등 대상관계 이론의 기본개념들을 확립하였다(최영희 외, 2016).

대상관계 이론의 또 다른 중심인물인 위니컷은 클라인의 관점에 동조하면서도 추동 본능에 초점을 둔 구조모형 대신 자기–대상이론을 발전시켰다. 그에 따르면, 인간은 자기 개념을 발전시키고자 하는 욕구를 갖고 태어나며, 이 욕구는 어머니–유아라는 하나의 단위로부터 발전해 나간다. 즉, 아기는 자신을 헌신적으로 돌보는 어머니를 통해 자신의 욕구에 어머니가 항상 정확하게 반응할 것이라는 공생적 환상을 가지게 되며, 이러한 환상은 이후 자기에 대한 감각을 발달시키는 데 영향을 미친다. 따라서 어머니가 자녀의 생각을 공감해 주고 신속하게 반응해 주는 것이 자녀의 건강한 발달에 필수적인 요인이라고 하였다. 어머니의 공감은 아기로 하여금 자신을 어머니와 분리시켜 독립된 존재로 나아갈 수 있게 해 주며, 이러한 경험은 이후 대인관계의 토대가 된다. 이러한 위니컷의 견해는 대상과의 상호작용에 초점을 둔 것으로, 내적 표상에 초점을 두었던 클라인의 견해와 대조를 이룬다.

위니컷은 정신분석 이론과 임상 모두에 혁신적인 영향을 미쳤다. 그는 프로이트와 클라인의 영향을 받았지만, 강한 호기심과 실험정신으로 매우 독창적인 방식으로 소아과와 정신분석이라는 전문 분야를 구축했으며, 특히 발달과 창의적인 치료기법들에 대한 그의 사상은 후대 정신분석 학자뿐 아니라 많은 다른 이론의 심리치료자에게도 영향을 주었다. 그가 제시한 '충분히 좋은 엄마' '촉진적 환경' '중간 대상' '선긋기 놀이' 등의 개념은 대중적으로도 매우 관심을 끌었다.

위니컷은 성인 정신분석가이자 영국정신분석협회 최초의 남자 아동분석가였다(Abram, 2008). 그의 정신분석 이론은 사람을 기계적으로 보거나 대상화하지 않고 사람들의 상호관계 경험을 중요하게 생각하는 것에 특징이 있는데, 이는 사람을 존재론적으로 보는 것이다(Fulgencio, 2007). 사람의 욕구나 소망, 환상 등이 포함되는 실제적인 관계성에 초점을 두는 그의 견해는 전통적인 정신분석과 다른 관점으로 보이지만 오히려 그것의 외연을 넓혔다고 볼 수 있다. 위니컷은 스스로를 프로이트 학파 혹은 정신분석 학파 출신이라고 하였지만, 어머니의 양육에 의해 자기가 형성된다고 생각하는 그의 생각은 인간의 본성(nature)을 핵심으로 설명하는 프로이트의 이론과 정반대에 서 있다고 볼 수 있다. 정신분석이라는 잣대로 인간을 설명할 경우 프로이트가 인간을 본성 중심으로 바라보는 한쪽 끄트머리라고 한다면, 위니컷은 인간을 양육 중심으로 생각하는 다른 끄트머리에 있다고 할 수 있다.

위니컷이 대상관계 이론에 끼친 공헌은 이론보다도 현실적인 적응에 있다. 정상아동을 대상으로 한 관찰연구를 통해 생애 초기 3년 동안 어머니와의 대상관계 측면에서 아동이 자아표상과 타인표상을 형성하는 구체적인 발달단계와 기제, 그리고 충분히 좋은 엄마와 안아 주는 모성 역할 개념을 제시하였다. 이러한 점으로 인해 대상관계 이론은 아동정신분석상담의 이론을 확장시켰다고 평가한다. 또한 정서적 혼란, 비행, 정신병을 다루면서 자기가 어떻게 나타나고 변화하는지를 설명하고자 했다. 그는 자기가 분화되고 구조화되기 위해서는 먼저 어머니와 유아 사이의 관계가 원만하게 형성되어야 한다고 주장한다. 아동의 인격 발달은 아동의 내면에서 홀로 일어나는 과정이 아니라 아동과 주 양육자와의 관계 안에서 일어나는 상호적 과정이라고 하면서(김창대 외, 2008), 신체적 · 생물학적 요소보다 어머니와 아동 사이의 상호적인 정서적 특성을 강조하며 인간의 절대적인 사회성에 관심을 두었다. 그러므로 위니컷 이론에서 초기의 대상관계는 아동의 발달적 요구와 주 양육자가 제공한 환경 간의 상호작용으로 구성된다(최영민, 2017).

아동의 특성상 부모의 영향력은 직접적일 수밖에 없는데, 대상관계 이론은 성장과정과 중요한 타자와의 관계 속에서 형성한 심리적 표상과 부모-자녀 관계가 어떠한지에 대해 체계적으로 이해할 수 있는 정보를 제공했다는 점에서 의의가 있다. 그러한 점으로 인해 현재 아동상담 현장에서 대상관계 이론은 부모교육뿐 아니라 부모-자녀의 병리적 관계를 문제를 상담하고 개입하는 데 유용하게 활용되고 있다.

2. 기본개념

1) 대상과 대상관계

대상(object)은 어머니를 비롯하여 개인이 관계를 맺는 타자를 총칭하는 것으로서, 개인과 중요한 타인 또는 중요한 애정 대상(love object)과의 관계를 대상관계(object relation)라고 한다(권석만, 2015).

아동상담에서의 대상은 유아가 심리적 에너지를 투입하는 사물이나 사람을 의미하는데, 대부분 태어나서 최초로 관계를 맺는 양육자로 대표된다. 유아는 어머니와의 관계경험을 통해 사회 환경 내에 있으면서 실재하는 사람이나 사물을 의미하는 외적 대상(external object), 그리고 외적 대상과 관련되어 심리적으로 경험되는 심적 표상인 내적 대상(internal object)을 형성하게 된다.

대상관계는 자기와 대상 간의 상호작용으로 형성한 심상을 내면화한 것이다. 이러한 대상관계는 이후 성장과정에서 타인과 관계를 형성하고 상호작용하는 방식에 있어서 지속적인 영향을 미치게 된다(정문자 외, 2016). 예를 들어보자. 초등학교 수업 시간에 담임선생님이 "사과 10개가 있었는데 친구에게 3개를 주었으면 몇 개가 남았을까?"라는 질문을 하자, 진원이는 일단 "저요!" 하고 손을 들었다. 아직 확실한 답은 잘 모르지만 천천히 생각해 가면서 답을 말하면 될 것이라는 생각이 들었기 때문이다. 자신의 아버지처럼 선생님이 그 과정을 기다려 줄 것이라는 믿음이 있었던 것이다. 반면에 알코올 중독자인 아버지로부터 늘 혼나면서 자란 광훈이는 '7개' 라는 답을 바로 알았지만 머뭇거리면서 손을 들지 않고 답을 중얼거리기만 했다. 혹시나 선생님이 별거 아닌 걸로 아는 척한다고 비웃을 것 같았기 때문이다. 별로 칭찬받아 본 적이 없어서 선생님으로부터 어떤 대우를 받을지 혼란스러운 감정이 먼저 들었던 것이다. 이처럼 어릴 때 경험한 대상관계는 이후 성장과정에 직 · 간접적으로 영향을 미치면서 정교화되고 확장되어 간다.

2) 일차 모성 몰입

위니컷은 "홀로 존재하는 아기는 없다."라는 문장으로 어머니에게 절대적으로 의존하고 있는 유아의 상태를 표현했다. 그는 이 말의 의미에 대해 "우리가 유아를 발견할 때는 언제나 모성 돌봄을 발견하게 되고, 모성 돌봄이 없으면 유아는 존재할 수 없음을 뜻한다." 라고 했다(Winnicott, 1958).

유아는 성장과 발달 경향성의 잠재력을 갖고 태어난다. 그러나 그 잠재력은 저절로 펼쳐질 수 없고 아기 혼자서 그것을 성장시킬 수 있는 것이 아니다. 적절한 돌봄을 받아야만 타고난 잠재력은 비로소 유아 자신의 것이 될 수 있다. 즉, 유아의 절대적 의존성에 어머니가 잘 맞춰 주어야 유아의 잠재력이 자신의 것으로 성장할 수 있다. 그런데 유아는 아직 일정하게 통합된 상태가 아니라서 어머니가 유아의 초기 성숙과정에 맞춰 주는 것은 매우 복잡하고 힘든 일이다. 아기와 거의 한 몸을 이루지 않으면 불가능한 일이다. 위니컷은 임신 말기부터 출산 후 몇 주 동안 어머니가 아주 헌신적으로 아기에게 몰두하고 아기를 한 몸처럼 돌봄으로써 초기 유아의 성숙을 도와준다고 생각하였다. 그는 이러한 상태를 '일차 모성 몰입(primary maternal preoccupation)'이라고 불렀다. 위니컷은 이 상태에서 어머니는 거의 아기 입장에서 느끼고 아기와 융합한 것과 같은 상태가 되어 자신의 존재를 상실하는 것처럼 보일 정도이지만, 어머니는 아기와 한 몸을 이루면서 동시에 서로 분리된 별개의 존재라는 것을 인식하고 있다. 그래서 아기가 울면 그것이 배가 고픈 것인지 혹은 어디가 불편한 것인지 등으로 어머니의 입장에서 해석한다. 즉, 타자인 아기의 경험을 자신의 것으로 느낀다. 이처럼 일차 모성 몰입 속에는 어머니와 아기가 하나가 되는 순간과 별개의 둘이 되는 순간이 공존한다(최영민, 2017).

3) 안아 주기 환경

일차 모성 몰입 이후에도 유아의 욕구와 기대를 공감적으로 이해하며 지속적으로 충족시켜 주고 전능감과 안전감을 가지고 외부 현실을 경험할 수 있도록 안아 주는 촉진적 환경(facilitating environment)이 지속적으로 제공되어야 한다.

안아 주기는 일차적으로 신체적인 안아 주기를 포함하지만, 위니컷이 사용하는 본래 의미는 유아의 의존 욕구를 충족시켜 주면서 감정 교류와 접촉을 충분히 해 주어 유아에게 필요한 전체적인 환경을 제공해 주는 것이다. 안아 주기를 잘하기 위해서는 유아에게 필요한 것이 무엇인지 잘 알아야 한다. 위니컷은 안아 주기를 잘하기 위해서는 상반되어 보이는 두 환경이 필요하다고 하였다. 즉, '융합의 상태'와 미분화된 채 자극 없이 있을 수 있는 '고요한 상태'이다. 유아가 필요로 하는 이 두 상태에 각각 '대상으로서 어머니'와 '환경으로서 어머니'의 역할을 해 줄 때, 유아는 안아 주기 환경을 경험하게 된다.

(1) 대상으로서 어머니

융합은 어머니와 유아가 하나가 되는 상태를 의미한다. 건강한 어머니는 융합의 상태에서 유아와 하나가 되지만 자신이 유아와 떨어져 있는 존재라는 것을 인식한다. 그러나 유아는 융합의 상태에서 자신(me)과 자신이 아닌 것(not-me)을 아직 충분히 인식하지 못한다. 유아는 어머니의 얼굴을 보면서 자신의 얼굴이라고 믿는다. 어머니의 얼굴에는 유아와 연관된 느낌, 감정, 생각 등이 반영된다. 흥분된 유아의 욕구와 몸짓에 대해 어머니가 전적으로 동일시해 줌으로써 유아는 어머니의 얼굴에 나타나는 느낌과 감정을 자신의 것으로 경험하며 유아는 만족스러운 융합의 상태를 누릴 수 있다. 예를 들어, 아기를 보면서 느끼는 기쁨이 엄마의 얼굴에 나타나면, 아기는 그것이 자신의 기쁨으로 경험한다. 아기는 엄마의 얼굴을 보면서, 마치 '엄마의 얼굴'이라는 거울 속에 비치는 자기의 모습으로 보는 것이다. 어머니는 유아의 몸짓과 욕구의 대상이 된 것이다. 그런 의미에서 이 시기의 어머니의 역할을 '대상으로서 어머니(object mother)'라고 한다.

(2) 환경으로서 어머니

유아는 융합의 상태에서 거울 반응을 받는 상태와 더불어 미분화된 채 자극 없이 홀로 있을 수 있는 고요한 상태 또한 필요로 한다. 이때 홀로 있다는 것은 아무도 없이 혼자 있음을 뜻하는 것이 아니라 어머니가 있는 가운데 홀로 있음을 의미한다. 이것은 어머니(환경)가 유아를 침범하지 않고 편안하게 자기에게 몰입할 수 있게 해 준다는 뜻이다. 요구하지 않고 유아와 함께하는 것(non demanding presence)이라고 말할 수 있다. 이렇게 유아가 고요히 있는 시기에 어머니가 유아를 침범하거나 요구하지 않고 하나의 환경으로만 있어 주는 어머니를 '환경으로서 어머니(environmental mother)'라고 한다(최영민, 2017).

4) 중간대상과 중간현상

어떤 유아는 잠자리에 들 때면 이제 너무 작아지거나 닳아서 버려야 할 정도가 되어 버린 '그 담요'만을 달라고 고집을 부린다. 또 어떤 유아는 낡은 곰 인형을 손에서 놓지 않고 어딜 가든지 들고 다닌다. 심지어 할머니 집이나 친척 집 등 다른 곳으로 여행할 때도 꼭 챙기고 손에 없으면 불안해한다. 이것은 '그 담요' 혹은 '그 곰 인형'이 아동에게는 자기를 만족시켰던 엄마의 젖가슴 혹은 처음 관계를 맺었던 대상을 의미하기 때문이다. 위니컷은 이러한 의미를 지닌 물건을 중간대상, 이러한 상태를 중간현상이라고 불렀다. 중간대상(transitional object), 중간현상(transitional phenomena) 이론은 위니컷의 이론 가운데 가장 널리 알려진 것으로 사람들은 그의 예리한 관찰 덕분에 아동의 초기 경험에 주목하게 되었다.

유아들은 어머니에게 안겨 만족스럽게 젖을 먹다가 때로 홀로 남겨지기도 한다. 성장하면서 이러한 일은 반복된다. 그럴 때 유아는 특정 물체나 소리 또는 다른 일을 통해서 분리 상태나 홀로 남겨진 두려움을 다루는 방법을 찾게 된다. 대체로 자기가 가지고 놀던 인형, 담요, 옷, 이불 등이 그 대상이 된다. 이러한 중간대상은 어머니가 자신과 분리된 사람이라는 것을 깨닫고 어머니를 놓아 주기 위해 분투하면서도 안정감을 얻기 위해 유아가 잡고 있는 것이라 할 수 있다. 어떤 유아는 잠을 자러 갈 때 실제 어머니보다 중간대상을 더 필요로 하기도 한다(김창대 외, 2015).

중간대상은 유아가 전능감의 손상에서 느끼는 좌절을 처리해 준다는 점에서 의미를 지닌다. 어머니가 유아의 욕구에 대하여 충분히 그리고 적절히 반응해 줄 때, 유아는 자신의 욕구를 만족시켜 주는 대상이 창조되었다고 착각하게 된다. 그러나 유아가 성장함에 따라 젖가슴이 항상 자신의 욕구를 완벽하게 만족시켜 주지 않는다는 것을 느끼게 된다. 뿐만 아니라 자신의 일부인 줄 알았던 젖가슴으로부터 떨어져야 하는 젖떼기를 경험하게 된다. 이때 유아는 좌절과 불안을 경험하게 되는데, 위니컷은 유아가 중간대상을 통하여 이런 과정에서 느껴지는 불안을 처리하게 된다고 여겼다. 한편으로 아동이 중간대상을 갖고 놀면서 중요한 인물을 아직도 자신이 조절할 수 있다고 느끼는 것에도 의미가 있다. 즉, 곰 인형을 껴안기도 하고 던지기도 하면서 아동은 자기 자신이 그 대상을 조절하고 있다고 느끼며, 그 대상이 사라지지 않고 항상 자기 주위에 있다고 느낀다.

위니컷은 중간현상이 4~6개월부터 8~12개월 사이에 시작된다고 하였다. 그가 설명한 아동과 중간대상이 맺는 관계의 특징은 다음과 같다.

- 유아는 중간대상을 마음대로 할 수 있는 권리가 자신에게 당연히 있다고 여긴다.
- 중간대상은 따뜻한 사랑을 받을 수도 있지만 잔인하게 손상될 수도 있다.
- 중간대상은 유아가 바꾸지 않는 한 절대 바뀌어서는 안 된다.
- 중간대상은 본능적인 사랑과 미움 그리고 공격까지도 견뎌 내야 한다.
- 중간대상은 유아에게 따스함을 주고 움직임과 질감을 느끼게 해 주어야 한다.
- 중간대상은 유아에게 상징적인 대체물로서 유아는 이미 상징을 창조하며 환상 속에서 자기의 욕구를 드러내고 충족시키는 것이다.
- 유아가 성장하면서 중간대상의 의미는 서서히 엷어지게 된다. 그리고 중간대상 역할은 점차 문화, 예술, 음악, 종교로 발전하게 되고, 이러한 요소들은 삶을 위로해 준다.

5) 충분히 좋은 엄마

'충분히 좋은 엄마(good enough mother)'는 위니컷의 다양한 개념들을 한마디로 가장 잘 집약하고 있는 표현이다. 대부분의 분석가는 건강한 상태보다 정신병리에 더 많은 관심을 보이는데, 위니컷은 건강한 심리의 성장에 더 초점을 두었다. 그가 관심을 기울인 초점은 유아의 자아와 자기의 발달, 그리고 그 과정에 영향을 미치는 어머니의 중심적인 역할이었다. 위니컷에게 있어 어머니의 양육과정은 아동의 심리 성장과 정서 발달에 절대적으로 중요하다. 그렇기에 그는 유아의 성장과정에서 충분히 좋은 엄마가 대상관계의 질을 결정한다고 생각해 그 역할을 강조하였다. 위니컷이 설명한 충분히 좋은 엄마의 개념은 다음과 같다.

첫째, 위니컷은 유아에게는 흥분된 시기(excited phase)와 고요한 시기(quiet phase)가 있고 거기에 따른 어머니의 두 측면, 즉 대상으로서 어머니와 환경으로서 어머니를 제시했다. 유아가 흥분된 시기에 있을 때 어머니는 유아의 몸짓과 욕구에 거울 반응을 해 주어야 한다. 즉, 유아의 몸짓과 욕구의 대상이 되어 주어야 한다. 반면, 유아가 고요한 시기에 있을 때는 어머니가 유아를 침범하거나 요구하지 않는 하나의 환경으로만 있어야 한다. 즉, 충분히 좋은 엄마는 유아가 엄마를 찾을 때는 곁에 있어 주고, 찾지 않을 때는 엄마의 관심 속에서 유아가 홀로 있을 수 있게 내버려두는 엄마이다.

둘째, 충분히 좋은 엄마는 유아의 중간대상 경험을 존중해 준다. 아동은 중간대상을 갖고 놀면서 중요한 인물들을 아직도 자신이 조절할 수 있다고 느끼는 것에 의미가 있다. 이러한 느낌은 부분적으로는 현실적이고 부분적으로는 환상인데, 이는 아동이 실제 대상에 관심을 쏟을 수 있으면서 동시에 좋은 대상을 내면화하여 환상의 세계를 만들 수 있는 능력이 있다는 것을 나타낸다. 위니컷은 어머니가 중간대상을 인정하고 존중해 줄 때, 이러한 환상의 과도기적 세계가 창조적인 문화 그리고 예술의 기원이 된다고 하였다(최영민, 2017). 아동은 중간대상으로 상징적인 놀이를 하면서 상징적인 대상들을 다루는 조절감을 경험하게 되고, 상징적인 세계를 구축한다. 또한 어머니가 중간대상을 갖고 노는 아동에게 흥미를 보여 줄 때 서로는 신뢰하고 지지받는 상호 인정의 경험을 하게 된다.

6) 대상관계 이론의 심리기제

대상관계 이론의 주요 심리기제는 위니컷 이전의 대상관계학자인 클라인이 기본 개념들을 확립했다. 대상관계 이론을 보다 잘 이해하기 위해서 여기에서 소개한다. 위니컷이 정신분석가로서 처음 수련받을 때 클라인으로부터 지도감독을 받았고, 나중에는 위니컷이 클라인의 아들 에릭을 치료해 주기도 했다.

- **투사**(projection): 안에 있는 것을 바깥에 있는 것으로 오해하는 과정이다. 유아가 젖을 먹어 느끼는 만족감은 실제로는 유아 자신의 감정인데 마치 어떤 대상이 그것을 가지고 있는 것처럼 믿는다. 그래서 그 대상은 좋은 젖가슴이 되어 평생에 걸쳐 좋고 이롭다고 느껴지는 모든 것의 원형이 되고 반대의 경우 나쁜 젖가슴이 되어 모든 나쁜 것을 대표하게 된다.

- **내사**(introjection): 밖에 있는 것을 안에 있는 것으로 오해하는 과정이다. 아동들은 자신을 방치하거나 학대하는 양육자에게 자신이 의지하고 있다는 사실을 받아들이기보다는 내사의 기제를 통해 차라리 자신에게 잘못이 있다고 믿기도 하고, 학대자의 특성을 취함으로써 고통을 극복하려고 하는 모습을 보이기도 한다.
- **분할**(splitting): 자신의 양육자에게 좋은 면과 나쁜 면이 공존하고 있다는 것을 이해하기 전의 유아의 심리기제로 대상을 좋게만 혹은 나쁘게만 보는 자아 상태이다. 유아가 자신을 보호하기 위해 자기와 대상을 좀 더 다루기 쉬운 모습들로 분할시키는 것처럼 세상의 모든 것을 '좋은 것'과 '나쁜 것' 이분법적으로 지각할 때 보이는 기제이다.
- **투사적 동일시**(projective identification): 투사와 내사의 과정이 함께 작동하는 것으로 불편한 자기의 어떤 측면을 분리시켜 다른 누군가에게 투사하고, 조정하고, 소유하려는 과정이다. 유아는 배고프거나 고통을 느낄 때 자신의 느낌을 말로 설명할 수 없어 나쁘고 위험한 그 느낌을 안전한 것으로부터 떼어 내어 울음 또는 소리 지름 등으로 엄마에게 집어넣는다. 자신의 두려움을 엄마가 경험하게 해서 엄마의 반응을 이끌어 내게 된다. 결국 유아는 투사적 동일시 과정을 통하여 엄마와 소통하는 것이다(김춘경 외, 2018).

7) 참자기와 거짓자기

위니컷은 자기의 개념을 참자기(true self)와 거짓자기(false self)라는 쌍을 이루는 개념으로 설명하였다.

어머니에 대한 유아의 절대적 의존 상태에서 어머니가 자신에게 몰입해 주면 유아는 그런 어머니와 융합을 이루는 경험을 하게 되는데, 이때 유아는 특별한 느낌을 갖게 된다. 이 느낌을 위니컷은 '존재의 연속성(continuity of being)'이라 불렀다. 이는 생애 초기 유아의 내면에 자발적으로 떠오르는 욕구들이 헌신적으로 몰입하는 어머니에 의해 충족됨으로써 갖게 되는 유아의 주관적 느낌을 말한다(Winnicott, 1965: 최영민, 2017 재인용). 이런 존재의 연속성은 일종의 실존이 실존으로서 살아갈 수 있게 해 주는 밑그림이라고 할 수 있다. 타고난 잠재력이 존재의 연속성을 경험할 수 있을 때 비로소 최초의 자기로 형성된다. 이때 타고난 잠재력이 자신만의 심리적 실재(psychic reality)와 신체적 체계(body scheme)를 획득하며 최초의 자기가 된다. 위니컷은 최초의 자기를 '중심적 자기(central self)' 혹은 '참자기'라고 불렀다.

자기와 자기 아닌 것을 구분하지 못하는 상태의 유아는 모든 것을 주관적으로 경험한다. 유아는 내면의 자연스러운 욕구들이 충족되는 경험을 통해 '내가 원하는 것은 모두 다 이루어지는 구나.'라는 주관적 전능감을 느끼게 된다. 예를 들어, 유아가 배가 고픈 것을 느껴 울면 어머니의 젖가슴이 자신의 입으로 들어오게 되고 불편감이 해소되고 만족감을 느끼게 된다. 유아는 모든 것을 주관적으로 느끼므로 자신이 젖가슴을 만들어 냈다고 믿으며 전능성을 갖게 된다. 충분히 좋은 엄마는 유아의 전능성에 반응해 주고 그것을 의미 있게 해 준다. 자신의 전능성을 충분히 경험하고 나면, 아동은 자신의 통제 밖에 있는 세계의 현실을 배우고, 자신이 가지고 있는 힘의 한계를 배워야 한다. 어머니가 아무리 아기에게 헌신해도 유아의 욕구를 즉각적으로 만족시키는 데 실패하는 일이 발생하고 유아는 현실과 한계를 배우게 된다. 이러한 과정은 유아가 자신의 자아를 분리 · 발달시키는 데 있어서 본질적인 요소이다.

이에 비해 충분히 좋은 엄마가 아닌 엄마는 유아의 전능성의 몸짓에 공감적인 반응을 해 주지 못한다. 자발적 몸짓이 불가능한 유아는 어머니에게 순응하여 어머니의 몸짓을 자신의 것인 양 받아들인다. 유아의 자발적인 욕구와 몸짓을 이해하지 못하고 그가 원하는 것을 제공하지 않을 때 유아는 자신의 자발적인 욕구와 몸짓을 잃게 된다. 그 결과로 그의 인격은 의식에서 분리된 위축된 '참자기'와 순응에 기초한 '거짓자기'로 분열된다. 거짓자기는 삶의 생생함을 느낄 수 없다.

위니컷은 인간의 성격분열이 어머니와 유아 사이의 초기 상호작용이 순조롭지 못한 데서 기인한다고 하였다. 초기 대상관계에서 공감적인 돌봄을 받지 못하여 참자기를 발달시키지 못하고 거짓자기를 많이 발달시킨 인간은 성장하면서 부모나 다른 사람과의 관계에서 진정한 자기를 숨기고 '~체'하는 모습을 보이게 된다. 다른 사람으로부터 인정받기 위해 진정한 자신의 욕구를 숨기거나 억압 또는 거부하면서 타인의 욕구를 자신의 것으로 받아들이는 모순을 경험하게 된다. 이러한 경험이 반복되면 습관화되고 무의식화되어 나중에는 성격이 되어 버린다(이향숙 외, 2012).

8) 놀이

위니컷은 상징적인 놀이를 통해 아동이 상징적인 대상들을 다룰 수 있는 조절감을 경험하게 되고 자신의 전능감을 느낄 수 있는 상징적인 세계를 구축할 수 있다고 주장하였다. 상징적인 놀이에 의해 아동은 자신의 생명력과 현실감의 경험을 상징이나 상징적인 대상과 행위들 그리고 언어에 이르기까지 확대하게 된다. 놀이(playing)는 어린 시절에 국한되지 않고 어려서부터 성인기까지 이어지는 일상에서의 창의적인 경험을 말한다. 위니컷의 아내 클레어(Clare Briton)는 놀이가 심리내적 현실과 외부적인 현실이 삶의 경험 속에서 공유되는 곳, 즉 중간대의 영역(transitional area)에서 자신을 어떻게 활용하는가를 의미한다고 말하였다. 삶에서 놀이를 적절하게 활용하기 위해서는 삶의 (긍정적, 부정적) 경험들을 감내할 수 있는 능력이 필요하다(최영민, 2017). 위니컷은 놀이가 다음과 같은 특징을 갖는다고 설명하였다.

- 아동은 놀이 그 자체에 몰입하며, 처음에는 그 내용을 심각하게 여기지 않는다.
- 놀이를 할 때 아동은 자신의 공상이나 꿈을 위하여 외부의 상황을 이용하며, 선택된 외부 상황에 공상의 의미와 감정을 부여한다.
- 중간대상이 놀이로 직접 발달하고, 놀이로부터 함께 나누는 놀이로 발전하며, 이로부터 문화적 경험을 향해 발달한다.
- 놀이는 타인에게 거의 절대적으로 의존하는 아기와 아기의 요구에 적절하게 반응하는 어머니 사이에 존재하는 잠재적인 영역에 속하며 둘 사이의 신뢰감을 의미한다.
- 놀이는 신체를 포함한다. 신체를 사용하여 장난감과 같은 놀이의 대상을 조작하고, 신체적인 흥분을 일으키기도 한다.
- 놀이는 필수적으로 만족스러워야 한다. 놀이가 아동에게 불안감을 야기하는 경우에도 마찬가지다. 그러나 아동이 도저히 감당할 수 없는 불안감이 존재하면 놀이를 망칠 수 있다.
- 아동이 하는 놀이는 본질적으로 신명이 나고 예측 불가능한 것이다(최영민, 2017).

그림 6-2 아이들 놀이에 함께하는 위니컷

출처: novaescola 홈페이지.

3. 대상관계 아동상담의 실제

1) 상담목표

대상관계 이론에서 상담목표는 아동의 발달 초기에 주 양육자와의 관계에서 손상된 관계성을 상담자라는 대상을 통해 촉진적 환경을 제공해 줌으로써 회복시키는 것이다. 이를 위해 충분히 좋은 엄마가 유아에게 돌봄을 제공하는 것처럼, 상담자는 아동의 결핍된 정신내적 구조를 지지해 주기 위해 아동의 성격 형성과정에 대해 깊이 이해하고 아동의 내면에 새롭게 내재화되어야 할 대상으로서 역할을 해야 한다. 따라서 대상관계 이론가들이 가장 중요하게 여기는 치료 요소는 내담아동과 상담자의 관계의 질이다(Mitchell & Black, 2016). 내담아동이 상담자라는 대상과 좋은 경험을 함으로써 내면세계에 자리 잡고 있는 억압된 나쁜 대상을 몰아내고 좋은 대상을 형성시킬 수 있다고 생각하였다.

초기 대상관계 이론가인 클라인은 상담에서 치료에 이르게 하는 요소에 대해 전통적 정신분석 이론가들처럼 해석을 통한 통찰이라고 생각하였으나 페어베언과 위니컷에 이르러서는 상담자의 좋은 인격이 치료의 결정적인 요소라는 인식이 확립되었다.

2) 상담과정

위니컷은 상담과정을 아동의 심층을 분석하고 해석하는 과정으로 보지 않고 아동에게 잃어버린 돌봄을 제공해서 초기의 발달적 욕구를 채워 주는 과정으로 보았다. 발달 초기에 어머니가 말없이 유아를 수용하였듯이, 상담자는 아동을 받아들여 욕구 충족적인 환경을 제공해 주고 참으로 좋은 대상이 되어 주는 것이 문제해결에 중요하다. 따라서 위니컷의 상담과정은 상담자가 내담아동에게 촉진적 환경을 제공하는 과정으로 다음과 같은 요소를 갖추어야 한다(이재훈, 1991).

- 안아 주기: 어머니가 유아의 욕구를 이해하고 돌보는 것과 같이, 상담자는 상담과정을 통하여 아동을 정서적으로 안아 주어야 한다. 위니컷의 안아 주기 기능은 따스하고 부드럽게 아동을 긍정하며 아동이 진솔된 모습을 있는 그대로 보일 때 공격하거나 비판하기보다는 그대로 받아 주는 이해와 공감을 말한다. 안아 주는 환경을 경험한 아동은 충분히 마음 놓고 자유로이 자신의 감정을 표현할 수 있다.
- 버텨 주기: 상담 초기에 아동은 상담자에게 솔직한 자신의 마음을 드러내기보다는 눈치를 보거나 상담자에게 잘 보이려고 하거나 침묵하면서 자신의 모습을 보여 주지 않으려고 한다. 상담자를 끊임없이 시험하기도 한다. 어떤 아동은 상담자가 자신을 어디까지 허용하는지 시험하기 위해 상담자에게 도전도 한다. 상담자가 자신을 있는 그대로 받아 줄 것인지, 상처 입히지 않고 공격하지 않을 사람인지, 믿을 만한 사람인지 상담자를 공격하고 저항하며 탐색하는 행동을 많이 한다. 그러한 경우 상담자는 타인에 대한 신뢰가 부족한 아동이 상담자를 믿어도 되는 사람인지 시험한다는 것을 알고 대처해야 한다. 상담자는 아동이 편안하게 느끼는 적절한 신체적·심리적 거리를 유지하며 아동과 함께해야 한다. 아동이 상담자를 마음껏 탐색하도록 허용하며 안전한 공간과 대상이라는 확신을 가지도록 도와주는 것이 중요하다. 상담자가 불안정한 상황을 변화시키기 위해 너무 급하게 서두른다면 아동은 더욱 불안하고 불편함을 느낄 수 있다.
- 반영하기: 위니컷은 치료작업을 거울작업(mirror-work)이라고 하였다. 거울작

업은 자기의 이미지를 형성하고 타고난 잠재력이 현실화되는 것을 의미한다. 상담자는 아동이 현재 무엇을 느끼고 있고 어떤 것을 경험하고 있는가에 대해서 말하고 표현하는 것에 초점을 맞춰서 반영해 주어야 한다. 아동은 존재 그 자체 이외에는 아무것도 요구받지 않으면서 자신이 경험하는 것을 느끼고 그것을 있는 그대로 표현하기만 하면 된다. 이러한 상담과정을 통해 아동은 자신의 존재감을 느끼면서 참자기를 찾고 신뢰적인 대상관계를 경험한다.

- 공감적 이해: 상담과정은 아동이 잃어버린 초기 경험을 상담자와 함께 재경험하도록 도와주는 과정으로, 어머니가 유아의 입장에서 욕구를 잘 반영하고 적응해 주듯이, 상담자는 아동의 경험과 감정을 민감하고 정확하게 아동과 거의 같은 수준으로 이해하는 것이다. 상담자가 아동을 공감적으로 이해하고 있음이 전달되면 아동은 자신이 이해받고 있다는 느낌을 받게 되어 자신을 깊이 드러내게 된다. 이때 상담자는 아동의 생각과 감정을 상담자의 언어로 담아 주고 설명해 줌으로써 아동이 자기 세계를 펼쳐 나갈 수 있도록 도와준다. 이러한 것을 바탕으로 아동과 상담자는 새로운 대상관계를 형성할 수 있다.
- 놀이하기: 위니컷(1971)은 놀이를 창조적 활동과 자기탐색으로 보았다. 그는 상담과 심리치료는 아동과 상담자의 두 놀이 영역이 겹치는 곳에서 발생하며 함께 놀이하는 두 사람과 관련되어 있는 작업이라고 하였다. 그리고 아동이 놀이능력을 상실했을 때 상담자는 아동의 놀이능력을 회복시켜 주어야만 한다고 하였다. 따라서 상담과정에서 상담자는 놀이 분위기를 허용해 주어야 한다. 상담공간은 아동이 의식과 무의식의 세계를 열고 마음속에 떠오르는 연상들을 마음껏 표현할 수 있는 곳이어야 한다. 그래야만 놀이를 통해 자발성과 창조성을 경험할 수 있으므로 참자기가 자라날 수 있다. 아동이 두려워하거나 갈등하고 있는 것을 상담과정에서 그대로 떠오르게 하고 담아 주고 허용해 주기 위해서는 자유롭게 상호적 의사소통이 가능한 놀이를 하는 공간이 아동에게 제공되어야 한다.

3) 상담기법

(1) 안아 주기

안아 주기(holding)는 아동의 마음을 편안하고 포근하게 해 준다는 의미를 포함하고 있는, 상담자에게는 아주 중요한 임상적 태도로서 아동의 결핍을 보충해 주는 상담원리이다. 이 개념은, 어머니가 유아의 욕구와 내적 상태를 공감하며 알아차려 적절하게 반응함으로써 유아가 어머니로부터 이해받고 소중하게 여겨지고 사랑받는다고 느껴지듯이, 상담자가 아동의 현재 있는 그대로의 욕구와 미성숙하고 의존적인 욕구에 반응해 주며 내적 상태를 민감하게 알아차리고 수용적 태도를 견지하는 것을 말한다(Scharff & Scharff, 1991). 안아 주기 태도는 상담자의 중립적이고 객관적인 태도를 강조하는 고전적 정신분석과는 대비를 이룬다. 상담자의 안아 주기는 언어를 통해 내담자에게 전달되기도 하지만, 좀 더 근원적 차원에서 아동의 경험을 본질적으로 이해하고 수용적인 태도로 아동의 불안이나 갈등을 감당해 낼 수 있는 능력을 보여 줌으로써 아동에게 전달된다. 치료자가 아동과의 관계에서 안아 주기를 일관되게 보여 주면 아동도 점차 자신과 다른 사람들을 좀 더 근원적으로 이해하게 되고 버텨 주는 능력을 키워 나갈 수 있다.

(2) 놀이

위니컷은 기법이라는 표현을 좋아하지 않아서 아동과의 관계를 촉진하는 특별한 종류의 놀이를 개발하였다. 그는 놀이를 통해 아동을 더 깊게 이해할 수 있는 가능성을 제공하였다. 그에게 있어 놀이는 소통의 주된 방법이었다. 그는 무엇보다도 아동이 놀이경험을 즐기기를 원하였지만, 또한 놀이에서 의미도 얻기를 바랐다(Winnicott, 1980). 다음은 위니컷이 개발한 혀누르개 놀이와 선긋기 놀이이다.

- **혀누르개**(spatula, 압설기) **놀이**: 5~13개월의 유아에게 사용한다. 대부분 이 시기가 지나면 이 놀이에 관심을 가지지 않는다. 이 놀이를 위니컷의 실제 임상사례에서 발췌해 소개한다.

  위니컷은 엄마에게 안겨 있는 아기의 손이 충분히 닿을 수 있도록 탁자의 가장자리에 쇠로 된 혀누르개를 놓아 두었다. 그리고 어머니와 위니컷 자신은 가능한 한 관여하지 말아야 한다고 어머니에게 설명해 준다. 반짝반짝 빛나고, 탁자 위에서 살짝 흔들거리는 혀누르개는 아기들의 마음을 끈다. 1단계는 아기가 혀누르개를 만지는 것으로, 그러고는 기다리거나 자신의 손을 움츠리는 것으로 시작한다. 아기는 자신이 흥미를 보이는 것에 대한 반응을 보기 위해 엄마와 위니컷을 쳐다본다. 위니컷은 이를 '망설임의 기간'이라고 부른다. 아기를 안심시켜 주는 어떤 것도 하지 않아도, 차츰 아기의 관심은 혀누르개로 돌아간다. 2단계에서 아기의 입과 혀에 신체적 변화가 오고 침이 나오기 시작한다. 혀누르개는 아기의 입으로 들어가고 씹힌다. 이 혀누르개는 이제 아기의 소유이다. 아기는 이것을 자신이 할 수 있는 만큼 큰 소리를 내면서 탕 칠 수도 있고, 혹은 입으로 이것을 들어 올릴 수도 있다. 이때 뭔가 받아먹는 것처럼 시늉을 해 주면 아기는 더욱 신이 날것이다. 3단계는 아기가 마치 실수처럼 혀누르개를 놓치는 것이다. 이것을 다시 아기에게 주면 아기는 기뻐한다. 이 단계의 마지막은 아기가 혀누르개와 함께 바닥에 엎드리거나 혹은 놀이가 지겨워질 때이다.

혀누르개 놀이는 유아의 심리 상태와 어머니와 유아 사이의 관계에 대해 상담자에게 단서를 제공해 준다. 혀누르개는 유아에게 전이 대상인 것이다. 그것은 유아와 타인들 간의 관계를 나타낼 수도 있다. 그리고 이 놀이는 때때로 어머니와 위니컷 간의 관계에 대한 유아의 지각을 반영하는데, 이때 어머니와 위니컷은 어머니와 아버지를 상징한다. 위니컷은 혀누르개 놀이를 통해 유아는 사물, 자신 내부의 사람들 및 외부 사람들과의 관계를 바꾼다고 설명한다(Winnicott, 1965: Jacobs, 1995 재인용).

- **선긋기 놀이**(squiggle game): 이 기법은 아동과 상담자가 자유로운 놀이와 연상을 하면서 드러나는 이미지를 해석하고 분석할 수 있도록 고안된 정신분석적 치료기법 중 하나이다. 이 기법은 어린 아동과의 관계를 발전시키고, 상호작용을 통해 아동의 생각과 감정을 안전하게 드러낼 수 있도록 도와준다. 상담자가 먼저 단순한 형태의 선으로 그림을 그리고 나면, 아동이 거기에 덧붙여 그림을 완성하는 게임이다. 이 게임은 놀이치료의 전체 과정 중 필요한 시기에 적절히 통합하여 사용할 수 있다. 다른 기법들과 마찬가지로, 선긋기 놀이도 아동이 흥미를 갖고 기꺼이 그리고자 할 때 소개하는 것이 좋다. 위니컷의 전기에 실린 이 놀이의 방법은 다음과 같다.

위니컷은 자신과 자신의 어린 내담자 사이에 있는 탁자 위에 종이를 놓았다. 그는 자신이 처음에 불규칙한 곡선(자유롭게 흘러가는 이어진 선)을 하나 그리면,

아동이 그것을 다른 것으로 바꾸는 게임을 제안하였다. 그리고 아동이 곡선을 하나 그리면 위니컷이 이를 다른 것으로 만들고, 그렇게 놀이가 진행된다. 이 외에는 별다른 규칙이 없는 게임이다(Jacobs, 1995).

(3) 전이

대상관계 상담에서도 상담자와 아동의 전이관계에 관심을 가진다. 안나 프로이트는 아동은 부모에게 많이 의존되어 있어서 상담자에게 전이가 일어날 수 없다고 했지만, 클라인은 아동이 상담자에게 전이되는 것은 실제 가시적인 부모와의 관계가 아니라 아동의 내적 환상 속에 있는 부모의 형상이기 때문에, 내담아동은 대체로 불안이 많고 의존적 경향이 높아 상담자에게 강하게 전이된다는 견해를 보였다.

대상관계는 아동이 주변 사람들(특히 부모)과 관계를 맺는 기본 방식을 결정하는 심리내적 구조이므로 아동의 대상관계는 상담자와의 관계에서도 반복되어 나타나는 경향이 있다. 즉, 아동은 주변 사람들과 관계를 맺는 방식으로 상담자와 관계를 맺을 가능성이 매우 크다. 따라서 상담자는 아동의 대상관계 기본 방식과 전이를 잘 파악해야 한다. 아동의 대상관계를 파악함으로써 상담자는 아동이 상담자를 어떤 존재로 지각하는지, 상담자와의 관계에서 아동 자신을 어떤 존재로 지각하고 경험하는지 인식하고 상담에 활용하여야 한다.

(4) 해석

해석은 상담자의 이해를 내담자와 함께 나누는 기법이다(Scharff & Scharff, 1991). 바람직한 해석은 상담자가 내담자의 역동이나 경험에 대한 이해를 일방적으로 전달하고 내담자는 수동적으로 이를 받아들이는 일방향이 아니라 내담자에게 상담자의 해석에 대해 반응하고 상담자의 관점을 수정할 수 있는 기회를 적극적으로 제공함으로써 상담자와 내담자가 공동으로 내담자의 내적 경험에 대한 이해를 구축해 나가는 쌍방향으로 적용되어야 한다.

위니컷은 내담아동이 제공하는 단서의 범위를 넘어서는 해석을 해서는 안 되며, 해석 가능하도록 자료를 제공하는 아동의 무의식적 협조에 기초를 두어야 한다고 주장하였다. 내담아동이 제공한 자료에 근거하지 않고 분석가 자신의 지식이나 특정 이론에 따라 해석을 하면 아동은 일종의 침범을 경험하게 된다. 아동은 상담자가 자신을 상담자에게 의존하게 만든다고 느낄 것이며, 심한 경우 자신을 융합 상태로 퇴행시키려 한다고 느낄 것이다.

4. 아동상담 사례

다음 사례(Winnicott, 1971)는 위니컷의 실제 상담 사례집(그림놀이를 통한 어린이 심리치료, 이재훈 역, 1998)에서 발췌해서 요약했다. 위니컷은 아이와 접촉하는 하나의 방법으로 선긋기 놀이를 적용해서 심리치료와 연결시키는 시도를 하고 있다. 이 상담은 내담아동 가족에게 사정이 있어 70분밖에 상담할 시간이 없었다고 한다. 위니컷이 주어진 짧은 시간에 선긋기 놀이를 하면서 내담아동이 보여 주는 단서를 치료에 적용하는 과정을 볼 수 있다.

- 인적사항: 알프레드(9세, 남아)
- 의뢰사유: 말더듬는 것 때문에 어머니가 위니컷에게 상담을 요청하였다.
- 호소문제: 무엇인가를 애써서 하려고 할 때면 말을 더듬는다. 열심히 애쓰는 것을 멈추고 싶다.
- 상담내용: 면담 초기에 위니컷이 알프레드의 아버지와 그의 일에 대해 질문을 하자 알프레드는 말을 더듬기 시작했다. 위니컷은 이것에 대해 질문을 하지 말아야 한다는 것을 깨달았다. 왜냐하면 질문을 하면 말더듬기가 시작되기 때문이었다. 위니컷은 더 이상 직접적인 질문을 하지 않고 선긋기 놀이를 하자는 제안을 했다.

  알프레드는 위니컷이 먼저 그려서 준 첫 곡선을 얼굴로 만들었는데, 위니컷은 알프레드가 작업을 하는 동안 꽤 의도적으로 숨을 조금씩 몰아쉬고 있다는 것을 알아차렸다. 위니컷은 이것에 대해서 알프레드와 이야기를 나누었고, 이것이 주요한 특징으로 밝혀졌다.

  위니컷이 알프레드에게 꿈에 대해 이야기하기 시작하자, 이로 인해 흥분된 반응이 일어났다. 위니컷이 꿈에 대해 질문한 것은 아동에 대한 일상적인 관심보다 심층적인 자기에 대한 관심으로 확장되도록 하기 위한 것이다. 위니컷이 알프레드의 그림을 마녀로 바꾸자 알프레드는 수년 전에 꾼 꿈에 대해 이야기하면서 그 당시에 꿈꾼 것을 그리고 꿈 이야기를 해 주었다. 그때는 알프레드가 여섯 살이었을 때로, 아버지의 새 직장 때문에 가족이 이사를 갔던 때라는 것을 나중에 어머니와 면담을 통해서 위니컷은 알게 되었다.

위니컷은 알프레드가 숨 쉴 때 긴장하는 것과 숨 속에서 애쓰는 것에 대해 언급하였다. 그러자 그는 "제가 무엇인가를 애써서 하려고 할 때면 말을 더듬어요. 만약 애를 쓰지 않으면 그때는 아무렇지도 않아요. 제가 잘 모르는 것을 애써서 하려고 하고 그러면 말을 더듬게 돼요."라고 말했다. 그는 학교에서도 비슷하게 열심히 애쓰고 있었다. 알프레드는 열심히 애쓰는 것을 멈추고 싶다고 말했고, 자신의 그림을 가죽끈으로 둘러싸인 바이올린 케이스를 들고 있는 한 남자로 바꾸었다(그의 아버지는 바이올린을 가지고 있다).

알프레드와 상담 후 위니컷은 알프레드의 어머니를 만나 알프레드가 여섯 살 때 무슨 일이 있었는지 물었다. 그녀는 그 무렵 남편이 새로운 직장 일로 힘겨워했고 일을 잘 처리하려고 엄청난 강박에 사로잡혔으며, 신경쇠약증에 걸려서 병원에 입원했었다고 말하였다. 알프레드를 다시 만나 위니컷이 "네가 악몽을 꾼 무렵 너의 아버지가 어떤 병에 걸렸던 것을 기억하니?"라고 묻자, 알프레드는 까맣게 잊어버렸던 아버지의 병에 대해 기억해 내면서 경련을 일으켰다. 위니컷은 "너는 네가 항상 애쓰고 있다는 걸 알고 있었지. 그리고 네가 애쓰지 않으면 오히려 일들이 더 잘 된다고 나에게 말했지. 너는 아버지를 걱정하고 아버지가 치료될 때까지 애를 많이 썼어. 그리고 여전히 애를 쓰고 있는 거야. 그러니까 네가 숨을 쉴 때마다 숨을 몰아쉰 것은 바로 그것 때문이야. 바로 숨을 몰아쉬는 것과 애를 쓰는 것이 너의 일과 네가 말하는 것을 방해하고 있고, 그게 네가 말을 더듬게 하는 거야."라고 말해 주었다. 알프레드는 아주 편안해 하면서 어머니와 함께 떠났다.

■ 위니컷의 해석: 알프레드의 아버지는 바이올린을 가지고 있지만 사무직에 종사하면서 그의 창조적인 욕구를 억압해야 했다. 묶인 가죽끈은 알프레드의 아버지가 자신의 음악적인 관심을 개발할 수 없다는 사실을 말해 주며 아버지를 도와주고 싶다는 그의 시도와 관련이 있다. 위니컷도 그 그림이 그려졌을 때는

그 사실을 깨닫지 못했다. 그러나 아버지가 아팠었다는 것에 대한 알프레드의 잃어버린 기억이 회복됨으로써 효과가 이루어졌다고 생각했다. 알프레드는 아버지가 병원에 입원하는 심각한 위기를 목격한 것이며 그 무렵 말을 더듬기 시작한 것이다. 알프레드는 집으로 가면서 "엄마, 나는 아빠가 아팠던 때를 새까맣게 잊어버리고 있었어요."라고 말했다고 한다.

■ 알프레드와 위니컷의 선긋기 놀이

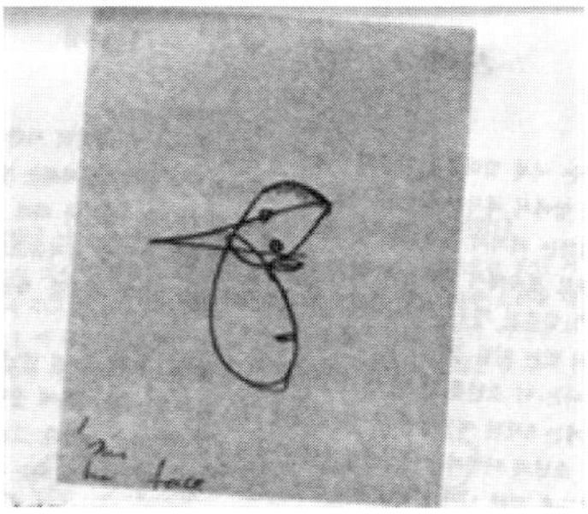	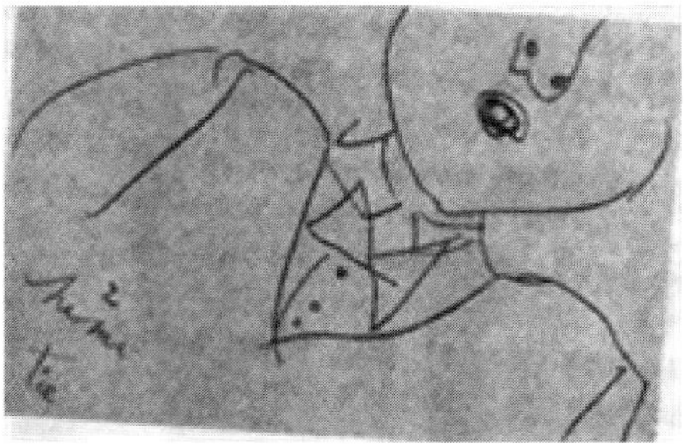
1. 알프레드는 위니컷의 첫 곡선을 얼굴로 만들었다.	2. 위니컷은 알프레드의 곡선을 한 남자의 나비넥타이로 만들었다.
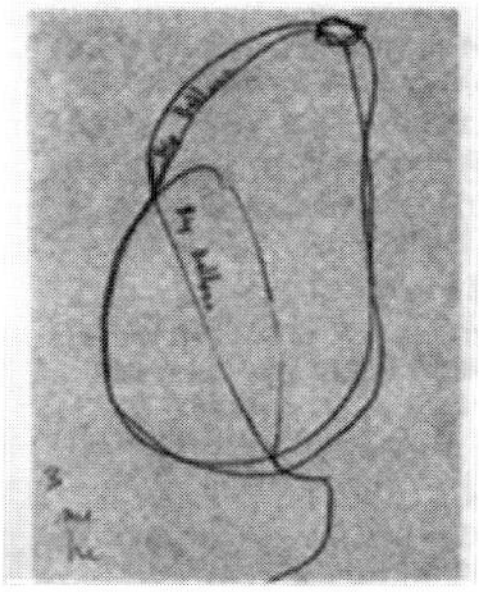	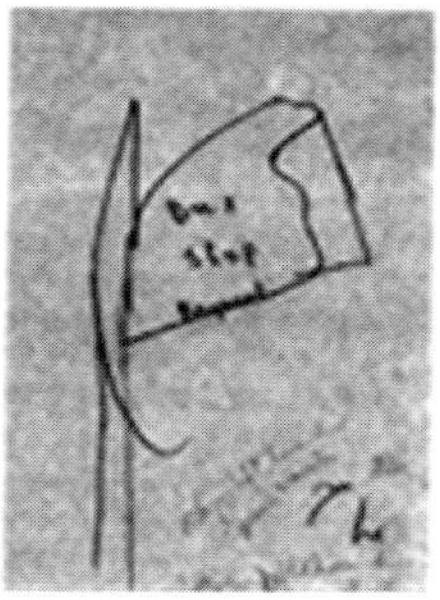
3. 알프레드는 위니컷의 두 번째 곡선을 두 개의 풍선으로 만들었다.	4. 알프레드는 편안해졌고, 위니컷이 자신의 세 번째 곡선을 길 표지판, '일종의 초자아 상징'으로 바꾸었다.

5. 알프레드는 수년 전에 꾼 꿈에 대해 이야기했다. "마녀가 와서 저를 데리고 갔어요."	6. 알프레드는 열심히 애쓰는 것을 멈추고 싶다고 말했고, 그림을 가죽끈이 달린 바이올린 케이스를 들고 있는 한 남자로 바꾸었다.

활동

1. 아동상담 사례에 소개한 알프레드의 경우, 상담 이후에 알프레드 어머니는 위니컷에게 "알프레드의 상태가 좋아지기 시작한 것은 선생님을 실제로 만났던 때가 아니라 그 일주일 전이에요. 제가 알기로는 선생님을 만나러 가기로 한 그때부터 상태가 좋아지기 시작했어요."라고 편지에 썼다고 한다. 이 말에 대해 어떤 생각이 드는가? 혹시 살아오면서 그러한 경험이 있었는지 생각해 봅시다.

2. 두 명씩 짝을 지어 선긋기 놀이(squiggle game)를 해 보고, 놀이를 하면서 특별히 감정적인 반응이 있었던 지점이 있었는지, 있었다면 무엇이었는지 나누어 봅시다.

3. 어린 시절에 지녔던 중간대상이 있었다면 함께 이야기 나누어 보고, 현재 자신의 삶에서 중간대상이라고 여길 만한 것이 무엇인지 이야기 나누어 봅시다.

제7장

애착중심 아동상담

애착이론의 핵심주장은 아기가 정상적인 감정, 사회적 발달을 하기 위해서는 주 양육자와 정서적인 유대관계를 형성해야 하고 이것은 종의 생존을 위한 본능이라는 것이다. 이 이론은 볼비가 제2차 세계대전 후 어머니로부터 장기간 분리되어 모성이 결핍된 아동들을 직접 관찰하고 연구하면서 생애 초기 어머니와 아동의 관계가 이후의 정상적인 심리발달에 중요한 역할을 한다는 것을 확인하고, 생물학, 동물행동연구, 인지발달 이론의 성과를 적용해서 체계화시키고 정립한 이론이다. 그 후 애착이론은 에인즈워스, 메인 등의 학자들에 의해 발전을 거듭해 현대 발달심리학의 핵심적인 패러다임이 되었다. 이 장에서는 볼비의 애착이론의 기본개념과 에인즈워스의 애착유형을 알아보고, 애착이론이 적용된 치료놀이에 대해 알아보고자 한다.

1. 애착이론의 발달

애착이론의 창시자는 영국의 심리학자이자 정신과 의사인 존 볼비(Edward John Bowlby)이다. 다른 심리이론들처럼 애착이론의 탄생도 볼비 개인의 경험이 동기로

볼비(John Bowlby, 1907~1990)

작용했다고 볼 수 있는데, 왕실의 외과 주치의였던 볼비의 아버지는 항상 바빴고, 어머니는 볼비가 8세 되던 해에 사망했기 때문에 그로서는 부모의 애정이 항상 부족하였다. 더군다나 어머니보다 애착이 더 깊었던 보모가 그가 4세 때 사직을 하고 그의 곁을 떠났다. 장성한 후 그는 당시 보모와의 이별은 어머니를 잃은 충격과도 같았다고 고백하였다. 볼비는 자신의 어린 시절 경험을 통찰하면서 애착 손상이 아동의 역기능적 행동발달과 관계가 있을 것이라고 생각하였고, 나아가 병리적 성격 형성에 영향을 준다고 여겼다(Marrone, 2014).

볼비의 초기 연구는 정신질환을 가진 아동들을 대상으로 이루어졌다. 그는 이런 아동들이 다른 사람에게 무관심하고 감정을 나타내지 않으며 즐거움을 느끼지 못하는 것처럼 보이는 것에 대해 의문을 가지게 되어 소아정신과 의사로서 이와 관련된 연구에 관심을 기울였다. 그는 심각한 심리적 문제를 안고 있는 사람들 중 아동기 때 중요한 타인과의 애착관계가 단절 혹은 손상되었거나 역기능적 가정에서 자란 경우가 많다는 것을 발견했다. 한편, 그즈음 발표된 로렌츠(Konrad Lorenz)의 각인이론은 기본적 과학 이론과 인간의 심리 이해를 연결시키는 볼비의 연구에 도움을 주었으며, 할로(Harry Frederick Harlow)의 붉은 털 원숭이를 대상으로 한 연구 또한 애착관계 연구의 기반이 되었다.

볼비는 1936년부터 3년간 절도 범죄력을 가진 44명의 아동·청소년들과 정서 문제로 내원한 범죄 경력이 없는 다른 아동·청소년 44명을 비교하여 연구하였다. 그 결과 절도 범죄력을 가진 44명의 아동·청소년들 중 17명이 5세 이전에 6개월 이상의 긴 기간 동안 주 양육자와의 분리를 경험했고, 반면에 절도 이력이 없는 44명 중에는 단지 2명만이 주 양육자와의 분리를 경험했다는 사실을 밝혀냈다(Bowlby, 1944). 특히 절도 이력을 가진 아동·청소년들에게서 무정서와 과잉행동의 성격적 특성이 높게 나오는 결과를 발견하였다. 또한 그들의 부모 역시 심각한 정서적 혼란과 불안, 우울증, 알코올 중독 등의 정신질환을 가지고 있으며, 폭력적이거나 잔인하거나 비도덕적인 태도 등이 두드러지게 나타나는 것을 확인했다. 이 연구를 통해 볼비는 아동의 정서와 행동이 부모의 정신적 환경과 밀접하게 상호작용하고 있다는 사실을 제시하였다.

이어지는 연구를 통해 볼비는 생애 첫 2년 6개월에서 3년 동안에 경험하는 애착 대상과의 관계가 성격발달의 핵심 요인이며, 어머니에게 매달리는 아동의 강력하고도 근본적인 경향성은 종의 생존을 위한 진화의 산물로, 이 관계는 구순욕구 혹은 수유와 거의 무관하다고 주장하였다. 또한 아동과 어머니의 특수한 고리를 설명하지 않고는 분리불안을 이해할 수 없음을 지적하였다. 정신분석학과 행동주의가 팽배한 시대 분위기 속에서 심리학계도 처음에는 볼비의 주장을 쉽게 받아들이지 못했으나 점차 그의 연구를 이해하기 시작하였다. 애착이론의 핵심 요소들은 이후 많은 연구를 통해 입증되어 경험적인 지지를 받고 있다.

한편 애착이론의 형성에 있어 에인즈워스(Mary Dinsmore Ainsworth) 또한 지대한 공헌을 하였다. 모성의 분리(maternal separation)가 아동발달에 미치는 영향을 연구하던 에인즈워스는 '낯선 상황 실험'을 통해 애착유형을 분류하였다. 그녀의 실험적 관찰을 통한 애착유형 분류는 볼비의 분류보다 애착이론적 관점에서 보다 발전한 것이다.

에인즈워스의 실험 이후, 그녀의 제자인 메인(Mary Main)은 영아기에 머물러 있던 애착실험을 성인기로 확장하는 공헌을 하였다. 그녀는 성인기 애착유형을 확인하면서 동시에 애착현상이 세대 간으로 전이될 수 있다는 사실도 확인하였다. 메인은 부모의 마음 상태에 나타난 애착에 관한 특징들을 자녀가 생애 초기에 경험할 때 자녀는 그 특징들을 하나의 규칙으로 내면화하게 되어 결국 세대 간 전이가 일어난다고 보았다.

세대 간 전이 연구와 더불어 애착이론의 확장에 공헌한 연구 분야를 꼽자면 애착이론에 대한 신경과학적 접근이다. 신경과학적 접근은 세대 간 전이 연구에서 발견하지 못했던 많은 원인론적 해답을 제시해 주고 있다. 특히 인간관계를 형성하는 과정에서 일어나는 세포 단위의 변화를 설명하려는 시도들은 애착 유형의 다양한 특징들을 더욱 분명하게 이해할 수 있는 눈을 열어 주었다. 애착에 대한 신경과학적 연구는 관계에 대한 측면뿐만 아니라 정서 조절의 측면에서도 꾸준하게 연구되어 왔다. 쇼어(Schore, 2000)는 초기 애착관계에서 정서 조절을 배우는 데 실패할 경우 나타날 수 있는 다양한 심리장애들을 신경생리학적 관점에서 설명하였다(Schore, 2000). 이 밖에 애착관계가 뇌의 특정 부위의 기능에 어떤 영향을 미치는지에 대한 연구도 꾸준히 진행되고 있다.

현재 애착이론은 신경과학과 연계하여 지속적인 발전을 이루어 현대 발달심리학에서 핵심적 패러다임의 지위를 차지하고 있다. 주 양육자와의 '보이지 않는' 인간관계의 상호작용에 관한 이론 연구로 시작하여 현재는 '보이는' 세포적 연구를 넘어 분자생물학적 수준으로 연구의 범위가 확장되고 있다.

2. 기본개념

1) 애착의 개념

어떤 사정이 있어 남의 집에 잠깐 맡겨진 아이가 있다고 가정하자. 아기에 따라 다르겠지만 대부분의 아기는 잠이 오기 전까지는 잘 놀지만, 잠이 오기 시작하면 엄마를 찾으며 칭얼댄다. 또한 엄마와 공원에 나들이 나와 엄마 주변에서 탐색하며 놀던 아기가 혹시 무언가에 부딪혀 넘어지는 장면을 그려 보자. 아기는 아프기도 하고 놀라기도 해서 엄마를 향해 울음을 터트리며 바라보거나 얼른 다가가려고 애쓸 것이다. 우리 주변에서 흔히 볼 수 있는 이러한 광경은 애착과 애착행동의 속성을 전형적으로 보여 주는 모습이다. 애착이란 볼비가 사용한 개념으로 영아가 주 양육자인 엄마에게 끌리는 강력한 정서적 유대관계를 말한다. 아기들은 이러한 행동을 학습한 것이 아니라 본능적으로 한다. 볼비(1958)는 아기가 엄마에게 보이는 울기와 빨기, 미소 짓기, 매달리기, 따라다니기 등과 같은 행동은 엄마에게 아기를 묶어주고, 또 반대로 엄마가 아기에게 몰두하도록 하여 엄마와 아기의 역동적인 상호작용을 촉진한다고 하였다. 그가 설명한 애착과 애착행동의 특성을 살펴보자(Bowlby, 1998).

- 애착은 본능적인 것으로, 그 자체의 내재적 동기를 가진 행동의 근원적인 형태이며, 생존만큼이나 중요한 것이다.
- 양육자로부터 분리되는 것은 본능적 욕구를 저해하는 것이다.
- 애착행위의 중요한 기능은 스트레스를 경감시키는 것인데, 유아의 스트레스 해소는 대개 신체적 접촉에 의해 가장 잘 달성된다.
- 애착행동은 생존에 기여한다. 따라서 여러 행동체계들 중 가장 먼저 나타나고,

여러 행동체계들과 구별된다. 친구에 대한 근접 행동은 재미나 흥미로 탐색하는 행동이지 애착행동은 아니다. 생존과 관계없기 때문이다.

- 애착과 탐색활동은 인과관계에 놓여 있다. 먼저 주 양육자와 애착관계가 형성되어 주 양육자가 정서적 안전기지로서 역할하게 되면, 아기는 양육자에게서 떨어져 세상을 향한 호기심을 적극적으로 나타내 보이며 탐색활동을 하게 된다.
- 애착행동은 특정 조건에 의해 활성화된다. 예를 들어, 아동의 애착행동은 낯선 그 무엇의 출현, 애착 인물과의 갑작스러운 분리, 갑작스러운 어둠이나 굉음 등에 의해, 그리고 피로, 배고픔, 질병, 고통과 같은 내적 조건에 의해 활성화된다.

2) 애착이론의 배경

볼비는 정신분석과 행동주의가 팽배한 당시의 분위기 속에서 애착이론이라는 새로운 개념적 틀을 피력하기 위해서 최대한 증거에 기초하고자 자신이 직접 관찰한 모성 결핍 아동에 대한 경험과 생물학, 동물행동연구, 인지발달 이론 등 당시의 과학적 성과를 적용하여 애착이론을 정립하였다.

(1) 생물학

아동이 성인에게 보내는 애착 신호는 성인으로부터 양육 및 사회적 반응을 이끌어 내기 위해 형성되고 발달된다는 입장이다. 유아가 미소, 귀여운 발성, 울기 등 애착행동을 통해 양육자에게 관심이나 친밀감을 형성해 돌봄 행동을 이끌어 내어 자신을 생존하게 만드는 생물학적 기능을 지니고 있다는 것이 애착이론의 생물학적 배경이다. 이는 양육자가 아동을 학대해도 애착(불안정 애착)이 형성될 수 있음을 설명할 수 있는 근거가 된다(Bowlby, 1956).

(2) 로렌츠의 각인 현상과 결정적 시기

로렌츠는 알에서 갓 깨어난 오리가 처음 본 움직이는 물체를 따라 다니고 그것에 애착을 가지는 경향이 있다는 것을 관찰하였다. 유기체의 발달과정에서 어떤 결정적 시기에 유기체가 그 종(種) 특유의 추종 반응을 학습하는 현상이 각인(imprinting)이다. 볼비는 아기가 자신의 애착 대상이 어디를 가든 따라다니려고 하는 욕구를 각

그림 7-1 로렌츠의 거위 실험

출처: simplypsychology 홈페이지.

인 현상에 유추하여 설명하였다. 볼비는 애착이 학습에 의해 촉진되기는 하지만 다른 동물의 각인과정과 유사하게 종족 보존 및 보호를 위한 본능적인 생리적 반응의 결과라고 보았다. 그는 결정적 시기 동안 애착을 추구하는 본능이 충족되면 안정적 애착이 형성되어 아동이 건강하게 발달하지만, 제대로 충족되지 않으면 영구적 손상이 생겨 성격적 결함이나 정신병리가 발생할 확률이 높다고 주장하였다.

(3) 할로의 원숭이 실험

할로는 원숭이 실험연구에서 당시에 팽배해 있던 행동주의 이론, 정신분석 이론과는 반대되는 입장을 제시하였다. 즉, 우유를 제공해 주는 철사로 된 어미 원숭이와 우유를 주지 않는 부드러운 천으로 된 어미 원숭이 모형에서 새끼 원숭이를 양육한 결과, 새끼 원숭이는 수유할 때만 잠시 철사 어미 원숭이에게 머물렀고 그 외의 시간 대부분을 부드러운 천 어미 원숭이 곁에서 지내는 등 더 친밀한 접촉을 보였다. 특히 갑자기 큰 소리를 내어 공포를 유발하는 로봇을 넣었을 때 철사 어미 원숭이에게서 젖을 먹던 원숭이를 포함하여 모든 원숭이는 천 어미에게 달려가 매달렸다. 새끼 원숭이는 천 어미에게 매달려서 안정을 찾으면 조금씩 천 어미로부터 떨어져 로봇에게 다가가 유심히 살피는 탐색활동을 하였다. 천 어미를 치워 버리고 철사 어미만 있는 실험에서는 새끼 원숭이가 철사 어미에게 달려가 매달리기는 했으나 계속 얼굴조차 들지 못하고 불안한 모습을 보이며 탐색활동을 하지 못했다.

할로의 이 실험은 애착형성이 수유로 인해서라는 기존의 입장을 뒤엎고 정서적인 만족감이 중요하다는 애착이론을 지지하는 근거가 되었지만, 후대의 사람들에게 비윤리적인 실험이라는 비난을 피할 수 없었다.

할로가 이 실험에서 천으로 만든 어미 원숭이가 갑자기 압축 공기를 터뜨려서 벌을 주어도 새끼 원숭이는 어미에게 훨씬 더 단단히 매달렸다(Rutter, 1980). 이 현상은 애착이론의 동물행동학적 선상에서 설명할 수 있는데, 스트레스의 원천이 바로 애착대상일 경우에도 스트레스가 애착행동을 강화하기 때문이다. 신체적으로 학대

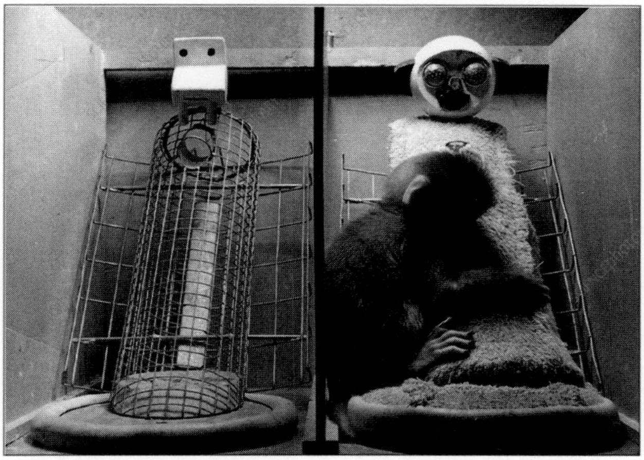

그림 7-2 할로의 원숭이 실험

출처: sciencephoto 홈페이지.

받은 아동이 얼어붙은 상태에서 보여 주는 양가적 애착은 이러한 현상을 생생하게 보여 주는 증거이다. 양육자의 심한 학대와 처벌에도 애착이 지속된다는 사실은 아동 정신병리학에서 시사하는 바가 크다.

(4) 인지발달이론

피아제(Jean Piaget)는 아동의 인지발달이 선행되어야 특정 대상에 대한 애착을 형성할 수 있다고 했다(Schaffer & Emerson, 1964). 아동이 자라면서 친숙한 어머니에게는 애착을 형성하지만 낯선 사람에게는 불안해하며 낯가림을 보이는데, 낯가림은 애착의 발달과 동시에 나타나는 것으로 낯선 사람과 친숙한 사람을 구분할 수 있는 지각적 변별을 보여 주는 것이다. 이는 두뇌 전두엽의 성숙으로 일어나는 현상이며, 애착대상이 시야에서 사라지더라도 존재한다는 대상영속성의 개념이 획득되어야 애착형성이 가능하다(Kagan, 1982).

3) 애착행동의 체계

(1) 애착과 애착행동의 주요 특징

애착과 애착행동은 다음과 같은 3가지 주요한 특징을 지닌 애착행동 체계에 기초를 둔다(Weiss, 1982).

• 선호하는 인물을 찾는 근접성

아기들은 자신의 애착대상이 어디를 가든 맹렬하게 따라다닌다. 심지어 화장실도 아기와 함께 가야 하거나 화장실 문을 열어 놓고 볼일을 봐야 하는 상황을 대부분의 양육자는 경험한다. 애착이론에서 아주 중요한 점은 이러한 애착대상이 차별화된 사람(또는 소수의 선택된 사람들)에 대하여 일어난다는 것이다. 애착이론은 어머니를 통념상 가장 중요한 보호자로 받아들이지만, 아버지가 아기 보호를 대부분 제공하게 된 경우 아버지가 똑같이 중요한 애착대상이 될 가능성이 있다.

• 안전기지 효과

안전기지란 아기가 낯설고 새로운 세계로 나아갈 때 용기를 북돋워 주고 안전감을 제공해 주는 공간이며, 낯선 세계에서의 탐색을 마치고 돌아왔을 때 신체적 · 정신적 재충전을 제공해 주는 공간을 말한다(Bowlby, 1988). 낯선 환경을 탐색하는 중에 아기가 받은 상처와 슬픔을 위로해 주고 안전기지에서는 그러한 일들이 없을 것이라는 신뢰감과 안도감을 주는 곳이다. 안전기지 이론은 볼비가 양육에 대한 자신의 수많은 이론 중 가장 핵심적인 부분이라고 할 정도로 중요하다(Bowlby, 1988). 안전기지는 본질적으로 호기심과 탐색을 위한 도약판을 제공한다. 아기들은 위험하다고 느끼면 애착대상에게 매달린다. 그러다가 위험이 지나가면 다시 또 탐색과 놀이에 몰두한다. 그러나 그것은 그들이 애착대상을 다시 필요로 할 때는 언제든 애착대상이 예측하는 그 자리에 있을 것이라는 확신이 있어야 가능하다.

• 분리에 대한 저항

볼비는 애착대상의 상실은 어린아이에게는 진정으로 감정적인 재앙이며 유아들도 좀 더 나이든 아동이나 성인처럼 반응한다는 사실을 밝혔다. 6개월에서 3세 사이의 유아에게 오랜 기간 애착대상과의 분리는 특히 해로운데, 이때는 강력한 애착이 발달하는 시기이지만 아직 대상영속성이 완성되지 않아서 부모의 부재가 일시적인이라는 것을 이해하지 못하기 때문이다. 이 연령의 아이들이 분리에 대해 보이는 전형적인 반응은 3개의 국면으로 나눈다.

처음에는 저항한다. 애착대상을 돌아오게 하려고 자신이 할 수 있는 최대한의 노력을 한다. 울고, 고통스럽게 소리도 지르고, 물어뜯고, 발로 차기도 한다. 화를 내고 고통스럽게 울면서 마지막으로 부모를 보았던 곳에서 부모를 찾기도 한다. 아이들의 이러한 저항은 애착유대감이 위협당할 때 나타내는 정상적인 반응으로 더 이상의 분리를 막아 보려는 노력이다. 저항 국면은 일주일 동안 지속될 수도 있다. 이때 부모가 돌아와 분리가 끝나면 아이들은 화를 내고 안도하면서 불안하게 매달리며 애착대상을 맞이할 가능성이 있다. 저항 뒤에는 절망의 국면이 온다. 아이는 자신의 애착대상이 돌아올 것이라는 희망을 잃어 간다. 아이는 달랠 수 없을 정도로 울 수도 있고, 무관심과 슬픔으로 물러날 수도 있다. 심리적으로 물러선 경우 아이가 조용해지기 때문에 진정된 것으로 잘못 인식될 수도 있다. 다음으로는 외견상 회복한 것으로 보이는 시기가 뒤따르는데, 볼비는 이 시기를 '거리두기'라고 묘사했다. 아이는 심리적으로 물러나 주변에 관심을 갖기 시작한다. 상실한 사람과 자신과의 관계를 억압하거나 그 사람에 대한 관심을 거두고, 그 사람을 대신할 수 있는 인물에 애착을 가지기 시작한다. 이때 자신의 애착대상과 재회하게 되면 상당한 어려움이 야기될 수도 있다. 관계를 재형성하는 일은 고통스러운 과정이기 때문이다. 깊은 슬픔과 절망을 느낀 감정단계를 거슬러 가야 하며 다시 애착대상을 잃어버리게 될까 봐 불안해하며 분리에 취약한 상태가 된다. 만약 생애 첫해 동안 애착대상에게서 여러 차례 분리되는 경험을 했을 경우 관계능력의 발달이 영구적으로 저지될 가능성이 있다. 아이는 모든 관계에 거리를 둘 수도 있고, 사람보다는 사탕이나 장난감, 돈 같은 사물에 관심을 쏟고 자신을 돌보는 사람을 구별하는 일을 중단하게 된다. 그리고 어떤 유형의 보살핌이 주어지든 잘 적응하며, 양육자가 떠나더라도 힘들어하지 않는 정서 상태를 보인다.

(2) 내적 작동모델

내적 작동모델(internal working models)이란 개인이 생애 초기에 애착대상과 관계를 맺고 서로를 경험하면서 만들어진 '대상과의 관계를 이해하는 규칙'이다. 이러한 규칙은 개인의 내면(internal)에서 작동하는(working) 일련의 모델들(models)이 되어 자신의 규칙에 따라 세상을 바라보고, 자신을 이해하고, 대상과 관계를 맺도록 돕는다(Pearson et al., 1994). 개인이 보호와 지지를 받아야만 하는 상황에 처했을 때 어는 애착대상이 마음 놓고 접근할 만한 대상인지, 어디에서 그 애착대상을 찾을 수 있는지 그리고 어떻게 자신에게 반응할지를 예측하는 것이 작동모델의 근간으로 작용한다. 자기 혹은 타인에 관한 내적 작동모델은 애착 관련 사건이 진행되는 과정에 만들어지며, 양육자에게 도움을 요청했을 때의 결과도 저장된다. 애착대상이 있을 때 경험한 사건만 저장되는 것이 아니라 대상이 없어졌을 때 그 사람을 찾으려고 노력했던 결과도 작동모델에 저장된다.

내적 작동모델은 생후 몇 개월이면 만들어지기 시작해서 그 후에도 계속 만들어지고 수정된다. 최초의 모델은 이후 아동이 세상을 경험하는 방식에 영향을 주기 때문에 무엇보다도 중요하며, 나중에 만들어지는 모델에 영향을 준다(Marrone, 2014).

애착대상과의 분리는 불안과 분노의 감정을 일으키면서 애착대상과의 관계에 대한 예측을 어렵게 만든다. 애착대상이 눈앞에 존재하면 접근 가능성이 높아 두려움이 감소하지만, 분리로 인해 대상이 부재하면 접근 가능성이 사라지게 되어 두려움이 증폭된다. 볼비(1973)는 어린 자녀가 애착대상과의 관계에서 마음 놓고 애착대상에게 접근하는 것이 항상 가능한지, 변덕스러운지, 거의 가능하지 않은지에 따라 대상을 예측하는 작동모델을 다르게 만든다고 강조했다. 만약 애착대상과 친밀한 관계를 반복하여 접근 가능성을 높이게 되면 아동은 애착대상과 분리되는 상황에서도 접근 가능성에 대한 신뢰를 유지할 수 있지만, 반대로 불안정한 관계가 반복되면 애착대상에 대한 접근 가능성이 빈약해지고 분리의 상황에서 두려움이 증폭되면서 혼란을 겪게 된다. 애착대상과의 관계가 친밀할수록 내면화된 대상표상이 안정적이 되어 분리되는 상황에서도 신뢰를 가지게 된다.

(3) 애착체계

인간은 매우 미숙한 상태로 태어나 다른 동물들과는 달리 애착체계가 발달하기까지 수개월이 걸린다. 6개월이 지나서야 비로소 아기는 근접성 구하기, 안전기지 효과, 분리 저항이라는 3가지를 전부 보여 주기 시작한다. 볼비는 애착체계 형성을 다음과 같이 4단계로 나누었다.

- 1단계: 애착형성 전 단계

출생부터 생후 8~12주 무렵에 해당하는 단계로, 좋지 않은 환경에 있을 경우 이 단계의 시기가 더 길어질 수 있다. 이 시기의 영아는 사람을 구별하는 능력이 후각과 청각으로 극히 제한되어 있기 때문에 자신의 욕구를 채워 주는 사람이면 누구든 울음, 미소 등을 포함한 애착행동을 보이며, 가깝게 지내는 모든 사람과 관계를 유지하고자 한다. 따라서 주 양육자가 자리를 비우더라도 가까운 관계를 유지하는 다른 사람이 있다면 불안감을 보이지 않는다(김춘경 외, 2018). 또한 사람을 구별하여 알아보는 능력은 없지만 인간의 접촉에는 매우 잘 반응한다. 이 과정에서 가장 중요한 것이 사람의 얼굴을 보는 것인데, 얼굴은 강렬한 관심을 이끌어 낸다. 생후 4주쯤 되어서 웃는 반응을 보이기 시작하는 것은 아기와 아기를 돌보는 사람의 관계를 특징짓는 좋은 상호관계 주기가 시작되었음을 나타낸다. 아기의 웃음은 엄마를 웃게 만들고, 엄마가 더 많이 웃어 줄수록 아기도 더 많이 반응한다. 엄마의 '반응성'은 발달이 진행됨에 따라 애착의 질을 결정하는 주된 요소가 된다(Holmes, 2005).

• 2단계: 애착형성 단계

생후 3~6개월에 해당하는 단계로, 1단계에서처럼 많은 사람에게 애착행동을 보이지만 주 양육자에게 두드러지게 애착행동을 보이게 된다. 이제 차츰 친숙한 사람과 낯선 사람을 구별하여 애착을 형성하기 시작한다.

생후 3개월 된 아기를 지켜보면 젖을 먹으며 엄마와 서로 응시하는 일이 반복되면서 모자관계를 구성한다는 것을 알 수 있다. 쳐다보기는 애착의 기초가 된다. 엄마를 쳐다봄으로써 엄마 얼굴은 아기의 망막과 시각 대뇌피질에 그 이미지가 그려지고, 이를 아기는 내적 세계에서 상상하게 된다. 쳐다보기와 유사한 상황이 안아주기에도 적용된다. 안아 주기는 위니컷의 용어로 엄마가 아기를 신체적으로 안아주는 행동뿐만 아니라 아기를 돌보고 수용하며 아기 입장에서 공감하는 전체 정신생리학적 체계까지 의미한다. 이 체계가 없다면 아기는 신체적 · 감정적으로 살아남지 못할 것이다. 그러므로 안아 주기는 애착형성의 핵심이다.

이 시기에는 애착관계의 시작이 분명해진다. 아기는 엄마 목소리를 들으려 하고, 엄마 목소리에 다르게 반응하며, 엄마가 떠나면 다른 사람이 떠날 때와는 다르게 울고, 엄마를 다르게 맞아들이며, 안아 달라는 요청으로 자신의 팔을 엄마를 향해 들어올리기 시작한다. 엄마도 아기의 생리적 · 사회적 신호에 반응한다. 서로를 '알아봄'으로써 느끼게 되는 상호작용적 매트릭스가 형성되며 확고한 모자관계가 된다

(Holmes, 2005).

• 3단계: 분명한 애착단계

생후 6~24개월에 해당하는 단계로, 아기는 신체적 발달과 인지적 발달로 인해 더 확장된 애착행동을 표현하게 된다. 주 양육자 따라다니기, 돌아오는 주 양육자 반기기, 주 양육자를 안전기지로 사용하여 외부 세계 탐색하기 등의 애착행동이 나타난다. 특정한 주 양육자에 대해 선호를 명확하게 나타내며 낯선 사람과 있을 때는 불안감을 느껴 부모에게로 가기 위해 노력한다.

생후 6개월이 지나면 아기에게 고유한 애착의 시작을 알리는 몇 가지 발달상의 변화가 일어난다. 낯선 사람에 대한 불안을 보이는 시기로 모르는 사람의 얼굴은 아기에게 엄마의 얼굴이 아니기 때문에 위험으로 느껴진다. 그래서 생후 6개월 이전에 위탁가정에서 영구적인 입양가정으로 옮긴 아기들은 고통을 거의 보여 주지 않는 반면에, 이 시기 이후에 옮긴 아이들은 더 많이 울고 매달리고 냉담하며 먹고 자는 일에 어려움을 겪는다(Bretherton, 1985).

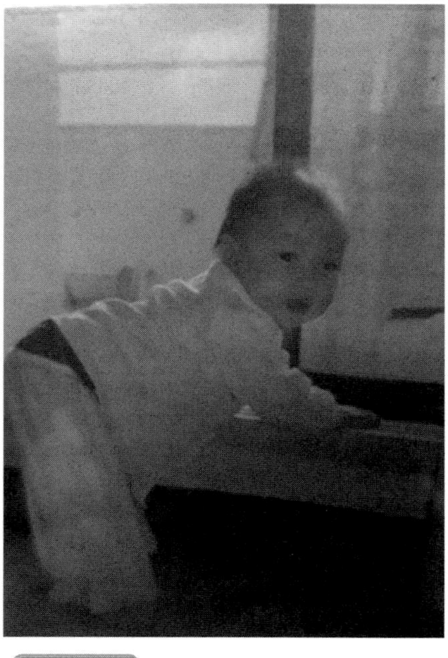

그림 7-3 "나 지금 나가고 싶은데 긴장돼. 엄마는 나에게서 눈을 떼면 안 돼."

이 시기의 아기는 이제 이동성을 가지게 되어 엄마에게서 떨어져 기어다닐 수 있거나 어설프게 걸음마를 할 수 있지만, 아기는 가급적이면 엄마를 눈에 보이는 곳에 두려고 한다. 아기들은 엄마를 자신이 탐험해 갈 수 있는 출발기지인 안전기지로 사용한다. 예를 들어, 아기가 새로운 환경에 놓이면 아기는 엄마의 눈을 쳐다보고 탐색을 허락하거나 자제하라는 엄마의 신호를 찾으려고 한다. 예를 들어, 발코니에 나가고 싶어 열심히 기어가다가 마지막 순간에 뒤를 돌아보며 엄마를 향해 돌아보는 아기는 "나 지금 저기에 재미있는 게 있어서 나가고 싶은데 긴장돼. 엄마가 어디 가면 안 돼. 엄마는 나에게서 눈을 떼면 안 돼. 엄마가 안 보이면 난 소리를 지를 거야." 또는 "내가 노는데 엄마가 나한테 너무 가깝게 오면 불편해. 그러니까 난 약간 떨어지려고 하겠지만, 엄마가 나를 관심 밖으로 내놓아서는 안 돼." 라고 말하고 있는 것이다([그림 7-3] 참조). 대개의 부모는 아기의 애착행동에 걸맞는 보살피는 행동을 제공한다. 그러나 지나치게 불안해하는 부모는 아이의 탐색적인 행동을 금지하여 아이로 하여금 숨 막히게 하거나 질식하게 할지 모른다. 반대로 소홀한 부모는 안전기지를 제공하지 않음으로써 탐색을 방해하며 불안감이나 버림받은 느낌을 줄지도 모른다.

- 4단계: 동반자 단계

생후 24개월 이후의 시기에 해당되는 단계로, 유아는 언어능력의 발달로 양육자와 의사소통을 통해 서로의 의견을 주고받을 수 있고 양육자의 상황과 감정을 조금씩 이해할 수 있게 된다. 이제 유아는 다른 사람이 자신과는 분리된 존재이고, 그들만의 생각과 지각, 욕구가 있으며, 자신의 존재가 그들에게서 독립적이라는 것을 이해할 수 있다. 무작정 양육자를 졸졸 따라다니는 것이 아니라 양육자가 짧은 시간 외출하려고 할 때 대화를 통해 자신의 마음을 표현할 수 있다. 엄마가 어디에 있는지 혹은 언제 돌아올 것인지를 알고 있으면, 엄마가 눈에 보이지 않는 것을 견딜 수 있으며 잠시 후 엄마가 돌아온다는 것을 이해할 수 있어서 기다려 줄 수 있다. 볼비는 애착체계가 세 살 무렵에 수립되어 내적 작동모델을 통해 평생 동안 유지된다고 주장했다.

(4) 낯선 상황 실험과 애착유형

볼비의 애착이론은 이후 에인즈워스에 의해 애착을 평가하는 상황 실험인 '낯선 상황 실험'으로 만들어져 객관적 평가가 가능한 단계로 발전했다(Ainsworth et al., 1978). 이는 8개의 에피소드로 이루어져 있으며, 12~18개월의 아기와 어머니, 낯선 사람으로 구성된 실험이다. 낯선 상황은 어머니와 아기가 실험자와 함께 놀이방으로 들어가는 것으로 시작되어 20분에 걸친 활동으로 구성된다. 놀이방에 들어간 후 어머니는 아기를 실험자에게 맡기고 3분간 방을 떠났다가 다시 돌아온다. 어머니가 방에 다시 돌아와 아기와 재회한 후, 이번에는 아기만 홀로 남겨 두고 어머니와 실험자 모두 3분간 방을 떠난다. 이후 어머니는 들어와서 아기를 한 번 더 만난다. 이렇게 구성된 낯선 상황 실험에서는 특별히 분리와 재회에 대한 아기의 반응에 초점을 맞추어 녹화되어 평가된다.

〈표 7-1〉 낯선 상황 실험과정

단계	참석자	시간	상황	실험자 관찰사항
1	어머니, 영아, 실험자	30초	실험자는 어머니와 영아를 놀이방으로 인도한 후 떠난다.	
2	어머니, 영아	3분	영아가 장난감을 가지고 노는 동안 어머니는 그대로 앉아 있는다.	근접성 추구 및 안전기지 역할이 작용하는가?
3	어머니, 영아, 낯선 사람	3분	낯선 사람이 들어와서 앉은 다음 어머니와 대화한다.	영아의 낯선 사람에 대한 불안 반응은?
4	영아, 낯선 사람	3분 이내	어머니가 놀이방을 나간다. 낯선 사람이 영아와 반응해 주고, 영아의 기분이 혼란 상태가 되면 달래 준다.	영아의 낯선 사람에 대한 반응은? 어머니와의 분리불안은?
5	어머니, 영아	3분 이상	어머니가 돌아와서 영아를 맞이하여 달래 준다. 낯선 사람은 놀이방을 나간다.	어머니와 재결합했을 경우 반응은?
6	영아	3분 이내	어머니가 놀이방을 나간다.	분리불안은?
7	영아, 낯선 사람	3분 이내	낯선 사람이 놀이방을 들어오고 달래 준다.	낯선 사람이 달래 줄 때 진정되는 반응은?
8	어머니, 영아	3분 이상	어머니가 돌아와서 영아를 맞이하여 달래 준다. 장난감에 영아가 관심을 가지도록 시도해 본다.	어머니와 재결합했을 경우 반응은?

* 주의사항
1. 분리 상황에서 영아가 지나친 혼란 상태를 보이면 시간을 채우지 않고 어머니를 들여보낸다.
2. 만약 어머니와 재결합했을 때 영아가 진정되는 시간이 주어진 시간보다 더 필요할 경우 시간을 연장한다.

출처: Ainsworth et al. (1978).

에인즈워스는 애착에서 중요한 것은 어머니가 떠날 때가 아니라 어머니가 다시 돌아왔을 때의 아기의 반응이라고 판단했다. 그녀는 실험에 참여한 아기들을 각 상황에 따른 행동 반응에 따라 '안정(secure)애착' '불안정-회피형(avoidant)애착' '불안정-저항형(resistant)/양가형(ambivalent)애착'의 3가지 유형으로 분류했다.

• 안정애착

이 유형에 분류된 아기들은 엄마가 곁에 있다는 안정감으로 쉽게 놀이 상황으로 들어갔다. 엄마가 밖으로 나갔을 동안에는 문 앞에서 울면서 불안한 모습을 보였지만, 엄마가 다시 돌아왔을 때는 쉽게 진정되면서 다시 놀이 상황으로 돌아가는 모습을 확인할 수 있었다. 또한 그들은 엄마를 '안전기지'로 삼아 자유롭게 놀이를 즐겼으며, 엄마와 함께 있을 때는 환경에 대한 탐색도 했다. 실험에서 이들의 비율은 전체의 약 66%를 차지했다.

• 불안정-회피형애착

이 유형에 분류된 아기들은 엄마를 무시하는 듯 자기가 관심 있는 놀이 상황에 몰두하여 엄마가 밖으로 나가는 상황에서도, 다시 돌아오는 상황에서도 큰 반응을 보이지 않았다. 엄마가 관계를 시도하여도 거절하거나 회피하는 행동을 보였고, 심지어 엄마가 아기에게 다가가서 같이 놀아 주려 해도 귀찮아하거나 싫어하는 행동을 보였다. 이렇게 자기 자신에게 집중하면서 스트레스 환경에 반응하지 않고 회피하려는 유형의 비율은 전체의 약 22%를 차지했다.

• 불안정-저항형/양가형애착

이 유형에 분류된 아기들은 엄마가 바깥으로 나가자 격렬하게 저항하고 떼를 쓰며 울었다. 그리고 잠시 후 다시 돌아왔을 때는 화를 내기도 했고, 엄마가 안아 주려고 했을 때는 받아들이면서도 동시에 저항하는 이중적인 행동을 보였다. 이들은 불안한 모습으로 한시도 엄마와 떨어지려고 하지 않았으며, 놀이나 탐험에도 소극적인 태도를 보였다. 에인즈워스의 실험에서 이들의 비율은 전체의 약 12%를 차지했으며, 이들은 스트레스 환경이 주는 자극에 과민하게 반응할 뿐만 아니라 과도한 감정 에너지가 표출되는 특징을 가지고 있었다.

(5) 손상된 애착의 대물림

애착이론은 대물림 현상에 대한 이론적 설명을 제공해 준다. 불안정애착은 다음과 같은 방식으로 대물림된다.

- 부모가 아동기 · 청소년기 때 겪었던 애착에 대한 경험은 내적 작동모델의 형태로 부모의 머리에 저장된다.
- 부모의 이런 작동모델은 자녀에 대한 표상구조에 영향을 준다.
- 부모의 머릿속에 들어있는 아동에 대한 표상은 부모가 자녀를 대하는 방식과 도움을 요청하는 자녀의 신호에 민감하게 반응하는 능력에 영향을 준다.
- 부모 쪽에서 보여 주는 민감한 반응성(sensitive responsiveness)의 정도와 질은 부 혹은 모와 자녀 사이에 형성된 애착의 질을 결정하는 1차적 요인이다.

그러나 불안정애착을 지닌 부모라고해서 반드시 자녀에게 불안정애착을 대물림하지는 않는다. 성찰능력이 뛰어난 부모는 자신이 어려운 환경에서 자랐을지라도 자녀에게 안정애착을 심어줄 수 있다(Marrone, 2014). 이를 위해서는 양육자의 민감성을 저해하는 결정적인 요인인 부모 자신의 정서적 고통과 약점을 감추기 위한 방어기제를 잘 탐색해야 한다.

3. 애착중심 아동상담의 실제

1) 상담목표

볼비는 인간은 접촉을 추구하는 존재이며, 성장과정을 거치면서 관계 양식이 발달하고 애착패턴이 변화될 수는 있지만, 애착으로부터 벗어날 수 없다는 입장이 확고했다. 애착중심 아동상담의 목표는 볼비의 이러한 입장에 초점을 두고, 아동이 상담자와 관계하는 방식을 살펴봄으로써 애착패턴을 진단하고, 내담아동에게 작동하고 있는 특정한 내적 작동모델의 근원이 된 주요 사건과 영향을 발견해서, 그 패턴을 적응적인 방향으로 수정하고 조절하는 것이다.

2) 상담과정

애착이론에서는 친밀한 관계에서 이루어지는 비언어적 의사소통의 질이 유아의 안정성이나 불안정성을 결정한다고 본다. 그리고 자신이 겪은 경험에 대해 취하는 자신의 태도가 결정적으로 중요함을 강조한다. 즉, 애착이론의 내용은 친밀한 유대, 비언어적 상호작용, 그리고 경험한 것과 자기와의 관계에 초점을 두고 전개해 왔다. 애착이론을 기반으로 한 치료과정에도 대상에 따라 그리고 사례에 따라 차이가 있지만, 어떤 경우나 이 3가지 주제가 치료모델 구성에 있어서 주요 요소이다.

애착중심 아동상담에 있어 상담자에 대한 내담아동의 애착관계는 근본적이고 주된 것이다. 아동의 욕구와 성숙에 끊임없이 맞춰 주는 것이 부모의 과제이듯, 내담아동에 대한 상담자의 태도도 독단적이거나 권위주의적인 것을 지양하고 유연하고 관계지향적이어야 한다. 그러므로 상담과정에서 탐색과 발달 그리고 변화를 위한 필수조건인 안전기지를 제공하는 것이 무엇보다 우선된다. 안전기지는 상담자가 내담아동의 상태에 맞추어 조율하면서 내담아동이 힘든 감정을 견디고 조절할 수 있도록 효과적으로 도울 수 있는 상담자의 능력에서 비롯된다.

상담자와 내담아동 간의 상호작용에 의해 내담아동의 정서가 조절되고 이를 통해 안전감이 생겨나며, 이런 안전감으로 인해 내담아동은 자신을 표현하기 시작할 것이다. 신뢰를 바탕으로 안전감을 느끼는 치료적 관계는 내담아동이 말로 표현하지 않았거나 말로 표현할 수 없었던 경험에 접근할 수 있도록 이끌어 줄 것이다. 상담과정은 이런 경험을 위한 여지를 만들어 줌으로써 상담자와 내담아동이 그것을 이해하려고 시도할 수 있는 장이 된다.

분열되고 언어화되지 않은 감정 · 사고 · 충동에 접근하며 분명하게 말로 표현하고 성찰하는 것은 내담자의 이야기하는 능력을 강화하고, 내담자가 자신의 경험에 대해 취하는 태도가 좀 더 성찰적인 방향으로 바뀌게 하는 데 도움을 준다. 애착에 초점을 둔 치료의 중심에 있는 관계적 · 정서적 · 성찰적 과정은 경험의 통합을 촉진함으로써 내담아동 안에 좀 더 일관되고 안정된 자기감을 키워 준다(David, 2007).

볼비는 상담과정에서 상담자의 임무를 '자기 치유가 가장 잘 일어날 수 있는 여건을 제공하는 것'(Bowlby, 1988)이라고 제시하고 있다. 또한 그는 상담자가 비처방적이고 비논쟁적이기를 권한다. 이는 애착중심 치료에서 치료적 관계는 그 자체만으로도 중요하기 때문이다. 신뢰할 수 있고 안전한 치료적 관계에서 충분히 안전한 내적 기지가 확립되어 풍요롭고 가치 있는 관계를 발전시킬 수 있는 능력이 생기면 내담아동은 상담자에게서 떠날 수 있을 것이다.

3) 상담기법

애착장애를 가진 아동들을 위한 치료방법으로 널리 알려진 방법 중 하나가 치료놀이이다. 전버그(Ann Jernberg) 박사는 엄마와 자녀 사이의 애착을 증진시키기 위해 치료놀이 방법을 만들어 사용하였다.

(1) 치료놀이의 개요

치료놀이는 언어 사용 이전의 상호작용 방법을 활용하여 건강한 애착과 자아존중감, 신뢰감을 증진시킨다. 부모가 직접 치료놀이에 포함되기 때문에 집이나 학교, 어디서나 모두 긍정적인 결과를 볼 수 있다. 아동의 초기 관계는 이후 모든 다른 관계 형성의 원형을 이루고 있기 때문에 치료놀이는 최초의 관계로 돌아가서 그 관계를 더욱 건강하고 좀 더 안정적으로 형성하려고 한다. 치료놀이에는 많은 신체적 접촉이 포함되어 있다. 부모가 그들의 어린 자녀와 함께하는 전형적인 활동들을 재현함으로써 초기의 기억과 감정들을 불러오는 것이다. 치료가 진행됨에 따라 퇴행적인 활동은 줄어들게 되고 점차 연령에 적합한 활동에 초점을 맞추게 된다. 치료놀이는 아동과 부모의 자아존중감 향상을 목적으로 하기 때문에 부모와 아동 모두 가치 있고 중요하다는 느낌을 형성하게 된다.

치료놀이에는 어떠한 장난감도 사용하지 않는다. 치료는 아동과 치료자 그리고 부모와 아동 사이의 재미있는 상호작용에 초점을 둔다. 베이비파우더나 로션, 반창고, 솜공, 풍선, 콩주머니, 베개, 담요, 감자칩, 과일 조각, 사탕 등 간단하고 비싸지 않은 재료들을 종종 사용한다(Munns, 2000).

(2) 치료놀이 활동의 4가지 범주

전버그는 부모가 아기와 함께 노는 장면을 관찰하던 중 발견한 것들을 4가지 차원으로 범주화해서 치료놀이 회기마다 활용되어야 할 활동의 기초 범주로 제시했다.

• 구조(structure)

아동의 생활에도 일정한 질서와 리듬이 있다. 또한 성장함에 따라 해도 되는 것과 해서는 안 되는 것들에 대한 규칙도 늘어나기 마련이다. 예를 들면, 장난감은 던

져도 되지만 물컵은 던져서는 안 된다. 치료놀이에도 명확한 시간과 공간이 구조화되어야 한다. 치료자는 이러한 것들을 고려해서 활동 내용을 계획하고 주도해야 한다. 그리고 치료에 대한 책임을 져야 한다. 각 회기에는 명확한 시작과 끝이 있어야 하고, '어느 누구에게도 상처를 입혀서는 안 된다.'와 같은 규칙이 필요하다. 이 차원은 내적 조절능력이 부족한 충동적 성향의 아동, 혹은 주위의 모든 사람을 자기 마음대로 조절하고자 하는 아동에게 특히 적합하다.

• 도전(challenge)

위험을 무릅쓰고 기술을 숙달시키는 것은 유능함과 자기확신에 대한 느낌을 길러 준다. 중요한 것은 새로운 기술 숙달은 아동의 능력 범위 안에서 시작되어야 아동이 실패의 경험보다는 성취감을 맛보게 된다는 점이다. 조금 더 높은 곳에서 뛰어내리기, 쉬운 것부터 시작하여 점점 더 어려운 형태의 박수소리 기억하기, 엄지손가락 씨름이나 팔씨름하기 등이 있을 수 있다. 도전 활동은 재미있어야 하고, 긴장감을 해소시킬 수 있어야 한다. 이 차원의 활동은 울분을 풀어 줘야 할 아동, 즉 과보호로 인해 소심하고 겁 많고 위축된 아동과 공격적 아동에게 더 유익하다.

• 개입(engagement)

부모는 자녀와 즐겁게 놀며, 차츰 아동의 세계 속으로 들어간다. 부모는 까꿍놀이를 하기도 하고, 아기의 배에 입을 맞추고 바람을 불어 소리를 내기도 하고, 다리에 올려 비행기를 태우기도 한다. 이런 놀이들을 통해 아동은 점차 자신이 누구인지에 대해, 그리고 몸의 경계에 대해 배우고, 자기들이 부모에게 기쁨을 주는 존재라는 것을 알게 된다. 치료놀이에서도 치료자는 종종 놀라움과 자극적인 방법으로 아동에게 개입하며, 이를 통해 아동은 인생이란 모험해 볼 만하며 즐거울 수 있다는 사실을 배우게 된다. 개입의 차원은 매우 위축되고 경직된 아동 또는 자폐아와 같이 보호막을 높이 치고 있는 회피적 아동에게 사용하면 유용하다.

• 양육(nurture)

양육은 모든 아동에게 필수적이다. 치료놀이에서도 아동에게 매 회기마다 양육을 제공한다. 스낵 먹이기, 손이나 발에 파우더나 로션 발라 주기, 손깍지 끼기, 담요에 태워 아동을 위한 특별한 노래 불러 주기, 아동을 안아 흔들어 주기 등을 회기에 포함시킬 수 있다. 이런 활동들은 퇴행적이긴 하지만 정서가 결핍된 연령이 높은 아동에게도(심지어 청소년에게도) 정서적 풍족함을 느끼게 한다. 양육은 보살핌을 받지 못한 공격적이고 과잉행동하는 아동, 또는 어린 시절이 없었던 조숙한 아동, 애어른과 같은 아동에게 특히 효과적이다.

위 4가지 범주의 바탕에는 즐거움(Playfulness)이 있어야 한다. 아동은 노는 것을 좋아한다. 따라서 치료놀이의 모든 활동은 아동이 쉽게 참여할 수 있는 게임이나 재미있는 방법에 의해서 이루어진다.

(3) 치료놀이의 적용 대상

치료놀이는 모든 연령의 아동에게 적합하다. 영아, 학령기 전기와 학령기 아동, 청소년뿐만 아니라 성인 그리고 노인도 가능하다. 또한 모든 종류의 문제에도 적합하다. 과잉행동하는 아동, 충동적인 아동, 공격적인 아동에서부터 소심하고 겁 많고 위축된 아동에 이르기까지 가능하며, 특히 입양아동, 위탁아동, 의붓자녀와 같이 애착에 관련된 문제를 지닌 아동에게 더욱 도움이 된다.

반면, 가까운 가족 구성원 또는 친구의 상실로 인해 슬퍼하는 아동이나 최근 질병에서 회복되고 있는 아동처럼 최근에 외상을 경험한 아동에게는 즐거움으로 가득한 치료놀이보다는 건강을 회복할 조용한 시간이 필요하며 특별한 배려가 더 요구된다. 이럴 경우 개입은 매우 부드럽게 해야 하며, 아동에게 힘을 북돋워 주어야지 압도되는 느낌을 주어서는 안 된다. 아동이 겁을 먹을 때에는 치료자와 단둘이 있는 것이 편안하게 느껴질 때까지 부모나 친구가 함께 있을 수도 있다.

(4) 치료놀이의 예

- 비행기놀이: 치료자가 아동을 들어 올려 아동이 비행기처럼 방 주변을 날아다니게 한다.
- 이불 위 풍선놀이: 집단 구성원 모두가 이불 가장자리를 잡고 올린 후 그 위에 공기가 주입된 풍선을 한 개 올려놓는다. 리더가 신호를 주면 한 아동이 이불을 위아래로 움직여서 다른 사람에게 풍선이 가도록 유도한다. 풍선이 자신에

게 오면 자기를 소개한다.

- 콩 불기: 부모와 아동이 각자 빨대를 가지고 콩 또는 솜공과 같은 물체를 선 너머 상대방에게 서로 주고받는다.
- 이불 흔들기: 한 번에 한 아동씩 이불 위에 조용히 눕힌다. 치료자들과 가족 구성원들은 이불 위 모서리와 각면을 잡고 조심스럽게 바닥 위로 들어 올려 '반짝 반짝 작은 별' 같은 아동에 관한 동요를 불러 주며 부드럽게 흔든다. 노래의 끝부분에서 부모가 아동을 일으켜 품에 안아 준다.
- 몸 그리기: 커다란 종이 위에 아동을 눕혀 놓고 치료자 또는 부모는 아동의 몸의 외곽선을 그린다. 그런 다음에 둘이서 함께 몸의 외곽선 안에 코, 눈, 입, 머리카락, 상의, 하의 등을 그려 넣는다.
- 손 거품 놀이: 부모와 아동은 손을 적신 후 비누액을 묻힌다. 손을 서로 붙였다가 조심스레 손바닥을 떼면 함께 비눗방울을 크게 만들 수 있다.
- 얼굴 놀이: 모두 원으로 둘러앉는다. 한 사람이 어떤 감정을 드러내는 표정을 지으면 다른 사람들은 어떤 표정인지 맞춘다. 모두에게 차례가 돌아간 뒤, 모든 참가자는 자신이 연기한 감정을 느꼈던 사건을 이야기한다.
- 발자국 찍기: 아동의 맨발에 베이비파우더를 묻히고 어두운 색판지 위에 강하게 눌러서 발자국을 남긴다. 이때 물감을 사용할 수도 있다. 이 놀이는 두 발에 물감을 칠해서 아동이 벽에 붙인 커다란 종이 위에 걸어갈 수 있도록 아동을 들어 올려 잡아 주는 형태로 확장시킬 수 있다.

이 외에도 손에 로션 발라 주기, 팔씨름하기, 과자 먹여 주기, 손탑 쌓기 등이 있다(Munns, 2000).

4. 아동상담 사례

다음의 상담사례(강정원, 2002)는 유치원에서 치료놀이를 진행하기 위해 참여자를 모집했을 때 어머니가 참여 의사를 매우 적극적으로 밝혀 아동과 어머니가 함께 치료놀이를 하게 된 사례이다. 사례의 지호 어머니는 지호(가명)와 자신은 서로 관계가 좋지 않아 마주 앉아 본 지 오래되었을 정도로 서로 어색하고 뭔가 조치가 꼭 필요하다고 했다. 지호가 세 살 때, 동생이 태어나 어머니는 산후조리원에 가 있고, 지호는 외할머니 댁에 가 있었다. 지호가 이때부터 거의 어머니 곁을 떠나는 것을 불안해하고 예민해지기 시작하였다고 한다. 지호가 어머니와 떨어져 있을 때, 할머니는 엄마에게 전화를 자꾸 걸면 지호가 더 엄마를 보고 싶어 한다고 지호한테 전화도 걸지 말라고 하였다. 덩달아 아버지도 한 달 동안 지호를 한 번도 찾아가지 않았다고 한다. 그 후로도 교사인 지호 어머니는 지호에게 유치원 외에도 여러 군데 학원을 보내며 하루를 보내게 했고, 모녀간 서로 애착을 나눌 시간이 없었다.

다음 사례에서는 애착놀이로 관계가 호전되어 가는 과정을 관찰해 볼 수가 있다. 치료놀이는 12회기로 구성되어 있고 참여 아동과 어머니가 집에서도 매일 15분씩 애착놀이를 하고 어머니는 저널로 써서 보고하도록 했다.

- ■ 인적사항: 지호(5세, 여아)
- ■ 의뢰사유: 유치원에서 치료놀이를 한다고 공고를 내자 어머니가 적극적으로 참여 의사를 표현했다.
- ■ 호소내용: 어머니가 지호와 싸우기도 지쳤다고 할 정도로 어머니와 관계가 좋지 않고, 동생에게도 짜증을 자주 낸다. 유치원에서는 외현적인 부적응 행동은 없지만, 친구들과 적극적이거나 활기찬 모습이 거의 없고, 웃는 일도 없으며, 거의 표정 없이 하루를 지낼 뿐이라고 한다. 자신의 물건이나 기득권에 대해서도 지호는 자기주장을 하지 못하고, 친한 친구도 없이 고독하게 배회하는 모습을 자주 보였다.
- ■ 상담내용: 유치원에서는 치료사의 지도 아래 어머니와 아동들이 집단으로 치료놀이를 했고, 집에서 최소한 15분 이상 애착놀이를 하도록 놀이방법을 가르쳐 주었다. 그리고 어떤 놀이를 했는지 어머니가 저널을 적어 보고하도록 하였다.

다음은 회기 전체 과정을 탐색기, 밀월기, 퇴행/갈등기, 치유기, 성장기로 나누어 정리한 것 중에서 발췌한 것이다.

• 탐색기

〈엄마와의 첫 치료놀이 모임, 의자 뺏기 게임〉

지호는 무표정하고, 엄마를 모르는 척하며 엄마 옆으로 와서 소리 없이 앉는다. 의자 뺏기 게임이 진행되는 내내 지호는 웃지는 않았지만 활동에 매우 진지하게 참여한다. 의자 뺏기에 실패하였을 때 순순히 벌칙의 장소로 온다. 지호 엄마는 지호가 걸려서 탈락되어 나가는 것에 대해 별 반응이 없다. 엄마가 마침내 걸려 나올 때도 지호는 표정 변화가 없다. 어떤 안타까운 표정도 보이지 않았다. 지호와 엄마는 마치 싸운 사람들처럼 서로 못 본 체한다.

• 밀월기

〈엄마와의 세 번째 치료놀이 모임, 눈 가리고 엄마 찾기 & 손에 로션 발라 주기〉

엄마가 찾아오니까 지호가 엄마에게 활짝 웃으면서 쏘옥 안긴다. 엄마가 눈을 가려 준다. 조금만 참으라고 엄마가 말한다.(중략) 지호가 눈을 가린 것이 불편한지 자주 만진다. 다른 아이들이 엄마를 다 찾는데, 지호가 엄마를 못 찾는다. 다른 아이들이 엄마를 모두 만났을 때, 지호는 수건을 벗으며 엄마를 찾아간다.

세 번째 치료놀이 모임에서부터는 지호와 엄마와의 상호작용에서 갈등 장면은 거의 볼 수 없다. 둘이 마주 앉아서 그림을 그릴 때도 로션을 바를 때도 지호는 엄마와 불편해하지 않고 편안해 보인다.

• 퇴행/갈등기

〈세 번째 치료놀이 이후 지호 어머니의 저널〉

교회에서 오는 길에 동생 유모차를 타고 싶다고 했습니다. 지민이(여동생), 지호 모두 다리가 아프다고 했습니다. 지호는 언니니까 동생에게 양보하라고 했지만, 유모차에서 내리지 않았습니다. 다른 사람들도 있고 해서 집에 가서 혼나야겠다고 협박을 했습니다. 그러니까 지호도 화가 나서 아빠에게 다 이른다고 했습니다. 그리고 엄마를 우리 집에서 나가게 하라고 말할 것이라고 하였습니다. 저도 화가 많이 났지만 꾹 참고 집에까지 왔습니다. 집에 들어와서 야단를 치니까 잘못했다고 하면서 놀이터에 가서 놀겠다고 했습니다. 두 시까지 오라고 하였고, 다른 아이의 집에는 가지 말고 놀이터에서만 놀라고 하였습니다. 그런데 두 시가 넘어서도 집에 안

와서 채빈이네 전화를 해 보니 그곳에 있었습니다. 집에 지호가 돌아와, 시간을 어긴 것과 엄마의 허락 없이 남의 집에 놀러 간 사실에 대해 이야기를 하고 있을 때 아빠가 왔습니다. 아빠는 왜 그러냐고 물었고, "엄마 집 나가게 해 주세요."라는 말을 여러 사람 앞에서 한 사실에 대해 몹시 화를 내며 지호를 야단쳤습니다. 지호는 엄마 아빠에게 혼났기 때문에 매우 속상해했고, 큰 소리로 울면서 "나는 도대체 어떡하냐?"고 소리를 질렀습니다.

• 치유기

〈엄마와 일곱 번째 치료놀이 모임, 투호던지기〉

지호가 숨을 죽이고 던지자, 엄마는 지호를 묵묵히 본다. 지호가 실패를 해도 비난하지 않고 관심을 기울이고 쳐다본다. 지호가 성공하자, 엄마는 웃음을 보이며 몸을 가볍게 움직인다. 다시 지호 차례가 되자, 엄마는 지호에게 "천천히"라고 하고, 성공할 때는 "아이구 잘했다!" 하며 큰 소리로 격려한다. 재미있었냐고 묻자, 지호가 "네!"라고 큰 소리로 호응하고, 치료자가 투호를 정리하자고 하자 투호를 잘 모아서 치료자의 항아리에 둔다.

〈엄마와 일곱 번째 치료놀이 모임, 에어캡 터뜨리기〉

엄마와의 치료놀이 모임 도입에 지호는 엄마 옆에 무릎을 꿇고, 양팔 소매를 걷고 앉아서 무릎을 들썩들썩거린다. 치료자가 활동방법을 설명할 때, 손바닥으로 매트 바닥을 톡톡 때리면서 듣는다. 치료자가 활동을 시작하기 전에 규칙을 말한다. '체육실 밖으로 나가지 않는다. 엄마를 때리거나 엄마에게 화를 내면 안 된다.'고 말하자, 지호가 양팔을 벌려서 엄마를 꼬옥 껴안는다. 엄마가 지호를 안고 등을 두드려 준다. 지호가 "엄마 사랑해요."라고 한다. 엄마의 눈시울이 붉어진다.

에어캡 비닐을 나눠 주고 그 위에서 뛰는 활동을 하도록 안내했다. 지호와 엄마는 각자 비닐 위에서 뛰다가 손을 잡고 뛰기 시작한다. 지호의 발이 가볍다. 지호는 신이 나서 콩콩 뛰면서 밟고, 엄마는 발로 비비면서 에어캡을 터뜨린다. 지호와 엄마는 함께 손을 잡고 두 발을 모아서 위로 솟아올랐다가, 두 발을 구르기도 하고, 발바닥으로 비비기도 하면서 손을 머리 위로 올리면서 춤을 추고 머리를 흔들기도 한다. 아! 언제 지호가 이렇게 밝아졌을까?

• 성장기

지호 엄마는 지호와의 관계에서 옛날처럼 답답함은 이제 없어지고, 이제야 지호를 조금씩 알 것 같다고 말한다. 아주 사소한 것이라도 함께 공유하고 지호의 동의를 구하면서 의사 결정을 해야 할 것 같다고 말한다. 유치원에서의 생활은 조금 활기차졌고, 다른 아이들과 어울려서 놀이를 한다.

활동

1. 어린 아동을 상담하는 데 있어 상담자의 애착유형은 상담의 과정 및 결과에 영향을 끼칠 수밖에 없다. 그러한 맥락에서 상담자 자신의 애착유형을 탐색하고 미리 성찰해 둘 필요가 있다. 다음 척도를 통해 자신의 애착유형을 알아봅시다.

1) 다음 4가지 진술문 중에 당신을 가장 잘 설명하는 것을 1가지 선택해 봅시다(성인 애착유형 검사: Bartholomew & Horowitz, 1991).

	문 항
A	나는 비교적 쉽게 다른 사람들과 정서적으로 가까워지는 편이다. 내가 남들에게 의지하든 남들이 나에게 의지하든 간에 나는 편안하게 느낀다. 나는 혼자서 지내거나 남들이 나를 받아들이지 않는다고 걱정하지는 않는다.
B	나는 가까운 정서적 관계를 맺지 않고 지내는 것이 편안하다. 독립심과 자기 충족감을 느끼는 것이 나에게는 매우 중요하다. 나는 남들에게 의지하거나 남들이 나에게 의지하는 것을 좋아하지 않는다.
C	나는 남들과 정서적으로 완전히 친밀해지기를 원하지만, 남들은 내가 원하는 만큼 가까워지기를 꺼리는 것 같다. 나는 누군가와 친밀한 관계를 맺어야 안심이 된다. 나는 때때로 내가 남들을 소중하게 생각하는 만큼 남들이 나를 소중하게 생각하지 않을까 봐 염려스럽다.
D	나는 남들과 가까워지면 왠지 편안하지 않다. 나는 정서적으로 가까운 관계를 원하기는 하지만, 남들을 완전히 신뢰하거나 남들에게 전적으로 의지하기가 어렵다. 나는 남들과 가까워지면 내가 상처를 받을까 봐 걱정된다.

결과

A: 안정형

B: 회피 거부형

C: 몰두형

D: 회피 공포형(두려움형)

2) 자신의 애착유형이 현재 경험하고 있는 인간관계에 재연되고 있다고 생각되는가? 만일 그렇다면 어떠한 점에서 그렇게 느끼는지 생각해 봅시다.

2. 새 둥지화(Birds Nest Drawing) 투사검사

새 둥지화 투사검사는 카이서가 개발한 검사로서 개인의 초기 애착관계에 대한 내적 표상을 측정한다. 애착대상으로부터 어떤 양육을 받았는지, 인간관계적 특징은 어떠한지, 안전이나 보호 등에 대한 개인적 인식은 어떠한지, 현재의 심리적 상태를 주관적으로 어떻게 경험하고 있는지 등을 알 수 있다(Kaiser, 1996).

1) 절차(두 명씩 짝을 지어 활동함)

- 준비물: 흰색 A4용지, 연필, 지우개, 18색 또는 24색 색연필
- 검사 환경이 준비되면 검사자는 피검사자에게 "새 둥지를 그리세요."라고 말한다. 그림이나 검사에 대해 질문을 할 경우 그림에 대한 어떠한 단서나 조건이 제공되지 않도록 주의해야 하므로 "어떻게 그리든 자유입니다."라고 대답한다. 그림을 그리는 동안 그림 내용의 순서, 자세나 그림을 그릴 때의 독특한 특징 등을 관찰하고 메모하면 피검사자의 내면세계를 이해하는 데 도움이 된다.

2) 채점 및 해석

일반적으로 카이서가 제시한 다음의 14개 지표를 중심으로 채점한다.

- 둥지 안에 내용물이 그려져 있는가?
- 둥지의 크기는 어느 정도인가?
- 둥지가 기울어져 있는가?
- 둥지의 바닥은 있는가?
- 둥지는 지지를 받고 있는가?
- 둥지의 위치는 어떠한가?
- 그림은 용지의 공간을 어떻게 차지하고 있는가?
- 그림을 그리는 데 색상의 종류와 질은 어떠한가?
- 선과 질과 필압은 어떠한가?
- 둥지에 새가 존재하는가?
- 아기 새가 존재하는가?

• 새의 가족 전체가 그려져 있는가?
• 둥지에 알이 있는가?

그림을 통해 보여 주는 여러 특징은 개인의 내면적인 애착환경과 심리상태를 그대로 나타내기 때문에 다양한 연구에서 애착유형을 구분하는 단서로 사용한다. 14개 지표에 대해 여러 연구에서 종합적으로 나타나는 애착 분류의 결과는 다음과 같다. 비록 애착유형을 안정과 불안정의 2가지 유형으로 나누어 설명하고 있지만, 심리상태에 대한 많은 정보를 그림 속에 투사된 단서를 통해 얻을 수 있다. 해석 시 주의할 점은 애착유형 구분의 절대적 지표가 아니기 때문에 개인의 차이와 연구 조건에 따라 달라질 수 있다는 점을 염두에 두어야 한다(유중근, 2018).

구분	지표	안정애착	불안정애착
둥지	둥지 안에 내용물이 있다.	●	
	둥지의 크기가 1/3 미만이다.	●	●
	둥지가 기울어져 있다.		●
	둥지의 바닥이 없다.		●
	둥지는 지지를 받고 있다.	●	
	둥지의 위치가 가장자리이다.		●
공간, 색상, 선	그림은 용지의 공간을 1/2 이상 차지한다.	●	●
	사용한 색상의 종류가 4색 이상이다.	●	
	색상의 질이 주로 녹색이다.	●	
	색상의 질이 주로 갈색이다.		●
	선의 질, 필압이 보통 이상이다.	●	●
새	둥지에 새가 존재한다.	●	
	부모 새가 있다.	●	
	아기 새가 있다.	●	●
	새의 전체 가족이 있다.	●	
	새의 전체 가족이 없다.		●
	알이 없다.		●
	새의 양육활동이 없다.		●
나무	나무 그림이 있다.	●	●

제8장

인간중심 아동상담

인간중심 아동상담은 로저스의 내담자 중심치료 이론을 바탕으로 아동과 놀이상황에서 아동의 내면세계를 이해하고 존중해 주기 위하여 어떻게 관계하고 추적해야 할지를 다루고 있다. 성인과 마찬가지로 아동의 경험을 존중해 주고 자아를 신뢰하는 인간관을 가지고 있고, 내담아동도 궁극적으로 자신에게 긍정적인 방향으로 성장하려는 동기를 가지고 있다고 보고 있다. 이 장에서는 내담아동이 진실한 자기의 모습을 찾아가고 충분히 실현되도록 하는 과정에서 아동을 존중해 주고 공감하고 긍정적으로 수용하는 방법과 기술들에 대하여 알아보고자 한다.

1. 인간중심 상담이론의 발달

인간중심 상담이론의 창시자인 로저스(Carl Rogers)는 오늘날 심리학에서 가장 영향력 있는 인물 중 한 사람이다. 최근 들어 무조건적 긍정적 존중을 포함하여 그의 많은 아이디어의 중요성이 확인되고 있고, 내담자 중심 접근 방식에 대한 저서도 다수 출판되어 인용되고 있다. 특히 내담자 수용 및 지지에 대한 그의 아이디어는 사회사업, 교육 및 심리치료에 많은 도움을 주는 작업의 초석이 되었다.

로저스(Carl Ransom Rogers, 1902~1987)

1950년대부터 로저스를 비롯한 인본주의적 심리학자들은 기존 심리학에 대하여 비판적인 시각을 제공함으로써 인간행동을 보는 새로운 관점을 제시해 왔다. 그중 몇몇 인본주의자들은 사람들이 더 높은 수준의 요구에 의해 동기를 부여받고, 특히 중요한 인간의 동기는 자아를 실현하는 것이라고 주장하여 왔다. 그중에서 로저스의 이론은 『내담자 중심 치료법(Client-Centered Therapy)』(1951)과 『정신 치료 및 성격 변화(Psychotherapy and Personality Change)』(1954)에 나타나 있고, 『진정한 사람되기(On Becoming a Person)』(1961)는 가장 유명한 저서 중 하나이다.

로저스가 학문적 영향을 받은 배경을 살펴보면, 영국의 역사사상가 화이트(Lancelot Whyte)와 남아프리카공화국의 스무츠(Jan Christian Smuts)의 '전체론적 경향성(holistic tendency)' 등이 있고, 로저스는 이를 더 발전시키고자 하였다. 그의 인간중심 사상은 인간과 모든 유기체에 대해 근본적인 신뢰를 가지고 있다는 것을 보여 준다. 즉, 모든 유기체 안에는, 수준의 차이는 있지만, 고유의 잠재력을 적극적으로 실현하고자 하는 성장의 흐름이 내재되어 있다고 보는 것이다. '실현 경향성(actualizing tendency)'은 인간 안에는 더 복잡하고 완전한 발달을 향하는 자연적인 성향이 있다는 것을 표현한 용어인데, 이 성향은 모든 살아 있는 유기체 안에 존재한다는 것이다.

센트죄르지(Szent-Györgyi)는 "살아 있는 물체 안에는 자기 자신을 완성시키려는 타고난 힘이 있다."는 가정없이는 식물의 성장의 신비를 설명할 수 없다고 하였다. 유기체는 정상적인 상태에 있다면 자기실현을 향하여, 자기 조절과 외부의 통제로부터 독립하고자 하는 방향을 향하여 움직이게 되어 있다는 것이다(Rogers, 1995).

즉, 개개인이 온전함을 향한, 자신의 잠재력을 실현시키고자 하는 성향을 가지고 있다는 사실을 바탕으로 개인이나 집단 심리치료 과정에서 그 사람이 가지고 있지 않은 것을 창조하려고 시도하는 것은 효과적이지 못하다는 것이다. 반면, 성장이 일어나도록 허용해 주는 조건을 제공해 주는 경우 그 사람 안에 있는 적극적인 성향이 긍정적인 결과를 만들어 낸다고 한다.

그 후 로저스는 랭크(Otto Rank)의 내담자 중심 접근 방식에 영향을 받아 상담 치료

과정에 적용하여 내담자가 상담자를 받아들임으로써 이해와 관계를 통하여 어려움을 해결하고 삶을 재구성하는 데 필요한 통찰력을 얻을 수 있다고 제안하였다.

이후 1956년 로저스는 미국 심리치료사 아카데미의 최초 회장으로 역임하여 인정을 받게 되었고, 매디슨 위스콘신 대학교에서 심리학을 가르쳤으며, 1960년대에 매슬로(Abraham Maslow)와 함께 인본주의 심리학이라는 운동을 개척하여 최고 절정에 이르게 되었다.

최근 들어 로저스의 인간중심 접근 방식에 영향을 받은 액슬린(Virginia M. Axline)은 비지시적 놀이치료의 전문가로 활동하고 있다. 그녀의 잘 알려진 저서인 『딥스: 자아를 찾아서(Dibs : In Search of Self)』(1964)는 놀이 과정에서 어떻게 아동이 자아 성장할 수 있었는지를 보여 주고 있다. 액슬린은 놀이를 통한 비언어적 의사소통을 기반으로 하여 아동의 심리적·행동적 변화뿐만 아니라 치유를 촉진하기 위해 노력하며, 아동의 자기 계발, 성장 및 사회적 통합 기회를 제공하는 것이 치유의 목표라고 하였다. 때로는 놀이치료가 진단의 수단이 되기도 하여 치료사는 아동의 놀이를 관찰하고 아동과 치료사의 상호작용을 평가함으로써 아동의 근본적인 문제에 대한 깊은 이해를 얻을 수 있어야 하고, 아동에게 적절한 행동 및 인지 발달을 위한 기회를 제공하기 위해 구조화된 놀이와 함께 비구조적인 놀이를 권장하고 있다.

액슬린이 강조하는 놀이치료에 사용되는 일반적인 기술은 탈감각(desensitization)이다. 이 방법은 아동이 방어 행동을 재프로그래밍하도록 돕고, 아동뿐만 아니라 언어적 또는 인지적으로 어려움을 겪는 다른 사람에게도 적용되고 있다. 액슬린은 이후 오클랜더(Violet Oaklander)에게 영향을 미쳤고, 오클랜더는 놀이치료 과정에 게슈탈트 치료법을 추가하여 더욱 확장시켰다.

이 외에 란드레스(Garry L. Landreth)도 로저스의 인간중심 상담이론을 발전시켜 놀이치료에 적용하였는데, 란드레스는 비지시적 놀이치료 과정에서 아동이 말하고 행동하며 느끼는 것에 대해 반영해 주어야 한다고 강조하고, 아동의 감정이 표현되고 파악되며 수용될 때 아동이 스스로의 감정을 받아들일 수 있고, 어떤 감정에 자유롭게 대처할 수 있다고 하였다. 이를 위해 아동과 놀이를 할 때 아동과의 치료적 관계를 만드는 것이 핵심적인 주제이고, 아동의 세계와 관점을 이해하는 것을 강조하는 아동중심 놀이치료를 발전시키고 있다.

2. 기본개념

1) 변화하려는 동기

인간중심 상담과정에서는 내담자의 성장을 촉진하는 존경과 신뢰의 분위기만 갖추어지면 내담자는 건설적인 방향으로 발전할 수 있다고 본다. 그러므로 상담자가 자신의 진실성, 관심, 비판단적 이해를 가지고 나눌 수 있다면 내담자는 상당한 변화를 경험하게 된다.

로저스는 "인간은 더 우월하고 전문적인 다른 사람의 지도를 받아 동기화될 필요가 있으며, 지시나 처벌, 보상을 받고 통제되고 관리되어야 한다는 접근에 반대한다."라고 선언하고, 3가지 속성이 인간을 앞으로 나아가게 하고 잠재력을 실현하게 한다고 보았다(Combs, 1989). 이 3가지 속성은 진실성, 무조건적이고 긍정적인 관심, 정확한 공감적 이해이다. 이 속성들이 상담자로부터 내담자에게 잘 전달되면 내담자는 방어가 약화되며 자신의 세계를 더 개방적으로 보게 되어 결국 건설적인 방법으로 행동하게 된다는 것이다. 로저스는 인간은 허용적 분위기만 제공되면 건전한 방향으로 향해 간다는 믿음이 있었다. 그래서 상담환경에서도 내담자를 자유롭게 해 주고 내담자가 자기 탐색을 할 수 있는 조건을 만들어 주어야 하며, 자유로울 때 인간은 자신의 길을 찾는다고 하였다.

이러한 인간 본성에 대한 긍정적 관점은 상담 상황에서 중요하게 다루어지고 있다. 모든 인간은 본래부터 심리적 부적응 상태에서 건강한 상태로 변하려는 능력을 가지고 있다고 보기 때문에 부정적 심리상태에 있는 내담자에게 일차적 책임을 지우며, 상담자의 지시에 수동적 자세로 따르도록 지시하지 않는다. 내담자의 인식능력, 태도, 행동 변화에서 자기 지시적 능력이 있고 이 능력을 발휘하도록 돕는 것이다. 따라서 내담자를 존중하는 방식을 강조하며, 내담자의 참모습, 행동방식, 변화하고자 하는 방향, 해결하는 방식 등을 존중해 준다. 이것이 아동으로부터 지휘권을 박탈하지 않고 추적하고 있어야 하는 이유이다. 예를 들어, 종이에 물감 색칠하는 아동에게 "너는 모든 부분을 칠하려고 하는구나."라고 말하지 않는 편이 좋다. 이유는 그 말이 아동에게 종이 전부를 칠해야 하는 압박감을 줄 수도 있기 때문이다.

2) 치료적 관계

인간중심 상담에서 '치료'는 그 자체로 상담자와 내담자의 건설적인 인간관계를 보여 주는 한 예이다. 치료적 관계란 적어도 한 사람이 성장이나 발달, 성숙, 기능을 향상시키고 대처할 수 있도록 증진시키는 관계를 말한다. 이는 어머니와 자녀, 아버지와 자녀, 의사와 환자, 교사와 학생, 상담자와 내담자, 개인과 집단 상호작용에도 적용될 수 있다.

부모-자녀 상호작용에서 부모가 자녀를 대할 때 수용적-민주적 태도를 보일 경우 성장을 가장 많이 촉진하는 것을 볼 수 있다. 따뜻하고 평등적인 부모의 아동들은 그렇지 않은 아동들에 비해 지적 발달이 지속되고 더 창조적이며 덜 격분하고 정서적으로 안정되어 감정을 통제할 수 있다는 보고가 있다(Baldwin, Kalhorn, & Breese, 1945).

퀸(Quinn, 1950)은 내담자의 감정을 이해하는 데 본질적으로 이해하고자 하는 '열망적인 태도'가 필요하고, 성공적인 상담은 상담자와 내담자 상호 간에 좋아하고 존중하는 마음이 생겨나고 증가하는 것과 관련이 있다고 강조하고 있다.

아동은 자신에게 관심을 가지고 이해해 주며, 다른 사람과의 진실한 관계 속에서 변화를 경험하게 된다. 즉, 내적 감정과 외적 행동이 일치하고, 수용적이고 공감적인 관계를 경험함으로써 진정한 변화가 촉진된다. 상담자는 내담자가 접근할 수 있도록 지금의 경험에 관심을 가지도록 수용하는 것이 필요하다.

수용한다는 것은 상대의 조건, 행동 및 감정과 상관없이 무조건적으로 가치 있는 사람으로 따뜻하게 존중하는 것을 의미한다. 부정적이든 긍정적이든 순간적으로 변하는 태도도 받아들이고 존중하는 것을 의미하고, 안전한 관계를 맺도록 해 주며 도움을 주는 상담관계에서 중요한 요소로 작용한다고 할 수 있다(Rogers, 1961). 그러나 치료적 관계에서 상담자가 모든 내담자에게 언제나 진실하고 이해하고 수용해 주어야 하는 것이 현실적으로 어렵고 실수와 한계가 있을 수밖에 없다고 지적하기도 한다(Sanford, 1990).

로저스는 치료적 관계의 진전을 위해 무엇보다 6가지 조건들을 강조하며 건설적인 변화가 일어나기에 우선 필요한 것이라고 보았다. 그는 이 조건들은 모든 유형의 내담자와 모든 인간관계에 적용될 수 있고, 특별한 지식을 필요로 하지도 않는다고 하였다(Rogers, 1957). 치료적 관계를 다음과 같이 설명하고 있다.

- 두 사람이 심리적 접촉 상태에 있다.
- 내담자는 불일치 또는 불안을 경험하고 있다.
- 치료자는 관계에서 조화롭고 통합적이다.
- 치료자는 내담자에게 무조건적인 긍정적 관심과 수용을 경험하도록 한다.
- 치료자는 내담자의 내적 준거틀을 공감적으로 이해하고, 이러한 경험을 내담자에게 전달하려고 노력한다.
- 치료자의 공감적 이해와 수용이 내담자에게 어느 정도는 전달되어야 한다.

이 외에 액슬린(1947)의 치료적 관계는 허용적이고 비판단적이고 따뜻하게 보호하는 관계로서 아동이 자신의 가장 내적인 세계로 깊이 파고들도록 용기를 주어 진정한 자아가 발현되도록 하는 것이다. 상담자에 의해서 아동은 자신의 진정한 자아가 수용되고 자아 확신을 얻게 되는 경험을 하게 될 것이다.

상담자가 관심을 가지고 내담자가 숨기고 부정적이라고 생각하고 있던 것까지도 진실하고 가치 있게 받아주면, 내담자도 진실하게 대하며 가면을 벗고 자신의 가치와 중요성을 깨닫게 된다. 이러한 것을 포함하는 상담자의 3가지 특성을 다음과 같이 기술하고 있다.

(1) 진실성(일치성)

진실성은 상담자가 진실하다는 의미이다. 다시 말해, 상담자가 상담시간에 정직하고 진실하여 통합되어 있다는 뜻으로 겉치레가 없고 내적 경험과 외적 표현이 일치한다는 것, 지금 느껴지는 감정 · 생각 · 반응 · 태도를 개방적으로 표현한다는 뜻이다. 이것은 충동적으로 감정을 표현해도 된다는 의미는 아니며 자기 노출을 적절하게 할 수 있다는 의미로 보아야 한다. 진솔해지려고 지나치게 애쓰다 보면 실수할 수도 있고 진솔하게 표현하지 않아서 부조화를 일으킬 수 있기 때문이다. 상담자는 일치성을 가지고 진실을 향해 노력하는 내담자에게 모델이 되어 주어야 한다.

인간중심 상담에서는 상담자가 내담자에게 느끼는 바와 행동하는 바가 일치하지 않으면 상담이 제대로 이루어지지 않을 수 있다고 여긴다. 내담자를 싫어하거나 인정하지 않으면서 이를 숨기고 받아 주는 척한다면 상담은 효과적이지 못할 것이다. 그렇다면 완전히 자기실현이 완성된 상담자만이 치료를 해야 하는가라는 의문이 생길 수 있다. 이에 로저스(1977)는 인간이 완전하게 진실해지기는 어려우나 끊임없이 내담자와의 두 연속선상에서 일치성을 유지하도록 노력할 때 치료가 진행될 수 있다고 설명하였다.

(2) 무조건적 긍정적 존중

무조건적 긍정적 존중은 내담자에게 한 인간으로서 진정으로 깊이 있게 관심을 가지는 것이다. 이 관심을 무조건적이라고 표현한다. 즉, 내담자의 감정 · 사고 · 행동이 좋거나 나쁘다는 판단을 하지 않고, 내담자를 존중하고 조건 없이 따뜻하게 수용해야 한다는 의미이며, 사적인 감정 없이 내담자에게 관심을 가진다는 의미이다. 상담자가 내담자의 호감을 사거나 감사를 받으려고 하는 개인적인 욕심에서 관심을 가진다면 내담자의 건설적인 변화를 기대하기 어려울 수 있다. '있는 그대로 존중하겠다.'는 의미로서 내담자들이 자유로이 감정을 표현하고 경험할 수 있도록 하여 상담자가 내담자의 감정이나 경험을 모두 수용할 수 있다는 것을 행동으로 보여 주는 것이라고 할 수 있다. 하지만 이것이 내담자의 모든 외적인 행동을 받아준다는 의미는 아니다(Rogers, 1977).

이러한 관심을 가지고 칭찬하고 수용하고 존중해 줄수록 상담치료가 성공할 가능성이 커진다. 상담자가 인간의 한계에 부딪혀 항상 진지하게 수용하고 무조건적으로 관심을 갖는다는 것이 불가능할 수 있지만, 이러한 관계에서 효과적인 치료가 이루어진다는 것은 분명하다.

(3) 공감적 이해

공감적 이해는 상담회기 동안 모든 상호작용에서 드러나는 내담자의 경험과 감정들을 민감하고 정확하게 이해하는 것이라고 정의하고 있다. 상담자는 내담자의 주관적인 경험, 특히 지금 여기에서의 경험을 감지하려고 노력해야 한다. 내담자가 자기 자신과 친밀해지고 자신의 감정을 깊이 경험하며 자신에게 존재하는 불일치를 인식하고 해결하도록 돕기 위한 것이다.

로저스의 설명에 따르면, '나는 당신이 무엇이 잘못됐다는 것을 알고 있다.' '나는 당신을 그렇게 행동하도록 하는 것이 무엇인지 이해한다.' 또는 '나는 당신과 같은 어려움을 겪었고 다르게 처신했어요.' 등의 이해는 외부의 평가적인 이해일 뿐, 공감적 이해가 아니다. 그는 분석하거나 판단하지 않고 내담자가 어떻게 느끼고 보는지 이해될 때에야 발달하고 성장할 수 있다고 덧붙이고 있다.

아동과 감정이입하여 공감한다는 것은 상담자가 아동과 높은 수준의 정서적인 상호작용을 유지하고 현재의 감정을 단순하게 반영하는 것을 넘어 아동의 사적인 세계로 들어가는 것이다. 아동의 경험보다 앞서 생각하지 말고, 어떤 방식으로 의미를 추론해서 내용을 분석하지 않는다. 아동의 고통스러운 경험을 멀리 보내려고 불필요하게 확신을 주는 말을 하지도 않는다. 즉, 두려워하는 하는 아동에게 "모든 게 다 잘 될 거야."라는 말로 안심시키거나, "하지만 너의 엄마는 너를 사랑하신다."라고 편안하게 하려고 하지 않는다. 이러한 말은 아동이 그때 느끼고 있는 것을 거절하는 것이며 고통을 경험하지 못하도록 하는 메시지이다. 아동의 독특성을 계속적으로 존중하고 공감적 이해를 받는 관계에서 아동은 위험을 무릅쓰고 앞으로 나아가는 것이 안전하고 자기 세계에 대한 지각이 변화될 수 있다.

3) 실현 경향성

로저스는 인간에게 단 하나의 기본적 동기가 있다면 '실현 경향성'이라고 하였고, 이는 자신을 유지하고 잠재력을 건설적인 방향으로 성취하려는 기본적이면서 선천적인 성향이라고 하였다. 마치 튤립이 본능적으로 자신을 완전하고 완벽하게 꽃을 피우려는 방향으로 나아가듯이 인간도 성장과 완성을 향하여 최상의 인간 존재성 성취를 향하여 나아가는 것과 같다(이영희, 1994). 그러나 황폐한 땅에서 적절한 보살핌과 수분이 없을 때 튤립이 꽃을 피울 수 없는 것과 같이, 격려해 주고 호의적이지 않는 것은 실현 경향성을 제한하는 것이라고 할 수 있다.

성장의 특수성은 개인마다 다양하여 복잡하고 다를 수 있기 때문에 실현 경향성의 개념을 인간의 고유성을 담아 완전하게 설명하는 것은 불가능하다. 그렇지만 이 실현 경향성은 인간의 기본적 동기로서 욕구, 긴장 감소, 창조적인 도전, 배우고자 하는 것들을 포함하여 범위를 넓혀서 파악해야 하는 것으로 보아야 한다.

물리적 또는 심리적으로 관련된 주변 환경 또는 다른 부분에서 부정적으로 영향을 받은 것은 실현화를 방해하는 것이라고 보았다. 그렇게 되면 위축되거나 기이하며 비정상적인 모습으로만 힘을 나타내고, 건설적이기보다는 사회적으로 파괴적인 방식으로 달성될 수 있다는 것이다(Sanford, 1990).

로저스(1961)는 내담자들이 상담자에게 아무런 방해를 받지 않고 자신만의 언어로 그들의 관심사를 표현할 기회를 갖게 되면 대부분 자기를 나타낸다는 사실을 발견하였다. 종종 자기에 대한 표현을 정확히 찾지 못할 경우, "나는 진짜 내 모습 같지가 않아요." "나는 진짜 내가 누군지 궁금해요." "나는 지금 내 모습이 좋아요." "나는 아무도 나의 진짜 모습을 아는 것을 원치 않아요."와 같은 표현을 할 수 있다.

상담하는 동안에는 스스로를 긍정적으로 경험하고 인생에서 부딪히는 문제들을 이겨 나갈 자신감을 얻었다고 하더라도 상담시간 이후에 자신이 미성숙하다거나 가치가 없다는 느낌으로 다시 돌아가는 경우가 있다. 자기는 고정된 실체가 아니라 유동적이며 변화하는 것이다. 이것은 경험을 구성하는 수많은 조건에 영향을 받을 뿐 아니라 어떤 상황에서 일어날지 모르는 예측불허의 사건과 상호작용하여 결정되기에 일어날 수 있는 일이다. 즉, 한순간에는 행복한, 자신 있는, 확신에 찬 자기를 경험하고, 다음에는 절망한, 무력한, 사기가 꺾인 자기를 경험할 수가 있다. 이때 내담자는 자기실현을 향한 분투와 기본적 성향 사이에서 일어나는 충돌을 견디기 힘들 만큼 긴장된 지점에 있다고 할 수 있다. 여기에서 내담자들은 진짜 자기 모습, 이상적 자기 모습, 자기에 대한 열망과 관련하여 동요될 수 밖에 없고, 상담과정에서 이 동요를 다루는 것이다.

4) 가치의 조건

인간은 유아기 초기에 이미 자기를 실현하는 선천적인 경향이 있으며, 자신이 경험하는 것이 바로 현실적인 것처럼 인식하게 된다. 유아기일지라도 자신의 경험이 자신의 유기체에 이로운지 해로운지 알 수 있고, 궁극적으로 자신에게 긍정적인 영향을 줄 만한 경험을 추구하고 부정적인 영향을 끼칠 만한 경험은 피하게 된다(Rogers, 1961).

유아기에 자기는 다른 사람들과 다른 분리된 자기를 경험하기 시작하고, 점차 중요한 타인들과 관계를 통해 양육과 보호를 요구하며 자기에 대한 개념을 형성해간다. 자기에 대한 인식이 발달하면서 '긍정적 존중에 대한 욕구'가 커지게 되고 (Standal, 1954), 성장하는 아동에게는 신속하게 그 욕구를 만족시키는 것이 중요해진다. 특히 이때 어떤 방법으로든 자신에 대하여 최소한이라도 좋은 느낌을 갖게 하는 것이 필요하다.

이 욕구가 너무 무시되면 세상에서 제대로 살기가 힘들어진다. 비판적이거나 인정에 인색한 사람들, 모호하거나 갈등적인 신호를 주는 성인 밑에서 자란 아동들은 심한 혼란을 겪을 수 있다. 계속 불안해하고 작은 사랑이나 애정의 신호를 구하는 것에 매달리게 된다. 예를 들면, 여아가 자신이 책을 읽거나 화를 내지 않거나 옷을 깔끔하게 입는 것을 부모가 좋아하는 것임을 알아차렸을 때에, 정작 이 아동은 책 읽는 것을 싫어하고 심하게 화를 내고 진흙에서 구르고 싶다 하더라도 부모의 뜻에 따르기 때문에 자기존중이 결여되어 나약하고 불안정하게 바뀔 가능성이 있다.

아동에게 자신에 대하여 긍정적으로 느낄 수 있게 해 주는 타인의 존중은 일관적이어야 한다. 그러나 로저스는 무작정 다른 사람에게 사랑받고 존중받으려는 생각과 행동을 '가치의 조건'의 희생자가 되는 것이라고 표현하였다(Throne & Sanders, 2003). 가치의 조건화를 내면화시키는 것은 자기에게 맞지 않는 가치를 지속적으로 받아들이게 되어 진정한 삶이 불가능해지는 결과를 가져올 수 있게 한다. 긍정적 존중에 대한 욕구가 지나치게 되면 지각된 자기와 실제 경험 간의 간격이 커지는 것, 즉 자기와 경험 간의 불일치가 나타나기도 한다. 이 불일치는 아동들에게 불안과 혼란을 주게 되어 심리적 유약함을 야기할 수 있다. 이것은 아동이 위협적인 혹은 도전적인 경험 앞에 놓이게 될 때 방어적인 반응을 보이도록 한다. 이러한 아동이 부모로부터 주입된 신념·판단·태도를 가지게 되면 자기 경험에 대한 자신의 자연스러운 반응과 거리가 먼 것이어서 부모에게서 인정받는 경험이 특정한 행동에만 제한되어 나타나고, 인정받을 만한 것들에 동조하는 형태를 띠게 된다. 이때 가치의 조건에서 자유롭지 못하다고 한다.

5) 충분히 기능하는 사람

로저스(1595)는 인간의 성숙한 행동을 현실적으로 인식하는 능력, 자신의 행동에 대한 책임을 평가하는 능력, 자신의 행동에 대하여 책임지는 능력, 자신의 감각에 따른 경험을 평가하는 능력, 경험에 따른 평가를 새로운 증거가 나오면 바꾸는 능력, 타인을 자신과 다른 독특한 개체로 받아들이는 능력, 자신과 타인을 존중하는 능력으로 정의하였다. 이러한 성숙에 대한 관점을 '충분히 기능하는 사람'으로 표현하였다.

'충분히 기능하는 사람'들이 보이는 특성은 '경험에 대한 개방성'이 증가하는 것이다. 어떤 일이 일어나고 있는지 경험하기 위하여 두려움 없이 자신을 경험에 노출시키는 것과 같다. 자신의 감정과 반응하면서 감각을 더 많이 사용하고, 자신이 다양한 가능성을 스스로 선택함으로써 자유롭게 기능할 수 있도록 한다. 이런 순간에 하는 행동은 일반적이고 자연스러운 만족감을 얻을 것이다.

상담현장에서는 내담자가 자신을 더 신뢰하고 삶에 만족하지 못할 경우에 충분히 기능하고 있는지를 염두에 두고 수정해 나가도록 해야 한다. 나아가 모든 감정을 경험할 수 있게 열어 두고, 점차 어떤 감정을 느끼는 데에도 두려움이 적어지게 되어 완전히 자신이 되는 과정으로서 건전한 사회인이 되어 가도록 해야 한다. 그렇게 되면, 경험을 두려워하기보다 자기의 경험을 믿으려고 하기 때문에 예상된 현실의 구조에 맞추려고 하지 않고 자신의 경험을 성격 형성의 기본 바탕이 되도록 만든다. 주어진 상황에서 어떻게 반응하고, 어떤 행동을 할지 결정할 때 자신의 경험을 우선 신뢰하는 경향이 있다. 외부의 권위적인 지시들의 영향을 덜 받게 되며, 의사결정을 타인에게 맡기지 않고 개인의 경험에 따른다. 심리적 부적응은 유기체가 중요한 경험의 자각을 부정하거나 왜곡시킬 때 일어나는 것이다.

3. 인간중심 아동상담의 실제

1) 상담목표

인간중심 상담에서는 내담아동이 타인으로부터 인정받고자 하는 욕구와 자신의 경험 간의 불일치로 인해 불안을 경험하게 되고 그 결과 심리적 문제를 일으키게 된다고 본다. 내담아동이 자신에게 중요한 인물의 조건적인 사랑과 평가에 부합하기 위하여 자신의 경험을 부정하거나 왜곡할 때이다. 이것은 아동의 잠재력을 발휘하지 못하게 만든다. 상담목표는 아동의 경험을 있는 그대로 수용하고 외적인 평가나 판단이 없는 허용적인 분위기에서 아동이 자신의 감정, 욕구를 탐색하도록 하는 것이다.

더 나아가 '완전히 기능하는 인간'이 되는 것을 목표로 하여 진실한 자기모습을 되찾고, 어떻게 하면 자신이 간절히 되고자 하는 사람이 될 수 있는가에 대한 답을 찾는 것이다. 사회화 과정에서 만들어온 자신의 가면을 벗고, 가면 때문에 진정한 자신과 접촉을 하지 않았다는 것을 깨닫도록 한다. 가면이 벗겨지면 이후에는 점차 자기가 실현되는 모습으로 변화되어 경험에의 개방, 자기 자신에 대한 신뢰와 내적 평가, 지속적인 성장에 대한 의지 등을 가지게 된다. 인간중심 상담의 기본 목표는 이러한 특성을 격려하는 것이다.

인간중심 아동상담의 핵심은 내담아동이 기능할 수 있도록 만들어 주는 상담자와의 '관계'를 중요시한다. 로저스(1967)는 "관계는 내담자의 유형에 따라서 달라지는 것이 아니고 심리상담에서뿐 아니라 모든 인간관계에도 적용해야 한다."고 설명하고 있다. 심리진단을 정확히 할 필요도 없고, 오히려 진단은 효과적인 상담을 방해한다고도 하였다. 다른 심리상담 치료자들이 주장하는 효과적인 치료 요소들이 필요하지 않다고 했기 때문에 상당한 논쟁을 일으키기도 하였지만, 내담자의 변화 과정은 평등한 관계에서 이루어지고 평등한 관계의 질적인 것에 따라 많은 차이가 날 수 있다는 것이다. 즉, 상담자가 내담자를 수용적 자세로 경청하는 것을 보면서 내담자도 점차 자신을 수용적인 자세로 받아들이게 된다. 또한 내담자에게 관심을 가지고 내담자가 숨기는 것이나 부정적 생각을 하고 있는 것까지 받아 주는 경험을 하면 내담아동도 자신을 더 진실하고 가치 있게 대할 것이다.

2) 상담과정

아동중심 상담현장은 아동이 성장해 가도록 촉진하는 분위기에서 아동 자신을 유능하게 만들어 가도록 하는 과정으로서 상담자와 내담아동은 심리적 접촉이 필요하다. 아동은 진정한 자기와 현실 경험의 불일치 상태에 놓여 있고, 상담자와의 관계에서 무조건적이고 긍정적인 존중을 받으며 진정한 자아 양육을 받는다(김춘경 외, 2010).

(1) 내면과 소통 부재와 외부 책임 단계

내면의 자신과 소통하지 않는다는 것은 자신의 나쁜 감정은 자신의 것이 아니고 자신에게는 문제가 있지 않다고 생각하기 때문에 문제에 대한 책임을 느끼지 못하는 것이다. 자기가 하는 경험도 자신의 것으로 인식하지 않고 외부의 것으로 인식한다.

내담자가 자발적으로 도움을 요청할 수 있지만 문제를 자기와 관련된 것으로 보지 않기 때문에 상담을 통한 성과가 나타나기 어렵다. 상담자가 촉진적 환경을 제공하고 반응하더라도 효과적일 수 없다.

(2) 경험 불일치 인식과 자기 탐색 단계

내담아동이 자기가 지각하는 것과 현실 속의 경험 간의 불일치 상태에 놓여 있다는 것을 인식하도록 한다. 예를 들어, 어떤 학생이 의사가 되고 싶은데 성적이 낮아서 의과대학에 지원하지 못한다면 자신이 미래에 어떻게 되기를 원하는가 하는 이상적 자기와 학업 성적이 나쁘다는 현실 간의 불일치로 인해 자신의 나약함을 인식하게 된다. 이런 상황에서는 무능함과 무력함으로 의사결정을 하지 못하거나 자신의 삶을 효과적으로 지향하지 못한다. 진정한 자신이 되어 가는 것은 끊임없이 경험 속에서 내면의 요구와 방식을 찾아가는 길이다.

이 단계에서 내담자는 자신에 대한 불신이나 상담자에 대한 불신을 표현하고 지금의 감정을 표현하거나 과거의 경험이 자신에게 주는 의미를 탐색하게 된다. 실제 자아는 강제로 찾아지는 것이 아니라 자신의 경험 속에서 발견되는 것이다(Rogers, 1959). 상담현장에서 상담자와 따뜻하고 이해를 바탕으로 한 관계 속에서 내면 깊이 가려져 있던 자신의 다양한 요소를 경험하는 것이기도 하다.

(3) 감정의 수용과 책임 증진 단계

이 단계에서 내담아동은 자신의 감정을 경험하는 방법을 터득하며 자신의 경험에 대해 책임의식이 증가하는 방향으로 변화되어 갈 수 있다. 자기 탐색에 도움이 되는 환경을 만들어 주고 많은 감정, 신념, 행동, 세계관 등의 전 영역의 경험을 탐색할 수 있도록 해야 한다. 특히 사회적으로 허용되지 않아 경험하지 못했던 감정과 태도를 깊고 생생하게 경험하도록 해야 한다. 이러한 것을 자유롭고 충분하게 경험한다는 것은 위험한 일이기 때문에 안전하고 자유로운 치료적 관계를 형성하는 것이 우선 되어야 함을 알 수 있다.

상담이 진행됨에 따라 자기 안에 통합될 수 없어 내면의 깊은 곳에 숨겨져 있던 갈등과 감정들을 탐색하게 된다. 이러한 것들은 격렬한 분노, 아픔, 슬픔, 질투, 강한 욕망, 자부심, 신뢰감, 사랑의 표현 등 인간에게 있을 수 있는 어떠한 감정들이다. 아동은 상담자가 자신을 이해해 주고 수용해 주는 것을 느끼면서 방어하지 않고 자신의 감정에 대해 수용하고 그것에 대해 책임지려는 경향을 보인다. 위협받지 않고 안전하게 느끼며 상처를 적게 받게 되므로 자신을 있는 그대로 받아들이고 창조적으로 행동하게 되는 것이다(Corey, 2001). 더 나아가면, 다른 사람의 기대에 매달리지 않고 자신에게 더 진실된 방식으로 행동하기 시작한다.

(4) 경험의 일치와 자기실현 단계

이러한 변화를 경험한 아동은 자신의 삶을 스스로의 힘으로 이끌어 나갈 수 있게 된다. 지금 이 순간의 경험에 더 개방적이고 자유로운 의사결정을 하게 되며, 자신의 삶을 스스로 조정할 수 있다고 생각하게 된다. 자신을 꽁꽁 묶어 놓았던 것을 벗어 던지는 것과 같은 경험을 함으로써 더욱 자유로워지며 성숙하게 되고 자기를 실현하게 된다. 이 단계에서는 다음과 같은 일들이 일어날 수 있다.

• 가면으로부터 벗어남

로저스는 내담자들이 자신을 주저하고 두려워하고 회피하고 싶어 하는 경향을 관찰할 수 있다고 하였다. 예를 들어, 18세 소년이 초기 상담에서 "나는 내가 그다지 멋있지 않다는 걸 알고 있지만 다른 사람들이 그걸 알게 되는 것이 두려워요. 그래서 내가 이렇게 하는 거예요. 그들이 언젠가는 내가 멋있지 않다는 것을 알게 되겠죠. 나는 단지 가능한 그때가 오지 않도록 시간을 끌 뿐이에요."라고 말할 수 있다.

내담자는 이런 두려움에 대한 극도의 표현이 본래 자신이 되어 가는 과정에서 일어난다는 것을 알았을 것이다. 단순히 가면을 쓰는 것 대신에 스스로가 남에게 보이는 것이 너무 끔찍하다고 여겨 왔던 가면 뒤에 숨어 있는 본래의 자신에게 점점 더 가까이 가게 되는 것이다.

• 의무로부터 벗어남

'그렇게 해야만 한다.'는 강요적 이미지를 피하려고 하는 것이다. 몇몇 사람들은 부모로부터 깊이 주입되었던 '좋은 사람이 되어야 한다.'에 몰두하는데, 이는 오로지 심각한 내적 투쟁을 통해서 자신이 벗어나고 싶어 한다는 것을 발견하도록 해야 한다.

아버지와의 관계가 불만스러운 여성이 그녀가 얼마나 많이 아버지의 사랑을 원했는지를 처음으로 말했다. "내가 아버지에 대해 가졌던 모든 감정을 생각해 봤어요. 아버지와 좋은 관계이기를 너무 원했어요. 아버지가 나를 좋아해 주기를 원했지만, 내가 원했던 것을 얻지는 못한 것 같았어요." "왜냐하면 내가 아버지의 요구 하나를 충족시키면 또 다른 요구가 있었기 때문에요. 결코 만족시키지 못했어요." 그녀는 자신이 어머니를 닮았다고 느꼈는데, 복종적이고 순종적으로 아버지의 요구에 부합하려고 노력하고 있었다고 회상하였다.

"정말 그런 아버지와 같은 사람이 되고 싶지 않아요. 그런데 아직 사랑받으려면 해야 할 일을 다 해야 한다는 생각이 있어요. 누가 저 같은 사람을 좋아하겠어요?"

그녀의 말은 좋은 사람, 복종적인 사람이 되어야 한다는 것에서 벗어나고 싶어 하는 것을 보여 주는 예이다.

• 기대에 부응하는 것으로부터 벗어남

내담자들은 사회가 기대하는 것으로부터 벗어나는 자신을 발견하게 된다. 산업화 사회는 조직 단체에서 요구하는 인간을 기대한다. 개인은 사회의 일원이 되어야 하고, 집단의 요구에 맞추어야 하고, 다재다능하게 맞추는 사람이 되도록 한다. 내담자들이 좀 더 자유롭게 자신이 원하는 대로 할 때 조직이나 문화가 주어진 형태로 만들어 가려는 것에 분개하고 의문을 제시하는 것을 볼 수 있다.

"나는 너무 오랫동안 다른 사람들이 의미 있어 하는 것을 따르면서 살려고 노력했어요. 그러려면 어떻게 해서든지 어느 수준 이상이 되어야 한다고 생각했죠."라는 말로 표현할 수 있다.

• 다른 사람을 기쁘게 하는 것으로부터 벗어남

"나는 마침내 다른 사람들이 내가 해야 한다고 하는 것과 관계없이 내가 원하는 것을 하기 시작하는 나를 느꼈어요. 이것은 완전히 나의 삶을 바꾸는 것이었어요.

다른 사람들이 나에게 기대하는 것을 하는 것과 나를 좋아하게 만드는 것이 중요하기 때문에 항상 어떤 것을 해야 한다고 느꼈었어요. 그것은 지옥 같았어요. 이 순간부터 단지 나 자체가 되려고 생각하고 있어요. 가난하거나 부자이거나, 좋거나 나쁘거나, 논리적이거나 비논리적이거나, 유명하거나 유명하지 않거나 간에 말이죠."

비자발적으로 문화권 안에서 부득이하게 그렇게 해야만 한다든지, 다른 사람들을 기쁘게 하는 형태로 고정되어 버린 것을 따르지 않게 된다. 인위적으로 어떤 것을 선택하지도 않고, 외부의 관점으로 살아왔던 것이 이제는 가치가 없다는 것을 깨닫게 된다.

3) 상담기법

(1) 공감하기

공감은 과거, 현재의 다른 사람의 감정, 생각을 경험이 없어도 객관적으로 명료하게 소통할 수 있는 방법으로 민감하게 이해하여 대리적으로 경험하려는 행위이다. "내담자를 위해서 또는 내담자에 대해서 생각하기보다는 내담자와 함께 생각하는 시도"이며(Brammer & Shostrom, 1968), 다른 사람의 생각 · 감정 · 상태를 자신의 관점이 아니라 그들의 관점에서 이해하는 경험이다. 공감은 사람들로 강제하지 않고 내면에서 오는 사회적 행동을 하도록 촉진한다. 그래서 좀 더 자비로운 태도로 행동하게 된다. 상대방의 주관적 세계를 인지하여 '상대방의 가치관 형성과정과 그 작동 방식을 이해하는 것'이다. 즉, 공감능력은 이성적인 판단이 중요한 능력이다. 상대가 세상을 보는 방식을 재현하는 면이 있어 당연히 높은 감성적 발달 수준과 함께 이성적인 사고 판단능력이 강하게 작용한다. 또한 공감을 잘하기 위해서는 본인의 감정 이해도(감수성)가 높아야 한다. 공감이라는 행위는 상대가 세계(상황)를 인지하는 방식과 원인을 파악하여, 그러한 구조 속에서 상대의 사고과정을 이해하는 것이기 때문에 연민이나 동조와 구별되는 부분이다.

타인의 가치관을 통해서 세상을 보게 하는 공감은 세상을 진정으로 다각적으로 파악하는 데 큰 도움을 준다. 세상을 편협하게 보지 않고 더 넓고 깊은 수준으로 볼 수 있게 해 준다. 공감능력이 부족한 사람은 세상을 다각적으로 본다고 자부해도 사실은 위치만 달리할 뿐, 결국 똑같은 나의 관점으로 세상을 보고 있을 가능성이 높다.

로저스는 공감의 효과에 대해 다음과 같은 결과를 제시하였다.

• 소외감 해소

공감받는 사람은 적어도 그 순간만은 자신이 누군가와 연결된 한 부분이라는 것을 알게 된다(Rogers et al., 1987). "나는 숨겨져 있던 것들을 이야기하고 있고, 어떤 것들은 베일에 가려져 나도 몰랐던 것들이다. 비정상적일 수도 있는 이 이상한 감정들을 나는 단 한번도 다른 사람들과 나눈 적이 없었다. 이것은 나 자신도 분명하게 알지 못했던 것들이다. 그런데 누군가 다른 사람이 이해해 주었다. 내가 이해한 것보다 나의 감정들을 더 분명하게 이해해 주었다. 내가 말하는 것, 내가 의미하는 것을 누군가 알아주는 것을 보니 적어도 그는 내가 이상하거나 이질적이거나 분리되어 있지 않은 것 같다. 그러므로 나는 다른 사람과 접촉하고 있다. 아니 관계하고 있다고 할 수 있겠다. 나는 더 이상 소외되어 있지 않다." 이것은 다른 사람에 의한 공감적 이해가 소외감으로부터 세상과 연결될 수 있도록 해 주는 주요한 요소가 된다는 것을 말해 준다.

• 아동 자신이 있는 모습 그대로 가치 있고 존중받는다고 느낌

아동의 세계를 가치 있게 여기지 않는다면 그리고 좋아하지도 않는다면 아동이 인식하고 있는 세계를 정확하게 인식하기란 불가능하다. 존중받는 아동은 '이 사람이 나를 신뢰하고 가치 있게 여기는구나. 아마 내가 무슨 가치가 있는가 보다. 어쩌면 나 자신을 가치 있게 여겨도 될 것 같다. 나를 좋아해도 될 것 같다.'와 같은 경험을 하게 해 준다.

• 수용과 비판받지 않음

아동들은 놀라울 정도로 평가나 진단을 받는다는 것을 알아낸다. '내가 판단받지 않는 것을 보니 그동안 생각했던 것만큼 내가 나쁘거나 비정상적이지는 않은가 보네. 아마 그렇게 심하게 나 자신을 혼낼 필요가 없을 것 같아.'라고 하면서 수용의 가능성이 높아지게 된다. 랭(Laing, 1965)은 "정체감을 인식하려면 자신을 알고 있는 타인의 존재가 필요하다."라고 하였다. 공감은 아동이 정체감을 가진 독립적이고 가치 있는 모습으로 존재하는 데 필요한 확인을 제공해 준다.

(2) 반영하기

심리학에서 사용되는 반영(reflection)은 상담자가 '내담자의 말을 내담자에게 다시 읽어 주거나 말하는 것'을 의미한다. 이것은 내담자가 자신이 한 말을 듣고 자신의 진술에 대한 논리나 추론을 평가할 수 있도록 하기 위해 수행한다. 예를 들어, 사람들은 종종 어린 시절부터 들었던 것을 진실로 받아들인다. 그러나 그들이 다시 들었을 때, 사실로 받아들여지기에 비논리적이거나 불공평하다는 것을 알게 된다. 어떤 아동이 부모에게 '너는 못생기고 어리석고 무가치한 아이'라는 말을 들었다면 아동은 자신의 이미지를 이와 같이 정의하게 된다.

로저스는 '감정의 반영'이 기술로 가르쳐지지 않으며, 때로는 매우 딱딱한 기술로 여겨진다는 것을 고려하여 내담자의 내면세계에 대한 그의 이해가 올바른지 여부를 결정하기 위해 다음과 같이 질문하기도 한다. "지금 여기서 본인이 경험하고 있는 색깔과 질감과 풍미를 자신이 느끼고 있습니까?"

내담자의 관점에서 현재 경험의 거울을 들고 있는 것과 같이 다른 사람의 눈을 통해서 볼 때 개인적인 경험과 감정을 더 선명하게 볼 수 있게 해 주는 것과 같다. 상담자의 느낌의 반영이 아니라 지식 또는 지각한 것의 일부를 확인하는 것 등은 반영이라기보다는 질문, 동기 부여 정도로 보아야 한다고 설명하고 있다(Slack, 1985).

• 감정 반영하기

아동이 언어적으로 표현하는 감정이나 놀이를 통해 정서를 의식할 수 있도록 돕고 정서의 적절한 수용과 표현으로 이끌어 준다. 감정 반영하기는 때때로 아동의 격한 감정을 표현할 때 주의 깊게 제시해야 한다. 예를 들어, 아동이 코끼리가 사람들을 짓밟은 것을 보고 "코끼리가 저 사람들을 짓밟았어. 코끼리 미워."라고 하면서 코끼리를 집어던질 때, "네가 그것에 정말 화가 많이 난 것 같구나."라고 할 수 있다. 또 다른 예로는 아동이 종이에 그려진 하트 표시를 잘못 잘라 그것을 구겨 버렸을 때, "네가 원하는 대로 오려지질 않아서 실망한 것 같구나." 라는 표현으로 반영해 줄 수 있다.

인형을 공격하는 아동에게 "넌 지금 화가 난 것처럼 보인다. 인형을 마구 때리고 있구나."라고 하여, 이러한 부정적인 느낌들이 놀이실에서 표현되고 수용되면 아동은 보다 긍정적인 행동으로 나아갈 수 있다. 아동중심 놀이치료실에서의 공격성의 표출은 놀이실 밖으로 증가되어 위험을 초래하는 경우는 없다(O'Connor &

Braveman, 1997).

• 비언어적 행동 반영하기

상담자는 아동에게 가장 중요한 사람으로 여겨지고 아동과 하나가 되는 느낌을 가질 수 있도록 하며 아동이 보여지고 관찰되는 놀이행동의 비언어적 행동을 반영해 준다. 아동에게 관심이 있고 수용한다는 것을 아동이 알도록 해 준다. 예를 들어, 아동이 여러 가지 놀잇감을 만지작거리면서 주위를 맴돌고 있을 때 "너는 놀이를 하고 싶어하지 않는 것처럼 보이는구나. 다른 어떤 것을 원하니?" 어떤 장난감을 가지고 자리로 돌아왔을 때, "음, 너는 그것들을 가지고 놀기로 결정했구나."라고 하는 것은 아동의 행동을 언어적으로 반영해 주는 것이다.

• 내용 반영하기

아동과 언어적 상호작용을 부연하는 것이다. 아동의 경험에 대한 아동의 자각을 확인해 주고 아동 자신에 대한 이해를 명료하게 하는 것을 도와준다(Landreth, 2002). 예를 들어, 아동과 바다에 대한 정보를 나누고 나서 상담자는 이렇게 반영해 줄 수 있다. "너는 깊은 바다에 관해서 많은 것을 알고 있구나." 또는 "오, 노란색과 빨간색이 오렌지색이 될 것을 알고 있구나. 네가 색에 대해서 많은 것을 알고 있는 것처럼 들리는데." 이러한 반응은 상담자가 아동의 놀이를 보고 추적하여 주의를 기울이는 것과 관찰한 것에 대해 반영하는 의사소통이라고 할 수 있다.

(3) 경청하기

상담자가 완전히 주의를 기울이면 내담아동이 하고 있는 말은 물론 자세나 얼굴 표정과 같은 비언어적 단서들도 얻게 된다. 주의를 기울이는 것은 내담자를 돕기 위한 전제조건이다. 적극적 경청은 상담자가 대화과정에 협력자로서 참여하고 경청을 하면서 바꾸어 말하기, 명료화하기, 피드백 등을 할 수도 있다.

• 바꾸어 말하기

내담자가 말한 것을 상담자가 자신의 말로 바꾸어 진술하는 것이다. 내담자가 어떤 중요한 것을 말할 때 상담자는 바꾸어 말해야 한다. 상담상황에서 바꾸어 말하기의 장점은 내담자의 말을 깊이 경청하였다는 것을 인정하는 것이다. 또한 바꾸어 말하는 것은 화가 더 격해지는 것을 막고 위기를 진정시킬 수 있고, 잘못 전달되는 것을 막아 주어 잘못된 가정과 실수, 해석 등을 바로 잡을 기회를 준다. 바꾸어 말하기는 상담자에게 내담자의 말을 기억하는 데 도움을 줄 수 있고, 판단, 비교, 충고, 혹은 다른 사고에 대한 편견과 같은 것을 막아 줄 수도 있다(Mckay, Davis, & Fanning, 1983). 이러한 바꾸어 말하기는 '내가 듣기로는~' '다시 말하면~' '그래서 지금 당신의 기분은~' '당신에게 일어나고 있는 일은~' '내가 이해하기로는~' '~라는 의미인가요?' 등과 같은 문구를 사용하여 바꾸어 말하기를 할 수도 있다(김춘경, 2007).

• 명료화하기

상담자는 내담자가 문제에 대해 어떻게 생각하고 느끼는가의 맥락 속에서 사건을 이해하기 위해서 명료화 반응을 사용한다. 막연한 일반성을 넘어서 내담자를 분명히 이해하기 위해 질문하는 것으로 바꾸어 말하는 것과 같다.

명료화하기는 내담자가 생각과 감정이 잘 정리되지 않은 상태일 때 내담자 자신의 문제나 진술한 말에 함축되어 있는 의미를 잘 이해할 수 있도록 도와주는 것을 목적으로 한다. 명료화는 내담자가 분명하게 표현하지 못하는 애매하고 함축적인 의미나 내용을 상담자가 파악하고 내담자가 자신의 실제 감정을 인식할 수 있도록 도와주는 것이다. 명료화에서는 직접적인 해석보다는 내담자의 감정에 정서적으로 반응하는 것이 중요하다. 즉, 내담자의 체험과정을 민감하게 느끼고 이를 전달하는 것이 우선되어야 한다. 이로 인해 가정이나 추측이 있다 해도 내담자는 상담자에게 따뜻하게 받아들여지고 있다는 느낌을 받을 수 있는 것이다(김춘경 외, 2016).

• 피드백

상담과정에서 피드백은 생각한 것, 느낀 것, 감각된 것을 나누고 인식한 것을 점검할 기회를 상담자에게 제공한다. 지각을 점검하기 위해 상담자는 들은 것과 인지한 것을 진술하게 된다. 예를 들면, '당신이 어떻게 느끼는지 알고 싶군요.' '당신이 말한 것을 들어보니 이 상황에서 실제로 일어난 일이 마치 ~인 것 같군요.'와 같은 말로 표현될 수 있다. 피드백은 비판단적이고 지지적이며 지금-여기의 상황이어야 한다.

4. 아동상담 사례

유치원에 다니고 있는 남자아이로 부모와 동생이 있고 경제적으로 상류층 가정 환경이고 부모는 전문직업을 가지고 있고 아들에 대한 의문을 강하게 가지고 있었다. 아이가 다니는 유치원 선생님은 성장 발달이 부진하여 특수교육을 받아야 한다고 판단하고 유치원을 옮길 것을 권하였다. 그러나 어머니는 아들이 그렇게 모자랄 수 없다고 믿었고, 계속 시간을 달라고 전학을 미루는 중에 전문가에게 최종 상담을 받아보기로 하여 의뢰된 사례이다(Axline, 1964).

- 인적사항: 딥스(5세, 남아)
- 의뢰사유: 말이 없고, 또래와의 상호작용이 없다.
- 호소문제: 퇴행, 자폐증상, 주변 사람들에게 적대감을 표시하였다.
- 상담내용: 놀이를 통한 추적하기로 반영과 자아존중감을 형성하였다.

딥스는 다섯 살 된 남자아이로 딥스의 행동은 뭐라고 딱 꼬집어 얘기할 수 없었다. 어떤 때는 정신지체아처럼 보였고, 또 어떤 때는 무엇이든 조용하고 신속하게 처리해서 지능이 꽤 높아 보였다. 딥스는 누군가 자신을 쳐다보고 있다고 느끼면 자신의 껍질 속으로 숨어버리곤 하였고, 그의 부모는 자폐증이나 심각한 정신지체가 그런 행동의 원인이라고 의심하였다. 학교에서는 자주 교실 가장자리를 기어 다니고 책상 밑에 숨기도 하였다. 몸을 격렬하게 흔들기도 하고 엄지손가락을 빨기도 하고, 친구들이 무얼 하자고 하면 바닥에 엎드려 꼼짝도 하지 않았다. 소아과 의사선생님은 딥스가 정신적 타격을 입은 것인지 뇌가 손상된 것인지 원인을 알 수 없다고 이상한 아동이라고 하였다.

액슬린 상담자는 다섯 살 밖에 안 된 아동이 세상 돌아가는 걸 다 알면서 마음속에만 숨겨 둘 수 있다는 것이 가능한지 의아했다. 책을 들여다보며 읽는 것처럼 보이는 것도 이해가 되지 않았고, 글을 읽을 수 있는 아동이 말로 자신을 표현하지 않는 것도 의문스러웠다. 그렇게 복잡한 아동이 정신지체일 수 있는 것인지 자기만의 세계 속에 갇혀 살고 있다는 것인지 의문투성이고 불행한 멍투성이로 보였다.

한 인간이 내면에 지닌 성장 가능성은 다른 사람이 섣불리 판단할 수 없다. 자신의 삶에 대한 이해는 각자 개인적인 경험들을 통해 가능한데, 너무나 다양하고 변화무쌍한 의미들을 보면서 결국은 스스로의 자기인식이 가장 중요한 요소임을 알게 된다. 그림자처럼 모호한 세계의 실체는 결국 개인의 생각, 태도, 감정, 필요 등이 투영된 것이라고 할 수 있다.

어떤 공식에 맞추어 설명하는 것은 아동의 내면세계를 이해하는 데 도움이 되지 않는다. '부모의 사랑과 귀여움을 받지 못했기 때문이야.' 혹은 '부모가 바뀌지 않으면 이 아인 희망이 없어.'라는 식의 말은 아동의 행동을 이해하는 데 방해가 될 뿐이다.

상담자는 딥스가 말문을 열 때마다 간단하게 단조로움을 피하려는 듯 반응을 해 주었다. "아빠?" 하면 "아빠일 수 있지." 또는 "내가 도와주길 원한다면 이리로 오렴. 도와줄게" 도움을 받으려면 몇 발자국쯤은 걸어와야 하는 것을 알려 주려는 의도였다.

상담자는 딥스의 행동들이 모두 이유 있는 것이라고 믿고 있으며 숨기고 있는 의도나 마음도 없고 내 생각을 미리 읽어서 따라오게 하려고 애쓰지 않아야 한다고 생각하고 무엇보다 서로 정직해야 한다고 생각하고 있다.

딥스가 돌아가야 할 시간이 되었을 때, 딥스를 꼭 안아 위로해 주고 애정을 표현해 주고 싶었지만, 이것이 딥스에게 정서적인 문제를 더 안겨주는 것이라고 생각하여 자제하였다. 부모가 따뜻하게 대해 주지 않더라도 집으로 돌아가야 하는 현실을 피하게 해선 안 되고, 외부 세계를 변화시킬 수 없다면 자기를 둘러싼 세계를 헤쳐 나갈 내적인 힘이 자기의 깊은 내면에서 나와야 할 것이라고 보았기 때문이다.

"딥스, 가고 싶지 않구나. 하지만 오늘은 시간이 다 됐다."

"안 가, 이제. 안 가, 이제. 안 가."

"내가 가야 할 시간이라고 해서 마음이 상했구나. 그러나 다음 주에 올 수 있잖아. 목요일에."

아동은 예측할 수 있고 일관되며 현실적인 한계를 세웠을 때 안정감을 얻는다는 생각에서였다. 아동이 수긍했을 때 상담자는 고맙다는 인사나 칭찬하는 말 대신 간단하게 반응해 준다. 갑작스레 칭찬을 하거나 자신의 가치관과 기준을 드러내지도 않는다. 딥스가 자신만의 생각이나 느낌을 찾는 데 방해가 될지도 모르기 때문이다.

딥스는 어떤 때는 매우 똑똑하고 또래보다 읽기를 잘하지만, 어떤 때는 어린아이

같은 퇴행을 보였다. 보통 아동은 언어 표현을 한 다음 읽을 수 있게 되는데, 딥스는 그렇지 않았다. 영리함과 강인함도 믿지 못할 수준이다. 언어능력이 뛰어난데도 침묵을 지켜 왔다는 것은 딥스가 엄청난 내적인 힘과 통제력을 가졌음을 의미한다고 생각하였다. '딥스가 왜 이런 능력을 숨기는 것인가?' 이것은 한 인간으로서 존중받고 자신이 지닌 모든 능력을 사랑받고 인정받고 싶다는 소망일 것이다.

딥스는 무언가 마음에 괴로운 일이 있을 때마다 자기 마음은 감추고 안전하고 생명 없는 물건들만 골라서 이야기했다. 지난주 집에 가기 전에 장난감들을 옮기지 말라고 말했지만, 상담자는 약속을 하지 않았고 설명도 하지 않았고, 일부러 약속을 피했다. 딥스가 다른 아이들처럼 이 세상 어떤 것도 안정되어 있지 않고 자기 마음대로 조종할 수 없는 것이라는 사실을 경험하고 배워야 하기 때문이다.

"내 작은 오리는 어디 있어요?"

"모래 무덤 위에 올려놓았던 작은 오리가 어떻게 됐는지 궁금하니?"

딥스는 재빨리 몸을 돌려 나를 똑바로 쳐다보았다. "그래요, 내 오리는 어디 있어요?" 화난 목소리였다. "네가 둔 대로 있었으면 했는데 누군가가 흩어 놓았구나."

상담자는 되도록 딥스의 반응을 늦추어서 상황을 요약해서 말하려고 노력했다. 딥스가 스스로 보다 정확하게 자신의 생각과 느낌을 파악할 수 있도록 하고 싶었다.

딥스가 곁으로 오더니 눈을 똑바로 쳐다보았다. 진지했다.

"그래요, 왜 그랬어요?"

"그것들이 제자리에 있는지 왜 지켜보지 않았느냐는 말이지? 내가 왜 그런 것 같니?"

"몰라요, 난 화났어요. 선생님이 꼭 그렇게 안 되게 해야만 했어요."

"내가 왜 그렇게 해야만 하지? 내가 그렇게 하겠다고 약속했었니?"

"아니요." 딥스는 기어들어가는 듯한 소리로 대답했다.

"그렇지만 넌 내가 그렇게 해 주길 바랐니?"

"네. 선생님이 나를 위해 그냥 그래 주길 바랐어요."

"다른 아이들도 여기에 와서 장난감을 가지고 논단다. 아마 그 가운데 어떤 아이가 네 오리를 옮겨 놓았을 거야."

이 순간 딥스에게 가장 필요한 것은 모래 산성이나 플라스틱 오리가 아니라 지난주에 그것들을 가지고 놀면서 느꼈던 안정감과 만족감이었을 것이다. 구체적인 상징물이 사라진 지금 딥스가 실망감을 받아들이고 외부 상황이 항상 자신이 원하는 대로 놓여있지 않을 수 있다는 것을 경험하고, 외부 상황을 통제할 수 없지만 내면의 힘을 이용하면 편안해질 수 있다는 것을 배우길 바랐다.

활동

1. 공감 수준에 대해서 알아보기

아동이 다음과 같은 말을 했을 때 어떻게 표현하는 것이 아동의 관점에서 이해하고 더 가치있는 태도를 가지도록 하는 것인지 순서대로 1(가장 낮음)~5단계로 정해 봅시다.
(1단계: 감정을 이해 못하고 의사소통 단절~5단계: 감정의 내면적 의미 표현)
"날씨 좋은 일요일날 놀이동산에 놀러가고 싶은데… 집에 있기 정말 싫어. 신경질 나."

______ 가. "날씨가 화창하니 집에 있기가 답답한 모양이구나?"

______ 나. "답답하기도 하겠지만 숙제 끝내려면 얼마 안 남았으니 조금만 더 참아라."

______ 다. "숙제 때문에 나가 놀려고 해도 불안하고 집에 있자니 답답하고, 오늘은 정말 짜증이 난 모양이구나."

______ 라. "오늘 같은 날은 공부고 뭐고 다 그만두고 한번 신나게 놀고 싶기도 하겠지."

______ 마. "왜 소리를 지르고 난리니? 시간 있을 때 숙제나 하지"

2. 반영 연습하기

상담자가 내담아동의 감정, 행동, 언어적 표현에 대해서 적절하게 반영해 줄 때 내담아동은 자신의 내면에 대해서 정확하게 알고 수용하게 되어 더 깊은 탐색을 시도할 수 있다. 예를 들어, 선생님에게 꾸중을 들은 것이 억울한 아동과 상담하는 경우 어떤 반영표현을 할 수 있는지 예를 들어 봅시다.

• 감정 반영

____

• 비언어적 행동 반영

• 내용 반영

3. 아동중심 상담과정에서 일어날 수 있는 문제 상황에 대해서 놀이를 통해 어떻게 반응하는 것이 아동을 수용해 주는 것인지 생각해 봅시다.

• 내담아동이 계속 침묵하는 경우

• 자신이 그린 그림을 칭찬해 달라고 조르는 경우

• 내담아동이 지나치게 의존적인 경우

4. 자신의 그림에 만족하지 못하고 갑자기 붓을 던지고 종이를 뜯어내 구겨버리는 행동을 하며 성난 목소리로 스스로에게 화를 내는 내담아동을 대할 때에 상담자가 느낌을 반영해 주고 대안을 선택하도록 하고 책임을 돌려주는 반응을 해 주어야 한다면 어떻게 표현해야 하는지 생각해 봅시다.

• 느낌을 반영해 주기

• 대안을 선택하기

• 책임 돌려주기

게슈탈트 아동상담

게슈탈트 심리학적 치료에 기반한 게슈탈트 아동상담은 자기 자신, 타인, 환경에 대한 자각을 중요시하며, 게슈탈트의 형성과 해소, 미해결 과제의 해결에 관심을 두고 있다. 또한 아동이 자신의 감정과 욕구 표현, 접촉에 의한 경험을 통하여 성장하고 실존적인 삶을 살아갈 수 있도록 도와주려는 것이다.

이 장에서는 아동이 자신이 처한 환경에서 자신의 모습, 감정 및 욕구에 대하여 인식하고 표현하며, 타인과 환경에 대해서도 자유롭게 표현하도록 지지하고, 있는 그대로를 표현하며 체험할 수 있는 방법과 기술들에 대해 알아보고자 한다.

1. 게슈탈트 상담이론의 발달

게슈탈트 상담이론은 펄스(Friedrich Salomon Perls)가 창시하고 개발하였으며 계속 확대되어 왔다. 펄스는 1920년에 정신의학 전공으로 의학박사 학위를 취득하였으며, 1926년에 프랑크푸르트에 있는 '뇌손상 군인을 위한 골드스타인 연구소'에서 게슈탈트 심리학 관점을 가진 골드스타인(Kurt Goldstein)의 보조로 일하면서 그의 영향을 받았다.

펄스(Friedrich Saloman Perls, 1893~1970)

1936년에 펄스는 세계정신분석학회에 참석하여 '구강적 저항(oral resistance)'이라는 이론을 발표했는데, 이 이론은 정신분석학자인 프로이트에게 받아들여지지 않았고, 그는 프로이트의 이러한 보수적인 태도에 실망하여 정신분석으로부터 멀어지게 되었다. 한편 골드스타인의 유기체 이론과 스마츠의 생태학 이론을 토대로 개체와 환경을 하나의 전체적인 통합체로 보는 새로운 이론을 확립하기 시작하였다. 1942년에는 프로이트의 공격본능 이론을 비판하는 이론으로 『자아, 배고픔, 공격(Ego, Hunger and Aggression)』을 펴냈고, 1950년에는 '알아차림(awareness)'에 관한 이론을 정립하였으며 처음으로 '게슈탈트 치료'라는 용어를 사용하였다. 1951년에는 헤퍼린(Ralph Heffeline), 굿맨(Paul Goodman) 등과 『게슈탈트 치료(Gestalt Therapy)』를 펴내기도 하였다.

1952년에 굿맨, 로라(Laura Perls)와 함께 '뉴욕 게슈탈트치료연구소'를 설립하여 미국 내 여러 지역으로 다니면서 연구와 치료에 열중하였다. 1960년대에 들어서면서 정신분석은 점차 퇴조되기 시작하였고, 유럽으로부터 실존주의 정신의학 사조가 들어오자 게슈탈트 치료도 점차 인정을 받게 되었다. 시간이 지나면서 실존주의 정신의학은 지나치게 복잡한 개념과 언어적 사변 때문에 실망을 준 반면, 게슈탈트 치료는 많은 관심을 끌면서 인본주의 심리학의 흐름을 주도하여 왔다.

게슈탈트 상담은 호나이(Karen Horney)의 정신분석 이론을 비롯하여 골드스타인의 유기체 이론, 라이히(Wilhelm Reich)의 신체 이론, 레윈(Kurt Lewin)의 장 이론, 베르트하이머(Max Wertheimer) 등의 게슈탈트 심리학, 모레노(Jacob Moreno)의 사이코드라마, 라인하르트(Max Reinhardt)의 연극과 예술철학, 하이데거(Martin Heidegger)와 부버(Martin Buber) 등의 실존철학과 동양사상, 특히 도가(道家)와 선(禪) 사상 등의 다양한 영향을 받으면서 탄생한 기법이다. 이러한 이론들을 단순히 혼합해서 만든 것이 아니라 다양한 영향들을 고유한 관점에서 통합함으로써 하나의 새로운 정체성을 확립하였다. 어떤 고정된 틀을 고집하지 않기 때문에 개방적이고, 다른 상담이론이나 사상 혹은 치료기법과의 접촉을 통해 발전해 왔으며 계속하여 발전하고 있다.

또한 게슈탈트 이론은 정신분석의 요소주의 심리학에 반대하고 개체를 여러 개의 심리적인 요소로 분할하여 분석하는 대신에 전체 장(field)의 관점에서 통합적으로 이해하고자 한다. 펄스는 신체와 감각, 감정, 욕구, 사고 그리고 행동 등을 서로 분리된 현상이 아닌 하나의 의미 있는 전체로 보고 있다. 즉, 인간의 행동은 이러한 부분들의 기계적인 연합이 아니라 이들을 통합하는 의미 있는 전체라는 것이다. 환경과의 관계에 있어서도 개체를 환경과 분리된 존재가 아니라 개체와 환경을 포함하는 전체 장의 부분으로 보는 것이다.

게슈탈트 이론을 아동상담에 적용한 학자는 미국의 오클랜더(Violet Oaklander)로서 1969년부터 1972년까지 게슈탈트 이론을 아동의 심리치료에 통합하여 활용하였다. 오클랜더는 감정적으로 불안한 아동들에게 게슈탈트 이론적 토대를 가진 실습과 기술을 실험 적용하여 매우 성공적이었다고 기술하였다. 대학에서 '어린이와의 대화'라는 제목의 수업을 진행하면서 자신의 작업방식에 대한 논문을 작성하여 『아이들에게로 열린 창(Window to Our Children: A Gestalt)』을 출판하였는데, 이는 많은 게슈탈트 아동상담 분야에서 고전처럼 여기는 저서이다. 또한 아동상담자들에게 게슈탈트 치료법에 대한 관심을 높이고 접근법을 시사해 주고 있고, 미국 산타 바바라 등의 지역에서 많은 훈련 프로그램을 실시하고 있으며, 게슈탈트 치료법의 이론과 실제에 관한 연구와 계발을 지속하고 있다.

2. 기본개념

1) 게슈탈트 형성

게슈탈트(Gestalt)란 '전체' '형태' '모습' 등의 뜻의 독일어로 어떤 자극에 노출되면 하나하나 부분으로 보지 않고 전체적인 의미 또는 형태인 '게슈탈트'로 만들어 지각하는 것이라고 할 수 있다(김정규, 1995). 단순히 개인의 욕구나 감정을 의미하지 않고 자신이 처한 상황과 환경을 고려하여 그 상황에서 실현 가능한 행동 동기로 지각하는 것이 게슈탈트이다.

게슈탈트를 형성하는 이유는 인간의 욕구나 감정을 하나의 유의미한 행동으로 만들어서 실행하고 완결 짓고 주변의 관련 있는 환경과의 접촉을 통해 받아들이려는 것이다. 게슈탈트는 환경과의 관계 속에서 형성되며, 만족스러운 감정 · 사고 · 행동을 포함하는 전체적 과정으로 받아들여져야 한다. 예를 들면, 어느 날 유치원에서 자유놀이시간에 도리는 피치와 함께 놀게 되었다. 도리는 놀이 도중에 피치가 가지고 놀던 장난감 중에서 강아지 인형이 마음에 들어 집었는데 피치가 자기 거라고 하며 뺏어가자, 도리가 "그럼 너랑 같이 놀지 않겠어."라고 일어나 다른 곳으로 가려고 했다. 그러자 피치가 도리에게 인형을 건네 주며, "같이 놀자."고 하여 계속해서 어울려 놀게 되었다.

여기에서 두 아동이 각자 혼자 있었거나 강아지 인형이 두 개였다면 게슈탈트는 형성되지 못했을 것이다. 어떤 상황 속에서 자신의 욕구나 감정, 환경 조건과 맥락 등을 고려하여 가장 절실한 행동을 게슈탈트로 형성하는 것이다. 이러한 게슈탈트는 개인이 어느 한순간에 느끼는 갈증이나 혹은 편히 쉬고 싶은 욕구처럼 작고 단순한 것에서부터 집안일을 하는 것, 오랜만에 친구를 만나 정다운 대화를 나누는 것, 좋은 아버지가 되고 싶고 작가로 성공하고 싶은 것, 종교인이 해탈의 경지에 이르려는 것과 같이 복잡하고 오랜 시간이 걸리는 것까지 다양하다. 그러므로 모든 사람은 자신의 모든 활동에서 게슈탈트를 형성 · 조정 · 해결한다고 할 수 있다. 만일 이런 과정에서 인간이 게슈탈트 형성에 실패하게 된다면 심리적 · 신체적으로 불만족함을 느끼게 될 것이다. 따라서 분명하고 절실한 게슈탈트를 형성하는 것은 자신에게 가장 필요한 것을 자각함으로써 해결하려는 능력이라고 볼 수 있다.

2) 전경과 배경

대부분의 사람은 자신에게 관심 있는 부분을 지각의 중심 부분으로 떠올리지만 나머지는 배경으로 보낸다. 예들 들면, 그림을 감상할 때 그림이 전면으로 부각되고 액자는 뒤로 물러가며, 다음에 액자에 관심을 두면 그림은 시야에서 멀어지는 현상을 경험하게 된다. 이처럼 어느 순간에 관심의 초점이 되는 부분을 전경이라 하고, 관심 밖에 놓여 있는 부분을 배경이라고 한다(김정규, 1995). 마찬가지로 배고픔을 느끼는 때에는 배고픔이 전경으로 떠오르고 이 외의 것들은 잠시 배경으로 사라지는 것이다.

각자가 관심을 어디에 두느냐에 따라 환경의 일부가 시각적으로 전경이 되어 게

그림 9-1 좌: 루빈의 컵, 우: 나무와 동물

사진을 볼 때 흔히 전체 형태, 즉 게슈탈트를 바라본 다음, 인물, 배경 등 전체를 이루는 작은 조형 요소들에 눈을 돌린다. 이 구성 요소들은 유사성, 근접성, 연속성, 공동 운명의 법칙에 따라 전체 형상을 전혀 다르게 보이게 할 수 있다. 보기에 따라 다른 이미지로 시각화되는 착시효과도 이런 맥락이다.

슈탈트를 형성하게 된다. 주위의 상황에 있어서 어느 부분에 초점을 두느냐에 따라 물리적 현상에 대한 지각이 달라지는 것처럼, 개인의 심리적 상태도 마음의 초점을 어디에 두느냐에 따라 달라질 수 있다. 따라서 전경으로 떠올리는 것은 어느 순간에 가장 중요한 욕구나 감정을 게슈탈트로 형성하는 것이라고 볼 수 있다.

건강한 사람들은 매 순간 자신에게 중요한 게슈탈트를 분명하게 자각하여 전경으로 떠올릴 수 있는 것이고, 그렇지 못한 사람들은 전경과 배경을 잘 구분하지 못하는 것과 같다. 즉, 특정한 욕구나 감정을 다른 것과 구분하지 못하고 진정한 게슈탈트를 형성하지 못하는 것이다. 이러한 사람들은 보통 자신이 진정으로 하고 싶은 것, 원하는 것이 무엇인지 잘 모르며, 행동목표가 불분명하고 의사결정을 잘 하지 못하거나 혼란스러워 하며(Zinker, 1977), 다른 것으로부터 욕구를 충족하려고 한다.

우리는 삶에서 전경으로 떠올렸던 게슈탈트가 해소되고 나면 전경에서 배경으로 물러나고 다시 새로운 게슈탈트가 형성되어 전경으로 떠오르게 되고, 이후 해소되고 나면 다시 배경으로 물러나는 과정이 되풀이되는 경험을 한다. 이러한 순환과정을 '게슈탈트의 형성과 해소' 또는 '전경과 배경의 교체'라고 한다(김정규, 1995).

3) 게슈탈트 형성과 해소

게슈탈트는 자신에 대한 자각, 환경에 대한 자각, 그리고 자신과 환경에 관련된 자각에서 형성된다. 어떤 특정한 상황에서 관계에 대한 자각으로부터 의미 있는 게슈탈트의 형성은 자연스러운 과정으로 일어나고 각자가 형성한 게슈탈트가 성공적으로 해결되면 그의 경험에서 배경으로 물러나는 것과 같이 계속되는 게슈탈트의 형성과 해소의 과정을 반복한다(노안영, 2013).

게슈탈트의 형성과 해소가 자연적으로 일어나도록 하기 위해서 사람들은 지금 여기에 충실할 수 있어야 한다. 과거로부터 유지되어 온 어떤 경험, 혹은 행동의 반응 패턴이나 미래에 대한 예측들이 개인의 주의나 에너지를 흩트리게 된다면 현재에 집중할 수 없게 되고 결국 지금 여기에 있는 현상을 깊이 체험할 수 없게 된다. 그렇게 되면 지금 여기 실재 존재하는 것에 대한 자각이 떨어지기 때문에 있는 그대로가 아니라 왜곡되게 경험할 수 있다.

아동은 성장 · 발달하는 과정에서 많은 욕구가 있고 흥분과 긴장을 느끼며 욕구들을 충족시키고자 한다. 문제행동을 보이는 아동의 경우 환경에 회피적인 행동을 선호하고 자신의 자연스러운 유기체의 기능을 발휘하지 못하는 방향으로 나타난다. 자신의 경험을 부정하는 방식으로 감정을 투사하기도 하고, 치고 때리고 차는 것으로 고통스러운 감정을 비껴 가려고도 한다. 또한 두통, 복통 혹은 천식 발작으로 나타나기도 하는데, 이는 자신이 느끼고 있는 것을 회피하기 위해서 과잉행동 또는 거리를 두는 것이라고도 볼 수 있다.

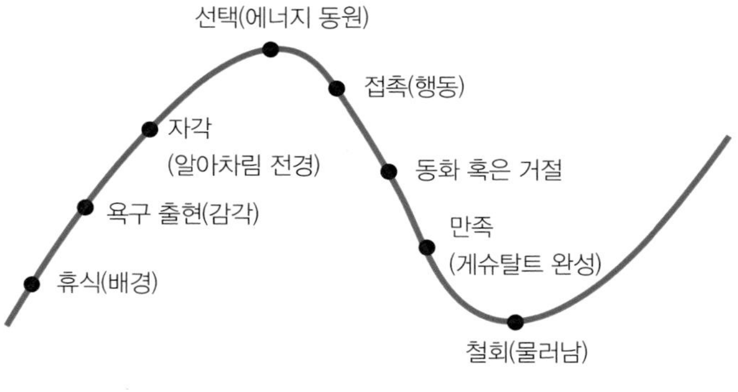

그림 9-2 게슈탈트 경험 순환

출처: 김정규(1995).

4) 알아차림

펄스는 “알아차림 자체가 바로 치유적일 수 있다.”(Perls et al., 1951)라고 하였으며, 알아차림을 게슈탈트 상담의 유일한 목표이고 필요한 모든 것이라고 할 만큼 강조하였다(Simkin & Yontef, 1984). 알아차림(awareness)은 “개체－환경의 장에서 일어나는 중요한 내적 · 외적 사건들을 지각하고 체험하는 것”(김정규, 1995)이라고 정의할 수 있다. 즉, 사람들이 자신의 삶에서 현재 일어나고 있는 중요한 현상들을 방어하지 않고 있는 그대로 자각하고 체험하는 행위를 의미한다. 현재 이 순간에 자신에게 중요한 욕구나 감각, 감정, 생각, 행동, 환경, 상황 등을 지각하는 것이다. 이러한 행동의 주체가 자기 자신임을 깨닫는 것, 특정 상황에서 자신이 선택할 수 있는 행동 반응을 아는 것 등을 말한다.

게슈탈트 상담에서 알아차림은 누구나 가지고 있는 능력이며 자연스러운 상태에서 각자에게 고유한 것이고 자신을 환경에 적응시키면서 성장해 가는 필수적인 생존 도구로 보고 있다. 이러한 알아차림은 감각 · 감정 · 인지 · 지각 · 행동 차원을 모두 포함하는 다차원적이고 복합적인 개념으로서 개인의 삶의 내용, 삶의 질과도 연관이 있다.

알아차림은 지금 여기에서 일어나는 현상들을 인위적으로 분석하거나 통제하지 않고 내적 · 외적으로 자연스럽게 지각하고 체험하는 것이며 환경과 유기적인 관계 속에서 통합적으로 머무는 것이기 때문에 현재적이며 직접적인 것이다. 어떤 가정이나 결과를 위하여 특정한 것들을 제외시키는 것이 아니라 현재에 나타나는 것들을 그대로 지각하고 체험하는 것이다. 여행에 비유한다면 여행 중에 무엇이 나타날지 어떠한 체험을 할지 미리 알 수 없는, 미리 정하지 않는 여행을 하는 것과 같다. 있는 그대로 자신을 개방하고 마주하는 것들을 지각하고 체험하는 여행은 각자에게 새롭고 실존적인 체험을 하도록 해 준다(김정규, 1995).

아동 상담과정에서 상담자는 아동에게 가장 필요한 경험들을 가능한 한 많이 체험하도록 해야 한다. 또한 아동이 자신의 체험과정을 알아차리도록 도와주어야 한다. 예를 들어, 아동에게 그림을 그리고 자신이 처해 있는 상황을 한 문장으로 써 넣으라고 할 때, 문장의 내용이 알아차림이 될 수 있다. ‘엄마 곰을 찾는 아기 곰’ 이야기에서 “이 이야기는 네 삶과 비슷한 것이 있니?”라고 묻는 것은 알아차림을 명료화해 주는 것이 될 수 있다. 이러한 알아차림은 변화를 촉진한다. 즉, 아동이 알아차림을 경험하게 되면, 대안들을 찾을 수 있게 되고 새로운 변화를 생각하게 도와주고 삶을 향상시킬 수 있는 선택을 하는 데 도움을 줄 수 있다(Oaklander, 2006).

5) 접촉

알아차림이 환경 속에서 일어나는 현상들을 전경으로 떠올려 게슈탈트를 형성하는 과정에서 일어난다고 한다면, 접촉은 형성된 게슈탈트를 해소하는 과정에서 일어난다. 만일 알아차림만 있고 접촉이 없다면 욕구를 완전히 해소한 것으로 보기 어렵다. 예를 들어, 맛을 못 느끼면서 식사를 하거나 아무런 감정 없이 기계적으로 상호작용하는 것, 혹은 다른 사람과 이야기를 하지만 피상적인 수준에서만 대화하는 것은 진정으로 접촉했다고 할 수 없는 것이다.

오클랜더(2006)에 따르면, 접촉기능이 부족한 아동은 자신이 나쁘고 잘못된 사람이라고 생각하고 있고 이러한 자기감이 부족할 때 게슈탈트가 해소되는 접촉을 잘 할 수 없다. 상담을 필요로 하는 대부분의 아동에겐 접촉기능이 손상되어 있을 가능성이 있다. 접촉이 이루어지는 방식은 보고, 듣고, 만지고, 말하고, 움직이고, 냄새맡고 맛보는 등 감각적인 것들이다. 때로는 아동이 자신은 전혀 옳지 않다는 생각에 사로잡혀 있어서 자신이 경험하는 감각적인 것조차 신뢰하지 않을 수도 있다. 아동의 자기감을 채워 주기 위해 접촉기능을 강화해 주고, 자신의 신체와 감정들과 접촉하도록 작업하고, 자신의 지적 능력을 다시 사용할 수 있도록 도와주어야 한다. 아동이 자신이 접촉한 감각들을 표현하고 감정을 말하는 체험과정을 통해서 건강한 자세를 되찾도록 해야 한다.

이러한 접촉은 자기 자신과의 접촉, 대인관계 접촉, 환경과의 접촉으로 나누어 볼 수 있다.

(1) 자기 자신과의 접촉

대부분의 사람은 살아오는 동안 자기 자신이 중요시한 부분에 대해서는 수용하는데, 그 부분을 벗어나는 욕구나 감정, 행동에 대해서는 회피하게 된다. 만일 회피하고 싶은 것들이 전경으로 떠오르면 불안감을 느끼고 차단하려고 한다. 계속해서 차단되어 버린 것은 자신으로부터 소외되어 미해결 과제로 남게 되고, 심리적 장애를 일으키기도 한다. 이러한 예로는 해결되지 않은 분노, 억압된 성욕, 해소되지 않은 슬픔, 충족되지 않은 애정 욕구 같은 것들이 있다. 자신이 소외시켰던 이러한 것들과 접촉하려는 것은 점차 접촉경계를 넓혀 가는 것으로서 아동의 자기감을 찾아 주기 위해서도 필요하다. 게슈탈트 상담과정에서는 내담아동이 새로운 것들을 받아들이고 동화하고 접촉경계를 넓힐 수 있도록 도와주는 것이다. 이것은 아동이 성장하는 것이고, 주변 상황을 더 많이 더 깊이 접촉하고 체험할 수 있게 해 주는 것으로서 의미가 있다.

(2) 대인관계 접촉

우리는 태어나면서부터 죽는 순간까지 대인관계 접촉을 하며 살아가고 있다. 대인관계 접촉의 가장 기본적인 것은 두 사람 간의 접촉이고, 두 사람 간의 접촉이 원활한 것은 또 다른 사람과의 접촉을 위한 기초가 될 수 있다. 만약 한 사람과의 접촉이 매우 불완전하다면 그 사람은 다른 사람과의 접촉에 있어서도 어려움을 보일 것으로 짐작할 수 있다.

두 사람 사이의 원활한 접촉이 이루어지기 위해서는 몇 가지 조건이 갖추어져야 하는데(김정규, 1995), 우선 상대가 나와 다르다는 인식을 해야 한다. 서로의 차이를 무시하고 의견 일치만 보려는 것은 접촉을 방해하는 것이 되고, 서로의 차이점이 융합 관계를 위협하는 위험 요인으로 받아들이기 때문에 접촉에 실패하게 된다(Harman, 1989).

또한 두 사람의 접촉에는 에너지의 움직임 혹은 변화가 있어야 한다. 각자는 자신과 다른 사람을 만나 교류하는 과정에서 서로 영향을 주고받을 수밖에 없기 때문에 필연적으로 에너지의 이동과 변화가 일어난다. 접촉은 다른 사람에게 흥미를 느끼고 에너지를 투여하는 순간이고, 이때 변화가 일어난다고 할 수 있다(Resnick, 1991).

그리고 두 사람이 접촉되는 순간에 의식을 말하는 것, 즉 표현하는 것이 필요하다. 현재 느끼는 가장 중요한 감정이나 체험을 상대편에게 표현하는 것이다. 대인관계 접촉에서 표현은 상대에게 접촉 의사를 전달하는 동시에 자신을 개방하는 행위이며 상대편을 받아들이는 행위라고 설명할 수 있다(김정규, 1995).

게슈탈트 상담과정에서 상담자는 내담아동이 다른 사람들과 어떻게 접촉하고 있는지 혹은 접촉을 회피하고 있는지에 대해 면밀히 살펴야 한다. 많은 내담아동이 상대에게 직접 말하는 대신에 무엇에 대해 말하거나 마치 다른 사람이 말하는 것처럼 표현하기도 한다. 이러한 태도는 전형적인 접촉 회피의 형태로 자신의 의식 상태를 표현하는 것이 아니라 서로의 의식을 다른 곳으로 돌리는 행위이다. 계속해서 이런 태도를 유지한다면 에너지가 고갈되고 접촉이 단절되어 가고 서로 지루해지고 짜증이 나며 대인접촉은 공허하고 무의미하게 느껴질 것이다.

(3) 환경과의 접촉

환경이란 모든 생물과 무생물을 포함하는 것이고, 인간은 이러한 환경, 즉 길거리, 가로수, 자동차, 산, 숲, 벌레 소리, 들판, 하천 등 주변에 있는 많은 것과 끊임없이 접촉하고 있다. 자신과 깊은 접촉 및 대인관계 접촉과 마찬가지로 환경과의 접촉도 중요시하는데, 진실한 접촉을 한다는 것은 쉽지 않다. 봄에 꽃이 피는 것, 벌레 소리를 듣는 것 등 자연의 변화와 잘 접촉하는 것은 자신이나 타인과도 잘 접촉할 수 있는 통로가 될 수 있기 때문이다.

이러한 환경과 잘 접촉한다는 것은 어떤 개념이나 인위적인 분석 없이 있는 그대로 지각하고 마주하는 것을 의미한다. 아무 생각 없이 숲속을 거닐면서 마음이 끌리는 대로 나무를 바라보거나 나무둥치를 만져 보고 냄새를 맡아 보며 심호흡을 하는 등 숲속에 동화되는 행위가 환경과의 접촉이다. 즉, 자연에 몸을 맡기는 것, 그 상황에 맡겨서 따르는 것이다. 가령 숲을 체험하는 행위이다. 음악을 들으며 음악에 빠져드는 것은 음악과 접촉하는 것이다. 체험하는 대상과 하나가 되는 것, 순수하게 자신을 개방하고 그 대상에 맡김으로써 그것과 하나가 되는 것이다.

6) 지금 여기

게슈탈트 상담에서는 지금 여기(here and now)에 집중할 것을 강조하는데, 관념의 세계에 빠지지 않고 지금 여기의 현상들에 머물도록 하는 것이다. 지금 여기에서 일어나고 있는 언어, 신체 동작, 사고, 감정 등의 현상들에 주의를 기울여야 한다.

"방금 여동생에 대해 이야기하면서 아랫입술을 깨물었는데 그것을 알고 있었나요?"라고 묻거나 "이번에는 입술을 한번 의도적으로 깨물면서 여동생에게 말해 보세요."라고 말하여 지금 여기에서 자신에게 일어나는 현상을 보게 한다. 지금 여기에 집중하는 것은 자신의 의식을 과거나 미래로부터 현재로 돌아오게 하는 효과가 있다.

이는 내담아동이 지금 여기를 떠나 과거 사건에 초점을 맞추는 것을 허용하지 않는다는 것은 아니다. 어제도 없고 미래도 없이 오직 현재의 욕구에만 충실하라는 의미도 아니다. 개인의 미래에 대한 희망, 바람 등을 탐색하고 현재 행동과의 관계를 조명하는 의미에서의 지금 여기를 강조하는 것이다. 자신에 대해 더 명확하게 자각하도록 돕기 위하여 과거 사건에 초점을 맞추는 것은 중요하다. 그러므로 지금 여기에서 과거의 사건을 체험하게 함으로써 새로운 의미를 발견하도록 해 주는 것도 필요하다. 이는 과거의 경험을 새롭게 하고 또 통찰을 갖게 되어 과거의 경험을 통합할 수 있도록 돕는 것이다.

또한 미래에 대한 기다림이나 설레임도 중요한 현재의 사건이 될 수 있다. 이런 경우 지금 여기에서 미래를 예측하면서 현재에 발생하는 움직임, 변화를 발견하는 것이 의미 있는 일이 된다. 과거의 사건이나 미래에 대한 예상을 마치 현재에 일어나고 있는 것처럼 다루는 것이고, 이는 자신의 감각 · 감정 · 욕구가 되살아나게 하여 지금 여기 체험을 증가시키며 희미한 경험을 더욱 또렷하고 명확하게 해 주는 역할을 한다.

7) 미해결 과제

전경과 배경의 교체는 사람들의 욕구와 환경적 여건에 따라 자연스럽게 이루어진다. 하지만 어떤 사람이 게슈탈트를 형성하지 못했거나 혹은 게슈탈트를 형성하긴 했으나 해소하는 과정에서 방해받았을 때 그것은 배경으로 사라지지 못한다. 이것이 문제가 되는 이유는 누군가 게슈탈트를 완결 지으려는 강한 동기를 지니고 있는데, 아직 완결되지 않은 채로 있으면 계속 전경으로 떠오르려 하기 때문이다. 이러한 완결되지 않은 혹은 해소되지 않은 게슈탈트를 '미해결 게슈탈트' 혹은 '미해결 과제'라고 말한다. 이러한 미해결 과제는 계속 해결되기를 요구하며 전경으로 떠오르기 때문에 다른 게슈탈트가 선명하게 형성되는 것을 방해한다.

이처럼 미해결 과제는 전경과 배경의 자연스러운 교체를 방해하여 인간의 적응에 장애가 될 수 있다. 미해결 과제가 많아질수록 사람들은 자신의 욕구를 효과적으로 해소하는 데 실패하게 되고 마침내 심리적 · 신체적 장애를 겪게 된다(Perls, 1976). 따라서 게슈탈트 심리상담은 미해결 과제를 완결 짓는 일을 매우 중요한 목표로 다루고 있다.

미해결 과제를 해결할 수 있는 방법은 '지금 여기'를 알아차리는 것이다. 펄스는 미해결 과제를 찾기 위해 프로이트처럼 무의식의 깊숙이 박혀 있는 과거사를 파헤칠 필요가 없다고 말한다. 그리고 모든 것은 지금 여기에 명백히 드러나고 있다고 말한다. 즉, 미해결 과제는 끊임없이 전경으로 떠오르려고 하고 지금 여기에 그 모습을 드러내고 있으므로 사람들은 단지 그것을 회피하지 않고 알아차리기만 하면 된다는 것이다(Perls, 1976).

3. 게슈탈트 아동상담의 실제

1) 상담목표

(1) 체험 확장

이 상담과정에서는 아동의 욕구나 충동을 억압하지 않으면서 환경의 자극이나 상황에 대해서도 열려 있고 타인에게 상처를 주지 않으면서 자연스럽게 표현하여 아동의 욕구를 충족하는 것을 배우도록 한다. 아동이 겪고 있는 심리적 장애는 신체적 또는 정신적으로 제약을 받아 나타나는 현상이라고 보기 때문에, 게슈탈트 아동상담은 이러한 축소된 활동 영역을 확장시켜 주어 신체적 · 정신적 기능을 회복하도록 돕는 것이다(Zinker, 1977). 억압했던 자신의 감정들과 다시 접촉하게 해 주어 자신의 감정과 욕구에 대해 좀 더 허용하게 하고 자신에 대해 알아차리게 하여 새로운 영역을 탐색하고 확장하도록 함으로써 삶의 다양한 가능성에 도전하도록 한다.

이를 위해 상담과정에서 각자 자신의 어떠한 욕구나 감정, 환경과의 접촉에서 억압하지 않고 열려 있는 자세를 갖도록 하는 것이 필요하다. 이 과정에서 아동은 즐거움과 기쁨, 슬픔, 고통을 체험하게 되고, 침묵과 외로움, 타인의 비판, 불행감 등도 느끼게 될 수 있다. 상담과정에서 이러한 부정적 감정과 사건들을 다시 체험하여 새로운 자각이 들 때까지 머물러 보는 시간을 가지게 되고 더 이상 피하지 않으며 오히려 삶의 중요한 것으로 받아들이게 되어 중요한 체험을 해 가는 것임을 알게 되는 것이다.

(2) 책임감

여기서 '책임'의 뜻은 '어떤 상황에 대해 능동적으로 반응할 수 있는 능력'으로, '주위에서 일어나는 사건들을 잘 알아차리고 그것에 대해 능동적으로 반응할 수 있는 능력'이라고 한다(Perls, 1969). 자신의 욕구와 상황을 자각하게 되면 자유롭게 반응할 수 있고 자신의 행동을 자율적으로 선택하며 행동의 결과를 자신의 것으로 받아들이는 책임을 가지게 된다는 의미이다. 타인의 시선이나 기대, 요구에만 맞추는 사람은 자신의 행동에 책임지지 못하는 것이라고 설명하고, 타인에게 의존하거나 열등한 존재가 되어 타인을 조종하거나 자신에게 필요한 것을 얻어내려고 한다고 설명하고 있다.

한 예로, 항상 자신을 '무능하고 바보 같은 존재'라고 말하는 습관이 있는 내담아동은 주위 사람들이 보기에는 전혀 바보스러운 사람이 아닐 수 있다. 그의 행동을 살펴본 결과 그런 말을 할 때 그는 주위로부터 새로운 행동을 요구받거나 책임 있는 행동을 요구받을 때였다(김정규, 1995). 스스로 책임지지 않겠다는 태도와 회피하려는 것임을 보여 주는 것이다.

게슈탈트 아동상담에서는 모든 것을 각자가 스스로 선택한 것으로 본다. 타인에게 책임을 떠넘기는 것, 자신이 열등하다고 하면서 책임을 회피하는 것, 자신을 지나치게 학대하고 죄책감을 갖는 것 등 어떤 경우든 자신의 선택이라고 본다. 따라서 상담과정에서 아동이 타인에게 의존하려는 자세를 버리고 스스로 자신의 행동을 선택하고 책임질 수 있도록 도와주어야 한다.

(3) 성장

펄스는 어떠한 상태가 정상이고 어떠한 상태가 비정상이라는 규준을 정해 놓고 대상을 보는 것이 아니라 모든 사람은 가장 이상적인 상태로 변화하고 성장해 간다는 신념을 가지고 있다. 끊임없이 외부 환경과 접촉하면서 새로운 것을 받아들이고 자신에게 맞도록 소화시키고 스스로 변화하려는 본질이 있다고 생각한다. 따라서 아동상담의 목표는 아동의 어떤 부분을 제거하거나 교정하는 것이 아니라 스스로 혼란을 극복하고 새로운 변화와 성장을 하도록 돕는 것이다(Perls et al., 1951). 마치 음식물을 어금니로 잘게 부수는 행동에 비유하여 외부의 음식물을 파괴시키는 공격적인 행동인 동시에 이것들을 흡수하고 동화하여 자신의 일부로 만드는 과정과 같다. 건강한 사람은 자신에게 동화될 수 있는 것은 소화시켜서 자신의 영양분이 되도록 하지만, 자신이 받아들일 수 없는 것은 처음부터 거부하고 이미 들어온 것은 뱉어 버린다. 반면에 건강하지 못한 사람은 부모, 사회, 권위적 대상들이 자기가 받아들일 수 없는 것을 요구할 때 이를 거부하지 못하고 그냥 받아 삼키게 되고, 이것들은 자신에 의해 동화되지 못하여 이물질로 남아서 여러 형태의 정서적 · 신체적 문제들을 일으킨다고 보았다(Perls et al., 1951).

게슈탈트 아동상담에서는 내부에 있는 씹지 않고 그냥 삼켜진 이물질들을 다시 꺼내어 되새김질함으로써 이들을 자신에게 동화시켜 새로워질 수 있도록 작업한다. 이러한 과정에서 심한 불안감과 불쾌함을 느낄 수도 있다. 이제까지 피하고 억압해 왔던 욕구들을 직면해야 하고, 불안을 방어해 주던 것을 그만두어야 하고, 새로운 것에 몸과 마음을 맡겨야 하기 때문에 모험을 해야 할 수도 있다. 마치 한 번도 입어 보지 않은 옷을 입고, '내가 이 옷을 입으면 남이 어떻게 볼까? 혹시 비웃지 않을까? 이 옷이 나에게 어울리는 것인가? 이 옷을 입고 어떻게 행동해야 하나?' 등의 생각을 하면서 불안해하고 다시 그동안의 익숙함 속으로 들어가 버릴 수도 있을 것이다. 이에 상담자는 이러한 공포를 이해해 주고 조심스럽게 다루어야 하고, 아동이 자신감과 희망을 가지고 도전하도록 격려해 주어야 한다(김정규, 1995).

(4) 실존적 삶

실존적인 삶을 산다는 것은 자기 자신이 된다는 것이다. 다른 사람의 기대와 요구대로가 아닌 자신의 삶을 사는 것이다. 자신에게 과도한 이상적 기준을 설정해 놓고 이를 유지하기 위하여 전전긍긍하지도 않고, 남보다 나은 자신이 되기 위한 것도 아니고 타인의 기대에 따르는 삶도 아니다. 내면에 이상적인 자아를 만들어 놓거나 타인이 요구하는 기대에 따라 살아보려고 노력하는 것은 자신의 삶을 사는 것이 아니고 오히려 본성을 억압하게 되어 결국 내적인 불만과 좌절을 가져다주게 된다. 이러한 삶은 실존적 삶이 아니다.

당위적 태도나 미래의 목표에 매달려 현재가 부정적인 상태로 지각되는 경우라면 현재를 항상 고쳐야할 것이 많은 상태로 받아들이게 된다. '삶이 어떠해야 한다.'가 아니라 '나의 삶은 어떠하게 있다.'를 중요하게 다룬다. '무엇이 있어야 한다.'가 아니라 지금 체험하고 있는 현실이 중심이 되도록 할 필요가 있다.

사람들이 있는 그대로에 초점을 맞추고 존재하는 그대로 유일하고 소중한 태도를 지니도록 해야 한다. 이러한 자각을 본인에게도 적용하고 타인에게도 적용하여 서로의 만남이 진정한 만남이 이루어지도록 하는 것이다. 이러한 맥락에서 바이저(Beisser, 1970)는 게슈탈트 상담은 내담아동이 스스로 자기 자신을 찾도록 격려하고 도와주는 것이라고 하였고, 상담자는 개조하는 역할을 하면 안 된다고 설명하였다. 스스로 자기 자신이 되도록 격려할 뿐 어떤 이상적인 사람이 되려는 것을 그만두도록 하는 것이어야 한다는 의미이다. 이것이 자기 자신의 삶을 사는 것, 실존적인 삶을 살게 하는 것과 같다.

2) 상담과정

(1) 아동과 평등한 관계 형성

제이콥스(Jacobs, 1989)는 최근 게슈탈트 상담의 경향은 분리된 기법보다는 관계를 바탕으로 내담아동이 더 깊이 인식하고 다른 사람과 접촉을 할 수 있게 해 주는 현재 중심적이며 비판단적 대화를 하는 것이라고 기술하면서 치료적 관계의 역할을 강조하고 있다. 상담자는 아동과 인간 대 인간의 관계를 형성하고 자신과 내담아동에 대해 알아야 하며, 내담아동의 입장에서 치료 작업을 할 수 있는 치료적 환경을 조성하고 유지해야 하는 책임이 있다. 상담과정에서 상담자는 자신의 경험, 인식, 지각이 필요하며, 내담아동의 인식이나 반응을 이끌어 내야 한다. 상담자는 자신을 개방하여 내담아동이 영향을 받을 수 있도록 할 수도 있고 내담아동과 지금 여기에서 일어나는 만남, 지각, 경험 등을 적극적으로 공유함으로써 관계를 만들어 간다는 의미이다.

내담아동의 반응과 관찰 내용을 기꺼이 표현하고 내담아동과 나누어야 하고, 내담아동을 조정하지 않으며, 내담아동과 함께 공포, 차단, 회피, 저항 등을 탐색해 나가야 한다(Corey, 2001).

(2) 실험(체험하기)

실험은 행동으로 하는 것으로 즉각적으로 행해지며, 실험은 알아차림과 행동을 차단하는 것들을 제거하는 방법이다. 상담 초기 단계에서는 집, 나무, 사람 그림과 같이 아동이 투사할 수 있는 재료를 사용할 수 있다. 아동과 소통할 때 목소리의 억양과 몸짓, 체념 등이 어떤지 알아낼 수 있다. 많은 종류의 게임들과 점토작업에 참여하면서 아동의 감각을 일깨우고 신체능력을 발달시키기 위한 작업을 할 수도 있다. 특히 아동이 좋아하는 형태의 게임을 통해서 불안 수준을 낮추고 상담자와 상호작용에서 보다 많이 접촉하고 자발적이도록 작업하면 효과적이다. 아동이 음악을 좋아한다면 음악을 통해서 다양한 정서를 표현하도록 할 수 있다. 행복한 음악, 슬픈 음악, 화나는 음악, 무서운 음악들을 연주할 수 있고, 드럼을 치고 심벌즈를 세게 때리는 것들은 긴장을 완화하는 데 도움이 된다(O'Connor & Braveman, 1997). 음악놀이를 통해서 다양한 의사소통 방식을 발달시키도록 하고, 자신의 정서 세계를 탐색하고 공유하도록 작업한다. 안전한 관계 속에서 자신을 느끼고 자신을 표현하는 것을 즐기게 해 주는 작업을 통해 치유하고 있다고 할 수 있다.

상담 중기 단계에서는 내담아동이 자기애와 자신감을 찾는 데 집중하는 시간이 되도록 한다. 이 기간에 일반적으로 하는 것은 강화하기(consolidation)이다. 내담아동은 처음으로 누군가에게 자신의 이야기를 하는 새로운 경험을 하고 자신을 움켜쥐고 있는 감정과 자신을 자극하는 반응들이 무엇인지 실험을 통해서 알게 되는 것이다. 만약 잘 진행되어 간다면, 내담아동은 감정 상태가 고조되고 해소되는 경험을 하고 새로운 긍정적 감정을 만들어 낼 것이다.

상담 후기 단계에서는 회기마다 게슈탈트가 형성되고 완결되는 과정을 거쳐 내담아동이 자기 잠재력을 발휘하는 일을 한다. 상담작업에 참여하는 부분과 전체로서 자신에 대해 자각하면서 큰 게슈탈트를 형성한다. 신뢰와 개방성이 형성된 분위기에서는 슬픔과 같은 감정도 조절할 수 있는 조절력이 형성될 수 있다. 내담아동이 처음 가져온 문제에 대해 자신이 살아온 방식대로 할 수 있고, 새로운 방식을 선택할 수도 있다. 어떤 방식이 더 이로운지 또는 효과적이지 않는지 살펴보는 작업을 통해 선택하도록 돕는다. 어떤 경우에는 자신의 새로운 시도에 대해 가족 또는 동료에게 모니터링과 조언을 해달라고 부탁하기도 하며, 상담자와 협동작업을 통해 일상에서 짧게나마 경험한 것들을 견고하게 하고 삶을 진전시키는 다른 실험으로 나아갈 수도 있다.

3) 상담기법

(1) 신체 자각

자신의 욕구나 감정을 잘 알아차리지 못하는 내담아동에게 신체감각에 집중하도록 함으로써 자신의 욕구와 감정을 알아차리는 데 도움을 주는 상담방법으로 사용한다. 신체감각은 욕구 및 감정과 밀접하게 연관되어 있다. 배고픔이나 갈증 느낌, 휴식이나 성적 욕구 등은 신체감각과 연관되어 있어 신체의 긴장이나 흥분, 이완 등을 자각함으로써 관련된 욕구를 알아차릴 수 있다. 욕구나 감정은 비교적 쉽게 차단하거나 회피할 수 있지만, 신체감각은 그렇지 못하기 때문에 신체감각을 자각하도록 함으로써 내담아동의 억압된 감정이나 욕구를 알아차리도록 할 수 있게 된다. 내재된 슬픔이나 기쁨, 분노, 사랑, 즐거움, 행복감, 불만 등의 감정도 신체감각을 알아차림으로써 자각할 수 있게 된다.

예를 들어, 내담아동이 어머니에 대해 말하면서 목소리가 떨리고 있을 경우, 아동의 감정을 물었을 때 잘 모르겠다고 대답하였지만, 신체 상태를 자각시켜준다면 아동은 어머니에 대한 슬픔을 차단하고 있었다는 것을 알게 될 것이다.

특히 현재 상황에서 내담아동이 느끼는 신체감각을 자각하게 해 줄 필요가 있고, 에너지가 많이 집중되어 있는 신체 부분에 대한 자각을 중요시하여 알아차리도록 도와준다. 이러한 에너지는 대부분 근육의 긴장과 신체 부분의 통증과 관련이 있고, 해소되지 않은 감정들과 관련이 있다고 볼 수 있다.

내담아동들의 경우 눈물이나 분노를 참고 기대를 충족하기 위해 스스로 자신을 억제하고 다른 사람을 방어하기 위해 긴장하고 근육이 수축되어 몸이 움츠러드는 것을 볼 수 있다. 두려워하거나 화나고 기쁠 때, 신체의 근육들은 특정 방식으로 반응한다. 그런데 자주 자연스러운 표현을 억누르는 경향이 있다면, 흥분되고 즐거워할 때조차 맘껏 달려가서 춤추고 소리를 지르는 반응을 억제하여 신체 움직임을 방해하고 긴장시키게 된다.

아동에게 자신의 감정을 표현하기 위해 어떤 특정한 방식으로 움직여 보라고 할 때, 아동은 자신의 신체가 하는 동작을 알아차리게 되고 감정을 밖으로 표현하게 된다. 예를 들어, 어떤 이야기를 읽어 주고, “주인공이 되어서 방 안을 돌아다니며 그의 분노감정을 동작으로 표현해 봐. 분노의 춤을 한번 추어 보렴.”이라고 해 볼 수 있다.

신체를 사용한 자각을 위해서 걷는 것을 연기해 볼 수도 있는데, 실례로는 빠르게 걸어 보기, 웅덩이를 건너뛰기, 맨발로 잔디 위를 걷기, 아주 작은 상자 안에 있거나 아주 큰 상자에 있다고 상상해 보기, 손바느질하기, 물건 포장하기, 물건 자르기 등과 같은 동작과 신체 자각에 대해서 체험하고 나눌 수 있다.

(2) 감정과 욕구 자각

어떤 아동들은 감정이 무엇인지 잘 모를 수 있다. 이들에게는 우선 감정에 대해서 말하는 것이 중요하다. 사람들은 다 감정이 있으며 감정들은 표현할 수 있고, 나눌 수 있으며 말해 줄 수 있다는 것과 감정 표현하는 방법에 대해 배울 필요가 있다. 자신이 느끼고 있는 감정과 접촉하도록 도와주기 위해서 수많은 감정변화에 익숙해질 필요도 있다.

아동과 상담하는 과정에서 감정들은 신체감각을 통해서 경험되고 몸을 통해서 표현된다는 것에 대해 이야기를 나누는 것이 좋다. 아동이 슬프거나 두려워하거나 불안해하면 자신의 신체에 귀를 기울이도록 해서 자신이 몸을 어떻게 하고 있는지 알아차리도록 도와주어야 한다.

어떻게 감정을 피하는지, 밀어내는지, 숨기는지, 덮어 버리는지 등에 대해서도 이야기할 수 있다. 이와 같은 과정에서 경험되지 않은 감정들은 사라지지 않고 몸에 저장되기도 하고, 우리가 감정을 인정하고 경험할 때만이 감정으로부터 풀려나 다른 일을 할 때 몸의 전부를 사용할 수 있다고 이야기해 주는 것이 도움이 될 수 있다. 만약 우리가 무시한 감정들이 우리 몸의 어떤 부분에 지속적으로 쌓이게 된다면 일상생활에서도 일부분만 사용하므로 온전히 주의를 기울일 수 없고 기능을 발휘하기 어렵게 된다는 것도 설명해 준다(Oaklander, 2006).

자신의 감정을 알아차린다는 것은 기쁨, 행복감, 슬픔, 고통 등을 생생하게 체험하는 것이고, 자신의 욕구를 선명하게 알 수 있다는 것이다. 감정과 욕구는 서로 관련이 있다. 대부분 자신의 욕구가 충족되었거나 충족될 수 있다고 판단되면 좋은 감정을 느끼고, 그렇지 못한 경우에는 불쾌한 감정을 느끼게 된다. 욕구가 성취되었을 때 좋은 감정을 느끼고, 좋은 감정은 이와 관련된 욕구를 더 추구하고 싶은 의욕이 생기도록 한다. 좋은 감정을 느끼는 것은 충족하고 싶은 욕구와 그에 따른 게슈탈트 형성에도 긍정적 영향을 주게 된다. 이것은 부정적 감정에서도 마찬가지로 작용하여, 부정적 감정은 흔히 회피하거나 억압하는 쪽으로 향하게 된다. 자주 부정적 감정을 억압하는 아동이라면 이전에 부정적 감정을 표현했을 때 외면당했거나 벌을 받았기 때문인데, 이를 적절하게 표현하도록 도와주어야 한다.

게슈탈트 아동상담에서는 현재에 느끼는 감정을 자각하고 표현하도록 지지하는데, 한 감정에 머물러 있는 체험을 충분히 하게 되면 감정의 변화가 일어날 수 있다고 강조한다. 특히 해결되지 않은 고통, 슬픔, 분노와 같은 감정을 피하지 말고 머무르는 체험을 하고 새로운 감정이 떠오르는 것을 느껴 보도록 한다.

또한 아동이 자신의 욕구를 알아차리기 위한 방법으로 '나는 지금 무엇을 하고 싶다.'라는 문장을 몇 개씩 쓰도록 할 수 있다. 이때 어떤 행동을 해야 할지 알 수 없는 너무 막연하고 추상적인 표현은 하지 않도록 주의해야 한다. 욕구는 지금 여기에서 일어나는 현상으로서 과거나 미래시점에 대한 것보다는 지금 여기에 초점을 맞추도록 한다. '지금은 쉬고 싶다.' '밖에 나가고 싶다.' '소리 지르고 싶다.' 등과 같이 구체적이고 분명한 것을 찾아 표현하도록 해 준다(김정규, 1995).

(3) 환경 자각

환경 자각은 주위 환경에 무엇이 있는지 어떤 일이 일어나고 있는지를 알아차리는 것이다. 길을 가다가 새로 생긴 가게를 알게 되거나 물웅덩이를 발견하는 것과 같이 어떤 일이 벌어지는지, 어떤 변화가 생겼는지를 알아차리는 것이다. 만약 내담아동에게 미해결 과제가 쌓여 있거나 자신의 내적인 문제에 사로잡혀 있다면 주변 환경에 주의를 둘 수 없기 때문에 알아차림이 어려울 수 있다. 이런 사실에 대해 폴스터(Polster, 1973)는 유기체가 환경과의 접촉 과정에서 자신이 감당하기 힘든 외부 자극으로부터 자신을 보호하기 위해 환경에 대한 알아차림을 차단시키는 것이라고 하였다. 이는 시각뿐만 아니라 청각, 촉각, 후각, 미각 자극에 대해서도 마찬가지로 나타난다. 즉, 미해결 과제가 쌓여 있을 때 자신의 내부 에너지를 빼앗기기 때문에 외부의 소리를 듣지 못하고 냄새를 맡지 못하거나 촉각이 둔해지고 음식 맛을 잘 느끼지 못하는 경우가 발생하는 것이다.

상담자는 아동에게 환경에 대한 알아차림을 하도록 지지해 주어야 하는데, 예를 들면 주변에 있는 물건들을 보게 하거나 오는 길에 어떤 것들이 있었는지 물어보는 것, 옆 사람과 눈 맞춤을 하는 것 등을 실행하는 것이다. 무언가 궁금하게 하는 작은 소리, 라디오에서 들리는 노랫소리, 아기 우는 소리, 지나가는 사람들의 떠드는 소리를 듣고 반응하는 것과 같이 다양한 소리에 반응해 보는 것도 실제로 해 볼 수 있다. 또는 다양한 냄새를 맡아 보는 것, 다양한 상황에서 냄새가 나는 것을 상상해 보는 것도 몸의 자각을 일깨우는 데 도움이 된다.

환경 알아차림의 연습은 신체감각, 욕구와 감정 알아차림과 연관이 있고, 현실과 접촉을 높여줄 수 있는 방향으로 진행할 수 있다.

(4) 빈 의자 기법

빈 의자 기법은 가장 많이 쓰는 기법 중의 하나로 현재 상담장면에 없는 사람과 관련된 사건을 다룰 때 사용한다. 누구에 대해서 말하는 것이 아니라 누구에게 직접 말하게 하는 것이다. 직접 대화는 간접 묘사에 비해 문제 상황을 잘 알 수 있고, 직접 관찰할 수 있으며, 공감하기가 쉽다. 그리고 과거 사건이나 미래의 일을 현재 재경험하는 것으로 현재의 의미를 탐색할 수 있다.

빈 의자에 앉아 상대편이 되어 보는 것은 상대를 이해하는 데 도움을 줄 수 있다. 대부분 자신이 상대에 대해 알고 있는 것은 상대편에 대해 일방적으로 자신이 규정한 것들이었다는 것을 알아차리게 하는 효과가 있다.

또한 빈 의자 기법으로 자기 내면과의 대화를 촉진하기도 하는데, 이것은 자기 내부의 2가지 다른 입장끼리 대화하도록 하는 것이다. 공격성 대 수동성, 얌전함 대 방종함, 남성적 대 여성적, 명령적 대 복종적 등 양극적인 성향 간의 대화를 하도록 만들어 주어 내면화된 규범과 사회적 요구를 기계적으로 받아들인 부분과 자신의 진정한 욕구를 알아차리고 합리적인 행동을 선택하도록 하는 과정이다. 자신의 두 부분을 오가면서 양쪽의 입장이 되어 보게 함으로써 자신의 내부에 2가지 측면이 있다는 것을 알게 되고 나중에는 통합이 이루어지도록 하는 것이다. 처음에는 이 두 입장이 팽팽하게 맞서도록 계속해서 대화를 하다가 보면 점점 두 입장 간의 거리가 좁혀지게 되어 스스로 양보와 타협이 이루어지도록 하는 방법이다.

빈 의자 기법은 자신의 분열과 양극성을 명료하게 만들어 주는 계기로 활용될 수 있다. 명료하게 하는 것은 균형을 잡는 의미에서 중요한 부분이다. 펄스는 반대 극들의 균형에 대해서 반대 극들이 서로 결합되고 상호작용할 수 있으면 서로 싸우며 에너지를 불필요하게 허비하지 않아도 되기 때문이라고 하였다(Oaklander, 2006). 가장 심각한 분열은 '상전(topdog)'과 '하인(underdog)'의 사이에서 일어나는 갈등인데, 사람들의 내면의 상전 목소리는 '이걸 해야만 해.' 혹은 '네 자신 보다 더 나아져야 해.'와 같은 규범과 근거에 의한 요구들이다. 하인은 상전의 이러한 요구를 충족시키지 않아야 하는 이유를 변명하는 개인의 내면을 의미한다. 이러한 내면의 하인은 무기력하거나 피곤해하거나 불확실하거나 무능한 척하며 반항하고 속이고 방해하면서 상전의 요구에 대해 '난 할 수 없어.' '너무 힘들어.' '노력해 보겠지만…….' 등의 말을 할 수 있다. 이 양극성은 서로 견제하며 서로 통제하는 시도를 하게 되는데, 이러한 상황이 지속되면 에너지가 고갈되는 상태에 이르게 된다. 상담시간에 빈 의자를 통해서 이 두 대립된 힘을 탐색하고 자신의 삶에서 어떻게 방해하고 있는지 알고 다루는 기술을 배울 수 있다.

다음은 7세 여아 '지나'에게 적용한 사례이다. 지나는 놀이터에서 놀다가 테리와 갑자기 싸움을 하고 울면서 뛰어왔다. 지나는 흐느껴 울면서 테리가 자기를 원 밖으로 밀어냈다고 이야기하였다. 지나가 말을 마쳤을 때 상담자는 "네가 우는 걸 보니 상처받은 것 같구나."라고 했다. 지나는 "선생님이 혼내 줄 건가요?"라고 물었다. "일단 네가 나를 위해 무언가 해 주면 좋겠는데, 테리가 여기에 앉아 있다고 상상하면서 테리가 너한테 한 행동 때문에 화가 났고 상처를 받았다는 것을 말해 보렴."이라고 이야기하였다.

지나: 테리, 넌 못됐어. 네가 미워. 넌 네가 항상 먼저 하려고 날 밀어냈잖아.

상담자: 지나, 여기 앉아서 테리가 되어 보겠니? 지나에게 하고 싶은 말을 해 봐.

지나: (테리가 되어) 지나, 미안해.

상담자: 이제 내가 테리를 불러서 너하고 무슨 일이 있었는지 테리의 생각을 들어 볼까?

지나: 아니에요.

상담자: 테리가 여기 있다면 더 하고 싶은 말이 있니?

지나: 테리, 내가 널 발로 찬 것 같아, 미안해.

상담자: 이제 무얼 하고 싶니?

지나: 가서 놀래요.

(5) 머물러 있기

머물러 있기(staying with)는 미해결 감정들을 회피하지 않고 직면하여 해소될 때까지 견뎌 내는 것이다. 바이서(Beisser, 1970)는 머물러 있는 것만으로 감정을 통합하고 변화시킬 수 있다고 보았다. 슬픈 감정을 느낄 때 이를 해결하는 것은 슬픔을 받아들이는 것과 같다. 슬픔에 대해서 싸우고 있는 한 슬픔을 벗어날 수가 없다. 슬픔을 느끼지 않으려고 회피하면 해결되지 않은 채 가슴속에 남아 있는 것이고, 즐거움이나 분노, 지루함, 미움도 마찬가지로 적용할 수 있다. 달리 설명하면, 어떤 감정을 표현하지 않고 누르고 있으면 마치 관이 막힌 것과 같아서 해소되지 못한 감정과 다른 감정까지도 느끼지 못하도록 한다. 감정은 연속적으로 흐르기 때문에 중간에 차단하고 방해하면 다른 차원으로 나아가지 못하지만, 차단하지 않고 그대로 놔두게 되면 마침내 끝이 나고 새로운 감정이 떠오르게 된다.

미해결 욕구가 해소되고 다시 새로운 욕구가 나타나기 전에 반드시 공백이 나타나는데, 게슈탈트 상담에서는 이 공백을 피하지 않고 머물러 있기를 지나야 새로운 게슈탈트를 형성하게 된다고 한다(김정규, 1995). 어떤 이들은 이 공백을 두려워하기 때문에 이를 피하기 위해 역할연기를 하거나 강박 행동, 과도한 흡연, 지나치게 일에 몰두하는 외적인 행동을 하는 경우가 있다. 이러한 경우에는 이완된 상태를 유도하고 아무런 생각 없이 그 상태에 머물러 있기를 하도록 하면 도움이 된다. 이완된 상태에 머무르는 체험이 아무런 긴장과 방어를 하지 않아도 되는 편안한 상태임을 깨닫게 해 준다.

(6) 직면

자신의 미해결 욕구나 감정에 직면하기를 두려워하는 이유는 그것을 직면하면 좋지 않은 일이 벌어질 것이라는 잘못된 상상을 하기 때문이다. 치료적 작업은 바로 이러한 상상이 허구라는 것을 깨닫도록 만들어 주는 데 있다고 할 수 있다. 미해결 과제들을 직면하면서 '변화'를 일으키도록 한다. 즉, 억압되었던 에너지들이 전경으로 떠올라 접촉되고, 미해결 과제는 해소되어 자신을 자유롭게 해 주며, 새롭게 변화하게 된다. 체험에 의해 변화를 이끌고 체험을 굳건히 다져 주는 통찰을 하도록 작업할 수 있다(Perls et al., 1951).

사람들이 회피하는 욕구나 감정은 대부분 미해결 과제인데, 상담자는 내담아동의 이러한 욕구나 감정들을 직면시켜 줌으로써 알아차림-접촉 주기를 활성화시켜 주어야 한다. 이때 직면의 한 가지 방법은 내담아동이 하는 말의 내용과 내담아동의 얼굴 표정, 목소리 혹은 행동의 불일치를 지적하는 것이다. 즉, 말로는 두려워하지 않는다고 하면서 목소리는 떨리는 것, 다른 사람이 자기에게 신경 쓰지 말았으면 좋겠다고 말하면서도 계속 타인의 관심을 끄는 행동을 하는 것 등의 모순된 행동을 지적해 주는 것이다(Garzetta & Harman, 1990).

내담아동이 어떤 상황을 회피하려 할 때 그 상황을 직면하고 머물러 있게 함으로써 그 상황을 이겨 나가도록 도와주어야 한다. 어떤 상황이 아무리 슬프거나 고통스럽더라도 피하지 않고 거기에 머물러 직면하면, 그러한 슬픔이나 고통은 새로운 감정으로 바뀔 수 있다는 것을 경험하게 해 주는 것이다. 내담아동이 미리 앞질러 너무 고통스러울 것이라고 단정 짓고 달아나 버리기 때문에 오히려 감정이 해소되지 않는 것임을 알게 해 주는 것이다.

어떤 내담아동은 곤란한 상황을 회피하기 위한 수단으로 웃음을 이용한다. 웃음으로 중요한 경험을 회피해 버리기 때문에 문제가 해결되지 않는 것이다. 이때 상담자는 내담아동에게 "웃지 않으면서 말해 보겠니?"라고 말하거나, "지금 감정이 어떠한가?"라고 물음으로써 내담아동으로 하여금 상황을 직면하도록 해 줄 수 있다(Levitsky & Perls, 1970). 혹은 상담자는 내담아동에게 "지금 무엇을 회피하고 있는가요?" 혹은 "지금 두려워하는 것이 무엇인가요?"라고 바로 질문하여 내담아동이 회피하려는 것을 알아내고 "지금 두려워하는 그 일이 벌어졌다고 상상해 보세요! 지금 느낌이 어떤가요?"라고 물음으로써 내담아동이 회피하는 상황을 직면시킬 수도 있다.

4. 아동상담 사례

멜리사는 5세 여아로 전형적인 매달리기를 좋아하는 아이였다. 기회만 주어지면 가까이 있는 사람들에게 매달리는 바람에 주변 사람들이 모두 멀리하였다. 멜리사의 어머니조차 매달리는 것을 견딜 수 없다고 표현하였다. 친구들도 멜리사가 지나치게 달라붙고 껴안고 하는 것이 불편해서 그녀로부터 일정한 거리를 두었다. 이런 아이들과 작업할 때에는 자기를 강화시켜 주어 자기에 대한 정체감을 가지도록 하는 것이 필요하다. 다양한 감각 연습들로부터 시작해서 점차 자신에 대한 느낌과 이미지를 알게 하고, 신체 이미지 등을 느낄 수 있도록 그림이나 게임으로 확장해 나가고, 자신의 욕구와 좋아하는 것, 싫어하는 것, 어떤 것을 결정하기, 의사를 표현하기 등으로 나아가도록 해야 한다(Oaklander, 2006).

- 인적사항: 멜리사(5세, 여아)
- 의뢰사유: 친구와 선생님, 주변 사람들에게 매달리고 자기 의사를 표현하지 못한다.
- 호소문제: 정서적 불안정과 분리를 두려워하여 상대방에게 매달리고 의사표현하지 못한다.
- 치료내용: 자기감에 대한 느낌, 이미지 자각으로 자기의 인식과 정체감 찾기를 하였다.

멜리사는 그림 한 장을 그리는 데도 항상 "이렇게 그려도 돼요? 어떤 색깔을 칠해야 돼요? 내가 그린 그림 괜찮아요?"라고 확인하며 물었다. 물을 때마다 나는 미소를 보여 줬다. 그러면 멜리사는 만족하고 다시 그림을 그렸다. 멜리사가 마룻바닥에 앉아 모래상자 놀이를 할 때는 통 안에 든 장난감을 모두 꺼내어 무릎이나 발 앞에 두었다. 장난감 놀이를 할 때도 모든 장난감을 자기 몸 가까이에 모아 두었다. 마치 안정감을 느끼기 위해 되도록이면 많은 물건을 가까이 두고 싶어 하는 것처럼 보였다.

내가 멜리사의 목소리를 녹음하여 목소리를 들려주자, 그녀는 자신의 목소리인지 알아듣지 못하고, "이게 누구예요?"라고 물었다. 방금 녹음한 멜리사의 목소리라고 말해 주었더니 무척 놀라면서 계속해서 자신의 목소리를 듣고 싶어 했다.

어느 날 큰 종이에 멜리사의 모습을 스케치해서 보여 주었더니 매우 좋아했다. 그리고 그 그림 속의 머리를 갈색으로 칠해 주자 매우 기쁜 표정으로 바라보고 있었다.

상담을 시작한 지 5회기가 지나자 변화가 일어나기 시작했다. 그녀는 자기 자신을 주변의 다른 사람들과 다른 분리된 존재로 인식하기 시작했다. 그녀는 자신의 느낌, 생각, 의견들을 말하기 시작했다. 가족 그림을 그려 보라고 했을 때, 멜리사는 더 이상 이전처럼 지속적으로 확인하지 않고 그림에 몰두하였다. 그리고 가족에 대해서 말하였다. "엄마는 놀기 좋아하고, 바보 같아요. 아빠는 엄마에게 못되게 굴어요. 둘은 매일 싸워요. 나는 싸울 때마다 노려봐요. 그게 싫어요."

자신을 슬프게 하는 것을 그려 보라고 했을 때, 멜리사는 자기 방에 앉아 있는 자신을 그린 후, "나는 엄마가 나를 내 방으로 들여보내는 것이 싫어요."라고 하였다. 엄마는 항상 어떻게 하라고 말하기 때문에 화가 난다고 하였다. "나는 내가 하고 싶은 것을 엄마가 못하게 할 때 화가 나요. 엄마가 부를 때 제일 싫어요, 정말 싫어요." 라고 하였다.

나는 멜리사에게 지시하는 놀이를 해 보자고 제안하였고, 서로 돌아가며 상대방에게 지시하는 놀이를 하였는데 무척 재미있어 했다. 멜리사가 자신에 대해서 자신의 감정, 좋아하는 것, 싫어하는 것 등에 대해서 말하기 시작하고 자기 주변에 대해서 분명하게 진술하기 시작하면서 그녀의 매달리는 태도는 현저히 줄어들기 시작했다. 자신에 대해서 알고 자기 감각이 생기고 자신의 존재를 알아차리면서 더 이상 자신의 존재를 알리기 위해 매달릴 필요가 없어진 것처럼 보였다.

활동

1. 내담아동의 욕구나 정서를 알아차리게 하기 위하여 신체감각을 알아차리는 작업을 할 수 있다. 신체감각 알아차림이 욕구나 정서를 알아차리는 것과 어떻게 연관이 있는지 설명해 봅시다.

2. 아동과의 상담과정에서 아동이 어떤 상황을 회피하려고 할 때 직면하고 머물러 있게 하는 것이 효과적일 때가 있다. 아동이 표현하는 말과 행동이 불일치할 때 상담자로서 직면시키는 말을 한다면 어떤 말을 할 수 있는지 생각해 봅시다.

3. 아동에게 자신의 억압된 욕구와 감정을 알아차리고 타인에게 피해를 주지 않는 방법으로 미해결된 감정을 해소하고 욕구를 충족하는 체험을 확장시키고자 한다. 예를 들어, 친구를 미워하는 아이에게 '빈 의자 기법'으로 상담한다면 어떻게 진행해야 효과적일지 설명해 봅시다.

4. 눈을 감고 자신이 가장 생동감 있게 살아 있다고 느꼈던 때를 기억하는 활동을 해 본다. 그때 느낀 감정을 떠올리고, 그때 무엇을 하고 있었는지, 자신의 몸은 어떤 상태에 있었는지를 떠올려 보는 작업을 통해서 잃어버린 생동감을 다시 경험해 봅시다.

제10장

행동주의 아동상담

행동주의 아동상담은 내담아동의 일상적 기능을 높이기 위한 개인 내·외적 행동을 평가하고 증진시키는 것으로, 과거 경험이나 무의식과 같은 내적 요소의 변화보다는 현재의 행동을 변화시키는 데 초점을 둔 이론이다. 이 장에서는 내담아동의 내·외현적 문제행동을 제거하여 재발을 방지하고, 현실적 문제 상황에 효과적으로 대처하기 위한 행동을 학습하는 방법을 알아보고자 한다.

1. 행동주의 이론의 발달

파블로프(Ivan Pavlov, 1849~1936)

행동주의 이론을 이해하기 위해서는 행동분석(behavior analysis)에 대해 먼저 이해할 필요가 있다. 행동분석이란 인간과 다른 동물들의 행동을 지배하는 법칙에 대하여 행하는 과학적 연구를 일컫는 것으로, 행동주의의 바탕이 되는 이론이다. 즉, 행동분석을 기반으로 구성된 행동주의 이론은 과학적 근거를 기반으로 한다. 행동주의 이론은 반응적 조건형성과 조작적 조건형성, 사회학습 이론으로 구성된다.

반응적 조건형성은 1904년 노벨 의학상을 수상한 심리학자 파블로프(Ivan Pavlov)의 개의 소화에 대한 실험 수행에서부터 시작되었다. 파블로프는 뇌의 고등 활동을 연구하면서 반사를 획득하는 과정을 연구하기 위해 개의 침 흘리기를 활용하였다. 이 과정에서 아무런 의미가 없는 소리자극도 여러 번 음식과 결합되면 소리만 듣고도 침을 흘리게 된다는 사실을 발견하게 되고, 음식을 무조건적 반사, 소리를 조건적 반사라고 일컬었다.

1913년 이전의 심리학은 마음의 과학으로 정의되었는데, 왓슨(John Broadus Watson)은 심리학을 행동 과학으로 재정의해야 한다고 주장하면서 인간의 행동을 학습된 습관으로 설명하는 내용의 논문을 발표하였다. 1916년 왓슨은 조건반사를 단위로 받아들여 대부분의 복잡한 활동은 반응적 조건형성으로 인하여 일어나는 것이라고 주장하였다. 1920년 왓슨과 레이너(Rosalie Raynor)는 예전에 무서워하지 않았던 큰 쥐를 큰 소리와 조건화시킴으로써 영아가 쥐를 무서워하게 되어 쥐에게 두려움이라는 조건반사를 보이게 된다는 것을 증명하였다.

1924년에 왓슨과 레이너의 연구를 중심으로 존스(Mary Jones)는 아동이 토끼에게 느끼는 두려움 반응을 없애기 위해 존스가 재미있는 활동을 하는 동안에 토끼의 거리를 점차 좁혀가는 몇 번의 시도를 반복해 두려움 반응을 소거할 수 있음을 증명하였다. 1947년 셰링턴(Sir Charles Sherrington)은 하나의 근육이 자극을 받으면 길항 근육이 억제될 수 있다는 상호억제(reciprocal inhibition)라는 이론을 개발하였다. 이러한 개념을 토대로 월피(Joseph Wolpe)는 체계적 둔감화라는 절차를 통해서 학습된 두려움이나 불안을 억제하기 위하여 이완반응을 이용하였다.

행동주의의 또 다른 주요 이론으로 조작적 조건형성이 있다. 파블로프의 조건형성에는 반사와 선행자극에 대한 자동적 반응을 포함하고 있으나, 행동 중 많은 부분은 선행자극보다는 결과에 영향을 받는 것이다. 스키너(Burrhus Frederic Skinner)는 자극에 의하여 유발된 행동과 결과에 의해 통제된 행동을 명확히 구분한 학자이다. 그는 자극에 의해 유발된 행동을 반응행동, 결과에 의해 통제된 행동을 조작적 행동이라고 정의하였다.

스키너는 파블로프의 실험에 영향을 많이 받았지만 조작적 행동을 설명하기 위해 또 다른 방법이 필요함을 주장하였다. 1932년 그는 실험용 쥐가 먹이를 먹기 위해 지렛대를 누르는 행동에 관한 실험을 통해 조작적 행동을 설명하였다. 1938년 『유기체의 행동: 실험 분석(The Behavior of Organisms: An Experimental Analysis)』이라는 책을 통해서 조작적 조건형성의 기본원리를 설명하였다. 이러한 작업은 다른 심리학자들도 조작적 조건형성이라는 이론에 관심을 가지고 연구하도록 하는 계기가 되었다.

스키너(Burrhus Frederic Skinner, 1904~1990)

그는 1953년 『과학과 인간행동(Science and Human Behavior)』이라는 책을 통해서 기본행동 원리가 일상생활에서 인간의 행동에 어떤 영향을 미치고 있는지 설명하였다. 스키너의 해석은 그의 이론을 인간에게 일반화하여 적용하기에는 부족하였지만, 이후 심리학자들의 수많은 실험과 응용 장면을 통해 인간 행동에 영향을 미치는 강화의 효과를 검증하는 데 시작점이 되었으며, 현재까지 꾸준히 연구가 지속되고 있다.

행동주의 이론의 초기 역사의 대부분은 조작적 조건형성 혹은 반응적 조건형성으로 설명되었다. 이후 1969년 사회학습 이론가인 밴듀라(Albert Bandura)는 반응적 조건형성과 조작적 조건형성의 기본원리를 토대로 사회학습 이론을 제시하였다. 그는 관찰학습(observational learning)의 중요성을 강조하였는데, 인간은 주변 사람들의 행동을 보고 그 행동결과를 관찰하고, 그들의 행동을 모방할 수 있다고 보았다. 또한 인지과정이 행동에 중요한 영향을 미친다고 설명하였다. 인지과정이란 우리가 스스로에게 말하거나 생각하는 것을 의미하는 것으로, 인간은 주변 환경에서 발생하는 여러 가지 행동들을 인지과정을 통해 선택·결정하여 적절한 행동을 모델링하면서 자신만의 행동을 만들어 간다고 보았다. 이러한 행동주의 이론의 대표적인 3가지 원리는 오늘날 행동주의 이론을 설명하는 주요개념으로 사용되고 있으며, 인지행동치료 개념 형성에 영향을 미치게 되었다.

밴듀라(Albert Bandura, 1925~현재)

2. 기본개념

행동주의에 관한 이론을 이해하기 위해서는 행동(behavior)의 의미에 대한 정의가 필요하다. 행동이란 개인이 말하거나 행하는 어떤 것을 의미한다. 이러한 행동은 걷기, 던지기, 소리 지르기 등 행동을 실행하는 사람 이외의 다른 사람들에 의해서 관찰되고 기록될 수 있는 외현적 행동과 개인의 내면에서 발생하는 내현적 행동으로 구분될 수 있다. 심리적으로 어려움을 겪고 있는 사람들을 비롯한 정상적이거나 특별한 어려움이 없는 사람들은 그들이 개선시키고 싶어 하는 행동들을 가지고 있으며, 이러한 행동들은 결핍 혹은 과잉으로 나타난다. 즉, 행동주의 이론은 일차적으로 내·외현적 행동에 초점을 두고, 결핍 혹은 과잉행동을 변화시키기 위하여 현재의 환경을 조작하는 것이라 할 수 있다.

행동주의는 아동의 과거경험이나 무의식과 같은 내적 요소의 변화보다는 현재의 행동을 변화시키는 데 초점을 둔 이론이다. 아동을 고통스럽게 하고 부적응으로 몰아가는 내·외현적 문제행동을 제거하여 재발하지 않게 하고, 현실적 문제 상황에 효과적으로 대처할 수 있는 긍정적 행동을 학습시켜 아동의 적응력을 높이는 것이다.

1) 반응적 조건형성

선행학습이나 조건형성에 대한 경험 없이 어떤 특정한 자극에 자동적으로 반응을 유발한다는 사실에 기반을 둔 반응적 조건형성(고전적 조건형성)은 우리가 삶에서 좋아하고 싫어하는 과정을 설명하는 이론이다. 삶에서 접하게 되는 다양한 것에 대한 선호와 혐오를 형성하게 되는 데에 많은 요인이 존재한다. 선호는 그 특정 대상에 대한 접근적 행동을 유발하고, 혐오는 회피행동을 유발한다. 반응적 조건형성은 선호하거나 혹은 반응을 나타내지 않았던 환경적 자극에 대해 특별한 선호와 행동적 반응이 나타나게 되는 학습과정을 의미한다.

반응적 조건형성 이론은 러시아의 생리학자인 파블로프가 개의 타액분비에 관한 실험을 하는 과정에서 특이한 현상을 발견하게 되면서 시작되었다. 일반적으로 개

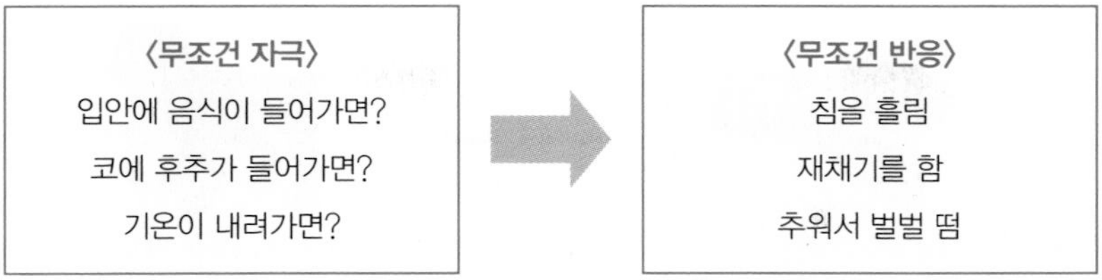

그림 10-1 무조건 반응의 예

출처: Wolpe (1990).

는 먹이를 보면 침을 흘리는 행동이 나타나는데, 먹이가 보이지 않는 상황에서도 개가 침을 흘리는 행동을 발견하게 된다. 그는 또다른 무언가를 발견하게 되는데, 정오를 알리는 성당의 종소리가 울린 후 주인이 개에게 정기적으로 먹이를 주었다는 사실이었다. 이러한 주인의 행동은 개가 종소리를 듣고 침을 흘리는 반응을 습득하게 하였다.

이러한 관찰을 통해서 파블로프는 몇 가지 개념을 정립하게 되었다. 고기를 보고 침을 흘리는 개의 행위는 선행 조건화 없이 자극이 반응을 유발한다는 점에서 고기를 무조건 자극(unconditioned stimulus)이라고 하였으며, 이러한 자극에 대해 자동적으로 유발되는 침을 흘리는 반응을 무조건 반응(unconditioned response)이라고 하였다. 처음에는 침을 흘리지 않았다가 이후에 개로 하여금 침을 흘리는 반응이 나타나게 한 자극(종소리), 즉 조건 반응을 일으키는 자극을 조건 자극(conditioned stimulus)이라고 하였으며, 조건 자극에 의해 유발된 반응, 즉 종소리에 침을 흘리는 행위를 조건 반응(conditioned response)이라고 하였다. 조건 자극과 유사한 여러 가지 자극에 대해서 행위가 나타나는 조건 반응 현상을 자극 일반화(stimulus generalization)라고 한다. 하지만 조건 자극과는 전혀 다른 자극(예: 발 구르는 소리)에는 조건 반응(침을 흘리는 행위)이 나타나지 않는 현상은 자극 변별(stimulus discrimination)이라고 한다. 하지만 종소리와 발 구르는 행위를 짝지어서 반복적으로 제시하여 개가 발 구르는 소리에도 침을 흘리게 되는 현상을 2차적 조건형성(secondary conditioning)이라고 한다.

행동주의 학자들은 반응적 조건형성 원리에 의해 다양한 행동과 정서반응이 학습될 수 있음을 여러 실험을 통해 보여 주었다. 공포증을 비롯한 여러 가지 정서문제를 지닌 내담아동들에게 반응적 조건형성 원리는 유용하게 적용될 수 있었다.

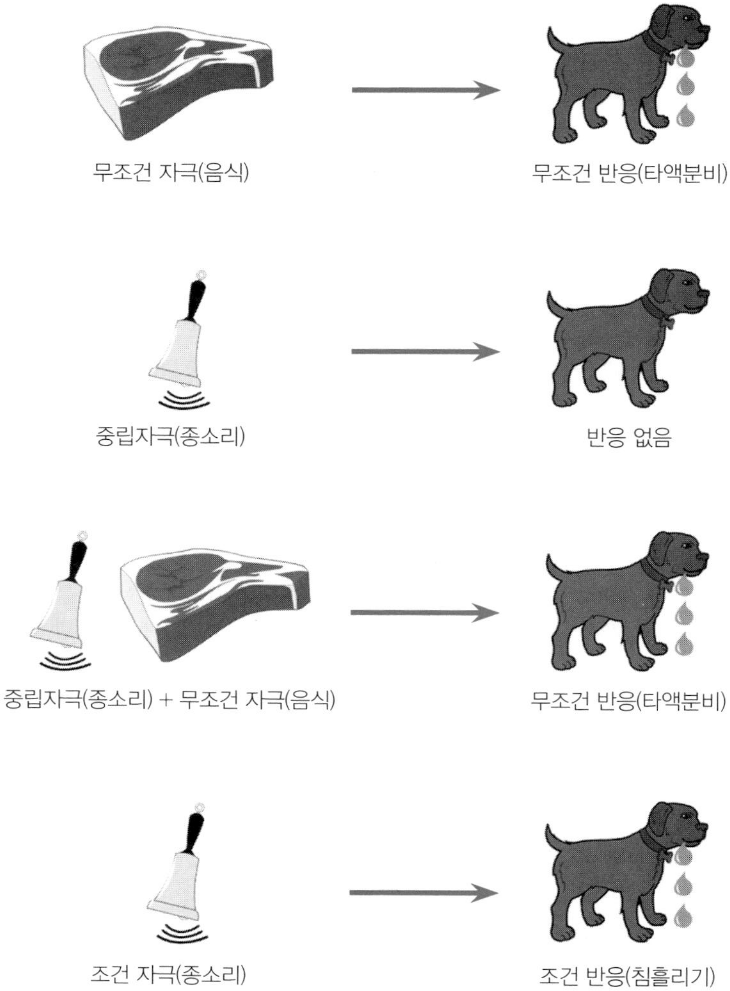

그림 10-2 파블로프의 반응적 조건형성 실험

1924년 존스는 토끼를 무서워하는 피터(Peter)라는 소년의 공포반응을 제거하기 위해 편안하고 즐거운 기분(무조건 반응)을 유발하는 초콜릿(무조건 자극)을 토끼(조건 자극)와 함께 제시함으로써 토끼에 대한 두려움을 느끼지 않는 편안한 기분(조건 반응)이 학습되도록 하였다. 내담아동의 문제행동 수정을 위한 방법으로 반응적 조건형성 원리는 매우 적절하게 사용될 수 있음을 보여 주는 접근이다.

2) 조작적 조건형성

스키너는 반응적 조건형성의 단순함을 비판하면서 특정 행동 이후 강화를 제공함으로써 행동을 조건화시킬 수 있다는 조작적 조건형성 이론을 제시하였다. 인간의 행동은 조건 자극을 통해 수동적이며 소극적으로만 형성되는 것(반응적 조건형성)이라기보다는 적극적이고 능동적 입장에서 행동 후 나타나는 보상에 의해 조작적으로 형성된다고 보았다.

조작적 조건형성의 시작은 손다이크(Edward Lee Thorndike)가 발표한 고양이 실험이었다. 누름판을 누르면 문이 열리는 장치가 되어 있는 상자 안에 고양이를 집어넣고 상자 밖에 먹이를 놓아두었다. 고양이는 먹이를 먹기 위해 상자 밖으로 나가려고 여러 가지 행동을 하다가 누름판을 누르자 문이 열린다는 현상을 발견하게 되었다. 밖으로 나온 고양이를 다시 상자 안에 넣자 고양이는 누름판을 눌러 상자 밖으로 나온 후 먹이를 먹었다. 고양이는 누름판을 누르면 문이 열린다는 사실을 학습하였다. 이러한 관찰에 근거하여 손다이크는 보상이 주어지는 행동은 학습될 수 있으며, 처벌이 주어지는 행동은 회피된다는 효과의 법칙(law of effect) 이론을 제시하였다. 하지만 보상 획득을 위해 문제를 해결하는 동물의 지적 능력이라는 관점에서 그의 연구결과가 해석되었다.

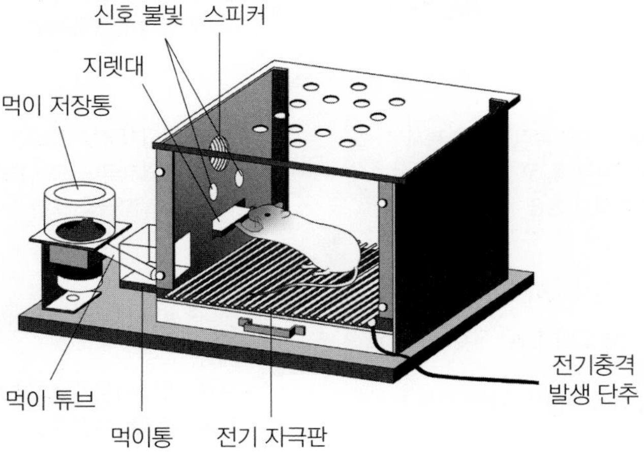

그림 10-3 스키너 박스

손다이크의 실험 결과를 토대로 스키너는 스키너 박스를 만들어 조작적 조건형성 이론을 체계화하였다. 그는 지렛대와 먹이 접시가 들어 있는 상자를 만들어, 지렛대가 눌러지면 먹이가 나오도록 설계하였다([그림 10-3] 참조). 쥐를 상자 안에 넣은 후 행동을 관찰하였는데, 쥐는 상자 안을 배회하다가 우연히 지렛대를 누르게 되고 음식이 나와 먹이를 먹게 되었다. 그 후, 쥐는 이러한 경험이 반복되자 더욱 자주 지렛대를 누르는 행동을 하게 되고 결국 학습하게 되었다. 쥐가 지렛대를 누르는 행동을 한 후 주어진 먹이라는 강화물에 의해서 지렛대를 더욱 자주 누르는 행동이 조건형성된 것이다.

반응적 조건형성과 조작적 조건형성의 차이점 및 유사점은 다음과 같다(Martin & Pear, 2015). 어떤 자극이 주어진 뒤 특정 반응(행동)을 유발하게 하는 다른 자극이 뒤를 이어 일어나는 것을 반응적 조건형성이라고 한다. 한편, 특정한 반응(행동)이 일어난 후 뒤를 이어 어떤 특정한 자극이 주어지는 것을 조작적 조건형성이라고 한다. 반응 후 이어지는 자극이 강화물 혹은 벌이냐에 따라 결과가 달라지게 된다. 강화물일 경우 반응이 다시 일어나게 되는 경향(행동증가)을 보이며, 벌일 경우 반응이 다시 일어나지 않게 되는 경향을 보인다.

	조작적 조건형성(능동)		반응적 조건형성(수동)
〈행동의 모양〉	개인이 방출한 행동, 자발적 행동/행위	↔	반사적 행동, 선행자극에 의해 유발된 행동, 자발적 행동이 아닌 무의식적 행동
〈강화〉	• 방법: 반응(행동) 직후 정적강화를 제시 (반응 후에 혐오자극 제거) • 결과: 행동의 빈도가 상승	↔	• 방법: 중립자극을 무조건 자극과 짝짓기 • 결과: 중립자극이 조건 반응을 일으키는 힘을 얻게 됨(그 자극을 조건 자극이라고 함)
〈소멸〉	• 방법: 강화되었던 반응(행동) 직후 강화요인을 철회(중단) • 결과: 반응의 빈도 하강	↔	• 방법: 조건 자극을 무조건 자극 없이 계속 제시함 • 결과: 조건 자극이 조건 반응을 일으킬 힘을 상실하게 됨

그림 10-4 조작적 조건형성과 반응적 조건형성의 비교

출처: Martin & Pear (2015).

3) 사회학습 이론

인간이 행동을 습득하는 대표적인 방법은 다른 사람의 행동을 모방하는 것이다. 실험연구를 통해 밝혀진 조작적 조건형성과 반응적 조건형성은 인간의 행동을 설명하는 데 많은 기여를 하였으나, 사회적 상황에서 나타나는 다양하고 복잡한 행동의 습득과정을 설명하는 데에는 한계를 가지고 있다.

사회적 상황에서 학습하는 과정을 이론적으로 설명하기 위해 밴듀라는 사회적 학습(social learning)이라는 개념을 제시하였다. 사회적 학습이란 사회적 상황에서 다른 사람의 행동에 대한 관찰과 모방을 통하여 새로운 행동을 학습하는 것을 의미한다. 밴듀라는 자극이나 강화를 경험하지 않고 타인의 행동을 관찰하기만 해도 인간은 행동을 학습할 수 있다고 주장하였는데, 이러한 근거는 학습과 관련된 인간의 인지과정에 있다고 주장하였다.

밴듀라의 보보 인형 실험은 유아가 모델링을 통해 공격적 행동을 학습 혹은 억제할 수 있음을 보여 주고 있다. 내용은 다음과 같다. 그는 4세 유아를 세 집단으로 구성하여 성인이 보보 인형을 때리고, 넘어뜨리며 공격적인 행동을 하는 비디오를 보여 주었다. 하지만 세 집단 각각에게 제공된 비디오의 마지막 장면은 달랐다. 첫 번째 집단에게는 공격적 행동 후 성인이 칭찬을 받으며 맛있는 음식을 선물로 주는 장면이 연출되었으며, 두 번째 집단에게는 공격적 행동 후 성인이 혼나고 처벌받는 장면이 연출되었다. 끝으로, 마지막 집단에게는 성인의 공격적 행동에 대해 성인이 상이나 처벌 중 아무것도 하지 않는 장면이 연출되었다. 세 집단에 있던 유아는 비디오를 보고 난 후, 보보 인형과 다른 장난감들이 있는 방에 들어갔다. 그는 유아가 비디오 속 성인이 보였던 공격행동을 얼마나 자주 보이는지 측정해 보았는데, 혼나고 처벌받는 장면을 본 유아는 다른 두 집단 유아보다 공격적 행동을 덜 보이는 것으로 나타났다. 다음 단계로, 실험자가 유아들이 있는 방으로 들어가서 비디오에서 본 것을 따라한다면 선물을 주겠다고 말한 후, 유아의 행동을 측정해 보았다. 그 결과, 세 집단 모두에서 동일한 수준의 공격적 행동을 보이는 것이 나타났다. 유아가 공격적 행동을 하여서 처벌받는 것을 관찰학습함으로써 유아의 공격적 행동을 억제시킬 수는 있지만, 유아가 모델링을 통해 공격적 행동을 학습한 것에는 별다른 영향을 끼치지 못한다는 것이다.

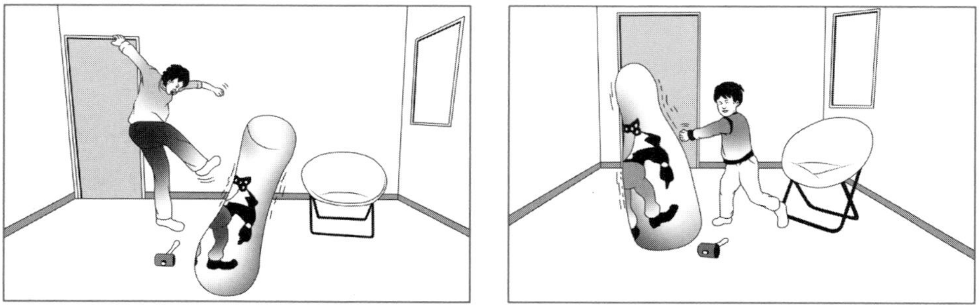

그림 10-5 밴듀라의 보보 인형 실험

사회적 학습은 크게 3가지 유형으로 구분될 수 있다. 첫 번째는 다른 사람의 행동을 그대로 따라 하는 모방학습(modeling) 유형이다. 이러한 모방은 가장 단순한 형태의 사회적 학습으로 인지 요인의 개입 없이 자동적으로 이루어지는 것을 의미한다. 또래의 욕설과 폭력적 행동을 모방하는 아동이 이에 해당한다.

두 번째는 대리학습(vicarious learning) 유형이다. 다른 사람들이 새로운 행동을 시도한 후 나타나는 결과에 대해 관찰하여 자신이 동일한 행동을 하였을 때 생기게 되는 결과를 예상하는 학습방법이다. 특정 행동에 대해 보상을 받는 것을 보게 되면 그 행동의 빈도가 증가하는 반면, 처벌되는 것을 관찰하게 되면 그 행동의 빈도는 감소하게 되는 것이다. 특정한 행동을 한 후 교사에게 칭찬받는 친구를 보고 친구의 행동을 따라하는 아동이 이에 해당한다.

마지막 유형은 관찰학습(observational learning) 유형으로 사회적 상황에서 다른 사람의 행동을 관찰한 후 유사한 행동을 나타내는 학습과정을 의미한다. 한 예로, 폭력적인 만화를 보는 아동은 주인공이 나타내는 폭력적 행동을 유심히 관찰한 후, 자신이 증오하는 사람에게 똑같이 폭력행위를 저지르게 된다. 밴듀라가 제시한 관찰학습의 4단계는 다음과 같다. 첫째, 주의집중 단계(attentional process)는 관찰학습을 위해 모델에 주의를 기울여 관찰하는 단계이다. 둘째, 기억단계(retention process)는 관찰을 통해 얻은 정보를 기억하는 단계이다. 모델의 행동을 시각적 이미지나 시각적 이미지에 언어적 설명을 덧붙여서 기억하며 모방을 정교화시키는 과정이다. 셋째, 운동재생 단계(motor reproduction process)는 기억해 둔 모델의 행동을 외적으로 재현하는 단계이다. 기억한 행동을 실제로 실행에 옮겼을 때 학습효과가 높아지게 된다. 넷째, 동기화 단계(motivational process)이다. 이미 학습된 모델의 행동을 직접 수행할 것인지 아닌지를 결정하는 단계로서, 3가지 강화에 의해 좌우된다. 직접강화는 자신이 모델이 보인 비슷한 행동을 하였을 때 직접 받게 되는 강화를 의미한다. 대리강화는 모델이 행동을 한 후 받았던 강화를 의미한다. 자기강화는 자신의 내적 기준에 따라서 자신의 행동에 대해 스스로 내리는 보상 혹은 처벌을 의미한다.

이러한 3가지 강화 중 대리강화를 통해 모델링이 되는 부분이 가장 많다는 점에서 내담아동의 문제행동 수정에 활용될 수 있다. 따라서 부모는 내담아동의 문제행동을 예방하기 위한 방안으로 내담아동과의 긍정적 상호작용을 통해 능동적으로 자신의 의견을 표현할 수 있도록 훈련시킬 필요가 있으며, 환경적 측면에서는 긍정적 대리강화를 경험하게 할 필요가 있다. 인간의 학습은 전적으로 환경의 영향을 받는 것이 아니라 인간과 환경과의 지속적 상호작용을 통해 이루어지는 상호결정론(reciprocal determinism)이기 때문이다.

4) 강화와 처벌

인간의 행동은 증가되어야 할 적절한 행동과 감소되어야 할 부적절한 행동으로 구성된다. 행동은 그 결과에 따라 증가 또는 감소되는데, 보상이 뒤따르는 행동은 증가되고 처벌이 주어지는 행동은 감소된다는 원리에 입각하여 스키너는 강화와 처벌의 개념을 설명하고 있다. 적절할 행동을 증가시키고 발달 · 유지시키는 대표적인 방법으로 정적/부적 강화와 조건강화, 간헐강화 등이 있으며, 부적절한 행동을 감소 · 제거하기 위한 방법으로, 소거, 정적/부적 처벌 등이 있다.

(1) 강화

아동이 사회에 적응해 나가기 위해서는 여러 가지 복잡한 행동을 이해하고 학습해 나가야 한다. 상황에 따른 적절한 행동을 전혀 하지 못하거나 효과적으로 행동하지 못할 때 강화(reinforcement)를 활용하여 긍정적인 행동을 학습시킬 필요가 있다. 강화는 아동이 적절한 행동을 할 때 그 행동을 유지하거나 증대시키는 것으로, 강화의 목적은 적절한 행동이 지속될 가능성을 높이는 것이다. 이러한 강화는 정적 강화와 부적 강화로 구성되어 있다.

정적 강화(positive reinforcement)는 바람직한 행동을 한 아동에게 그가 좋아하는 자극(강화물)을 제공(+)하는 것을 의미한다. 기초강화와 조건강화, 활동강화 등이 여기에 해당한다. 책을 열심히 읽는 아동에게 ① 음식이나 물, 과자를 주기(기초 강화), ② 돈이나 토큰, 점수를 주어 자기가 원하는 여러 가지 보상물 또는 특전을 얻는 데 사용하게 하기(조건 강화), ③ 자기가 보고 싶은 TV 보기, 게임을 할 수 있게 하기(활동 강화)가 여기에 해당한다.

부적 강화(negative reinforcement)는 바람직한 행동을 한 아동에게 그가 싫어하는 것을 제거(−)해 주는 것을 말한다. 수업시간에 집중을 잘하는 아동에게 숙제나 화장실 청소를 면제해 주는 것 등이 여기에 해당한다.

(2) 처벌

처벌(punisher)은 불쾌한 자극을 경험하게 함으로써 부적절한 행동이 감소하거나 소멸하도록 유도하는 것이다. 처벌은 혐오자극 혹은 혐오스러운 것으로도 불리기도 하는데, 한 사건이 한 사람에게 특정 상황에서 특정 행동에 대한 벌칙으로 작용하면, 다른 상황에서 다른 행동을 감소시키는 데에 활용될 수 있다. 즉, 내담아동이 어떤 상황에서 행동 뒤에 곧바로 처벌을 받게 되면 다음에 유사한 상황에서 똑같은 행동을 반복할 가능성이 적어지게 되는 것이다. 행동수정에서의 처벌은 징벌의 형태를 의미하는 것이 아닌, 단순히 특정 상황에서 특정 행동 뒤에 즉각적으로 제시하여 앞으로 그 사람이 특정 상황에서 특정 행동을 할 가능성을 감소시키는 데 적용되는 용어이다. 처벌은 정적 처벌과 부적 처벌로 구성되어 있다.

정적 처벌(positive punishment)은 바람직하지 못한 행동을 한 아동에게 불쾌한 자극(강화물)을 제공(+)하는 것을 말한다. 신체적 벌칙(physical punisher)과 질책(reprimands)이 여기에 해당한다. 선생님의 말을 듣지 않는 아동에게 ① 엉덩이를 때리기(신체적 벌칙), ② “안 돼! 그건 나쁜 짓이야(질책).” 라고 소리치는 경우가 이에 해당한다.

부적 처벌(negative punishment)은 바람직하지 못한 행동을 한 아동의 즐거운 자극(강화물)을 제거(−)하는 것이다. 타임아웃(timeout)과 반응대가(response cost)가 여기에 해당한다. 선생님의 말을 듣지 않는 아동에게 ① 방에 5분간 들어가 있게 하기(타임아웃), ② 보상으로 받은 토큰을 회수(반응대가)하는 경우가 이에 해당한다.

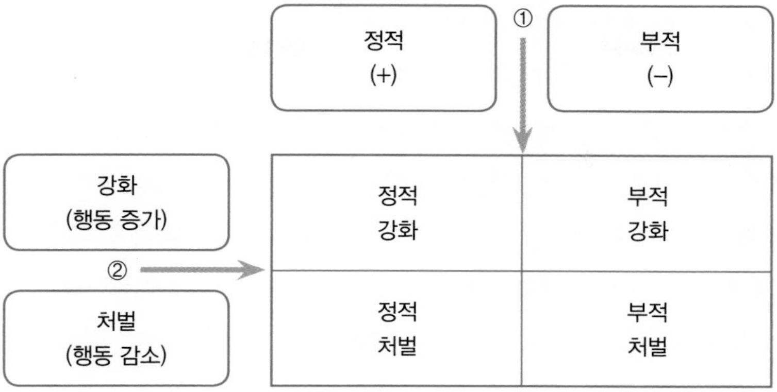

그림 10-6 강화와 처벌

출처: Smith, Michael, & Sundberg (1996).

5) 소거

소거(extinction)는 학습된 행동에 대해 강화가 제공되지 않아 행동 수행이 중지되는 현상, 즉, 반응의 중단이나 제거를 말한다. 소거에는 반응적 소거와 조작적 소거 두 가지 유형이 있다. 반응적 소거는 무조건 자극(US) 없이 조건 자극(CS)만 제시하여 조건 자극(CS)이 점차 조건 반응(CR)을 유발하는 능력을 잃게 하는 것을 의미한다. 아동이 커다란 개를 만지려고 손을 뻗자 그 개가 큰 소리로 짖어서 아동이 깜짝 놀랐다고 가정해 보자. 큰 개를 보는 것(Neutral Stimulus: NS, 중립 자극)과 큰 소리를 짖는 것(US)이 짝지어짐으로써 개를 보는 것만으로도 울고 몸을 떠는 반응을 일으키게 되는데, 이것은 두려움이라는 이름의 조건 반응(CR)이 된다. 이번에는 부모가 아동을 애완견 쇼에 데려간다고 가정해 보자. 커다란 개들이 주위에 있지만, 그 개들은 공연을 하는 동안 걷거나 조용히 앉아 있도록 훈련을 받았다. 이러한 개들과 (짖는 것과 짝짓는 것이 없이) 반복해서 접촉하면 아동은 개를 보는 것에 대한 공포를 극복하는 데 도움을 받게 된다. 즉, 개를 보는 행동은 더이상 조건 반응(두려움)을 유발하는 조건 자극(CS)으로서의 능력을 잃게 되는 것이다.

어떤 상황이 발생하였을 때 아동이 예전에 강화받았던 반응을 표출하였는데, 그 반응에 대한 강화물이 뒤따르지 않는다면 이 아동은 다음에 유사한 상황에서 그와 같은 행동을 더 적게 하게 된다. 조작적 소거는 만약 어떤 반응이 정적 강화를 통해 그 빈도가 증가하였다면, 반응을 강화하는 것을 완전히 중지함으로써 반응의 빈도를 줄이는 것을 의미한다. 잠을 잘 때마다 짜증을 내는 아동이 있다고 가정해 보자. 부모가 그 아동을 침대에 눕히고 방을 나서면 고함을 지르고 우는 행동을 한다. 이때 부모는 아동이 잠을 잘 때까지 옆에 있어 준다(30분에서 2시간). 이러한 부모의 행동은 아동의 짜증내는 행동을 강화시킨 것이다. 아동의 문제를 줄이기 위해, 부모는 지금까지 했던 것과 마찬가지로 하되, 아동의 방을 나온 후 비명을 지르거나 울더라도 다시 그 방으로 가지 않았다. 소거 방법을 사용한 첫날밤에는 아동이 45분 동안 계속 울었지만 이후 우는 시간이 영 수준까지 줄어들었다. 10일 째 되는 날 밤에는 부모가 방을 나갈 때 미소를 지을 정도의 많은 변화를 보였으며, 그 다음 주 까지 짜증을 내면서 우는 행동을 보이지 않게 된다.

3. 행동주의 아동상담의 실제

1) 상담목표

행동주의 이론에서의 일반적 상담목표는 학습의 새로운 조건을 창출하는 데 있다. 새로운 학습경험을 통해 현재의 문제행동을 해결할 수 있으며, 학습이 문제행동을 개선할 수 있게 한다. 행동주의 이론의 근본적인 목적은 바람직하지 못한 행동을 소거시키고 바람직한 행동을 학습시킴으로써 문제행동을 보이는 내담아동의 적응력을 높일 수 있도록 하는 것이다. 행동주의 이론을 토대로 상담을 실시할 때 내담아동 스스로가 목표를 결정하게 하여 행동에 대한 책임감을 가지게 할 필요가 있다. 계속적인 평가에 의해서 목표들의 달성 정도를 결정하기 때문에 목표는 구체적이고 세부적으로 작성하도록 도와야 한다.

2) 상담과정

내담아동의 행동수정을 위한 과정은 8단계로 구분되어 있으며, 각 단계는 일련의 상호 관련된 단계로 나타날 수 있다(Spiegler, 2015). 1단계는 내담아동의 문제를 명료화하는 과정이다. 내담아동은 자신의 문제를 막연하고 분명하지 못한 용어를 사용하여 표현한다.

내담아동: 친구 때문에 스트레스를 많이 받아서 뻗기 직전이에요.

상담자: '뻗는다'라는 것이 구체적으로 어떤 것을 말하지?

'많이'와 '뻗다'라는 용어는 불분명한 의미를 가지기 때문에 이를 구체적 언어로 표현하도록 할 필요가 있다. 내담아동은 다양하고 복합적인 문제를 가지고 상담에 참여하기 때문에, 이러한 문제를 1~2가지로 줄여서 치료를 시도해야 한다. 하나의 문제를 치료하는 경우 그 문제에 더 집중할 수 있으며, 대부분의 문제는 서로 연관되어 있기 때문에 하나의 문제를 약화시킨다면 그와 관련된 다른 문제들도 경감시킬 수 있다.

2단계는 초기 치료목표를 수립하는 과정이다. 내담아동의 문제가 명확하게 규명되고 나면 초기 목표를 세우는 단계로 치료의 다음 단계들의 방향을 제시해 준다. 내담아동이 목표를 스스로 결정해야 하는 중요한 책임감이 부여되는데, 그러한 목표는 개개인의 특성에 따라 개별화될 필요가 있다. 목표가 너무 비현실적이거나 내담아동이나 타인에게 부정적 결과를 낳을 수 있는 경우는 상담자의 적절한 개입이 필요하다.

3단계는 표적행동을 설계하는 과정이다. 표적행동(target behavior)은 분명하고 측정 가능한 행동으로 세분화된 구체적 행동을 가리킨다. 표적행동은 가장 쉽고 불안을 적게 유발하는 행동에서 시작하여 점차 어려운 행동으로 순차적으로 나열하여야 한다. 행동을 순차적으로 나열하는 것은 내담아동으로 하여금 한 번에 한두 개의 문제에 집중하게 하여 효과적인 치료를 실시할 수 있다는 장점을 가진다. 표적행동 설정과정에서는 다음과 같은 필수 조건을 충족시킬 수 있도록 해야 한다. 첫째, 표적행동은 문제의 전체가 아니라 문제의 일부분이기 때문에 그 행동이 일어나기에 적당한 장소나 구체적인 시간 등을 포함하여 범위를 좁혀야 한다. 둘째, 표적행동이 명료하게 정의되게 하여 평가할 수 있게 함으로써 내담아동이 그 행동을 잘 수행하고 있는지 여부를 파악할 수 있게 해야 한다. 셋째, 표적행동은 수량화될 수 있도록 하여 정확하게 측정할 필요가 있다. 넷째, 표적행동은 내담아동의 특성에 맞는 적절한 것이어야 한다.

4단계는 표적행동을 유지시키는 조건을 확인하는 과정이다. 표적행동을 변화시키기 위해서는 유지조건을 변화시켜야 하기 때문에 매우 중요한 과정이다. 따라서 표적행동을 유지시키는 선행사건과 후속결과에 대해 상세하게 알아야 한다. 상담자는 내담아동에게 다음과 같은 질문을 할 수 있다.

> 상담자: "○○는 어떤 상황에서 표적행동을 가장 자주 혹은 가장 적게 하니?", "표적행동을 하기 전에 무슨 생각을 하고 어떤 기분을 느끼니?"

위와 같은 구체적인 평가방법을 이용하여 유지조건을 확인할 필요가 있다. 구체적인 평가방법은 행동적 면담, 자기보고 양식검사, 자기기록, 행동 체크리스트, 역할놀이, 체계적 자연관찰 등이 있다.

5~6단계는 치료계획을 수립하고 실행하는 과정이다. 표적행동은 유지조건을 직접적으로 변화시킴으로써 간접적으로 변화된다. 대부분의 행동은 선행사건과 후속결과에 의해서 지속되고 있다. 예를 들어, 자해행동을 하는 내담아동의 후속결과는 사회적인 관심 유발, 불안감에서 벗어나기 위한 것 등이 있다. 대부분의 행동은 서로 관련성을 가지기 때문에 표적행동이 유지되게 하는 모든 조건을 변화시키는 것은 불가능하다. 따라서 표적행동에 가장 영향을 미치고, 사용 가능한 행동치료방법으로 능률적으로 수정할 수 있는 유지조건을 선정하여 변화시키는 작업이 이루어져야 한다.

7~8단계는 치료의 성공 여부를 파악하고 추후 평가를 실시하는 과정이다. 치료의 성공을 평가하는 첫 번째 과정은 표적행동이 기초선에서부터 유의하게 변화하였는지 확인하는 것이다. 표적행동이 변화하지 않았다면, 앞 단계로 돌아가 잘못된 점(예, 표적행동의 유지조건을 정확하게 확인하지 못한 경우)을 다시 확인할 필요가 있다. 표적행동이 변화하였더라도 그것이 내담아동의 문제를 완화시키거나 치료목표를 충족시켰는지에 대한 평가가 이루어질 필요가 있다. 치료목표가 달성되었다면 치료는 종결된다.

3) 상담기법

(1) 노출법

노출법은 2가지 차원의 접근에서 이루어진다. 첫 번째는 단기적/점진적 접근으로 짧은 시간 동안(몇 초에서 몇 분까지), 내담아동의 불안을 유발하는 수준이 낮은 사건을 시작으로 점진적으로 노출시키는 것을 말한다. 대표적인 기법으로는 체계적 둔감법, 실생활 노출법, 가상현실 노출법 등이 있다. 두 번째는 장기적/집중적 접근으로 약간 긴 시간 동안(최소 10분에서 1시간 이상) 처음부터 강한 불안감을 유발하는 사건에 초점을 두고 노출시키는 것을 말한다. 대표적인 기법으로는 실생활 홍수법, 가상 홍수법 등이 있다.

• 체계적 둔감법

체계적 둔감법은 내담아동이 겪는 불안과 경쟁적인 행동(예: 근육이완법)을 하는 것을 의미한다. 즉, 불안을 유발하는 수준이 낮은 사건에서 점차 높은 사건으로 점진적(체계적)으로 노출됨으로써 불안 유발 상황에 대해 둔감하게 되는 것을 의미한다. 체계적 둔감법은 다음의 3단계로 진행된다.

–1단계: 상담자가 내담아동에게 불안과 경쟁적인 반응이 무엇인지 가르치기
–2단계: 불안을 유발하는 특정 사건들에 대해 불안의 정도에 따라 서열화시키기
–3단계: 내담아동이 경쟁적인 반응을 시행하면서 점점 강도를 높여 불안을 유발하는 상황이나 사건에 대해서 반복적으로 상상해 보도록 하기

불안에 대한 경쟁적 반응으로 가장 많이 활용되는 것은 근육이완 훈련이다. 근육이완은 긴장된 근육을 풀어 주고, 심장박동과 맥박을 낮추며, 호흡을 증가시키게 하여 불안감이 낮아지게 한다. 내담아동에게 편안하게 기댈 수 있는 의자에 앉아서 눈을 감고 녹음이 된 이완 지시를 따라할 수 있도록 한다.

눈을 감고 편안히 뒤로 기대어 보세요. 시작하겠습니다. 왼손부터 시작합니다. 왼손 주먹을 쥐세요. 아주 세게 쥐고 긴장감을 느껴 보세요. (5초 동안 멈춤) 이제

이완시키세요. 왼손을 펴고 이완시켜서 편안하게 두세요. 편안하게. (15초 동안 멈춤) 다시 한번 왼손을 세게 쥐고 그 긴장감을 느껴 보세요. (5초 동안 멈춤) 이제 긴장을 푸세요. 다시 왼손을 편안하게 이완시키고 긴장과 이완 사이에 유쾌한 차이를 느끼세요.

• 가상 홍수법

가상 홍수법은 내담아동이 상상을 통하여 혐오자극에 노출되는 것을 의미한다. 실생활 노출법은 실제로 내담아동의 불안을 유발하는 자극에 단기적/점진적으로 노출되는 것이지만, 가상 홍수법의 경우 불안을 유발하는 상황에 대한 제한 없이 집중적으로 노출시킨다는 점에서 정서 충격을 경험한 내담아동에게 매우 효과적일 수 있다. 정서 충격으로 인해 고통을 받는 내담아동의 주요 증상은 악몽이나 환각 등의 혼란스러운 사건이 반복되고, 사건과 관련된 특정한 자극을 피하려고 하며(예, 심한 자동차 사고를 당한 후 차를 타지 않으려고 함), 불안과 우울 등의 신경증적 증상이 나타날 수 있다(Spilsbury et al., 2007). 가상 홍수법의 효과는 내담아동이 불안을 유발하는 장면을 얼마나 생생하게 떠올리는가에 있다. 가상 홍수법 과정은 다음과 같다.

–근육이완 훈련 실시
–내담아동이 생각하는 불안을 유발하는 몇 가지 장면을 상상하게 한 후 기록
–첫 번째 장면을 시작으로, 불안 유발 자극과 그 자극에 대한 자신의 반응을 충분히 노출하도록 한다. 내담아동이 그 장면을 떠올렸을 때 더 이상 불안감을 느끼지 않는다면 다음 장면으로 넘어감
–근육이완 훈련 실시

상담과정의 시작과 끝에는 근육이완 훈련을 실시하는데, 근육이완 훈련은 내담아동이 불안 유발 장면을 생생하게 상상할 수 있도록 도와주며, 치료를 끝난 후에 빨리 정상 수준으로 돌아올 수 있게 해 주기 때문에 함께 실시되어야 한다.

(2) 모델링

모델링 기법을 사용할 경우 나타날 수 있는 효과는 다음과 같다. 첫째, 타인을 관

찰하면서 행위를 배울 수 있으며, 그 행위에 개입된 대상을 의식하게 될 수 있다. 둘째, 내담아동이 익숙하지 않은 상황에 놓였을 때, 다른 사람의 행동을 관찰하여 학습했던 것들 중 하나를 찾아 해결할 수 있다. 셋째, 모델링 대상이 처벌받는 장면을 관찰하였을 경우 관찰자는 이미 학습된 행동을 금지하거나 억제할 수 있게 된다. 넷째, 새로운 행동을 가르치는 데 매우 효과적일 수 있다. 다섯째, 관찰을 통해 자신이 경험하지 못한 상황에 대한 정서적 반응을 학습할 수 있게 된다. 모델링 기법을 효과적으로 사용하기 위한 구체적 방법(Martin & Pear, 2015)은 다음과 같다.

- 가능하다면 모델은 여러 명을 활용할 필요가 있으며, 내담아동의 친구들 중 능력이 있는 사람을 선택하도록 한다.
- 시범은 내담아동의 행동수준에 맞추어 이루어져야 한다.
- 모델링의 배경은 현실적인 것이어야 하며, 모델링과 규칙을 결합한다.
- 내담아동이 자연스럽게 모델링 대상의 행동을 수행하고 강화받는 것을 목격하도록 한다.
- 모델링 대상자로부터 바람직한 행동을 내담자가 모방하였을 경우 자연적인 강화물을 받을 수 있도록 한다.
- 행동시연은 내담아동이 실제 생활에 적용할 수 있도록 특정 행동을 연습 장면에서 실행하는 것을 의미하며, 행동시연과 모델링 등의 결합은 사회적 기술훈련, 주장훈련, 분노조절 훈련 등의 영역을 수행하는 데 유용하게 사용될 수 있다.

(3) 강화계획

강화계획은 강화자극을 얼마나 많이, 언제, 자주 사용하는가의 문제를 계획하는 것을 의미하는 것으로, 개입 초기는 계속적 강화를 한 후, 후기에는 간헐적 강화를 하는 것이 효과적일 수 있다. 계속강화계획은 단순한 형태의 강화를 의미하는 것으로, 특정 반응을 할 때마다 계속적으로 강화를 주는 것이다. 새로운 학습을 하는 데 매우 효과적일 수 있지만 학습된 반응을 오랫동안 지속시키는 데 매우 비효율적이다. 이에 반해 간헐강화계획은 어떤 행동이 발생할 때마다 강화하는 것이 아니라 간헐적(가끔)으로 강화를 하여 그 행동을 유지시키는 것을 의미한다. 언제 강화가 주어질지 모르기 때문에 강화를 받게 되는 행동이 유지되는 원리이다.

간헐강화계획은 비율강화계획과 단순간격강화계획으로 구분된다. 비율강화계획은 특정한 반응이 일정한 수만큼 나타났을 때 강화를 주는 방법으로, 반응 횟수를 기초로 하는 고정비율강화계획과 강화에서 다음 강화가 있기까지 강화를 받기 위해 요구되는 횟수가 변화되는 변동비율강화계획으로 구분될 수 있다. 단순간격강화계획은 강화 시간에 기초하여 행하는 강화방법으로, 어떤 기간이 경과한 후에 나타나는 반응에 강화가 수반되는 것이다. 특정한 반응을 몇 번 하였는지 관계 없이 일정한 시간이 지날 때 마다 강화해 주는 방법(예, 일정 기간 동안 일을 한 후 월급을 받는 것)이다.

(4) 정적 강화로부터의 타임아웃

정적 강화로부터의 타임아웃(time out from positive reinforcement)은 일시적 격리로 내담아동이 감소 표적행동을 한 직후 일시적으로 강화에 노출되지 않도록 하는 것을 의미한다. 즉, 바람직하지 못한 행동을 하면 그 장소를 떠나 지정된 타임아웃 장소에서 일정 시간 머물게 하는 것이다. 정적 강화로부터의 타임아웃은 다음의 6가지 조건이 충족되었을 때 가장 효과적일 수 있다.

- 내담아동이 타임아웃의 이유와 지속 시간을 구체적으로 알고 있어야 한다.
- 타임아웃의 실시 시간은 짧아야 하며, 5분 이하가 적절하다.
- 타임아웃이 진행되는 동안 어떠한 강화제도 제공되지 않도록 한다.
- 타임아웃은 미리 정해 놓은 시간을 경과해야만 종결될 수 있다.
- 타임아웃은 내담아동이 적절한 행동을 했을 때만 종결되어야 한다(예, 타임아웃 과정에서 비명 지르기 등과 같은 바람직하지 못한 행동이 나타났을 때 타임아웃을 계속 실행하여야 함).
- 타임아웃은 내담아동이 원하지 않는다고 해서 그 상황을 피할 수 있게 해서는 안 된다(예, 숙제를 하기 싫어하는 내담아동을 교실 밖으로 타임아웃시키면 숙제를 피하도록 하는 것이 될 수 있음).

4. 아동상담 사례

내담아동의 불안감을 감소시키는 데 노출치료는 매우 효과적일 수 있다(McClure, Brennan, Hammen, & Le Brocque, 2001). 다음에서 설명하고 있는 사례는 시험불안을 겪고 있는 내담아동을 대상으로 대표적 노출치료 기법인 체계적 둔감법을 활용한 사례이다(Spigler, 2015). 체계적 둔감법은 반복적으로 안전하게 진행하여야 하며, 점진적인 방법으로 경쟁적 반응에 참여하면서 노출되도록 해야 하는데, 이 사례는 이러한 부분들을 잘 반영하고 있다. 이 사례가 가진 특징은 다음과 같다. 첫째, 장면을 제시하기 전 상담자는 아동이 충분히 이완되었는지를 체크하였다. 이러한 접근은 중립적인 장면(어떠한 불안감도 유발하지 않을 것이라고 예상되는 것)을 제시하여 내담아동이 불안감을 느끼는지 관찰하였다. 둘째, 같은 회기에 여러 위계의 장면들을 상상하게 하였다. 셋째, 상담은 비교적 빠른 시간에 이루어졌다.

- 인적사항: 제인(12세, 여아)
- 의뢰사유: 제인은 심각한 시험불안으로 인해 극심한 고통을 호소하고 있다. 시험불안으로 인해 시험을 치를 때마다 낙제를 하였다. 이러한 불안감을 감소시키기 위해 부모에 의해 상담기관으로 의뢰되었다.
- 호소문제: 제인을 불안하게 만드는 상황은 다음과 같다. 첫 번째는 시험이며, 두 번째는 다른 사람들이 언쟁하는 모습을 보는 것, 세 번째는 다른 사람들이 자신을 유심히 바라보는 것, 네 번째는 다른 사람들이 자신을 비하할지도 모른다는 생각이다.
- 상담내용: 상담자는 제인이 현재 겪고 있는 시험불안 문제를 해결하기 위해 다음과 같은 순서로 상담을 진행하였다. 불안을 유발하는 사건에 대해서 제인과 불안위계표를 작성한 후 상담을 진행하였다. 상담자는 제인을 편안한 의자에 앉도록 하고 모든 근육을 이완시키라고 지시하며, 불안위계 수준이 낮은 장면부터 자세하게 설명하면서 그 상황을 상상하도록 하였다. 제인은 그 장면을 15초 동안 상상한다. 불안이나 불쾌한 감정을 경험할 때마다 손가락을 올려서 상담자에게 신호를 보내면, 상담자는 제인을 이완시키는 과정을 반복하였다.

다음의 대화 내용은 제인이 시험불안으로 인해 시험을 낙제한 후, 제인을 불안하게 만드는 상황들에 대한 근육이완 훈련 및 체계적 둔감법을 실시하는 과정을 보여준다.

상담자: 나는 제인에게 여러 가지 장면을 상상하라고 할 거야. 하지만 만약 제인이 불안하거나 도움이 필요하면 언제든지 왼쪽 집게손가락을 들도록 해. 먼저 기분이 좋은 아침에 제인이 잘 알고 있는 길모퉁이에 서 있다고 생각해 봐. 자동차, 오토바이, 트럭, 사람들. 너는 신호등을 보고 있고, 여러 가지 소리를 들을 수 있어. (15초 멈춤) 자, 이제 그 장면을 상상하는 것을 멈추고 제인의 모든 주의를 다시 한번 근육을 이완시키는 데 집중해 봐. 만약 제인이 떠올렸던 장면이 조금이라도 제인을 불편하게 했다면, 지금 왼쪽 집게손가락을 들어 올려 봐.

제인: (손가락을 올리지 않음)

상담자: 이제 저녁에 집에서 공부하고 있는 제인의 모습을 떠올려보자. 오늘은 5월 20일이야. 정확히 시험이 한 달 남았네. (5초 멈춤) 이제 그 장면을 끝내자. 계속해서 근육을 이완시켜. (10초 멈춤) 시험 한 달 전에 공부하는 장면을 다시 상상해 봐. (5초 멈춤) 장면 상상하기를 멈추고, 제인의 근육에 대해서만 생각해 봐. 지금의 평온한 상태를 즐겨 보도록 해. (15초 멈춤) 자, 이제 다시 시험 한 달 전에 집에서 공부하고 있는 자신을 생각해 봐. (5초 멈춤) 그 장면에 조금이라도 불안을 느낀다면 손가락을 들어 올려 봐.

제인: (손가락을 올리지 않음)

상담자: 만약 첫 번째에서 세 번째 장면으로 넘어오면서 불안의 정도가 줄어들었다면 가만히 있고, 그렇지 않다면 손가락을 올려 줘.

제인: (손가락을 올리지 않음)

상담자: 계속 근육을 이완시켜 보자. (15초 멈춤) 다음에 버스정류장 벤치에 앉아 있는 너를 상상해 보자. 길 건너편에서 두 남자가 목소리를 높이고 언쟁을 하고 있어. (10초 멈춤) 그 장면을 끝내고 근육을 이완해 보자. (10초 멈춤) 그 장면을 그만 떠올리고 근육을 이완해 보자. 자, 이제 내가 5까지 셀 거야. 그러면 제인은 눈을 떠야 해. 아주 차분하고 상쾌한 기분을 느낄 거야.

제인: (눈을 뜸)

이러한 과정을 17회기 실시하였고, 제인은 시험에서 더 이상 불안증세를 보이지 않았다.

이러한 체계적 둔감화 과정을 통해 제인은 시험불안 증세를 보이지 않게 되었고, 시험에서 좋은 성적을 받을 수 있게 되었다.

활동

1. 죽은 자를 부활시키기: 죽은 사람만이 할 수 있는 행동을 확인하고 교정해 보기

증가 표적행동은 내담아동이 하기를 바라는 행동인 반면, 감소 표적행동은 내담아동이 해서는 안 되는 문제행동을 말한다. 과잉행동을 치료할 때 내담아동이 해야만 하는 것보다 해서는 안 될 행동을 지시하는 것은 쉽고 간단할 수 있지만 효과적인 방법이라고 할 수 없다. 이러한 실수를 피하기 위해 죽은 자의 법칙(the dead person rule)을 활용할 수 있다(Wolpe, 1990). 이 법칙은 내담아동에게 죽은 사람만이 할 수 있는 행동을 요구해서는 안 된다는 것을 말한다. 예를 들면, 조용히 책을 읽어야 하는 수업 시간에 떠드는 내담아동에게 "이야기하지 마라."라는 것은 죽은 사람만이 할 수 있는 행동이고 산 사람은 입을 닫고 이야기를 안 할 수 없기 때문에 죽은 자의 법칙을 위반하는 것이라 할 수 있다. 하지만 "책을 읽어 보자."라는 것은 죽은 사람이 할 수 없고 산 사람만이 할 수 있는 행동이므로 이러한 경우 죽은 자의 법칙을 잘 따른 것이라 볼 수 있다.

다음의 방법으로 내담아동이 스스로 수행할 수 있는 표적행동을 찾아보는 연습을 해 봅시다.

상황/맥락	부정적인 지시	긍정적인 지시
예 1) 영상을 보고 있는 상황 예 2) 친구(동생)랑 싸우는 상황	예 1) 유튜브 그만 봐. 예 2) 싸우지 마.	예 1) 레고 가지고 놀자. 예 2) 친구(동생)에게 하고 싶은 말을 편지로 써 봐.

2. 주장훈련하기

주장훈련(assertion traning)은 언제, 어떻게 주장적으로 행동해야 할 것인지를 내담아동에게 가르치기 위해 사용되는 구체적인 사회기술 훈련이다. 주장행동에 필요한 목소리와 단호한 표현 방식은 언어로 표현하는 데 한계를 가지기 때문에 모델링을 사용하면 특히 효과적일 수 있다(Stratton et al., 2020). 다음 활동은 친구에게 불합리한 요구를 당한 후 그것을 거절하는 데 어려움이 있는 내담아동을 위한 주장행동 방법이다. 1~9번의 순서로 적절한 주장행동을 시행해 봅시다.

주장적 · 비주장적 행동의 신체적 · 언어적 체계적 구성요소

유형	주장적	비주장적
눈 시선	말하는 동안 상대방을 쳐다봄	말하는 동안 상대방으로부터 떨어져 바라봄
얼굴 표정	메시지에 적절한 표정 짓기	수줍어하거나 표정이 없음
몸짓	-알맞음 -전달하는 데 적절함	몸짓이 없거나 전달 메시지에 적절하지 않은 몸짓
신체 자세	-똑바로 서 있음 -거리가 적당함 -그 사람 쪽으로 약간 기울임	-축 늘여져 있음 -상대방으로부터 몸을 멀리 기울임
목소리 상태	-확고함 -목소리 크기가 적당함 -표현이 적절함	-변명함 -속삭임 -단조로움

출처: Frew & Spiegler(2013).

1. 모르는 친구에게는 중요하지 않지만 불합리하다고 생각되는 요구 거절해 보기
2. 모르는 친구에게는 조금 중요한 것이지만 불합리하다고 생각되는 요구 거절해 보기
3. 모르는 친구에게는 매우 중요한 것이지만 불합리하다고 생각되는 요구 거절해 보기
4. 그냥 조금 아는 친구에게는 별로 중요하지 않은 요구이지만 불합리하다고 생각되는 요구 거절해 보기
5. 그냥 조금 아는 친구에게는 조금 중요한 것이지만 불합리하다고 생각되는 요구 거절해 보기
6. 그냥 조금 아는 친구에게는 매우 중요한 것이지만 불합리하다고 생각되는 요구 거절해 보기
7. 친한 친구에게는 비교적 중요하지 않은 요구이지만 불합리하다고 생각되는 요구 거절해 보기
8. 친한 친구에게는 조금 중요한 것이지만 불합리하다고 생각되는 요구 거절해 보기
9. 친한 친구에게는 매우 중요한 것이지만 불합리하다고 생각되는 요구 거절해 보기

제11장

인지행동 아동상담

인지행동 아동상담은 조건형성의 이론적 틀에서 확장된 이론으로 내담아동이 표현하는 행동을 넘어선 인지적 변화에 초점을 둔 이론이다. 내담아동의 행동이 발달하고 유지 · 수정되는 과정에서 그들이 가지는 생각이 무엇인지에 대해 파악하는 과정은 매우 필요하다. 내담아동이 자신의 경험을 어떻게 해석하는가에 따라 자신의 정서적 · 행동적 기능에 많은 변화를 가져올 수 있게 한다. 이 장에서는 내담아동이 주변 환경과의 상호작용 속에서 느끼는 자동적 사고와 믿음, 인지적 왜곡에 대해 살펴보고, 상호작용 속 내담아동이 가지는 부정적 자동적 사고를 수정하기 위한 기법을 알아보고자 한다.

1. 인지행동 이론의 발달

1960년대 초 펜실베니아(Pennsylvania)대학교의 조교수였던 벡(Aron Beck)은 전문적으로 훈련받은 정신분석가로 활동하였다. 당시 정신분석 이론들이 널리 수용되기 위한 방안을 연구하기 위해 그는 더욱 실증적 검증이 필요하다고 생각하였다. 정신분석의 타당성 검증을 위해 일련의 실험들을 시작하였다. 그는 우울증을 분노감이

벡(Aron Beck, 1921~2007)

자신의 내적으로 향하게 된 결과라는 정신분석 이론을 검증하였으나, 결과는 정반대였다. 우울증 환자들의 꿈을 조사하였을 때, 일반인들보다 적대감이나 분노에 대한 주제가 더 많이 나타날 것이라 예상하였으나, 실제 우울증 환자들의 꿈은 분노에 대한 주제는 적었고, 취약, 박탈, 상실과 같은 꿈들을 훨씬 많이 경험하고 있음을 발견하였다.

벡은 환자들과 면담을 통해 환자들이 가지는 두 가지 사고의 흐름에 주목하였는데, 한 가지는 자유연상이었으며, 나머지 하나는 매우 즉각적인 자신에 대한 평가적 생각이었다. 다른 우울증 환자들과의 면담에서도 부정적 자동적인 사고들을 표현하고 있는 사실들을 관찰할 수 있었으며, 이러한 사고의 흐름은 환자들의 감정과 매우 밀접한 관련성을 가지고 있음을 발견하였다. 그는 환자들이 자신의 비현실적이고 비적응적 사고들을 감별하고 평가하며, 반응할 수 있도록 돕기 시작하였다.

벡은 우울증을 치료하기 위한 가장 좋은 접근방법은 환자로 하여금 문제를 해결하고 행동적으로 활성화되어 자신과 주변 환경, 미래에 대한 부정적이고 우울한 사고들을 감별하고 반응할 수 있도록 돕는 것이라는 점을 발견하였다. 이러한 임상적 경험과 더불어 행동치료의 다양한 학문적(반응적 조건형성, 조작적 조건형성, 사회학습) 내용을 기반으로 한 새로운 인지행동수정 이론을 개발하였다. 인지행동 이론에서는 잘못된 인지과정(부정적 사고)으로 인하여 많은 사람이 정서 및 행동 문제로 힘들어한다고 믿었으며, 내담자가 가진 부정적 사고를 긍정적 사고로 변화시킬 필요성을 제안하고 있다.

1977년에 발표된 연구결과에서 우울증 환자에 대한 무작위 대조연구를 통해 인지행동치료(Congnitive Behavior Therapy: CBT)가 항우울제만큼 효과성을 가지고 있음을 밝혔으며, 그로부터 2년 후 인지행동치료에 대한 첫 번째 매뉴얼이 출간되었다. 나아가 1970년대 후반에 벡은 불안감을 가진 환자를 대상으로 연구를 진행하여 이후 다양한 불안 장애에 관한 인지모델을 정교화하여 이에 대한 효과성을 입증함으로써 인지행동치료의 효용성을 보여 주었다(Clark & Beck, 2010). 현재까지도 인지행동치료는 전 세계에 많은 상담자에 의해 꾸준히 실험 · 연구되고 있는 과학적이고 효과적인 상담이론이다.

2. 기본개념

인지행동은 조건형성의 이론적 틀에서 인간의 행동을 설명하는 데 한계를 가진다는 입장에서 개발된 이론이다(Bandura, 1977). 반응적 조건형성에서 나타날 수 있는 성과인 행동변화를 넘어서 개인적 · 사회적 · 인지적 변화를 포함하고 있다.

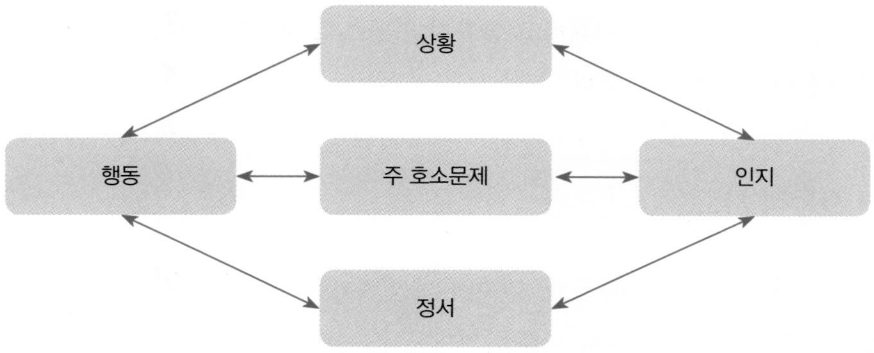

그림 11-1 인지적 모델

출처: Harvey (2002).

인지행동상담을 통한 상담적 맥락에서 내담자는 자극에 대한 수동적 수혜자가 아닌 환경을 능동적으로 해석하는 존재로 성장할 수 있게 된다(Ollendick, Grills, & King, 2001). 행동의 발달과 유지 · 수정되는 과정에서 나타나는 인지처리 과정이 바로 인지행동적 접근인 것이다(Durlak, Fuhrman, & Lampman, 2006). 인지행동적 접근은 인지적 결정론 입장에서 인간의 여러 측면(감정, 행동, 사고) 중 어떤 부분을 가장 중요하게 여기느냐에 대한 물음에 감정이나 행동보다 인지적 측면, 즉 사고가 가장 중요하다고 보고 있다.

특히 아동은 자신의 경험을 어떻게 해석하는가에 따라 자신의 정서적 기능에 많은 변화를 가져온다. 자기 자신에 대한 생각과 다른 사람과의 관계, 현재의 경험, 미래 등에 대해 인지적으로 어떻게 받아들이고 생각을 변화시키는가에 따라 이에 따른 행동과 정서반응은 달라질 수 있는 것이다. 아동은 환경의 자극에 반응하기만 하는 수동적 존재가 아닌 자신과 다른 사람들에게 일어나는 일들을 선택 · 부호화 ·

해석함으로써 새로운 정보를 만들어 가는 적극적인 존재이므로, 아동의 관점과 생각에 초점을 맞추어 인지행동적 접근을 실시할 필요가 있다.

상담실에 방문한 내담아동의 주 호소문제는 현재 자신이 처한 환경(교사나 부모와의 상호작용)에 따라 다양한 반응이 나타날 수 있다. 주변 환경과의 부적절한 상호작용을 경험하는 내담아동은 부정적 정서를 비롯한 폭발적 행동, 좌절감 등을 가지게 된다. 이를 해결하기 위한 방법으로 문제의 요소를 하나씩 순차적으로 개입하여 상담을 진행한다면 상담의 효과성은 낮아지게 된다. 하지만, 다양한 상호작용 속에서 내담아동이 겪는 역동을 이해하고 통합적 접근으로 상담을 진행한다면 매우 효과적인 상담이 이루어질 수 있다.

1) 자동적 사고

자동적 사고(automatic thoughts)란 자신의 의지와는 상관없이 나도 모르는 사이에 자발적으로 떠오르는 사고의 흐름을 의미한다. 이러한 사고는 심리적 어려움을 겪고 있는 내담아동에게만 나타나는 것이 아닌 모든 아동에게서 나타나는 자연스러운 경험이다. 예를 들면, 인성이는 운동장에 있는 철봉에 1분 매달리기를 시도하였는데 실패하게 되었다. 이러한 과정에서 자신에게 '나는 해낼 수 없어.'라는 생각을 가지게 된다. 그런 다음 인성이의 생각이 더욱 강해져서 '나는 절대 해낼 수 없어.'라는 생각을 하게 되면, 결국 인성이는 슬픔과 무기력함을 경험하게 된다. 이에 반해 도현이는 철봉에 1분 매달리기를 실패하였지만, '지금은 비록 실패하였지만 좀 더 노력하면 해낼 수 있을 거야.'라는 반응을 통해 자신감을 가지게 되고, 적극적으로 현재 상황을 극복해 낼 수 있게 된다.

자동적 사고들의 타당도와 효용성을 평가하고 적응적으로 반응하면 감정 및 행동에서 긍정적인 변화가 일어날 수 있지만, 부적응적으로 반응한다면 심리적 문제를 유발하게 된다. 가장 흔한 형태의 자동적 사고는 반대되는 객관적 증거가 존재함에도 불구하고 왜곡될 수 있으며, 사고 자체가 정확하기는 하지만 결정적 상황에서 부적응적 자동적 사고가 나타날 수 있다.

부적응적 자동적 사고는 자발적인 경험으로 당위적이고 극단적인 경향을 내포하는데, 대표적인 예로 우울 증상을 경험하는 사람들의 자동적 사고가 있으며, 이는 인지삼제(cognitive triad)라는 3가지 내용으로 구성되어 있다. 즉, '세상은 나를 인정해 주지(받아 주지) 않는다.'라고 생각하는 세상에 대한 부정적 시각(negative views about the world), '나의 미래는 고통, 결핍, 절망뿐이다.'라고 생각하는 미래에 대한 부정적 시각(negative views about the future), '나는 가치 없고 아무도 원하지 않는 사람이다.'라고 생각하는 자신에 대한 부정적 자기지각(negative views about oneself)으로 구성되어 있다.

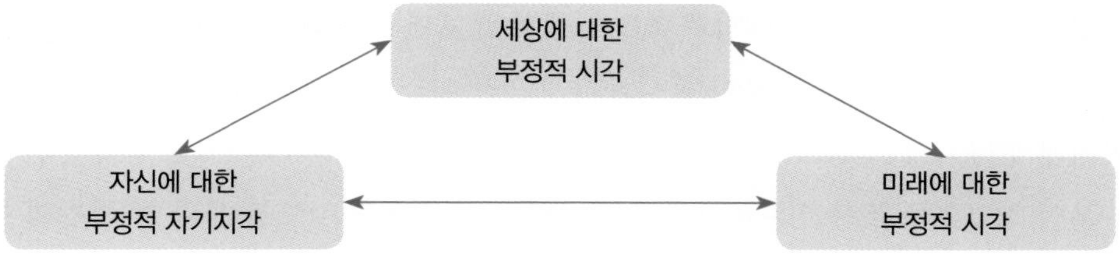

그림 11-2 인지삼제

출처: Stark, Schmidt, & Joiner (1996).

특히 정서문제를 지닌 내담아동은 생활사건의 의미를 해석할 때 특정한 방향으로 왜곡하여 부정적인 내용의 자동적 사고를 하는 경향을 많이 보인다(Kaslow et al., 1992). 따라서 부정적 자동적 사고로 인한 내담아동들의 부적절한 행동 패턴 및 감정표현을 긍정적 자동적 사고로 변화시키는 상담적 접근을 통해 내담아동의 올바른 성장을 돕는 작업은 매우 중요하다.

부정적 내용의 자동적 사고들은 대인관계에서의 부적응 문제와 매우 밀접한 관련성을 지닌다. 우울과 불안, 공격성 등의 내·외현적 문제를 지닌 내담아동은 적응에서 어려움을 겪는 이유에 대해 자신이 가진 왜곡된 자동적 사고로 인하여 부적응이 나타난다는 부분을 인정하지 않고 다른 사람의 탓으로 돌리는 경향이 있다. 전화를 받지 않는 친구에 대해 '친구들은 모두 나를 미워해.' '어차피 안 될거야.' '나의 전화를 피하는 거야.'라는 생각을 떠올리게 된다. 부적응적 자동적 사고를 적응적 자동적 사고로 변화시키는 과정은 내담아동에게 있어 매우 중요하다.

2) 핵심 믿음

인간은 태어나는 순간부터 부모와 주변 사람들, 세상에 대한 믿음을 형성해 나간다. 믿음 중 가장 중심에 있는 핵심 믿음(core belief)은 인간의 마음속 아주 깊은 곳에서 자리 잡고 있기 때문에 자신들조차도 인식하지 못하는 믿음이다. 이러한 믿음은 너무나도 당연시되는 것이기에 절대적 진리로 해석하고 받아들인다. 핵심 믿음은 특정 상황에서 활성화될 수도 있고 나의 삶의 대부분에 자리 잡고 있는 것이다. 어떤 사건이 발생하였을 때 합리적으로 생각해 보면 분명히 잘못된 부분이 있음을 인식할 수 있지만, 핵심 믿음이 활성화되는 순간 이러한 관점에서 모든 해석이 이루어지게 된다.

본인 스스로를 무능하다고 생각하는 사람은 자신이 겪은 모든 상황 중 자신의 핵심 믿음을 뒷받침해 줄 만한 부정적인 정보들만 즉각 투입시켜 더욱 깊은 핵심 믿음을 만들어 간다. 자신이 가진 핵심 믿음에 위배되는 긍정적 정보들을 접할 경우 자동적으로 이러한 정보들을 배제시키는 작업이 이루어진다. 이러한 과정들이 반복됨으로써 시간이 흐름에 따라 자신이 가진 핵심 믿음은 더욱 견고해지고 강화되어 간다.

핵심 믿음과 자동적 사고 사이에 존재하는 중간 믿음(intermediate belief)은 태도(attitude)나 규칙(rule), 가정(assumption)으로 이루어져 있다. 중간 믿음은 어떤 상황을 보는 판단 기준의 토대가 됨으로써 감정과 행동에 영향을 주게 되고, 핵심 믿음은 더욱 견고해진다. '나는 무능하다.'는 핵심 믿음을 가진 사람은 다음과 같은 중간 믿음을 가짐으로써 자신의 믿음을 더욱 공고히 한다. '무능한 것은 매우 끔찍하고 슬픈 일이다(태도)'. '나의 무능함을 이겨내기 위해 누군가와 대립해야 할 상황이 발생한다면, 포기해야 한다(규칙)'. '감당하기 어려운 일에 맞서 이것을 해결하려고 노력한다고 해도 실패할 것이야(가정)'.

핵심 믿음은 가장 근원적인 수준의 믿음이기 때문에 자신이 생각하고 판단하는 모든 영역에 영향을 미치고 있으며, 지나치게 일반화되어 있다. 이에 반해 자동적 사고는 인지의 가장 표면적 수준으로 마음속에 스쳐 가는 생각으로 특정한 상황들과 관련을 가지기 때문에 의식적으로 인식하기 쉬우며, 변화 또한 용이할 수 있다. 병리적 수준의 내 · 외적 문제행동을 보이는 내담아동의 경우, 자신만의 비합리적

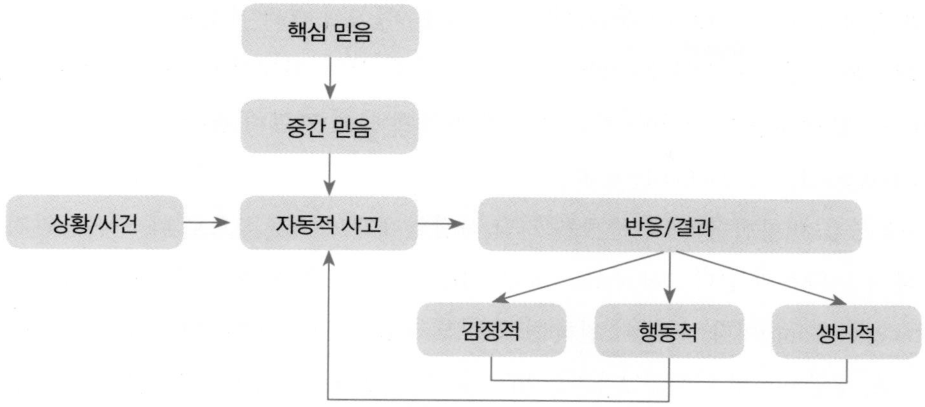

그림 11-3 인지모델 개요

출처: Beck & Beck (1995).

인 핵심 믿음을 가지고 있기 때문에 그것을 견고화하는 과정에서 중간 믿음이 작동하게 되며, 중간 믿음은 자동적 사고를 형성하는 기초 자료로 작동하게 된다. 그러므로 내담아동을 대상으로 그들이 가지고 있는 핵심 믿음에서 나오는 자동적 사고를 인식하고 수정하는 데 초점을 두고 상담을 진행할 필요가 있다. 하지만 상담 초기 단계에서 핵심 믿음에 대한 수정작업을 위해 내담아동이 가진 핵심 믿음에 의문을 제기한다면 내담아동과의 신뢰 관계 및 상담적 동맹에서 어려움을 겪을 수 있다. 따라서 내담아동이 현재 호소하는 문제를 시작으로 현재 느끼는 감정과 행동, 자신이 가지고 있는 자동적 사고 순으로 행하는 순차적 접근이 무엇보다 필요하다.

3) 인지적 왜곡

생활 속에서 겪은 사건의 의미를 해석하는 정보처리 과정에서 체계적인 문제가 나타나는 것을 인지적 왜곡(cognitive error)이라고 한다. 인지적 왜곡을 자주 범하는 근본적인 이유는 어린 시절 타인으로부터의 거부경험에서 기인한 것으로 보고되고 있다(Overman, 2004). 거부경험을 통한 마음의 상처는 성인이 된 후 이성관계에까지 영향을 미치게 된다. 상대방이 행하는 거부하는 행동의 의미를 왜곡해서 지각할 가능성이 높아지게 되어 관계에 집착하거나 공격성, 알코올 중독과 같은 병리적인 모습을 보이기도 한다(Christian & Storch, 2009; Murphy & Garavan, 2011). 또한 우울한 경향을 보이는 내담아동의 자동적 사고는 현실에 대해 부정적으로 해석하거나 왜곡하는 경향이 강하게 나타나 그들의 가정 내 갈등, 학교적응에서 어려움이 나타날 수 있기 때문에 그들이 지닌 인지적 왜곡에 대해 면밀히 관찰할 필요가 있다(Abela & Hankin, 2008; Emslie et al., 2002).

우울증을 비롯한 정서적 문제를 지닌 사람들에게서 대표적으로 나타나는 인지적 왜곡은 다음과 같다(DeRubeis, Tang, & Beck, 2001). 첫째, 이분법적 사고(all-or-nothing thinking)이다. 본인이 원하는 대로 되지 않을 경우에 실패했다고 생각하는 것으로, 생활사건의 의미를 2가지의 범주 중 하나로 해석하는 것을 말한다. 예를 들면, 인성이가 수학시험에서 90점을 받았는데도 100점이 아니기 때문에 시험에 망쳤다고 생각하는 경우가 이에 해당한다.

둘째, 과잉일반화(overgeneralization)이다. 작은 실수에 대해 과장되게 해석하여 실패로 이어질 것이라 생각하는 것으로, 특수한 상황의 경험을 일반적인 결론을 내리는 데에 적용하는 것을 말한다. 예를 들면, 중간고사 시험에서 성적이 떨어진 인성이가 대학입시에 실패할 것이라고 생각하는 경우가 이에 해당한다.

셋째, 확대 및 축소(magnification or minimization)이다. 상황이나 사건에 대해 과장되게 확대 해석하거나 별것 아닌 것처럼 축소 해석하는 것으로, 사건의 중요성을 실제보다 지나치게 확대 혹은 축소하는 것을 말한다. 예를 들면, 축구를 하던 중 발목 부상을 당한 축구 선수가 별일 아니라고 축소 해석을 하거나, 샤워 중 머리가 빠질 경우 백혈병이 아닐까 확대 해석을 하는 경우가 이에 해당한다.

넷째, 개인화(personalization)이다. 자신과 상관없는 사건을 자신과 관계있는 것으로 여기고 개인적인 의미를 부여하는 것으로, 무관한 사건을 자신과 관련된 사건으로 잘못 해석하는 것을 말한다. 예를 들면, 길거리를 걸어가는 인성이가 벤치에 앉아 있는 사람들의 웃음소리를 듣고 그들이 자신의 외모나 행동을 비웃는 것이라고 받아들이는 경우가 이에 해당한다.

다섯째, 파국화(catastrophizing)이다. 자신이 가진 마음의 불안감으로 인해 발생하는 모든 일의 결말이 파국적일 것이라고 생각하는 것을 말한다. 예를 들면, 직장에서 상사가 자신에게 부양가족이 몇 명이냐고 물으면 해고를 시키기 위한 과정이라고 생각하여 두려워하는 경우가 이에 해당한다.

3. 인지행동 아동상담의 실제

1) 상담목표

인지행동 아동상담에서의 상담목표는 내담아동의 인지처리 과정을 변화시키는 것이다. 내담아동의 행동은 인지처리 과정의 산물로 보고, 그들의 행동관찰을 통해 무엇에 관심을 가지고 사건을 어떻게 지각하고 있는지 파악하고, 그 사건이 기억되는 여부, 행동반응 수행에 있어서 자기효능감의 정도, 기대한 결과 등을 토대로 목표를 설정하게 된다. 이러한 목표는 크게 2가지의 기본가정에서 출발하는데, 첫째는 문제행동에 기저하고 있는 인지처리 과정의 확인이며, 둘째는 이러한 과정을 바꿀 수 있는 학습경험의 창출과 그에 따른 행동패턴의 변화에 있다(Bandura, 1977).

인지모델을 내담아동 자신에게 적용할 수 있도록 함으로써 내담아동은 다음과 같은 능력이 향상될 수 있다. 첫째, 내담아동 자신과 그 가족을 향한 공감능력이 발달할 수 있게 된다. 둘째, 반복적으로 경험함으로써 기법에 익숙해지게 되고 일상생활에서 적용할 수 있게 된다. 셋째, 인지행동적 접근 모델을 모델링함으로써 상담에 필요한 적절한 자기개방과 더불어 투명성을 촉진할 수 있게 한다. 모델링을 기반으로 내담아동 스스로가 행하는 인지행동적 자기연습은 사회적 기술 수준을 향상시켜주는 역할을 하기 때문에 가족 및 학교, 사회 적응에 매우 긍정적인 요소로 작용한다(Bennett-Levy et al., 2003; Sudak, Beck, & Wright, 2003).

2) 상담과정

인지행동적 개입을 활용한 상담과정은 여러 가지가 존재하고 있지만, 문제행동을 보이는 내담아동을 대상으로 효과성이 입증된 2가지 상담과정을 제시하고자 한다.

(1) ACTION 프로그램

ACTION 프로그램(Stark et al., 2005)은 우울한 여아들을 위해 개발된 집단상담 과정이지만, 남학생들과 청소년, 개인 상담, 다양한 임상적 문제를 가진 내담아동들의 상담에서도 효과성이 나타났다(Molnar, 2006; Monnat, 2009). 다음의 4가지 상담단계를 통해서 내담아동은 대처방법, 문제해결, 인지재구성 기술들을 배울 수 있으며, 실제적 적용을 통해 가정환경의 변화가 나타나 내담아동의 문제행동이 감소될 수 있다(Beck & Beck, 1995).

• 라포 형성

프로그램에 내담아동들이 편안하게 참여하도록 하기 위한 과정으로 비구조화된 상황에서 5분간 자유롭게 소통한다. 서로를 알아가면서 편안함을 느끼게 된다. 이러한 대화는 상담과 무관할 수도 있고 관계가 있을 수도 있다. 만약 상담적 효과와 관련성을 가지게 된다면 내담아동이 실행한 기술들과 개념들에 대해 추후 단계에서 더 깊은 탐색을 해 볼 필요가 있다.

• 목표 달성 확인

내담아동들 각자에게 변화하고 싶은 자신의 목표를 정하도록 하고, 목표 달성을 위해 어떤 노력을 기울였는지에 관해 물어보는 단계이다. 대부분의 내담아동은 목표 달성을 향해 진전을 보이는 데 어려움을 겪는다. 부정적으로 왜곡된 사고로 인하여 목표를 이루어 가는 과정에서 어려움을 보이는 내담아동에게는 부정적 사고를 재구성해 줄 필요가 있다.

• 대처기술 훈련

내담아동에게 대처기술 훈련을 실시하는 이유는 상담과정에서 대처기술의 이점들을 경험하게 하여 다음과 같은 신념을 재구성할 수 있도록 돕기 위해서이다.

> 내담아동의 부정적 자동적 사고: '내 기분이 좋아지도록 하기 위해서 내 스스로 할 수 있는 것은 아무것도 없다.'

대처기술 훈련을 통해서 내담아동은 몇 주간 기술 사용을 연습하고, 그 기술들로 인하여 기분이 좋아질 수 있음을 스스로 인식하게 되고, 대처기술이 자신에게 도움이 된다고 스스로에게 증명하게 된다. 대표적인 대처기술 훈련은 3B 훈련, 5P 훈련, what 질문 등이 있다.

- 3B 훈련: 내담아동이 문제와 부정적 사고를 경험할 때 스스로 자신의 정서를 확인하도록 도와주는 훈련이다. 이러한 상황에서 몸(Body)은 어떻게 반응하고, 무엇을 생각(Brain)하고 있으며, 어떻게 행동(Behavior)하는지 발견하여 자신에 대해 더 잘 인식하도록 하는 과정이다.
- 5P 훈련: 내담아동은 교육과 모델링, 코칭, 시연, 피드백 등을 통해서 문제해결을 위한 5가지 과정을 배우게 된다. 먼저, 문제(Problem)의 파악과 정의 단계는 내담아동이 가진 문제를 파악하는 단계이다. 내담아동의 문제는 자신이 무언인가 잘못되어 있다는 것을 깨닫게 되고, 문제가 곧 닥칠 것을 예상하기도 한다. 이때 상담자는 내담아동이 가지는 무기력감에 대해 충분히 탐색할 필요가 있다. 다음으로 목적(Purpose) 단계는 문제해결의 목적을 만드는 단계이다. 목적 단계에서는 내담아동이 건설적인 목적을 선택하도록 하고 파괴적 목적을 선택하는 것을 피하도록 도와야 한다. 계획(Plan) 단계는 해결책을 생성하고 브레인스토밍을 하는 단계이며, 예상과 선택(Predict and Pick) 단계는 내담아동이 선택한 행동에 대한 결과를 예측해 보는 단계이다. 끝으로, 격려의 말이나 칭찬(Pat on the back) 단계는 목표를 이루기 위한 행동에 대한 자기평가와 더불어 자신의 노력에 대해 자기를 칭찬하는 과정이다.
- what 질문: 내담아동의 부정적 자동적 사고를 재구조화하여 적응적 사고로 만들어 가는 방법이다. 즉, 내담아동이 지닌 부정적 사고가 타당한 것인지 파악하여 그러한 사고를 긍정적 사고로 대처될 수 있도록 돕는 과정이다. 2가지의 what 질문은 다음과 같다.

상담자: "○○에 대해 다르게 생각하는 방식에는 어떤 것이 있을까?" "그렇게 생각하는 근거는 무엇일까?"

첫 번째 질문은 현재 일어나는 일들이 여러 가지 상황으로 변화될 수 있다고 내담아동이 인식할 수 있도록 하는 데 효과적일 수 있으며, 객관적 사실들에 대해서 내담아동이 부정적인 사고라고 인식하지 않을 때 두 번째 질문이 사용될 필요가 있다.

- 긍정적 대인관계 행동 검토

내담아동이 새롭고 긍정적인 핵심 신념을 만들 수 있도록 돕는 과정으로, 긍정적인 대인관계를 위해 적절한 행동이 무엇인지 가르치는 데 목적이 있다. 따라서 내담아동이 자기 스스로를 돕기 위해서 무엇을 하였는지를 구체적으로 칭찬해 줄 필요가 있으며, 이러한 행동들이 사회적으로 어떻게 적용될 수 있는지에 대해 함께 논의할 필요가 있다. 집단에서 본 회기가 진행되고 있다면, 집단원들 간 서로를 칭찬하고 지지하기, 듣기, 상대방의 이야기가 자신에게 어떻게 적용될지에 대해 논의하기 등의 과정을 통해 사회적 기술능력을 성장시켜 나갈 수 있게 된다.

(2) ABCDE 모델

외현화 문제를 보이는 내담아동은 왜곡된 인지구조로 인하여 극단적 선택과 정서조절 이상, 부적응적 행동들이 자주 발생할 수 있다(Rudd, Joiner, & Rajab, 2001). 왜곡된 인지구조를 변화시키기 위한 방법으로 엘리스(Ellis, 1991)가 개발하고, 맥클렁(McClung, 2000)이 수정한 ABCDE 모델이 있다.

- 촉발사건(Activating): 부정적인 사건에 대해 생각해 보기(사건: 시험에 떨어짐)
- 신념(Belief): 자신이 겪은 사건을 해석하는 데 있어서 본인이 가지고 있는 비합리적인 신념 생각해 보기(신념: 시험에 통과하지 못했으니 나는 실패한 사람)
- 결과(Consequences): 촉발사건으로 인하여 경험하게 된 행동이나 느낌에 대해 이야기하기(결과: 실망감, 우울감)
- 논박(Disputing): 사고를 변환시키는 과정으로 부정적인 신념과 논쟁을 통해 자신이 가진 신념을 변화시키기(논박: 한 번의 시험으로 자신을 평가하지 않기)
- 효과(Effect): 자신이 가진 비합리적인 신념을 합리적인 신념으로 변화시키고 난 후, 변화된 감정이나 행동들에 대해 탐색하기(효과: 자신이 실패자가 아니라는 사실에 우울한 기분이 사라질 수 있으며, 문제행동 또한 감소될 수 있음)

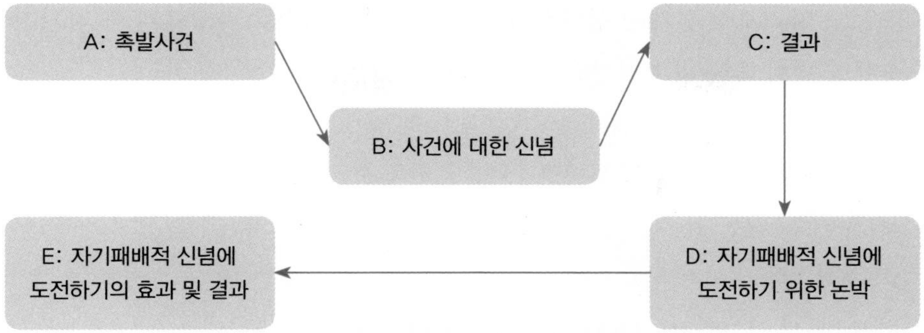

그림 11-4 ABCED 모델

출처: McClung (2000).

3) 상담기법

(1) 자기지시/자기통제 개입

자기지시/자기통제 개입은 깊이 있는 합리적인 분석 없이 내적 대화 또는 혼잣말을 변화시키는 상담기법이다. 이 기법의 목적은 부적응적 생각을 보다 더 적응적이고 생산적인 생각으로 바꾸는 데 있는데(Meichenbaum, 1985), 자기지시/자기통제 개입은 진정시킴과 동시에 전략을 제시하여 과제에 초점을 맞추도록 돕는다. 상담자는 내담아동에게 스트레스 요인과 싸워 나가기 위해 필요한 중요한 과제가 무엇인지에 대해 관심을 가지도록 가르쳐야 한다. 자기지시/자기통제 개입은 준비, 맞닥뜨림, 자기보상 단계로 구성되어 있다. 준비 단계에서는 고통스러운 상황에 내담아동을 준비시키는 단계로, 고통스러운 상황을 진정시키면서 전략을 제시한다.

> "나는 힘든 걸 알고 있어. 하지만 싸우지 않고 피하는 방법을 연습했어. 이제부터 행동을 잘 관리해야 한다는 것을 기억하자."

맞닥뜨림 단계에서는 내담아동이 불편한 상황에서 느끼는 내담아동의 스트레스를 감소시킬 수 있는 혼자만의 방법을 개발하는 과정이다.

> "이러한 결과는 내가 예측했던 것이야. 분명 화가 나게 될 거야. 하지만 방법이 있어. 이제부터 그 방법을 사용할 거야."

끝으로, 자기보상 단계는 상담자가 내담아동에게 스스로 자신에게 한 자기지시를 수행한 데에 대해 내적 보상을 하도록 하는 과정이다.

"행동을 잘 관리하려고 노력했던 나를 칭찬해 주도록 하자."

(2) 증거검증

내담아동이 사고하는 내용과 과정에 있어서 증거검증(test of evidence)은 깊이 있는 합리적 정보처리를 요구하는 기법으로, 내담아동에게 자신의 신념을 지지하는 사실과 지지하지 않는 사실을 평가하게 하는 과정이다. 증거검증은 과잉일반화와 근거가 없는 추론을 많이 행하는 내담아동에게 매우 적절할 수 있다.

증거검증을 실시할 때 상담자는 몇 가지 과제를 수행해야 한다. 첫째, 내담아동이 자신이 내린 결론에 대한 이유를 생각해 보도록 해야 한다. 이 과정을 촉진하는 질문은 다음과 같다.

상담자: "무엇이 너의 생각을 100% 사실이라고 믿게 만든 거야?" "무엇이 너를 그렇게 확신하게 할까?"

둘째, 상담자와 내담아동은 상반되는 증거를 찾아야 한다. 이러한 과정을 통해서 내담아동은 자신이 내린 결론을 의심하게 만들 수 있는 생각을 할 수 있게 돕는다.

상담자: "어떤 사실들이 너의 결론에 대해 덜 확신하게 만든 거야?" "너의 믿음을 흔드는 것은 무엇일까?"

셋째, 상담자는 내담아동이 자신의 결론을 절대적으로 믿는 사실들에 대해서 대안적인 설명을 생각할 수 있도록 도와줘야 한다. 절대적으로 자신의 생각이 옳다고 판단하는 사실에 대해 대안적 설명을 찾게 되면, 자신이 원래 가졌던 생각의 정확성에 의심을 가지게 된다.

상담자: "○○에 대해서 네가 내린 결론이 아닌 다르게 볼 수 없을까?" "네가 내린 결론에 더

해서 다른 의미는 무엇일까?"

넷째, 상담자는 내담아동이 결론을 내릴 수 있도록 돕는다. 내담아동이 새롭게 내린 결론은 지지하는 증거와 지지하지 않는 증거를 모두 다 설명할 수 있어야 하고, 이러한 새로운 해석에 문제해결의 요소가 포함될 수도 있다. 이러한 과정에서 상담자는 내담아동이 자신의 감정과 행동을 재평가하도록 하여 새로운 해석으로 인해 감정 및 행동이 변화될 수 있음을 인지시킬 필요가 있다.

(3) 노출기법

질병에 대한 면역력은 세균에 반복적으로 노출됨으로써 강화된다는 세균이론(germ theory)처럼 심리적으로 어려운 상황에 대한 노출은 면역에 해당하며 강한 적응유연성을 발달시키게 된다. 따라서 내담아동에게 말보다 행동에 초점을 맞추어 상담을 진행해 나간다면 매우 효과적일 수 있다. 예를 들어, 아동이 철봉에서 떨어진 경험을 한 후 철봉에 대해 불안해하면, 부모는 아동에게 부드럽지만 단호히 다시 시도해 보도록 격려한다. 노출기법을 통해서 내담아동이 두려움을 피하지 않고 직면하게 되면 그 상황의 두려운 요소는 약화되며, 내담아동의 행동에 융통성이 생기게 될 것이다.

노출에는 다음의 3가지 유형이 존재한다. 실제 노출은 실제 생활 속 직접적으로 혐오 상황에 맞닥뜨리는 것을 의미한다. 상상 노출은 심상을 통해 지금까지 피해왔던 상황에 접촉하는 것을 의미한다. 가상현실 노출은 두려운 자극을 가상공간에서 직면하는 것을 의미한다. 이러한 모든 노출은 점진적 혹은 전체적으로 이루어질 수 있는데, 점진적 노출의 경우 작은 단계를 포함하여 서서히 변화되는 과정이며, 전체적 노출은 급격하게 일어나는 큰 변화를 의미한다. 내담아동을 대상으로 하는 노출은 점진적 노출이 효과적일 수 있으며, 위계를 가지고 체계적으로 진행할 필요가 있다. 따라서 상담자는 노출과정을 서두르지 않고 인내심을 가지는 것이 매우 중요하다.

(4) 결정에 대한 장단점 평가

자신이 선택한 행동과 결정에 대한 장단점 평가는 내담아동의 시각을 넓힐 수 있도록 도움을 주는 직접적인 문제해결 개입기법이다. 이 기법은 내담아동이 겪게 되는 문제의 양면을 검토해 볼 수 있도록 함으로써 자신에게 가장 도움이 되는 방식이 무엇인지 발견하고 행동하도록 해 준다.

장점과 단점 평가하기는 4단계로 구성되어 있다. 1단계는 폭넓은 시각에서 생각해 볼 수 있도록 내담아동이 가진 문제를 정의하는 단계이며, 2단계는 문제에 대해 생각할 수 있는 모든 장점과 단점에 대해 생각하고 나열하는 단계이다. 3단계는 상담자와 내담아동이 함께 장점과 단점에 대해 토의하는 단계이다.

상담자: "어떤 부분 때문에 이것이 장점/단점일까?" "이 장점/단점이 얼마나 가치 있고 중요할까?"

4단계에서는 모든 장점과 단점을 생각해 본 후 결론을 내리는 단계이다. 이러한 활동을 통해 모든 문제에는 양면성이 존재할 수 있음을 발견하게 되어 문제가 발생하였을 때 양면에 대해 깊이 생각하고 행동할 수 있도록 하는 습관을 기르는 데 매우 유익할 수 있다.

4. 아동상담 사례

내담아동에게 비유나 유머를 곁들인 질문을 사용하는 것은 그들의 생각이나 마음을 변화시키는 데 적절하게 사용될 수 있다(Beal, Kopec, & DiGuiseppe, 1996). 다음의 사례는 자연(장수풍뎅이 생각)을 소재로 한 비유 활동으로, 변화의 개념을 설명하는 데 있어서 장수풍뎅이를 사용한 것이다(Friedberg & McClure, 2015). 내담아동은 애벌레가 장수풍뎅이로 변화한다는 것을 이미 알고 있으므로, 이 비유는 내담아동에게도 변화가 일어날 수 있음을 알려 주는 좋은 방법이다. 이러한 비유적 접근을 사용함으로써 직접적인 질문을 피할 수 있게 되기 때문에 높은 불안감을 가진 내담아동이 자신의 생각을 표현하도록 하는 데 매우 효과적일 수 있다.

■ 인적사항: 에디(9세, 남아)

■ 의뢰사유: 에디는 학교생활에서 불안감이 높은 모습을 보여 교사에 의해 아동보호기관으로 의뢰되었다. 그는 학업도 양호하며, 운동도 잘하는 편이지만 아침마다 학교에 가는 것에 대해 통증을 호소하며 등교를 거부하고 있다. 또한 또래 관계에서 자발성을 보이지 않고 매우 위축되고 수줍어하는 경향을 보이고 있다.

■ 호소문제: 에디는 우울감을 가진 내담아동으로 여러 가지 문제를 내포하고 있다. 먼저, 인지적 증상으로는 자신이 겪고 있는 스트레스 사건에 대해 과대해석하고 있으며, 자신이 겪는 모든 일에 대해 반증이 있음에도 불구하고 부정적인 결과를 예상하고 있다. 행동적 증상에서는 자신이 겪는 일에 대해 감정 표현의 결여로 인해 무엇을 느끼는지에 대해 언어로 표현하기보다는 불편한 감정에 대해 외현화 문제행동으로 나타나고 있다. 대인관계 증상으로는 위축되고 수줍어하는 경향을 가지기 때문에 또래와의 상호작용에 자발성을 보이지 않고 참여하지 않고 있다. 에디가 가진 부정적 자동적 사고는 '아무도 나를 좋아하지 않아.'이다.

■ 상담내용: 에디가 겪고 있는 스트레스 사건에서 비롯된 부정적 자동적 사고를 긍정적 자동적 사고로 전환시키는 작업을 진행하였다. 구체적인 방법으로, 에디에게 애벌레가 장수풍뎅이로 변화한다는 점에 비유하여, 자신에게도 변화가 일어날 수 있음을 발견할 수 있게 하였다. 상담자는 "너 자신에게 또 어떤 말을 해 줄 수 있어?"라는 표현 대신 "어떻게 하면 애벌레 생각을 장수풍뎅이 생각으로 바꿀 수 있을까?"라는 표현으로 대체하여 에디는 자신의 마음을 자유롭게 표현하는 데 훨씬 수월해졌으며, 자신이 가진 왜곡된 생각 또한 객관적 시선에서 바라볼 수 있게 되었다.

다음의 대화 내용은 에디가 어떠한 부정확한 생각을 하고 있는지 파악하고 수정하는지를 보여 준다.

상담자: 에디야. 장수풍뎅이 알아? 장수풍뎅이는 애벌레에서 나온단다. 처음에는 애벌레였는데 장수풍뎅이로 변화하는 것이야. 멋지지 않니? 애벌레가 장수풍뎅이로 변하는 것처럼 에디에게 일어난 일을 설명하는 방법도 변할 수 있어. 그 사실을 아는 것이 중요

하단다. 네가 기분이 나쁠 때 '나는 형편없어.' '아무도 나를 좋아하지 않아.' 같은 생각을 하는 것이 바로 애벌레의 생각이란다. 이 생각들은 아직 장수풍뎅이로 변하지 않은 거야. 이 애벌레 생각을 장수풍뎅이 생각으로 한번 바꿔 볼까?

상담자는 먼저 장수풍뎅이의 개념을 소개한 후, 에디가 가진 부정적 자동적 사고를 애벌레의 생각에 비유하여 대화를 진행하였다.

에디: 오늘 학교는 힘들었어요. 아무도 나를 좋아하지 않아요.

상담자: 음. 에디는 '아무도 나를 좋아하지 않아.'라는 생각을 가지고 있구나. 이 생각을 지난 시간에 배웠던 장수풍뎅이 생각 활동을 통해 연습해 보면 좋을 것 같아. 우리 한번 해 볼까?

에디: 네.

상담자: 좋아. 그러면 종이를 한 장 꺼내도록 하자. 첫 번째 칸에는 상황에 대해 적는 곳이야. 네가 학교에서 '아무도 나를 좋아하지 않아.'라고 생각을 했을 때에 대해 말해 볼래?

에디: 제니와 토미가 쉬는 시간에 나와 놀지 않으려고 해서 존에게 놀자고 했는데, 걔도 놀기 싫다고 했어요.

상담자: 그것을 첫 번째 칸에 적어 보는 거야. 다음 두 번째 칸은 감정 칸이야. 제니와 토미가 너와 놀지 않으려고 하고 존도 싫다고 했을 때 어떤 기분이 들었어?

에디: 슬펐어요. 그리고 외로웠어요.

상담자: 좋아. 그 기분들을 감정 칸에 적어 보도록 하자. 다음 칸에 뭐가 있지?

에디: 애벌레 생각이요.

상담자: 그래. 그때 애벌레는 어떤 생각이 들었을까?

에디: 내 생각에는 '아무도 나를 좋아하지 않아.'였어요. 이건 정말로 제가 느꼈던 생각이에요.

상담자: 이제 하나씩 살펴보도록 하자. 쉬는 시간에 제니와 토미, 존은 너와 놀아주지 않았어. 너는 슬프고 외롭다고 느꼈어. 그리고 너는 '아무도 나를 좋아하지 않아.'라고 생각했지. 지난 시간에 우리가 애벌레의 생각을 어떻게 장수풍뎅이의 생각으로 바꾸었는지 기억하니? 이 생각을 가지고 활동을 해 볼까?

에디: '단지 ~하기 때문에' 문장을 이용해서 애벌레의 생각을 바꾸었던 것이 기억나요. "단지 걔네들이 나와 놀지 않았기 때문에 아무도 나를 좋아하지 않는 것은 아니야. 만약에

다른 친구들한테 놀자고 하면 그러자고 할 거야."라고 하면 될까요?

상담자: 그래. 에디가 정말 잘 이해했구나. 장수풍뎅이 생각을 사용하니까 기분이 어떤 것 같아?

에디: 슬프지도 않고 외롭지도 않아요. 저는 보통 포비랑 노는데, 오늘은 걔가 학교에 오지 않았어요. 내일은 학교에 올 거예요.

상황	감정(기분)	애벌레 생각	장수풍뎅이 생각

그림 11-5 장수풍뎅이 생각 활동지

활동

1. 생각 화원

인지행동 아동상담에 있어서 감정과 생각을 파악하는 것은 매우 중요한 자기 모니터링 과제이다. 이 활동은 Bernard와 Joyce(1984)가 개발한 '생각 화원'이라고 불리는 활동지다. 이 활동은 다음과 같은 순서로 진행한다. 먼저, 상담자는 아동에게 꽃 그림을 그리게 하는데, 꽃송이는 감정을 나타내고 줄기는 생각, 흙은 그러한 감정과 생각을 유발하는 선행사건을 상징한다. 다음으로, 아동에게 여러 가지 색깔로 자신의 감정과 생각을 표현하는 색칠을 하도록 한다.

이 활동을 통해 자신의 현재 생각과 기분에 대해 파악할 수 있으며, 경험과 생각, 기분은 서로 밀접한 관련이 있음을 발견할 수 있게 된다. 또한 아동이 부정적 자동적 사고를 가지게 된 이유를 파악하는 데 용이할 수 있다. 뿐만 아니라 현재 자신이 처한 환경에 따라 사람의 생각과 감정은 변화될 수 있음을 설명하기 위한 기초 자료로 활용될 수 있으며, 말을 잘하지 않는 아동의 감정표현을 돕는 데 매우 효과적일 수 있다.

• 예시

• 꽃을 그려 봅시다.

1) 꽃은 땅에서 자라나는 것으로, 흙은 자신이 기분 나쁠 때 일어난 일을 의미합니다. 이번 한 주 동안 기분 나빴던 일에 대해 적어 봅시다.

2) 줄기는 흙과 연결된 생각을 의미합니다. 그 사건이 있었을 때 마음속에 떠오른 생각에 대해 적어 봅시다.

3) 꽃송이는 기분을 의미합니다. 그 사건이 있었을 때 느낀 기분이 무엇인지 적어 봅시다.

2. 이분법적 사고

이분법적 사고는 문제행동을 보이는 아동들이 나타내는 주요 특징이다. 이분법적 범주에서 주변 사람들에 대해 생각하면 좋은 쪽 혹은 나쁜 쪽으로 규정하게 된다. 이 활동은 연속선을 활용하여 시각적으로 구성해 봄으로써 현재 아동이 하고 있는 이분법적(좋다 혹은 나쁘다) 사고에 대해 생각해 보도록 도울 수 있다. 현재 나와 갈등을 가지고 있는 친구에 대한 자신의 관점은 부드러워지고 분노 또한 감소될 수 있다.

1) 어떤 행동을 하는 사람을 완전 나쁜 사람이라고 생각하는지 ①번 칸에 적어 봅시다.

2) 어떤 행동을 하는 사람을 완전 좋은 사람이라고 생각하는지 ②번 칸에 적어 봅시다.

3) 그림에 자신의 가족(아버지, 어머니, 형제)과 친구가 어떤 위치에 있는지 ③번 칸에 적어 봅시다.

4) 지금 자신을 힘들게 하는 사람은 어떤 위치에 있는지 ④번 칸에 적어 봅시다.

5) 그 사람이 어떤 사람인지 다시 생각해 봅시다.

③

나쁜 사람 | | | | | | | | | 좋은 사람

④

①

②

제12장

해결중심 아동상담

해결중심 아동상담에서는 전통적인 심리상담이 문제의 원인을 탐색하는 데 초점을 두는 것과는 달리 내담아동이 자신의 문제를 해결할 수 있는 능력과 의지를 가지고 있다고 믿고, 스스로 문제에 대한 해결책을 찾아 나갈 수 있도록 돕는 데 중점을 둔다. 이 장에서는 아동상담에서 문제를 중심으로 한 접근과 해결을 중심으로 한 접근 간의 비교와 해결중심 아동상담을 진행하기 위한 기본원칙 및 가정, 원리에 대해 알아보고자 한다. 또한 해결중심 아동상담에서 활용할 수 있는 다양한 질문기법에 대해서도 알아보고자 한다.

1. 해결중심 이론의 발달

해결중심상담은 드 세이저(Steve De Shazer)에 의하여 연구되었으며, 그의 부인인 김인수(Insoo Kim Berg)와 함께 체계화된 이론으로, 사회구성주의 철학에 기반을 두고 있는 상담적 접근이다. 사회구성주의는 다른 사람들의 행동을 관찰하고 그들의 언어를 통해 상호작용하면서 개인의 신념이나 기억, 태도, 정서적 반응 등을 구성하며, 사고구조가 형성된다는 점을 강조한다(Freedman & Combs, 2009). 해결중심상담

드 세이저(Steve De Shazer, 1940~2005)

김인수(Insoo Kim Berg, 1934~2007)

에서 사람은 가족이나 주변 환경, 역사, 문화와 같은 사회적 맥락 속에서 살아가면서 사회화 과정을 통해 언어를 배운다고 하였으며, 이러한 언어는 내담자의 현실을 구성하기 위해 사용된다는 철학을 가지고 있어 사회구성주의에 속한다고 할 수 있다(Dielman & Franklin, 1998).

드 세이저는 1940년 미국 밀워키에서 태어나 독일계와 폴란드계의 소수민족이 모여 사는 다문화적 환경에서 자랐다. 그는 아버지의 요구에 따라 건축과 철학을 공부하다가 1971년 캘리포니아의 팔로 알로로 옮겨 사회학과 심리치료에 전념하였다. 그 과정에서 헤일리(Jay Haley)의 심리치료에 관심을 가지게 되었고, 이때 내담자의 증상 제거에 초점을 둔 최면기법을 발전시킨 미국의 정신의학자인 에릭슨(Milton Erickson)의 접근법을 토대로 단기치료적 처치법을 발전시키기 시작하였다(정문자 외, 2008). 드 세이저는 위스콘신 대학교에서 사회사업학 석사학위를 받았으며, 이후 팔로 알토에 있는 정신건강연구소(MRI)의 단기치료센터에서 연구를 하였다.

김인수는 1934년 한국에서 태어나 이화여자대학교에서 약학을 전공하다 미국으로 건너가 1969년 위스콘신 대학교에서 사회사업학 석사학위를 받았다. 이후 시카고 가족연구소와 MRI의 단기치료센터에서 훈련을 받았다. 그녀는 1978년 위클랜드(John Weakland)와 만나 팔로 알토에 있는 MRI의 단기치료센터팀과 자주 교류하였다.

드 세이저는 1978년 김인수와 누널리(Elam Nunnally), 립칙(Eve Lipchik), 덕스(Jim Derks), 몰너(Alex Molnar) 등과 함께 밀워키에 단기가족치료센터(Brief Family Therapy Center: BFTC)를 설립하였다(De Shazer, 1985). 그들은 다양한 연구를 통해 사람들이 가지고 있는 문제에는 그 문제뿐만이 아니라 해결을 위한 요소들도 함께 내재되어 있다는 점을 발견하게 되었다. 그동안 기존의 상담이론에서 간과되었던 이러한 내용과 관련하여 예외상황이라는 명칭을 사용하게 되었고, 모든 문제 상황에서 예외상황을 찾아낼 수 있음을 발견하였다. 이곳에서 처음에는 단기가족치료라는 이름으로 연구를 시작하였으며, 1982년부터는 공식적으로 해결중심 단기치료(Solution-Focused Brief Therapy: SFBT)라는 명칭을 사용하였다. 1980년 중반 이후 드 세이저와 김인수는 한 팀이 되어 전 세계를 돌아다니며 많은 초청 강연과 워크숍, 훈련과정을 지도하였다.

드 세이저의 대표 저서는 『단서: 단기치료에서 해결책 찾기(Clues: Investigating Solution in Brief Therapy)』(1988)이며, 해결중심 단기치료의 이론적 설명과 기법을 내담자의 사례와 함께 제시하였다. 김인수의 대표 저서는 『가족치료: 해결중심접근법(Family Based Services: A Solution-Focused Approach)』(1992)이며, 해결중심의 상담적 접근을 가족복지 차원에서 적용해 본 임상경험에 대해 소개하고 있다. 드 세이저는 해결중심 단기치료 이론의 발전과 연구에 크게 기여하였고, 김인수는 해결중심 단기치료의 임상적 접근과 교육 및 훈련에 많은 기여를 하였다. 이들뿐만 아니라 오한런(Bill O'Hanlon)과 크랄(Ron Kral), 밀러(Scott Miller) 등의 임상가들이 단기가족치료센터에서 드 세이저, 김인수와 함께 훈련을 받았으며, 이후 해결중심 단기치료의 발전에 크게 공헌하였다. 현재 해결중심 단기치료는 상담 서비스, 자원봉사 조직, 상담집단과 보호관찰, 정신병원, 사회사업팀 등을 포함하여 다양한 장면에서 광범위하게 활용되고 있다.

이러한 해결중심 단기치료는 성인뿐만 아니라 아동을 대상으로도 다양하게 적용되어 왔다. 아동에게 해결중심 단기치료를 적용하는 것에 대해 소아정신과 의사로 활동한 스타이너(Therese Steiner)는 아동이 어떤 문제에 대해 이야기하기보다는 예측 가능한 특정 방식으로 그 문제를 해결하고자 하며, 언제나 미래에 초점을 두고 세상을 바라보는 방식과 해결중심 접근이 잘 맞다고 하였다(유재성, 장은진, 2009). 김인수는 주위에 돌봐줄 성인이 없는 8세의 어린 소녀를 상담한 적이 있는데, 이때 어린 아동이라도 스스로 자신의 문제를 다룰 수 있으며, 그 문제를 해결할 수 있는 힘을 가지고 있다는 것을 인식하게 되면서 해결중심 단기치료를 적용한 아동상담의 필요성을 깨닫게 되었다. 이와 관련하여 지난 10여 년 동안 해결중심 단기치료는 아동복지 시설과 학교, 아동 및 청소년 상담기관 등에서 활용되고 있으며, 아동을 대상으로 한 학대 피해, 섭식장애, 학교폭력 등에 대해서도 상담 및 연구가 계속되고 있다(노혜련, 김윤주, 2016; 이국향, 김윤태, 2020; Frels, Leggett, & Larocca, 2009; Kress & Hoffman, 2008; Nelson & Thomas, 2012).

2. 기본개념

1) 문제중심 접근 VS 해결중심 접근

기존의 상담이론에서는 상담을 받으러 오는 내담아동의 문제를 해결하기 위해 상담의 많은 시간을 문제와 관련된 대화를 나누는 데 사용하고, 상담자는 이를 해결해 주기 위해 내담아동의 문제에 대해 더 많이 그리고 정확하게 알아야 한다고 보았다. 그러나 해결중심 아동상담에서는 삶의 어려움에 성공적으로 대처하지 못한 것을 문제로 보았기 때문에 기존의 상담이론과는 달리 내담아동이 지닌 문제에 대해 자세히 알려고 하기보다는 새로운 해결방안을 함께 찾아보는 것에 초점을 두었다. 즉, 상담자가 내담아동의 문제를 해결하기 위해서는 문제중심 접근에서 벗어나 문

〈표 12-1〉 **문제중심 접근과 해결중심 접근의 비교**

문제중심	해결중심
어떻게 도와줄까요?	상담이 도움이 된다는 것을 어떻게 아나요?
그 문제에 대해 나에게 이야기해 줄 수 있나요?	무엇을 변화시키기를 원하나요?
그것은 근본적인 문제의 증상인가요?	이전에 했던 행동들 가운데 도움이 되는 것은 무엇인가요?
문제에 대해 좀 더 상세히 이야기해 줄 수 있나요?	문제에 대한 예외상황을 발견할 수 있나요?
과거에 비추어 문제를 어떻게 이해할 수 있나요?	원하는 미래에 대해 이야기해 줄 수 있나요?
어떤 방어기제를 사용하여 자신을 보호하고 있나요?	이용할 수 있는 강점과 자원은 무엇이 있나요?
상담자와 내담아동의 관계는 과거의 관계를 재연한 것인가요?	상담자는 내담아동과 어떻게 협력할 수 있나요?
상담이 몇 회 정도 필요할까요?	상담이 종결할 때라는 것을 언제 알 수 있나요?

출처: 제석봉 외(2014).

제가 없는 때나 문제가 되지 않는 상황에 대해 더 많은 이야기를 나누면서 미래의 변화를 이루어나가야 한다는 것이다. 문제중심 질문과 해결중심 질문의 예는 〈표 12-1〉과 같다(O'Connell & Palmer, 2003).

문제중심 접근에서 사용하는 질문은 상담자가 문제해결 능력을 지닌 자로서 내담아동이 가지고 온 문제의 원인을 찾기 위해 과거를 탐색하고, 문제에 대해 더 많은 정보를 얻고자 한다. 반면, 해결중심 접근에서는 내담아동이 목표에 도달하였다는 것과 원하는 것을 성취하였다는 것을 어떻게 알 수 있는지 등에 대해 계속해서 질문한다. 이를 통해 내담아동이 자신의 변화에 대해 희망과 동기를 가지게 하고, 자신에게 변화 가능성과 변화를 위한 강점과 자원이 있음을 알아차릴 수 있도록 하는 것이다.

2) 기본원칙

인간은 누구나 살아가면서 끊임없이 문제가 발생하고 이를 해결하는 과정의 연속선상에 놓여 있다고 본 드 세이저는 상담을 이끌어 가는 3가지의 기본원칙을 제시하였으며(제석봉 외, 2014), 이를 내담아동에게 대입해 보면 다음과 같다.

첫째, 문제가 없으면 손대지 마라. 해결중심 아동상담에서는 내담아동 자체를 문제로 보는 것이 아니라 내담아동은 단지 문제를 가지고 있는 존재일 뿐이라는 점을 강조하고 있다. 이는 내담아동을 심리적으로 상처 입어 치유가 필요한 상태로 보기보다는 아직 그 상처에서 빠져나오는 방법을 찾지 못해 일시적으로 삶의 어려움을 극복하지 못한 상태로 보는 것이다. 따라서 병리적인 것에 초점을 두고 상담을 진행하면 해결방안을 찾기 어려우므로 내담아동의 건강하고 기능적인 것에서 해결방안을 구축하여야 한다. 또한 내담아동이 문제가 아니라고 생각하는 것을 문제로 다루는 것은 내담아동을 설득하지 못하여 협력적인 상담관계 형성을 어렵게 하므로 상담자는 내담아동이 문제로 생각하지 않는 것은 문제로 다루지 말아야 한다. 해결중심 아동상담에서는 상담자가 아닌 내담아동이 중심이 되어 상담의 목표를 결정한다.

둘째, 효과가 있으면 계속하라. 상담자는 내담아동이 이미 하고 있는 행동 중 긍정적인 행동은 계속할 수 있도록 격려해 주어야 한다. 내담아동은 자신이 가진 문제로 인해 실제로 잘 기능하고 있는 삶의 측면을 간과하고 있을 수 있다. 이때 상담자는 내담아동에게 효과가 있었던 행동을 찾아 반복하도록 함으로써 상담을 통해 학습하게 되는 새로운 행동이나 태도를 유지해 나갈 수 있도록 도와야 한다.

셋째, 효과가 없으면 그만두어라. 해결중심 아동상담에서는 조금이라도 효과가 있는 행동은 계속해서 할 수 있도록 격려한다. 반면, 효과가 없는 행동은 더 이상 지속하지 않도록 하고, 실패의 악순환을 끊을 수 있는 새로운 행동을 시도할 것을 권한다. 기존의 다른 상담이론에서는 문제해결을 위해 시도한 노력이 실패했음에도 불구하고 그 방법이 성공할 때까지 계속 시도할 것을 권하였다. 하지만 해결중심 아동상담에서는 내담아동의 문제행동이 나타나는 상황이나 시간, 장소 등을 바꾸어 정해진 틀에서 벗어남으로써 이전과 같은 방법을 사용하지 않도록 하고, 다른 방법을 사용할 것을 권한다.

3) 기본가정

해결중심 아동상담에서는 내담아동이 가지는 문제의 진단과 제거에 초점을 두는 상담이론과는 다른 가정을 하고 있다. 해결중심 아동상담의 기초가 되는 몇 가지 기본가정은 다음과 같다(Berg & Miller, 2001: 제석봉 외, 2014 재인용).

첫째, 내담아동의 긍정적인 측면에 초점을 둔다. 문제가 되는 상황에 초점을 맞추기보다는 긍정적인 면에 초점을 맞추는 것이 훨씬 효과적이며 바람직한 방향으로 변화를 이끌 수 있다. 이는 내담아동과 상담자의 관계 형성에도 도움이 된다. 내담아동은 상담자와 함께 효과가 있는 것은 어떤 것인지, 앞으로 무엇을 해야 하는지에 대해 이야기를 나누는 동안, 문제를 해결해 나가는 과정이나 이후의 모습들에 대해 생각해 보게 됨으로써 스스로 문제에 대한 해결책을 찾아보게 된다.

둘째, 작은 변화는 일어나기 쉬우며, 더 큰 변화를 이끌어 내는 효과가 있다. 변화를 두려워하는 내담아동은 시작하는 것 자체를 어렵게 느낄 수 있다. 따라서 작은 변화부터 한 단계씩 변화의 수준을 높여 갈 수 있도록 접근하는 것은 중요한 시작점이 될 수 있다. 예를 들어, 친구와의 관계가 좋아지기를 바라는 내담아동에게 자신이 먼저 친구의 이야기를 잘 들어 주는 작은 변화를 도모하면, 친구 역시 내담아동과 조금 더 많이 대화하기 위해 변할 것이라고 가정하는 것이다.

셋째, 내담아동은 더 나은 방향으로 변화하기를 원한다. 변하지 않고 그대로 머무는 것은 아무것도 없다. 따라서 상담자는 변화가 항상 일어나고 있다는 믿음을 가짐으로써 내담아동이 변하지 않고 머물러 있는 상태에서 변화가 일어나는 상태로 어떻게 갈 수 있는지를 탐색하여 내담아동의 변화 가능성을 인식할 수 있도록 도와야 한다.

넷째, 예외상황은 해결의 실마리를 제시한다. 모든 문제에는 문제가 일어나지 않았거나 문제의 수준이 낮아 대처할 수 있었던 예외상황이 존재한다. 해결중심 이론가들은 내담아동의 문제는 고정된 것이 아니라 사회적인 맥락에 따라 변화될 수 있다고 강조하였다(Berg & Kelly, 2000). 즉, 어떤 내담아동의 경우 집에서는 문제행동을 보이지만 학교에서는 그렇지 않는다는 점에 주목하면서, 상황적 맥락에 따라 문제가 될 수도 있지만 그렇지 않을 때가 있다고 하였다. 따라서 내담아동의 문제와 그에 대한 해결방안 간에 인과관계가 존재하는 것으로 볼 수 없으며, 사회적 맥락에 따라 문제가 발생하지 않은 예외상황을 발견할 필요가 있다. 상담을 통해 발견하게 된 예외상황이 더 자주 일어나도록 격려하는 것은 내담아동이 자신의 문제를 스스로 조절하고 해결할 수 있다는 자신감을 가지게 한다.

다섯째, 문제에 대해 이해해야만 해결을 할 수 있는 것은 아니므로 문제를 분석하지 않는다. 이는 문제중심 접근이 아닌 해결중심 접근을 강조하는 해결중심 아동상담의 핵심적인 원칙이다. 상담자는 내담아동의 문제를 완벽하게 파악하여 변화를 이끌어 내는 것이 아니라 이미 변화가 일어나고 있는 것을 찾아 내담아동이 자신에게 효과가 있는 방향으로 변화를 확장시키는 것이다. 해결중심 아동상담은 내담아동의 문제나 실패를 탐색하기 위해 과거를 보는 것이 아니라 성공 경험을 찾아보기 위해 과거를 본다(Bannink, 2007). 이를 통해 내담아동이 자신의 상태나 상황을 긍정적인 측면에서 바라보기 시작하면서 기대감이 형성되게 된다.

여섯째, 협동 작업은 있기 마련이다. 내담아동은 항상 협조하고 있으며, 상담과정에서 변화에 대한 자신의 생각을 보여 준다. 즉, 내담아동이 상담과정에서 보이는 반응은 자신이 어떻게 해야 변화가 일어날 수 있는지를 보여 주는 내담아동의 생각이다. 이러한 내담아동의 생각을 스스로 깨닫게 하고, 이에 대한 해결책을 찾을 수 있도록 생각을 유연하게 하는 것은 상담자의 역할이라고 할 수 있다(Bandler & Grinder, 1979). 따라서 상담자와 내담아동 간의 관계는 상호 협동적이어야 한다.

일곱째, 내담아동은 자신의 문제를 해결하기 위해 필요한 자원을 가지고 있다. 이는 에릭슨 학파의 가정으로, 내담아동의 정신병리적 측면보다 건강한 측면을 강조한다. 상담자는 "어떻게 그렇게 하기로 결정했어요?" 또는 "어떻게 그렇게 잘 해냈나요?" 등과 같은 질문들을 통해 내담아동이 성공했던 경험을 이야기해 봄으로써 변화에 필요한 자원을 가지고 있는지 탐색해 볼 수 있다(Walter & Peller, 2000).

여덟째, 내담아동이 전문가이다. 상담자는 내담아동을 자기 문제에 대해 가장 많이 알고 있으며 다양한 해결책을 시도했을 것으로 보아야 한다. 내담아동과 신뢰할 수 있는 관계를 형성하게 되면, 내담아동은 상담자에게 자기 자신에 대해 가장 중요하고 가치 있는 정보를 제공하게 된다(Berg & Steiner, 2003).

아홉째, 내담아동의 행동과 상황에 대한 정의는 순환적이다. 내담아동은 자신의 행동에 대한 의미를 상황적인 맥락 속에서 개념화하게 된다. 따라서 다른 사람들과의 의사소통을 통해 자신의 상황을 어떻게 정의하는지, 그 상황에서 어떤 행동을 해야 하는지에 대한 정의를 내리게 된다. 즉, 의사소통은 순환적인 상호작용의 연속으로, 의사소통이 일어나는 상황 속에서 서로 간의 피드백으로 인해 의사소통의 유형이 반복되며, 이러한 순환적인 과정을 통해 내담아동의 문제가 유지된다. 예를 들어, 공격적인 행동을 하는 학생을 교사가 어떻게 보느냐에 따라 그 학생의 반응이 달라지게 된다. 또한 이러한 관점에서 살펴보면, 내담아동에게서 나타나는 작은 변화는 다른 사람들과의 상호작용에도 영향을 미치게 되고, 이는 다른 사람들에게서도 변화를 유발하여 결과적으로는 내담아동의 변화를 증가시키는 순환적인 과정이 일어나게 된다(정문자 외, 2008).

열째, 상담자는 문제를 해결할 내담아동의 의도를 신뢰한다. 내담아동은 자신만의 독특한 해결방안을 찾았을 때 상담목표에 더 빨리 도달할 수 있다. 만일 해결책이 내담아동에게 적합한 것이라면, 상담자는 내담아동에게 해결방안을 찾아낼 수 있는 충분한 시간을 주어야 한다. 또한 상담자는 문제를 이해하기 위해 질문하기보다는 내담아동이 스스로 해결방안을 찾아 이해할 수 있도록 질문을 해야 한다.

4) 기본원리

해결중심 아동상담은 내담아동의 강점과 성공에 초점을 맞추고, 내담아동이 가지고 있는 자원을 충분히 활용하여 문제가 아닌 해결을 중심으로 이루어진다. 이러한 해결중심 접근을 위해 앞서 제시한 가정에 기초하여 다음에 제시된 7가지의 원리로 진행된다(Duncan, Hubble, & Miller, 1996).

첫째, 병리적인 것 대신에 건강한 것에 중점을 둔다. 즉, 잘못된 것에 관심을 두는 대신에 성공경험과 성공을 이루어 낸 구체적인 방법을 발견하는 데 초점을 둔다. 과거의 실패를 분석하고 고치려고 노력하기보다는 내담아동의 성공경험을 찾아내어 상담에 활용하는 것이 더욱 효과적이다. 이러한 내담아동의 성공적인 과거경험은 앞으로의 행동에 긍정적인 영향을 미칠 수 있다.

둘째, 내담아동의 강점과 자원을 발견하여 상담에 활용한다. 상담자는 내담아동이 이미 가지고 있는 강점과 자원, 기술, 능력, 지식, 동기, 사회관계망, 환경, 믿음 등을 발견하고 지지함으로써 내담아동이 원하는 결과를 성취할 수 있도록 문제해결에 활용할 수 있다.

셋째, 탈이론적이고 비규범적이며, 내담아동의 견해를 존중한다. 내담아동의 행동을 상담자가 가지고 있는 인간 행동에 대한 가설적 이론의 틀에 맞추어 진단하거나 평가하지 않고, 내담아동의 의견이나 호소하는 불평과 불만을 수용하여 개별성을 최대한 존중한다. 이는 내담아동의 특성에 기초하여 개별화된 해결책을 발견함으로써 내담아동 중심의 상담적 접근을 가능하게 한다.

넷째, 일차적으로 간단하고 단순한 방법을 사용한다. 해결중심 아동상담은 상담목표를 달성하기 위해 상담방법의 경제성을 추구한다. 복잡한 것에서 단순한 것으로 접근하는 것이 아니라 단순한 것에서부터 복잡한 것으로 접근함으로써 상담의 파급효과를 가져오게 하고, 경제성을 성취하도록 한다.

다섯째, 변화는 불가피하다. 변화는 삶의 일부로서 누구에게나 일어난다. 상담에서는 내담아동의 삶 속에서 끊임없이 발생하는 변화를 확인하고, 이를 찾아내어 문제를 해결하기 위한 자원으로 활용할 수 있다.

여섯째, 현재에 초점을 맞추며 미래지향적이다. 과거와 문제에 대한 발달 배경에 관심을 두기보다는 변화 가능성이 있는 현재 내담아동의 상태와 희망하는 미래의 상황을 구축하는 데 초점을 둔다.

일곱째, 내담아동과의 자율적인 협력관계를 중요시한다. 해결중심 아동상담은 상담자와 내담아동이 협의하여 상담목표를 설정하고 해결책을 찾아가는 과정에서 협력을 중요시한다.

5) 상담자와 내담아동의 관계유형

해결중심 아동상담에서는 내담아동이 상담을 받으러 오게 된 동기, 상담에 임하는 태도, 변화에 대한 의지 등에 따라 상담자와 내담아동 간의 관계가 다름을 발견하였다. 이는 상담자와 내담아동 사이에서 발생하는 상호작용의 본질을 설명하는 것으로, 상담자와 내담아동 간의 관계유형을 방문형, 불평형, 고객형으로 분류하였다.

(1) 방문형

방문형(visitor)은 다른 사람에 의해 상담에 오게 된 경우로, 내담아동의 대부분은 부모나 교사와 같은 타인에 의해 상담을 요청하게 되는 비자발적인 유형에 속한다. 방문형 내담아동은 자신의 의사와 무관하게 상담에 의뢰되었을 가능성이 높아 변화의 의지가 약하며, 문제에 대한 인식과 문제를 해결하기 위한 동기 수준이 낮다. 또한 자신의 문제를 인정하지 않고, 자신이 상담을 왜 받아야 하는지 이해하지 못하며, 상담에 대한 불만과 불평을 표현하는 등 방어적인 태도를 보인다. 방문형 내담아동과의 상담에서 상담자는 먼저 상담실에 왔다는 사실에 대해 따뜻하게 받아 주고, 인정해 주어야 한다. 또한 내담아동의 말을 경청하고, 내담아동의 편에 서서 격려하며 공감함으로써 내담아동이 느끼고 생각하는 것이 무엇인지 이해하려고 노력하여야 한다. 이때 상담자는 내담아동에게 어떻게 상담에 오게 되었는지 물어보고, 진짜 상담이 필요한 사람은 누구라고 생각하는지에 대해 관심을 가질 필요가 있다. 하지만 상담이 필요하다고 설득하거나 어떠한 제안을 해서는 안 된다. 대신 내담아동의 자율성을 인정해 주고 선택을 존중해 주면서 문제가 있는 경우 언제든지 기꺼이 도움을 줄 수 있다는 의사를 분명히 표현하여야 한다. 방문형 내담아동에게 상담자는 다음과 같은 질문을 해 볼 수 있다(Bannink, 2007).

- ○○가 상담을 받으러 오게 된 것은 누구의 생각이었나요?
- 의뢰인(내담아동이 상담받기를 권한 사람)은 어떤 것이 달라져야 한다고 생각할까요?
- 상담을 받으러 오지 않기 위해서는 무엇이 필요할까요?
- 이곳에 다시 오지 않아도 된다는 것을 의뢰인에게 어떻게 보여 줄 수 있나요?

• 아무 일도 하지 않으면 어떻게 될까요?

(2) 불평형

불평형(complainant)은 자신에게 문제가 있는 것이 아니라 다른 사람의 문제로 인해 자신이 힘들다고 불평하며 다른 사람에게로 문제의 원인을 돌리는 유형이다. 이는 상담자와 내담아동이 공동으로 문제를 확인하였으나 해결방안을 구축해 나가는 과정에서 내담아동의 역할을 확인하지 못했을 때 나타나게 된다. 불평형 내담아동은 문제의 심각성을 알고 문제해결의 필요성을 알고 있으며, 문제를 해결하기 위한 목표에 관해서 구체적으로 묘사하는 특징을 가지고 있다. 하지만 자신이 아닌 다른 사람에게서 문제의 원인을 찾으므로 그 사람이 변화되어야 한다고 생각하여 목표를 성취하기 위한 구체적인 방안을 구조화하지 못한다. 이러한 관계유형에서 상담자는 내담아동에게 앞으로의 삶이 지금보다 조금 더 긍정적인 방향으로 변화될 수 있다는 것을 인식시킬 필요가 있다. 이때 상담자는 내담아동에게 중간 정도의 도움을 주며 기다리는 것이 중요하다. 내담아동이 상담에 방문했을 때부터 '이 아이는 문제를 가지고 있을 것이다.'라는 상담자의 태도는 내담아동의 저항을 불러오기 쉬우므로 상담자는 내담아동이 스스로 문제를 인식하고 자신이 문제해결의 주체임을 알아차릴 수 있도록 점진적으로 상담을 진행해 나가야 한다. 상담자는 내담아동의 어려움을 이해해 주고, 지금까지 노력해 온 부분들에 대해 인정해 주며 지금까지와는 다른 방법, 예를 들어 예외상황을 발견하는 과제 등을 통해 내담아동이 문제 상황을 다른 관점으로 관찰할 수 있도록 도와주어야 한다. 또한 내담아동이 문제를 가지고 있다고 생각하는 타인의 문제행동에 대한 예외상황을 찾아보도록 제안하는 것도 상담에 도움이 될 수 있다(김영애, 2017). 상담자는 불평형 내담아동에게 다음과 같은 질문을 해 볼 수 있다(Bannink, 2007).

• 상대방(내담아동이 문제를 가지고 있다고 생각하는 다른 사람)이나 상황이 변하지 않는다면 어떻게 할 건가요?
• (상대방이 바뀌지 않을 경우, 앞으로 어떻게 해야 할지에 대해 살펴보면서) ○○가 지금 원하는 것은 무엇인가요?
• 상대방의 문제가 해결되었다면, ○○에게는 어떤 변화가 일어날 것 같나요?

- 그것이 어떻게 해서 문제가 되나요? 어떻게 대처하고 있나요?
- 문제가 문제로 느껴지지 않았을 때는 언제인가요? 혹은 잠깐이라도 그것이 문제가 아니었던 때는 언제인가요?

(3) 고객형

고객형(customer)은 자신의 문제를 분명히 인식하고 문제해결을 위해 스스로 도움을 요청한 내담아동으로, 변화에 대한 자발적인 동기를 가지고 상담에 능동적이고 적극적으로 참여하는 유형이다. 이러한 관계유형은 상담을 진행하는 과정 중에서 상담자와 내담아동 사이에 일치된 상담의 목표와 구체적인 해결방안을 가지게 되면서 협력적인 관계로 발전할 수 있다. 상담자는 고객형 내담아동과의 상담에서 내담아동이 가지고 있는 해결 능력과 자원을 찾고, 문제가 아닌 예외상황을 찾아 일상생활 속에서도 예외상황이 계속해서 일어날 수 있도록 지지하고 강화하는 작업을 하여야 한다. 또한 상담자는 상담의 전 과정에서 내담아동과의 관계를 고객형으로 유지할 수 있도록 지속적으로 주의를 기울여야 한다. 상담자와 내담아동 간의 관계유형은 내담아동의 성격 특성으로 인해 구분되는 것이 아니라 상담적 관계에 관한 것이므로 유동적이다(Nichols & Davis, 2016). 따라서 상담자는 초기 상담에서 내담아동이 방문형 혹은 불평형으로 상담에 참여하였더라도 내담아동을 변화시키기 위해 압박하는 대신 내담아동의 관심을 문제에서 해결책으로 돌리게 함으로써 변화를 위한 동기를 가지는 고객형으로 바꿀 수 있다.

3. 해결중심 아동상담의 실제

1) 상담목표

해결중심 아동상담에서는 인간은 이미 문제해결을 위한 자원과 감정을 지니고 있다는 기본가정을 토대로, 상담의 목표를 내담아동과 함께 설정하며, 내담아동이 원하는 목표를 세우는 것이 중요하다. 상담자는 내담아동의 강점과 자원을 중심으로 상담의 목표를 세우기 위해 다음과 같은 원칙을 두고 있다(Walter & Peller, 1996;

제석봉 외, 2014).

첫째, 내담아동에게 중요한 것을 목표로 한다. 내담아동이 스스로 중요하다고 인식하게 되면 목표를 성취하기 위해 적극적인 태도를 보이고, 상담자에게 수용받고 있다는 느낌을 받게 되어 상담자를 신뢰하고 협조적인 관계 형성을 이룰 수 있다. 따라서 상담자는 내담아동이 문제로 제기하고 상담받기를 원하는 문제를 중심으로 상담의 목표를 설정하여야 한다.

둘째, 작은 것을 목표로 한다. 내담아동이 쉽게 도달할 수 있는 작은 것을 목표로 세우면 내담아동은 적은 노력에도 성취감을 느낄 수 있게 된다. 이러한 성취감은 내담아동에게 성공적인 경험을 하게 함으로써 목표를 달성하기 위한 노력을 지속하게 되는 동기를 강화시킬 수 있다. 예를 들어, '하루에 영어 단어 10개 외우기'와 같이 작은 목표를 설정하고 이를 성취하는 경험을 통해 조금씩 성공과 희망을 경험하는 기회를 늘려 가야 한다.

셋째, 구체적이고 명확하며 행동적인 것을 목표로 한다. 상담목표가 '행복하게 살기' 등과 같이 추상적인 경우, 목표의 성취 여부를 파악하는 것이 어렵다. 반면, '아침에 일어나서 인사하기'와 같이 실제 일상생활 속에서 관찰이 가능하고 구체적이며 명확한 것을 목표로 설정하는 경우, 내담아동의 성공을 즉각적으로 인정할 수 있는 기회가 증가하게 된다. 그러므로 상담의 진행 정도를 확인하기 위하여 관찰할 수 있고 측정 가능한 행동을 목표로 설정하는 것이 유용하다.

넷째, 문제를 없애는 것보다는 긍정적인 행동에 관심을 둔다. '친구들과 싸우지 않기'보다는 '친구들과 간식 나눠 먹기' 등과 같이 문제시되는 것을 없애는 것보다 긍정적인 단어를 사용함으로써 해야 하는 것에 관심을 두어 상담목표를 규정하여야 한다. 즉, 내담아동의 문제를 없애는 것에 초점을 두기보다는 해결에 대한 새로운 모습에 집중하도록 한다.

다섯째, 최종 결과가 아닌 지금 여기에서 시작하는 것을 목표로 삼는다. 목표를 설정할 때는 성취하기를 바라는 최종의 결과보다는 지금 여기에서 시작할 수 있는 것에 초점을 맞춘다. 지금 여기에서 시작한다는 것은 내담아동이 상담목표를 성취하기 위해 제시한 해결책을 즉시 시작하거나 해결을 위한 행동을 상담이 진행되는 동안 지속할 수 있다는 것을 의미한다. 이를 위해 상담의 초기 단계에서부터 내담아동에게 필요한 것을 명확하고 구체적으로 설정해 나가는 것이 중요하다.

여섯째, 내담아동이 일상생활에서 현실적이고 성취 가능한 것을 목표로 한다. 내담아동의 생활환경 속에서 비현실적이고 성취 불가능한 것인지 혹은 현실적이고 성취 가능한 것인지 파악하여 목표를 설정하여야 한다. 예를 들어, 돌아가신 부모가 살아 돌아오기를 바라는 것은 비현실적이고 성취 불가능한 목표이지만, 부모 대신 주변에 있는 사람들과 좀 더 많은 시간을 함께 보내는 것은 성취 가능한 목표가 될 수 있다. 만약 내담아동이 바라는 목표가 비현실적이고 성취가 어려운 것이라면 상담자는 내담아동이 일상생활 속에서 실현할 수 있는 것을 찾아내어 목표로 설정할 수 있도록 도와야 한다.

일곱째, 목표 수행을 힘든 일로 인식시킨다. 상담의 목표가 아무리 작고 성취 가능한 것이라도 상담자는 내담아동에게 변화를 위한 노력은 아주 힘든 일이라는 사실을 인식시켜야 한다. 이는 내담아동이 목표를 성취하지 못한 상황에서 자신을 자책하고 우울해하기보다는 스스로를 보호해 주는 역할을 해 준다. 일반적으로 사람들은 삶을 불편하게 하는 것일지라도 익숙한 것을 반복하려는 경향이 있어 새로운 행동을 시도하는 것은 매우 어려운 일이다. 따라서 목표를 달성하는 것은 힘든 일이라는 인식을 심어 줌으로써 그 결과가 어떠하든 내담아동의 노력을 성공적인 것으로 볼 수 있으며, 노력 자체가 가치 있는 것임을 인식할 수 있도록 한다.

여덟째, 내담아동이 처한 상황과 관련하여 목표를 설정하여야 한다. 사회적인 맥락에서 변화를 도모하는 것은 내담아동이 다른 사람들과의 관계에서 경험하는 것과 자신이 추구하는 변화가 일치하게 되면서 내담아동에게 의미 있는 변화를 알아차릴 수 있는 방법이 될 수 있다. 예를 들어, 내담아동이 '나는 행복해지고 싶다.'라는 목표를 세우는 것보다는 '나는 행복해지기를 원한다. 또한 주변 사람들이 나의 긍정적인 변화를 인정해 주고 칭찬해 줄 것이다.'라는 목표를 설정함으로써 내담아동이 변화를 유지할 수 있는 가능성을 높이게 된다(김희정, 2017).

2) 상담과정

해결중심 아동상담은 다른 상담이론과는 달리 첫 회기 상담과정과 첫 회기 이후의 상담과정으로 구별하여 제시된다. 해결중심 아동상담의 기본적인 상담과정은 다음과 같다(Berg & De Jong, 1996).

(1) 첫 회기 상담과정

첫 회기 상담과정에 대해 드 세이저는 다음의 7단계로 제시하였다(De Shazer et al., 1986; 김춘경 외, 2016).

- 1단계(상담 구조와 절차 소개): 내담아동과 일상적인 대화를 간단히 나눈 후, 상담과정에 대해 내담아동에게 설명한다. 해결중심 아동상담에서는 상담 팀이 함께 상담을 진행하게 되는 경우 일방경(one-way mirror)과 인터폰 시스템을 사용한다. 상담과정에서는 상담자와 40~45분 정도 상담을 하고, 5~10분 정도 휴식을 취하게 된다. 이때 상담자는 동료 팀과 함께 상담적 메시지를 작성한 후 다시 내담아동에게 메시지를 전달하는 방식으로 진행한다. 이러한 상담의 구조와 절차를 소개하고 상담장면을 녹화하는 것에 대해 허락을 구한다.
- 2단계(문제진술): 상담자는 내담아동이 가지고 온 문제나 어려움 혹은 불평에 대해 간단하게 질문한다. 문제에 관한 질문은 문제를 탐색하기 위한 의도가 아니라 문제와 관련된 도움을 주기 위한 것으로, 내담아동이 진술한 문제를 상담의 목표로 전환할 수 있는 기회가 될 수 있다. 내담아동이 제시한 문제에 대해 좀 더 상세하게 질문하여 문제를 구체화시킴으로써 아동에게 맞는 맞춤식 상담을 진행할 수 있게 된다.
- 3단계(예외탐색): 내담아동에게 "문제가 발생하지 않았을 때가 있었나요?"와 같은 질문을 통해 문제가 일어나지 않았을 때, 혹은 문제로부터 고통받지 않았을 때, 문제에 잘 대처했을 때, 문제 상황에서 효과적으로 반응할 수 있었던 때를 탐색해 봄으로써 문제해결의 가능성을 찾고 해결을 위한 개입 계획을 세우게 된다. 내담아동은 예외상황에 초점을 두는 것으로 미래에 문제가 일어나지 않을 가능성이 있다는 기대감을 가질 수 있게 된다.
- 4단계(상담목표 설정): 해결중심 아동상담에서는 내담아동의 의견을 존중하면서 내담아동과 협동하여 상담목표를 구체적이고 명확하게 할 것을 강조한다. 목표 설정을 중요하게 생각하는 해결중심 아동상담은 내담아동과의 목표 설정에 많은 시간과 노력을 기울인다. 상담목표 설정은 내담아동의 변화 정도를 평가하는 것과 상담결과에 대한 만족도를 향상시키는 데 중요한 역할을 한다.
- 5단계(해결책 정의): 내담아동과 함께 설정한 목표를 성취하기 위해 문제해결과

관련된 질문을 본격적으로 한다. 이때 내담아동의 문제가 과거에 발생한 것이라면, 앞으로 어떤 것들이 달라지게 될지에 대해 이야기를 나누는 것이 좋다. 상담자는 "목표를 달성하면 어떤 일이 일어날까요?" 또는 "문제가 해결되면 ○○의 학교생활 혹은 일상생활이 어떻게 달라질까요?" 등의 질문을 통해 문제가 해결된 상황에 대한 기대를 가질 수 있도록 하고, 그 기대가 이루어질 수 있는 방안에 대해 생각해 보도록 한다.

- 6단계(메시지 작성): 40~45분 정도의 상담 이후 휴식시간을 가질 때, 상담자는 함께 진행하는 상담팀의 자문을 받아 메시지를 작성한다. 상담 팀이 없는 경우 지금까지 한 상담내용을 정리하여 메시지를 작성한다. 메시지에는 내담아동의 문제와 내담아동의 목표, 상담 전 변화에 대해 요약하는 것으로 시작하여 내담아동이 가진 강점과 자원에 관한 격려와 내담아동의 문제해결 능력을 향상시키고 유지할 수 있는 과제를 포함한다.
- 7단계(메시지 및 과제 전달): 상담자는 휴식 시간에 작성한 메시지를 5분 이내로 내담아동에게 전달한다. 이때 상담자는 내담아동의 강점과 자원에 대해 확인하는 과정을 바탕으로 '첫 회기 과제(first-session task)'를 주는 이유와 논리적인 근거를 설명해 주어야 한다. "오늘 이후부터 다음 상담 때까지 ○○가 앞으로 살아가면서 하고 싶은 일들과 계속되었으면 하고 바라는 일에 대해 생각해 보고, 그 일들이 일어나는지 잘 관찰한 후에 다음 상담 시간에 어떤 일들이 있었는지에 대한 이야기를 함께 나누어 주세요."(De Shazer & Molnar, 1984)라고 하면서 첫 회기 과제를 제시할 수 있다.

(2) 첫 회기 이후의 상담과정

첫 회기 이후의 상담에서는 첫 회기 상담 후에 조금이라도 나아지거나 변화가 일어난 것에 초점을 두어 그 변화를 계속 유지하고 강화해 나가는 것이 중요하다. 따라서 2회기 이후의 상담에서는 내담아동에게 일어난 변화의 흔적들을 찾아 변화의 가능성을 확장시켜 나가는 작업이 주요한 과제가 된다. 따라서 상담자는 내담아동이 하나의 예외상황을 이야기하게 된다면, 그 예외상황에 대해 보다 자세하게 탐색하기 위한 작업을 하여야 한다. 이 작업에서 상담자에게 요구되는 주요 활동 네 가지를 'EARS'라고 한다(정문자 외, 2008). 먼저, E는 이끌어 내기(Eliciting)로, 지난 상담 이후에 구체적으로 무엇이 나아졌는지에 대해 질문하는 것이다. 상담자는 "지난 상담 이후 아주 작은 것이라도 나아진 것은 무엇인가요?"와 같이 긍정적인 변화에 대한 질문을 통해 내담아동이 예외상황을 발견할 수 있도록 한다. 이때 내담아동의 대답에 따라 내담아동이 자신의 변화에 대해 발견한 경우와 발견하지 못한 경우로 나누어서 상담을 진행하게 된다.

만약 내담아동이 변화를 발견하였다면, 상담자는 'EARS'에서 A와 R, S를 차례대로 진행할 수 있다. A는 확장하기(Amplifying)로, 이끌어 내기에서 발견한 예외상황을 확장시키기 위해 내담아동의 긍정적인 변화에 대해 구체적으로 질문하는 것이다. 상담자는 내담아동이 예외상황에 대해 구체적으로 탐색해 볼 수 있도록 언제(예, "이전의 문제행동이 아닌 새로운 행동을 해 보아야겠다고 생각하거나 시도하였던 때가 언제인가요?"), 어디서(예, "학교나 학원, 집에서 어떻게 다르게 행동하였나요?"), 누가(예, "○○의 변화된 행동을 보고 누가 가장 놀랐나요? 변화된 행동에 대해 다른 사람들은 어떻게 다르게 반응하였나요?"), 어떻게(예, "이전과는 다른 행동을 어떻게 할 수 있었나요? 변화된 상태를 유지하기 위해 어떻게 해야 한다고 생각하나요? 다음에도 긍정적인 행동을 할 수 있다고 어떻게 확신할 수 있나요?") 등에 대해 물어볼 수 있다.

R은 강화하기(Reinforcing)로, 긍정적으로 변화된 행동과 내담아동의 강점을 언어적·비언어적으로 강화하는 것이다. 상담자의 언어적인 표현으로서는 내담아동이 이야기를 하고 있는 것을 잠시 중단하고 "다시 말해 줄래요?" 또는 "실시한 것에 대해 무엇이라고 했죠?" 등과 같이 다시 확인하는 질문을 할 수 있다. 비언어적인 표현으로는 내담아동과의 상담장면에서 몸을 앞으로 숙이거나 눈을 치켜뜨거나 펜을 들어 기록하며 놀라는 표정을 짓는 등 비언어적인 태도를 통해 내담아동의 이야기에 관심이 있음을 보여 줄 수 있다. 뿐만 아니라 강화하기는 예외상황을 중점으로 칭찬을 통해 이루어지게 되는데, 이는 내담아동에게 변화를 위한 노력이 가치 있었음을 알게 해 준다.

마지막으로, S는 다시 시작하기(Start again)로, "무엇이 좋아졌나요?"와 같은 질문을 통해 내담아동에게 변화된 행동을 토대로 다시 시작해야 한다는 인식을 심어주어야 한다. 이때 내담아동의 변화에 대한 확신, 동기, 희망 등을 척도로 질문하여 이들이 얼마나 실현 가능한지에 대해 파악할 수 있다. 또한 "그 외에 조금이라도 나아진 것은 어떤 것들이 있나요?" 등과 같은 질문을 통해 내담아동이 자신의 긍정적인 변화에 대해 충분히 말했다고 판단될 때까지 변화된 행동에 대해 탐색해 볼 수 있다.

반면, 내담아동이 첫 회기 이후 자신에게 일어난 변화를 발견하지 못한 경우에는 일주일 중 하루라도 좋았던 날이 있었는지, 그 좋았던 날은 다른 날들과 어떻게 달랐는지에 대해 우선적으로 탐색해 보아야 한다(정은, 2019). 여기서 내담아동이 좋았던 날이 있었다면 그것을 예외상황으로 설정하고 더욱 구체적인 정보를 확보하는 것이 중요하다. 하지만 좋았던 날이 없었다면 내담아동의 문제가 어떻게 해서 더 나빠지지 않았는지에 대해 탐색할 필요가 있다. 이는 내담아동이 문제 상황을 악화시키지 않고 멈추게 할 수 있는 능력이 있음을 깨닫게 함으로써 예외상황을 발견할 수 있는 기초로 활용할 수 있다. 또한 상담자는 "만약 상황이 더 나빠지게 된다면 무슨 일이 일어날까요?" "여기서 작은 변화라도 만들기 위해서 할 수 있는 가장 작은 일은 무엇일까요?" 또는 "아주 조금이라도 이러한 일이 일어나게 하려면 어떻게 해야 할까요?"와 같은 질문을 순서대로 활용하면서 내담아동이 예외상황을 발견해 볼 수 있도록 해야 한다(Berg & Gallagher, 1991). 이 외에도 상담목표가 너무 큰 경우 내담아동이 자신에게 변화가 발생했음에도 불구하고 목표치에 도달하지 못했다고 느껴 예외상황을 발견하는 것에 어려움을 느낄 수 있다. 따라서 변화를 발견하거나 좋았던 날이 없다면 내담아동과 함께 설정하였던 상담목표가 지나치게 큰 것은 아닌지, 적절하지 않은 목표는 아닌지 등에 대해 다시 한번 살펴보아야 한다.

3) 상담기법

(1) 질문기법

해결중심 아동상담의 가장 핵심적인 기법은 질문하기로, 내담아동에게 어떤 질문을 하느냐에 따라 문제해결을 위한 목표와 내담아동의 자원과 강점을 찾아낼 수 있다. 따라서 해결중심 아동상담에서는 질문을 통해 내담아동의 문제를 해결할 수 있는 실마리를 찾고자 하였으며, 내담아동이 가진 긍정적인 힘과 능력을 확장시키고 강화시킬 수 있는 다양한 질문기법을 활용하고 있다. 해결중심 아동상담에서 사용하는 질문기법의 종류는 다음과 같다.

• 상담 전 변화에 관한 질문

내담아동에게 상담에 오기 전 일어난 변화에 관해 질문하는 것은 해결중심 아동상담의 기본원리 중 하나인 '변화는 항상 일어나며 불가피한 것이다.'를 전제로 하고 있다. 일반적으로 상담을 받으려는 순간은 문제가 심각하여 도움을 받지 않으면 안 되겠다는 결심이 섰을 때이다. 이는 상담을 받으러 간다는 사실만으로도 내담아동에게 자신의 문제해결에 대해 진지하게 고민해 볼 수 있는 기회가 되고, 나아지려는 노력을 시작하게 된다는 것이다. 따라서 상담 전 변화에 관한 질문(pre-session change question)은 "처음 상담을 약속했을 때와 오늘 상담을 받으러 오기 전까지 어려운 상황이 조금 나아진 친구들이 있었어요. 혹시 ○○에게도 그런 변화가 있었나요?"와 같은 질문을 통해 내담아동은 상담 회기 전의 긍정적인 변화를 인정함으로써 스스로 변화하고 해결할 수 있는 능력이 있음을 알게 된다. 내담아동이 상담을 약속한 후 상담실에 오기까지 변화한 것에 대해 살펴보는 것은 문제해결에 매우 중요한 단서를 제공해 줄 수 있다.

• 예외질문

예외는 내담아동의 삶에서 문제라고 생각하는 행동이나 사건이 일어나지 않은 상황을 의미하는 것으로, 예외질문(exception-finding question)은 현재 잘하고 있는 것과 성공했던 경험을 발견하는 질문이다. 예외질문을 통해 내담아동이 예외상황을 발견하는 것은 상담을 시작할 때 가졌던 불평불만이나 문제 중심의 부정적인 사고에서 문제를 해결하기 위한 방안을 모색하는 방향으로 관심을 전환하게 된다. 또한 예외질문은 "화가 났지만 친구들에게 혹은 부모님에게 소리를 지르지 않았던 때는 언제인가요?" "화가 났을 때 소리를 지르지 않았다는 것을 어떻게 알았나요?" 또는 "화가 났을 때 소리를 질렀던 날과 소리를 지르지 않았던 날은 어떻게 달랐나요?" 등과 같은 구체적인 질문들을 통해 내담아동이 가지고 있는 자원과 강점을 활용하여 문제를 해결하였던 예외상황을 발견함으로써 내담아동의 자아존중감을 강화시킬 수 있고, 문제해결을 위한 동기를 향상시킬 수 있다(Sklare, 2005).

• 기적질문

기적질문(miracle question)은 내담아동이 예외상황을 발견하지 못했을 때, 잠재적인 예외상황을 발견하기 위해 사용하는 질문기법으로, 자신의 문제에서 벗어나 문제가 해결된 상황을 상상하고 구체화하는 것이다. 이는 내담아동이 자신의 긍정적인 미래 모습을 상상해 볼 수 있는 기회를 가지게 된다. “어느 날 밤 잠든 사이 기적이 일어나 ○○의 문제가 모두 해결되었다고 상상해 보세요. ○○가 잠을 자는 동안 기적이 일어났기 때문에 무슨 일이 생겼는지는 알 수 없어요. 아침에 눈을 떴을 때 무엇을 보고 기적이 일어났다는 것을 알 수 있을까요?”와 같이 내담아동이 변화되고 싶어 하는 것을 스스로 생각해 볼 수 있는 미래 지향적이고 상상적인 형태의 질문을 통해 내담아동이 제한적인 사고에서 벗어나 독특한 해결방안을 생각해 낼 수 있도록 도와준다. 이때 ‘기적’의 개념을 잘 이해하지 못하는 어린 내담아동과 상담을 하게 된다면, 상담자는 내담아동에게 어떤 원하는 일이 있었는데 마법이 일어나서 그 일들이 다 이루어졌다고 상상해 보도록 할 수 있으며, 내담아동이 가장 행복했던 날이나 다른 날들보다 조금 더 나은 날에 대하여 물어보는 것이 도움이 될 수 있다(Hackett, 2002).

이러한 기적질문은 “기적이 일어나서 모든 문제가 해결된다면 ○○의 삶은 어떻게 바뀔 것이라고 생각하나요?”와 같은 질문을 통해 상담목표를 설정하기 위한 기법으로 사용되기도 한다. 기적질문을 사용할 때 상담자는 내담아동이 긍정적으로 응답할 수 있도록 질문하는 것이 중요하며, 질문을 통해 내담아동이 이야기한 기적이 현실적으로 실현될 수 있도록 하기 위해 이전과는 다른 새로운 행동을 해야 한다는 것을 암시해야 한다. 또한 내담아동이 현재 생활에서 실행할 수 있는 것은 어떤 것들이 있는지에 대해 질문함으로써 실제 생활과 연결해 나갈 수 있도록 한다.

• 척도질문

척도질문(scaling question)은 숫자를 사용하여 내담아동에게 자신의 문제, 문제의 우선순위, 변화에 대한 의지와 확신, 문제해결에 대한 희망, 문제가 해결된 정도 등을 수치로 나타내는 질문이다. 상담 초기에 척도질문을 활용하는 것은 내담아동이 느끼는 문제의 정도를 점수화하고 상담을 통해 도달하고자 하는 점수를 목표로 설정하는 데 도움을 준다. “1점에서부터 10점까지 있는 척도에서 1점은 문제가 가장 심각했던 최악의 상황을 나타내는 점수이고, 10점은 문제가 모두 해결되었을 때라고 한다면, 지금의 상태는 몇 점이라고 생각하나요?” 또는 “몇 점이 되면 문제에서 벗어났다고 생각할 수 있을까요?"와 같은 질문을 통해 문제의 심각성을 나타내고, 목표 성취 정도와 결과에 대해 주관적인 평가를 나타낼 수 있다. 또한 척도질문은 이루지 못할 것 같은 큰 목표를 다루기보다는 "1점을 향상시키기 위해 어떤 것을 할 수 있을까요?" 또는 "현재의 상태가 4점이라면, 4점에서 5점으로 올리기 위해 무엇을 어떻게 하여야 한다고 생각하나요?"와 같이 수행 가능한 작은 변화를 목표로 삼는 것을 구체화시키는 데 도움이 된다. 이러한 질문은 내담아동이 변화를 위해 스스로 할 수 있는 행동에 대해 생각해 보고 선택함으로써 자신의 변화에 대한 확신을 심어 주고, 변화 상태를 스스로 평가하는 데 매우 유용하다.

• 대처질문

대처질문(coping question)은 문제해결의 어떠한 희망도 찾지 못해 자신의 미래를 절망적으로 보는 내담아동에게 사용하는 질문이다. "지금까지 있었던 여러 가지 힘든 일들을 어떻게 견딜 수 있었나요?" 또는 "어떻게 해서 상황이 더 이상 나빠지지 않았나요?"와 같이 내담아동이 어려운 상황에서 견디어 내고 더 나빠지지 않게 한 것을 강조한다. 이는 희망이 없는 상황에서 어려움을 어떻게 견뎠으며 어떤 대처방법을 사용해 왔는지를 질문함으로써 내담아동에게 자신의 노력과 자원을 발견하게 하고, 이를 활용하여 스스로 문제해결을 위해 노력할 힘과 용기를 가지고 있음을 알게 한다.

• 관계성질문

관계성질문(relationship question)은 내담아동이 자기중심적인 생각에서 벗어나 문제해결의 상황을 중요한 관계에 있는 사람들이 가지고 있는 생각이나 의견 등에 대해 물어보는 질문이다. 때때로 내담아동은 자신의 문제가 해결되었을 때 자신의 삶이 어떻게 달라질 것인지에 대해 전혀 예측하지 못하는 경우가 있다. 이때 자신의 문제가 해결되었을 때 자신과 관계를 맺고 있는 다른 사람들이 어떻게 달라질 것인지에 대해 예측해 보는 것이 의미 있는 작업이 된다. 예를 들어, "○○의 어떤 점이 변화되었을 때, 어머니께서 문제행동이 줄어든 거 같다고 말씀하실까요?" 또는 "○○가 학교에서 친구들을 때리지 않고 친구들과 잘 지내는 모습을 본다면, 선생님이 어떻게 반응하실까요?"와 같은 질문을 통해 내담아동이 타인의 시각에서 자신의 문제행동을 보게 되면, 이전에는 생각하지 못했던 새로운 문제해결 방안을 생각해 낼 수도 있다.

• '그 외에 또 무엇이 있습니까?' 질문

이 질문은 앞에서 제시한 여러 가지 질문기법들을 통해 찾은 내담아동의 자원과 강점, 예외상황, 성공적인 경험, 문제해결 능력 등을 유지하고 더욱 향상시키기 위한 목적으로 사용된다. "그 외에 또 무엇이 있을까요?" "또 다른 좋은 생각이 있을까요?" 또는 "이전에 이야기한 것과 연결시켜 보면 또 다른 게 있을까요?" 등과 같은 질문을 통해 내담아동의 긍정적인 변화를 유지하는 것뿐만 아니라 더욱 성장·발전할 수 있도록 다양한 해결책을 탐색하는 행동을 강화시킬 수 있다.

(2) 메시지기법

해결중심 아동상담에서는 상담회기 중 상담을 종료하고 5~10분 정도 휴식 시간을 가진 후 상담내용에 대한 피드백을 '메시지(message)'라는 형태로 전달한다. 이때 전달되는 메시지는 칭찬과 연결문, 과제로 구성되어 있다(De Jong & Berg, 2012).

칭찬(compliment)은 내담아동의 성공적인 변화를 위한 노력과 이러한 성공을 통해 나타나는 내담아동의 강점을 인정해 주는 것으로, 내담아동이 이전에 해 왔던 긍정적인 행동을 강화시킴으로써 문제해결을 촉진하는 것을 목적으로 하고 있다. 예를 들어, "오늘 ○○이를 만나서 반가웠어요. 밖에서 놀고 싶었을 텐데 이렇게 선생님을 만나러 여기까지 왔다는 것도 대단하다고 생각해요. 오늘 이야기를 하면서 ○○가 친구들과 잘 지내기 위해서 노력하고 있다는 것을 알 수 있었어요." 등과 같이 내담아동에게 문제해결에 도움이 되는 행동을 한 것에 대해 칭찬할 수 있다. 월터와 펠터(1996)는 상담자가 칭찬을 사용하는 것은 내담아동을 지지하는 기능을 함으로써 상담의 긍정적인 분위기 조성과 내담아동의 변화에 대한 두려움 완화, 책임감 증진, 문제해결에 대한 자신감 향상 등의 장점을 가질 수 있다고 하였다.

연결문(bridge)은 "○○는 하려고 하는 일은 끝까지 해내는 의지가 강한 사람인 것 같아요. 그래서 선생님이 과제를 하나 주려고 해요."와 같이 칭찬과 과제를 연결하는 것으로, 내담아동이 발견한 예외상황과 성공적으로 실행한 것, 상담목표 등과 과제를 연결한다. 이는 과제를 부여하게 된 근거를 제공하고, 과제를 성공적으로 실시할 수 있도록 동기를 유발하고 격려하는 기능을 한다. 과제는 상담장면 외에 일상생활에서도 변화를 이끌어 내기 위한 것으로, 관찰하는 것과 행동을 실시하는 것으로 나눠진다. 관찰하는 과제는 해결방안을 구축하는 데 유용한 것을 주의 깊게 관찰하도록 하는 것이고, 행동을 실시하는 과제는 내담아동이 잘하고 있는 것을 지속하도록 하거나 새로운 방안을 시도하도록 제안하는 것이다. 과제를 제시할 때 '어떤 것을 해 보라.'라는 내용의 과제는 내담아동에게 부담감으로 다가올 수 있으므로 "○○가 다음 주에도 이곳에 와서 친구들과의 관계에서 어떤 것들이 더 좋아졌는지에 대해 이야기를 들려주면 좋을 것 같아요."와 같이 초기 상담에서는 과제가 다음 상담에 올 수 있도록 초대하는 역할을 하여야 하며, 상담이 진행되는 동안에는 내담아동의 문제해결에 대한 의지의 정도를 고려하여야 한다.

과제(task)는 상담자와 내담아동 간의 관계유형에 따라 달라진다. 방문형 내담아동의 경우 어려운 상황에서도 자신에게 도움이 되기 위해 상담을 받으러 온 것에 대한 칭찬을 하고 다음 상담에 올 수 있도록 격려해 주는 반면, 따로 과제는 주지 않는다. 불평형 내담아동의 경우 첫 상담의 과제로 "변화된 행동이 일어난다면, 잘 관찰하였다가 다음 상담 시간에 이야기해 주세요."와 같이 예외 행동을 주시할 수 있는 관찰과제를 준다. 고객형 내담아동의 경우 상담을 하면서 발견한 예외상황을 반복해 나갈 수 있도록 예외 행동을 더 많이 실시할 것을 과제로 제공해 주는 등 보편적으로 행동과제를 제시한다.

4. 아동상담 사례

해결중심 아동상담에서는 내담아동이 가진 문제를 탐색하고 분석하는 문제중심 접근을 하기보다는 문제를 해결하기 위한 내담아동의 강점과 자원을 찾아 이를 활용하는 해결중심 접근에 초점을 두고 있다. 이러한 해결중심 접근을 위해서는 해결중심 아동상담의 다양한 질문기법을 활용하여 내담아동의 문제가 해결된 상황이나 자신이 할 수 있는 일, 쉽게 시작할 수 있는 가장 작은 해결책을 찾아 스스로 문제를 해결해 나갈 수 있도록 도와주어야 한다. 다음은 해결중심 아동상담의 질문기법을 활용하여 상담을 진행한 사례(Berg & Steiner, 2003)이다.

■ 인적사항: 바비(10세, 남아)

■ 의뢰사유: 어느 날부터 갑자기 학교에 가는 것을 거부하는 바비가 걱정되었던 어머니에 의해 상담실로 오게 되었다.

■ 호소문제: 친구들로부터 놀림을 받고 있어 학교가 싫고, 학교 가는 것이 두렵다.

■ 상담내용: 상담이 시작된 이후 바비는 자신의 학교생활에 대해 매우 부정적인 것으로 나타났으며, 학교에서 문제가 발생하지 않았던 예외상황에 대해 없다고 이야기하였다. 이에 상담자는 예외상황을 발견하지 못한 바비에게 기적질문을 사용하였다.

상담자: 선생님이 바비에게 약간의 상상력이 필요한 질문을 하나 하고 싶어.

바비: 뭔데요?

상담자: 어느 날 밤 바비가 잠든 사이에 기적이 일어나 바비의 문제가 모두 해결되었다는 상상을 해 보자. 바비는 무엇을 보고 모든 문제가 해결되었다는 것을 알 수 있을까?

바비: 음… 제가 유명한 고생물학자가 되어 있는 거예요.

상담자: 그렇다면 고생물학자가 된 너의 생활은 어떻게 변해 있을까?

바비: 학교에서 더 이상 체육이나 음악 수업을 듣지 않아도 돼요. 또 친구들이 나를 보고 놀라워하면서 내 이야기를 들어 주고, 더 이상 놀리지 못할 거고, 음… 아! 나는 학교 가는 길에 친구들과 싸우는 일이 없을 거예요.

상담자: 그럼 바비는 다른 친구들이 너의 말에 귀를 기울여 주면 친구들과의 관계가 좋아질 수 있다는 말이니?

바비: 네. 아마도요.

상담자: 가장 최근에 이런 일이 있었니?

바비: 2학년 때는 친구들이 공룡에 대해 관심이 있어서 제 이야기를 들어 줬는데, 이제는 공룡에 대해 관심을 가지고 있는 친구가 없어요.

상담자는 바비에게 동물 인형들을 보여 주면서 현재 상황과 기적이 일어난 후의 상황에 맞는 동물 인형을 고르라고 하였다. 바비는 현재 상황에 대해 거북이를 골랐으며, 기적이 일어난 후의 상황에 대해서는 돌고래를 선택하였다. 상담자는 거북이와 돌고래가 가진 특성과 상황에 따라 이러한 선택을 한 이유에 대해 바비와 함께 이야기를 나누었다. 이후 상담자는 바비가 학교에 대한 부정적인 생각의 수준이 어느 정도인지 알아보기 위해 척도질문을 사용하였다.

상담자: 학교에 가는 것에 대해 점수로 한번 표현해 보자. 0점부터 10점까지 중에 학교를 가고 싶은 정도는 어느 정도니? 0점은 '나는 절대 학교에 돌아가지 않을 거야.'이고, 10점은 '문제 될 게 없으니까 난 학교를 갈 거야.'를 의미하는 거야.

바비: 2점이요.

상담자: 2점을 선택한 이유가 있니?

바비: 학교에 돌아가려면 같이 이야기를 할 친구가 필요해요. 지금 나에게는 그런 친구가 없어요.

상담자: 그렇다면 학교에서 가장 이야기를 나누고 싶은 친구는 있니?

바비: 잭, 캐시, 지나.

상담자: 네가 그 친구들과 이야기를 나누어 보려면 무엇을 하면 좋을까?

바비: 모르겠어요. (긴 침묵) 음… 친구들을 위해 샌드위치를 만드는 것? 애들은 내가 샌드위치를 잘 만든다는 걸 몰라요.

상담자: 친구들에게 샌드위치를 만들어 준다는 건 정말 멋진 생각인 것 같구나. 샌드위치를 만들기 위해서는 어떻게 해야 하지?

바비: 식빵에 햄이랑 채소랑 또 치즈랑 넣어서 만들면 돼요.

상담자: 우와. 맛있는 샌드위치가 만들어질 것 같구나. 그럼 다음 상담에서 친구들에게 샌드위치를 만들어 준 이야기를 함께 나누어 주겠니?

바비: 네.

활동

1. 기적 그림 그리기

기적 그림 그리기는 언어적인 표현에 한계를 가지는 내담아동에게 기적에 대한 질문에 말로 대답하기보다는 그림을 그림으로써 자신에게 일어나기를 바라는 기적에 대해 표현해 보는 활동이다(Bannink, 2007). 이 활동을 통해 상담자는 내담아동의 미래 모습을 토대로 상담목표를 설정할 수 있으며, 내담아동이 문제에 대한 해결책을 스스로 생각해 보는 기회를 제공해 줄 수 있다.

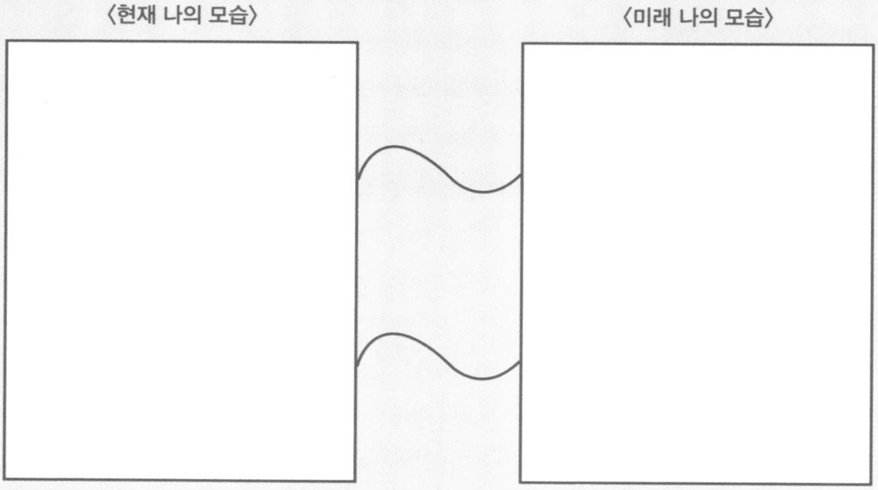

① 그림을 그릴 종이를 내담아동에게 나누어 주고 종이의 왼쪽에 현재 자신의 모습을 그림으로 그리게 한다.

② 종이의 오른쪽에는 만약 기적이 일어나 내담아동의 모든 문제가 해결된다면 미래에 어떤 모습일지 생각해 보고 그것을 그림으로 그리도록 한다.

③ 왼쪽(현재 나의 모습)의 그림에서 오른쪽(미래 나의 모습)의 그림으로 길이나 다리를 그리도록 한다.

④ 내담아동에게 3단계에서 그린 길이나 다리를 어떻게 보고 있는지 물어보고, 자신이 미래의 모습으로 가기 위해 길이나 다리의 어디까지 건너 왔는지 표시하도록 한다.

⑤ 목표(미래 나의 모습)를 이루기 위해 내담아동이 할 수 있는 행동들에 대해 다른 종이에 추가적으로 몇 가지의 그림을 그리도록 한다.

⑥ 5단계에서 그린 그림을 '현재 나의 모습' 그림과 '미래 나의 모습' 그림 사이에 순서대로 나열하도록 한다. 여기서 5단계에서 그린 그림은 현재의 모습에서 목표가 달성된 미래의 모습에 도달하기 위한 과정이 되는 것이다.

⑦ 완성된 그림을 토대로 상담자는 내담아동이 문제를 해결하기 위한 자원을 가지고 있음을 찾아내고 칭찬하는 시간을 가진다.

2. 강점과 자원 찾기

이 활동은 내담아동이 자신의 강점과 능력에 대해 찾아볼 수 있도록 하는 것이다(Berg & Steiner, 2003).

① 종이에 내담아동의 손을 얹어 손 주위를 따라 선을 긋도록 한다. 양손 모두 번갈아서 그리도록 한다.

② 어떤 손가락부터 시작할지 내담아동에게 결정하도록 한다.

③ 2단계에서 선택한 손가락부터 시작하여 각각의 손가락마다 자신이 잘하는 것이 무엇인지 찾아서 적도록 한다.

④ 내담아동이 선택한 하나의 손가락을 잡고 악수하듯 흔들면서, "○○의 엄지손가락은 무엇을 잘하니?"와 같은 질문을 한다.

⑤ 4단계에서 내담아동이 이야기한 것과 잘 맞는 색깔은 무엇인지 생각해 보고 종이 위에 그려진 손가락에 색칠하도록 한다. 예를 들어, 블록을 잘 만든다고 이야기하였다면 그것과 잘 맞는다고 생각하는 색깔을 선택하여 색칠하도록 한다.

⑥ 열 손가락 모두 이러한 순서로 진행하도록 한다. 활동이 끝나면 10개의 손가락에 내담아동이 잘하는 활동과 다양한 색깔이 칠해지게 된다.

이 활동을 마무리할 때 내담아동에게 손가락을 마주하여 지붕처럼 만들어 손가락 끝에 힘을 주도록 한다. 이때 "○○는 여러 가지의 능력을 가지고 조그마한 마술의 집을 만들 수 있어요. ○○가 강해져야 할 때 손가락을 마주하여 지붕을 만들고 힘을 주어 서로 밀어 보면서 ○○가 가지고 있는 능력들을 생각해 보고 느껴 보세요."라고 부드러운 목소리로 말하면서 내담아동이 자신의 강점과 능력을 토대로 어려움을 헤쳐나갈 수 있음을 인식할 수 있도록 한다.

3. 척도질문

이는 내담아동에게 척도질문으로 활용할 수 있는 활동이다. 숫자에 대한 개념이 명확하지 않은 내담아동의 경우 0점에서 10점이라는 숫자 간의 서열을 이해하고, 그중에서 자신을 표현할 수 있는 숫자를 선택하는 것에 어려움을 느낄 수 있다. 이러한 내담아동에게는 다음과 같은 활동을 진행할 수 있다.

① 웃는 표정과 화가 난 표정이 양극단에 있는 그림을 보여 준다.
② 내담아동에게 별이 그려진 동그라미에 인형을 올리도록 한다.
③ 인형이 있는 곳에서 자신의 기분이 웃는 표정과 화가 난 표정 중 어디에 더 가까운지 선택하도록 한다.
④ 3단계에서 선택한 표정에 얼마만큼 가까이 가 있는지 인형을 움직여 보도록 한다.
⑤ 만약 웃는 표정에서 멀리 가 있다면, "어떻게 하면 웃는 표정에 한 칸 더 다가갈 수 있을까요?"와 같은 질문을 통해 작은 변화를 위한 목표설정을 구체화시킬 수 있다.

다음 활동은 웃는 표정과 화가 난 표정 이외에 기분을 표현하고자 할 때 활용할 수 있다. 순서는 다음과 같다.

① 웃는 표정과 우는 표정, 화난 표정, 무표정 중에서 어떤 기분이 드는지 선택하도록 한다. 만약 4가지의 표정에서 자신의 기분과 일치하는 표정이 없다면 아무 표정도 그려

져 있지 않은 동그라미 속에 자신의 기분을 표정으로 직접 그려 보도록 한다.

② 내담아동이 자신의 기분을 나타내는 표정을 선택하였다면 그 표정을 종이(A4)에 직접 그려 보도록 한다.

③ 1단계에서 선택한 표정과 어울리는 색을 하나 선택하도록 한다.

④ 3단계에서 선택한 색으로 2단계에 직접 그린 표정 그림에 색칠하도록 한다. 이때 내담아동에게 자신의 이러한 기분이 어느 정도인지에 따라 동그라미를 채우도록 한다(예, 10점을 기준으로 한다면 5점의 경우 표정의 반을 색칠하고, 10점이라면 표정 그림 전체를 색칠함).

제13장

이야기치료 아동상담

이야기치료 아동상담은 현재 내담아동이 경험하는 사건에서 발생한 문제를 중심으로 한 지배적 이야기에서 시작된다. 이러한 지배적 이야기를 외재화 작업을 통해 내담아동과 분리하여 자신이 가진 문제에 대한 객관적 시선을 가질 수 있게 한다. 부정적 경험으로 인해 감춰져 있던 내담아동만의 독특한 결과를 탐색하여 새로운 대안적 이야기를 형성하고 강화하는 작업을 통해 긍정적 경험을 바탕으로 한 자신만의 새로운 지배적 이야기가 만들어지게 된다. 이 장에서는 현재 내담아동을 지배하고 있는 문제로 가득 찬 지배적 이야기를 파악한 후, 이를 해체하고 새로운 대안적 이야기를 만들어 가는 방법을 알아보고자 한다.

1. 이야기치료 이론의 발달

이야기치료의 발달을 살펴보기 위해서는 가족치료에서의 패러다임의 전환, 체계에서 스토리로의 변화과정에 대해 이해할 필요가 있다. 베이트슨(Gregory Bateson)에 의해 소개된 것으로 알려지고 있는 사이버네틱스 패러다임, 즉 1차 사이버네틱스이다(Inger, 1993). 사이버네틱스(cybernetics)라는 용어는 그리스어인 쿠버네티스

(Kubernetes)에서 시작된 것으로 배가 자기 궤도를 유지하며 항해해 나갈 때 필요한 오류를 수정하기 위해서 지속적으로 순환을 통제해 나가는 안내자를 의미한다(Norbert Wiener, 1950). 1차 사이버네틱스는 체계적 관점에서 가족의 문제를 바라보고자 하였는데, 대표적인 접근방법으로 전략적 치료(Erickson & Rossi, 1979; Haley & Richeport-Haley, 2012)가 있다. 전략적 치료에서는 내담자의 가족 내 실패하는 과정을 살펴보고, 반복되는 순환고리나 부적절한 위계적 구조에 대해 파악하고자 하였다. 즉, 가족 내 반복되는 패턴을 찾아낼 수 있는 상담자가 전략적으로 개입하여 가족에게 새로운 행동을 제시하여 목표를 성취할 수 있게 한다. 상담자의 역할 또한 부적절한 패턴에 직접적으로 개입하여 건강하지 않은 순환고리를 보다 건강한 방식으로 이끄는 데 있다. 호프먼(Hoffman, 1988)은 1차 사이버네틱스 개념을 기초로 한 상담의 경우 역기능적인 가족체계의 병리증상을 객관화시킨다는 점에서 매우 효과적일 수 있음을 이야기하였다. 1차 사이버네틱스는 역기능적인 측면에 지나치게 초점을 두고 있기 때문에 내담자의 목표 달성을 위해 무엇이 필요한가를 평가하면서 그들이 무엇을 잘못하는지 판단하는 데 중점을 둔다.

이러한 한계점을 극복하기 위해 덜 통제적인 모델, 상담자를 가족의 밖, 상담자와 내담자를 수직관계로 두지 않는 모델을 추구하기 시작하였다. 이러한 새로운 시도는 2차 사이버네틱스라고 불린다. 밀란 체계적 가족치료 팀(Milan Systemic Family Therapy Team)에 의해 구성된 2차 사이버네틱스는 가족의 행동 패턴에 초점을 두기보다는 의미의 패턴에 주목하기 시작하였다(Boscolo, Cecchin, Hoffman, & Penn, 1987; Zelený & Hufford, 1992). 그들은 가족 구성원의 행동을 만들어내는 그들의 신화(myth)를 발견하는 데 집중하였다. 신화를 발견하기 위한 방법으로 순환적 질문(circular questioning)을 개발하였는데, 순환적 질문은 한 개인의 감정과 행동은 회귀적 방식으로 모든 구성원에게 영향을 미친다는 개념에 의해 만들어졌다(Brown, 1997). 치료과정에서 상담자는 어떤 암시를 찾아내기 위해 노력하기보다는 가족 내 각각의 개인들에 대한 정보에 대해 숙고하게 만드는 역할을 하게 된다. 이러한 상담자의 역할은 가족과 상담자 간 위계의 벽을 무너뜨리고 평등한 관계를 만들 수 있도록 돕는다. 1차 사이버네틱스의 순환적 피드백의 연쇄고리는 우리가 경험한 정보의 흐름을 도표화하기에 부적절하지만, 2차 사이버네틱스의 대화를 통한 순환적 접근은 개개인이 가지는 다양한 시각이 얼마나 가치로운 지를 직접 경험할 수 있게 해 준다.

내담자에게 그들이 해야 할 의식과 전략을 처방하기보다 그들이 상담에 오기 전 한 주 동안 어떤 일을 겪었고, 그 일이 자신에게 유익하였는지 물으면서 함께 창조해 낸 의식을 활용하여 상담을 진행한다면, 치료과정 안에 내담자를 참여시킬 수 있다(Combs & Freedman, 1990). 이 과정에서 상담자는 특별한 목표를 향해 조종해 나가는 조종사 역할을 하면서 겸손한 태도로 치료가 만족스러운 방향으로 나갈 수 있도록 협력하고 격려하는 작업이 바로 2차 사이버네틱스의 관점이다. 즉, 1차 사이버네틱스에서 설명하고 있는 치료적 개입이란 특별한 문제와 목적을 가지고 있지만, 2차 사이버네틱스 관점에서는 더 이상 문제를 해결하려고 하지 않는다. 대신, 사람들과 함께 열매를 맺기 위해 관계를 맺는 것과 문제를 지속시키거나 지지하지 않는 풍부한 이야기에 관심을 가지는 것이다(Bertrando, 2000). 2차 사이버네틱스에서는 정보와 패턴이라는 용어를 사용하여 우리가 경험한 세상을 체계화하지 않고 이야기라는 용어로 생각하였으며, 체계라는 단어 대신 문화나 사회에 대해 생각하게 되었다(Carr, 1998; Hayles, 2008).

화이트(Michael White)와 앱스턴(David Epston)은 체계에 바탕을 둔 기존 모델의 행동적 패턴보다 어떻게 사람들이 세계를 구성하는지에 대해 더 큰 관심을 가지게 되었다. 사람들이 행동하는 것에 관심을 가지기보다 그렇게 행동하도록 영향을 미치는 사회적 제도에 관심을 가지기 시작하면서 자신만의 새로운 관점(이야기치료)을 발전시켰다(Combs & Freedman, 2012). 이야기치료는 2차 사이버네틱스 관점을 대표하는 이론으로 현재 아동을 대상으로 한 상담현장에서 많이 활용되고 있다.

화이트(Michael White, 1948~2008)

2. 기본개념

1) 지배적 이야기

매일 경험하는 삶 속에서의 사람들은 다양한 사건(event)을 경험하고, 수많은 이야기들이 모여 줄거리(plot)를 형성하게 된다. 이야기(narrative)는 내담아동이 경험한 다양한 사건에 관해 자신만의 의미를 부여하고 해석한 것을 새롭게 구성하고 창조해 나가는 과정이다. 인간의 삶 속에 일어나는 다양한 사건과 그 사건 속에서 부여되는 다양한 의미들 중 개인의 정체성을 형성하는 데 가장 의미 있는 사건, 즉 가장 영향력을 미치는 사건을 지배적 이야기(dominant story)라고 부른다. 수많은 사건을 경험하면서 인간은 성장하지만, 경험하는 모든 사건을 전부 기억하고 의미를 부여하지 않는다. 그중 일부 사건에 대해서만 기억하고 이를 자신만의 방식으로 해석하고 의미를 부여함으로써 자신만의 구조화된 줄거리를 만들어 가게 되는 것이다. 이처럼 내담아동의 삶 속에서 선택되어 만들어진 자신만의 스토리(지배적 이야기)는 자신과 삶의 정체성을 만드는 매우 강력한 요소로 작용하게 된다.

지배적 이야기는 정형화되기 때문에 대안적 이야기를 방해하는 요인으로 나타난다. 문제를 중심으로 형성되는 지배적 이야기는 자신들의 의식 속 문제가 발생하지 않았던 긍정적 경험을 감추어 버리게 하여 다른 방식의 긍정적인 경험이 이야기로 만들어지지 못하게 방해하는 역할을 한다(White & Epston, 1990). 따라서 지배적 이야기를 해체하는 과정을 통해 내담아동이 새로운 대안적 이야기를 구성할 수 있도록 할 필요가 있다.

해체란 당연시되는 사실도 비평하고 검토하는 것을 의미한다. 따라서 내담아동이 가지고 있는 지배적인 이야기를 해체하기 위해서는 그들이 가진 문제 내력에 대한 탐색이 필요하다. 아동의 삶 속에 있는 문제의 내력을 찾아낼 수 있다면 그 문제에 관한 또 다른 이야기를 위한 공간이 생기게 된다. 문제를 시간적 변화에 따른 흐름에서 살펴보게 되면 문제는 변화될 수 있고, 불안정하며, 유동적인 것임을 알 수 있게 된다. 이러한 과정 중 문제의 영향력이 감소하거나 가중되는 것을 발견하였을 때 새로운 다른 이야기가 나타나게 되는 것이다. 문제의 내력을 탐구하기 위한 방법으로는 해체 경청과 해체 질문, 상대적 영향력 질문 등이 있다.

해체 경청(deconstructive listening)은 내담아동이 경험한 고통스럽고 병적인 장면을 구체화하거나 강화하지 않은 상태에서 그들의 이야기를 받아들이고 이해하려는 특별한 종류의 듣기를 의미한다. 해체주의 학자들은 모든 담론은 오차와 애매함으로 가득 차 있기 때문에 어떤 문장에서 사실, 진실이라는 하나의 의미를 찾는 것은 소용이 없다고 보았다. 즉, 내담아동이 표현하는 상징, 단어 문자의 의미는 특정 상황에 따라 다양하게 해석된다는 것이다. 따라서 상담자는 내담아동의 이야기를 들을 때 그 이야기가 매우 다양한 의미를 가지고 있다는 믿음을 가지고 들어야 한다. 내담아동이 만들어 내는 의미는 상담자가 의도했던 의미와 다른 경우가 많다. 따라서 상담자는 자신의 이해 속에 담긴 의미와 내담아동이 사용한 단어 속 의미의 차이를 발견하고, 내담아동에게 자세히 묻거나 의미의 애매함을 듣고 난 후 그것을 어떻게 해결해 나갈지에 대해 질문하면서 함께 개념화를 해 나갈 필요가 있다. 내담아동이 자신이 한 이야기를 듣고 상담자가 다른 의미를 만들어 낼 수 있다는 것을 알게 된다면, 내담아동 자신의 의미를 되돌아보면서 그것을 변화시킬 수 있게 된다. 이러한 과정이 지속되면 새로운 의미와 새로운 구조가 드러나게 된다.

내담아동과의 상담과정에서 내담아동과 상담자 간 신뢰관계가 어느 정도 형성되었을 때 의식적으로 개입의 성격을 가진 질문을 하게 된다. 이것은 해체 경청에서 해체 질문으로 넘어가는 과정이다. 해체 질문(deconstructive question)은 내담아동으로 하여금 그들의 이야기를 다양한 관점에서 볼 수 있게 만들고, 그것이 어떻게 만들어지는지에 대해 주목하게 하여 다른 가능한 이야기가 있는지 탐색할 수 있게 한다(Combs & Freedman, 1990). 내담아동의 삶 속에서 구조화되어 있는 지배적인 이야기는 내담아동 삶 전반에 걸쳐 깊숙이 영향을 미치기 때문에 해체 질문을 통해 지배적 이야기의 강력한 영향력을 감소시킬 필요가 있다. 이러한 해체 질문의 의도는 이야기에 도전하는 것이 아닌 이야기를 풀어 내는 과정이며, 그 이야기를 다양한 관점에서 고려해 볼 수 있는 가능성을 제공하게 된다.

상대적 영향력 질문(relative influence questioning)은 그들의 삶과 주변 사람들과의 관계에서 문제가 어떤 영향력을 행사하는지 확인하는 과정에서 사용된다. 이야기치료의 목적은 문제 자체보다 사람이 문제와 관계를 가진다는 전제를 가지기 때문에 자신에게 발생하는 문제는 본인 자신에게만 국한된 것이 아닌 모든 사람과의 관계와 밀접한 관련성을 가지고 있다는 것을 내담아동이 발견할 수 있도록 돕는 데 있다. 다음과 같은 상담자의 질문을 통해 내담아동은 문제가 가족을 어떻게 분열시키고 지배해 왔으며, 이에 대해 가족이 어느 정도 문제를 통제할 수 있었는지를 탐색할 수 있게 된다.

상담자: "공격행동이 ○○를 지배하려고 할 때, 그것이 가족생활에 어떤 영향을 미쳤나요?"

상담자: "공격행동이 ○○의 학교생활과 가정생활을 어떻게 방해하였나요?"

가족 구성원들은 문제가 그들 사이를 갈라놓고 통제하게 되면서 가족 내 관계를 악화시키는 데 영향을 미치고 있음을 알게 되고, 지배적 이야기 속 문제를 분리해야 할 필요성을 발견하게 된다.

개인의 문제 내력을 탐구하는 목적에서의 상대적 영향력 질문을 활용하는 예는 다음과 같다. 상담자는 내담아동에게 개인의 삶을 총 10으로 상상해 보도록 한 후 다음과 같은 질문을 해 볼 수 있다.

> 상담자: "일주일 전에 ○○의 삶에서 10 중에 몇을 그 문제가 차지하고 있었나요?"
> 상담자: "6개월 전에 ○○의 삶에서 10 중에 몇을 그 문제가 차지하고 있었나요?"

이러한 과정을 통해 문제의 영향력이 증가하거나 감소되는 것이 발견될 때 내담아동은 새로운 다른 이야기가 나타날 수 있음을 인식할 수 있게 된다.

2) 외재화

상담을 받으러 오는 내담아동은 문제가 자신의 정체성에서 비롯되었다고 보려는 경향이 강하기 때문에 자신에게 발생한 문제는 인간 정체성의 본질이라는 믿음을 가지고 있다. 이러한 차원에서 문제를 지닌 내담아동은 비정상적 혹은 역기능적이라고 부르게 된다. 하지만 이야기치료에서는 사람을 대상화하는 전통적 인식과는 대립되는 것으로, 사람이 아닌 문제를 대상화하기 시작하였다. 내재화된 내담아동의 문제가 아동 자신과 분리되는 경험을 하게 하는 것, 즉 내담아동의 문제를 객관화하여 문제가 문제이지 사람은 문제가 아니라는 외재화(externalizing) 개념을 제시하였다. 외재화란 문제를 내담아동과 분리시키는 과정으로 내담아동을 지배하고 있는 문제를 내담아동 내부에서 밖으로 끄집어내어 바라보게 한다(O'Conner, Davis, Meakes, Pickering, & Schuman, 2004). 이러한 외재화 과정은 내담아동이 자신의 문제를 스스로 통제할 수 있음을 인식할 수 있게 해 준다. 즉, 내담아동과 문제 사이에 일정한 공간을 만들어 내담아동이 자신과 문제 사이의 관계를 재조명하고 수정하게 된다. 이러한 작업을 통해 내담아동은 문제와 자신이 동일시됨으로써 나타났던 무기력감에서 해방하게 되고, 자신에게 스트레스를 주던 문제와도 분리될 수 있게 된다.

내담아동의 정체성과 문제를 분리하는 외재화 대화 과정에서 은유(metaphor)적 접근은 매우 효과적일 수 있다. 내담아동이 스스로 받은 상처를 지워내기 어려울 때, 상처로 인한 고통에서 벗어나기 힘이 들 때 자신만의 은유적 이야기를 통해 고통에서 해방될 수 있다(Burns, 2010). 외재화 대화를 해 나가는 과정에서 사용되는 은유는 내담아동의 삶과 정체성에 관한 구체적인 이해를 가능하게 하기 때문에 문제의 영향력을 감소시키는 데 매우 효과적일 수 있다. 아동 자신에게 가장 중요한 것이 무엇인지 알아내고 밝혀낼 수 있게 하기 때문에 문제에 더 이상 지배되지 않고 주도적으로 대처할 수 있게 된다. 즉, 은유적 접근은 내담아동과 문제와의 관계를 새롭게 정의하는 역할을 한다.

3) 독특한 결과

상담자들은 내담아동이 가져온 이야기에서 문제가 되는 이야기와는 모순되거나 관계를 가지지 않는 사건들을 듣게 된다. 독특한 결과(uinque outcomes)란 문제가 좋아하지 않는 것, 지배적 이야기와 일치하지 않는 어떤 것을 의미한다. 모든 사람의 경험 속 독특한 결과는 항상 존재하지만 내담아동이 속한 환경에서 자신만의 독특한 경험은 기본적이고 상식적으로 취급되기 때문에 시간이 흐름에 따라 점차 무시된다. 실제 내담아동이 경험한 사건은 여러 가지 다양한 의미로 해석이 가능하지만 그러한 다양한 의미와 해석은 대부분은 구조화된 지배적 이야기에 의해 영향을 받게 되기 때문에 자신만의 새로운 스토리를 만들어 가기 어렵다. 따라서 구조화된 지배적 이야기에 의해 영향을 덜 받는 새로운 사건, 즉 내담아동만의 독특한 결과를 발견할 수 있도록 상담자는 도울 필요가 있다.

내담아동이 독특한 결과를 효과적으로 발견할 수 있도록 돕기 위한 방법으로 '입장 진술 지도 2'가 있다. 외재화 대화에서 주로 활용되는 '입장 진술 지도 1'은 내담아동을 지배하고 있는 문제적 이야기와 그들을 분리하기 위한 목적에서 사용되었지만, '입장 진술 지도 2'는 예외적 상황이나 독특한 결과에 초점을 맞추는 대안적 이야기를 만들어 내는 역할을 한다. 즉, 내담아동이 자신이 살아가는 데 있어 무엇을 지향하고 가치를 두는지를 이해하게 되면서 왜 이러한 가치관을 가지게 되었는지 이유를 밝히기 위해 과거의 경험과 현재의 경험에 대해 생각하게 된다. 입장 진술 지도 2 과정은 내담아동에게 나타난 독특한 결과가 우연히 발생하거나 예외적인 것이 아니라 본인이 가지고 있던 미처 발견하지 못한 반짝이는 사건(sparkling event)임을 알 수 있게 해준다. 이러한 반짝이는 사건은 이야기치료 과정에서 내담아동의 부정적 삶의 이야기를 만족스럽게 재구성할 수 있도록 하는 독특한 결과를 발견하는 시작점이 될 수 있기 때문에 매우 큰 의미를 지닌다. 독특한 결과를 발견하는 과정을 통해서 내담아동 자신만의 삶 속에서 이야기를 구조화시켜 대안적 이야기를 새롭게 구성할 수 있는 가능성에 관심을 가지게 된다. 또한 삶의 지향에 대한 이해와 삶의 가치를 확인할 수 있도록 돕기 때문에 내담아동이 새롭게 구성할 대안적 이야기를 풍성한 이야기로 전개하는 과정에서 사용하는 기법인 재저작 대화 기술의 기초 자료가 될 수 있다. 입장 진술 지도 1과 2의 구체적인 내용은 상담기법에 제시되어 있다.

4) 대안적 이야기

상담자는 내담아동의 지배적 이야기 속 독특한 결과를 찾아내고, 그 근거를 탄탄하고 명확하게 하여 새롭게 나타난 이야기와의 연결점을 찾도록 노력해야 한다. 내담아동이 독특한 결과를 많이 발견할수록 대안적 이야기는 더욱 풍성하고 탄탄해질 수 있다. 지배적 이야기의 영향력 아래에 속하지 않으면서 보다 만족스러운 미래를 기대하게 하는 이야기, 지배적 이야기에 새로운 해석을 붙인 이야기를 대안적 이야기(alternative story)라고 한다. 대안적 이야기는 문제에 반(反)하는 것으로 개인의 기술, 능력, 자신감을 이끌어 낸다. 이러한 능력은 지배적 문제 이야기에 의해 가려져 있을 때는 파악하기 어려울 수 있다. 하지만 그늘에서 벗어날 수 있도록 상담자가 이끌어 내면 내담아동의 선택과 희망, 꿈과 연결될 수 있다. 대안적 이야기는 현재 내담아동을 지배하고 있는 부정적이고 답답한 이야기를 축소시키고, 새롭게 발견된 긍정적 이야기를 강화시키기 때문에 그들의 능력을 확장하고 발달시키는 데 매우 효과적이다(Carr, 1998).

대안적 이야기에 이름을 붙이는 방법은 내담아동에게 효과적으로 적용될 수 있다. 명명하는 과정에서 내담아동은 자신의 지배적 이야기 영향에서 더 빨리 분리되는 데 도움을 준다. 지배적 이야기와 대안적 이야기에 이름을 붙임으로써 미래의 사건과 행동들을 구체적으로 그리는 데 매우 효과적일 수 있다. 외재화 대화를 통해 형성한 지배적 이야기(예, 무기력)와 독특한 결과를 통해 형성한 대안적 이야기(예, 파워) 중 어떤 것이 내담아동의 긍정적 변화에 적합한지 질문할 수 있다. 이러한 질문은 내담아동이 자신의 이야기를 해 나가면서 자신의 삶에 주체적 행위자로 나설 수 있게 돕는다.

부모로부터 내재화된 지배적 이야기에서 내담아동은 쉽게 벗어날 수 없지만, 대안적 이야기를 발달시키고 강화하는 과정을 통해서 그들의 부적응적 지배적 이야기는 해체될 수 있다. 새롭게 구성된 대안적 이야기를 굳히기 위한 대표적 기법으로 재저작 대화, 거푸집 짓기 대화, 회원재구성 대화 등이 있다.

3. 이야기치료 아동상담의 실제

1) 상담목표

이야기치료에서는 문제를 해결하려고 하지 않는다. 내담아동이 자신의 이야기를 편안한 마음으로 충분히 표현할 수 있게 하는 스토리텔링 과정을 통하여 내담아동이 가지고 있는 담론을 규명하여 해체할 수 있도록 하는 데 목표를 둔다. 내담아동이 가진 그들만의 독특한 이야기를 효과적으로 이해하기 위해 상담자는 전문가라는 구조적 틀 안에서 아동의 이야기를 이해하고 분석하지 않는다. 내담아동의 이야기에 대한 편견이나 사전 지식을 모두 버린 상태에서 내담아동이 이해하고 해석하는 방식 그대로 이야기를 듣고 이해하도록 노력해야 한다. 이러한 상담자의 접근방식은 모르는 자의 태도(not knowing position)라고 부른다.

2) 상담과정

현재 내담아동을 지배하고 있는 문제로 가득 찬 지배적 이야기를 탐색하여 내재화 되어 있는 사회문화적 담론을 이끌어 낸다. 담론에 의해 형성된 지배적 이야기 속 문제를 외재화 과정을 통해 내담아동과 해체한다. 아동의 히스토리를 철저하게 탐색하여 문제를 이겨 낸 자신만의 독특한 결과를 탐색, 자신만의 새로운 대안적 이야기를 만들어 가게 돕는다. 새롭게 구성된 내담아동 자신만의 대안적 이야기는 대안적 정체성 구축 작업을 통해 지속성을 가지게 되고, 지속적인 대안적 이야기는 내담아동의 건강하고 긍정적인 지배적 이야기로 순환하게 된다.

3) 상담기법

(1) 재저작 대화

이야기 속에는 행동 풍경과 정체성 풍경 2가지 측면이 있는데, 이야기치료에서는 이를 행동 관점(landscape of action)과 의식 관점(landscape of consciousness)으로 구분하여 설명하고 있다. 행동 관점은 이야기의 줄거리, 시간, 사건, 순서로 구성되어 있으며, 의식 관점은 그 행동과 관련 있는 사람들이 알거나 생각하고 느끼는 것 혹은 알거나 생각하거나 느끼지 못하는 것으로 구성되어 있다.

재저작 대화(re-authoring conversation)는 내담아동이 계속에서 자신의 이야기를 발전시키고 이야기할 수 있도록 돕기 위한 기법으로, 내담아동을 지배하는 이야기 줄거리에서 벗어나서 현재는 간과되고 있으나 잠재적으로 중요한 사건이나 경험을 자기 이야기에 새롭게 포함시킬 수 있도록 돕는다. 중요한 사건이나 경험은 독특한 결과 또는 예외상황이라 할 수 있다. 독특한 결과에서 출발하여 대안적 이야기로 들어가는 관문에서 사용되는 재저작 대화 기법은 다음과 같은 단계를 거쳐 내담아동만의 새로운 정체성을 만들어 준다.

첫 번째는 주도적 행위에 대해 이름을 붙이는 단계이다. 내담아동이 경험한 사건에 대해 아동의 시각에서 자신이 한 행동에 정의를 내리고, 이러한 사건의 배후에는 누가 있었고 무엇을 하였는지에 대해 물어봄으로써 그 행동에 대한 의도를 파악하는 과정이다.

> 상담자: "어떤 일이 일어났는지 이야기해 줄래? ○○는 어디 있었고, 네 주위에는 누가 있었고, 너는 무엇을 했지?" "○○는 네가 한 행동에 대해 어떻게 이름을 붙이겠니?"

두 번째는 주도적 행위를 한 의도와 가치를 파악하는 단계이다. 내담아동이 가족에게 이러한 행동을 취하게 된 의도에 대해 질문하고, 그러한 의도를 행동으로 표현하는 데 내담아동이 어떠한 가치를 가지는지에 대해 물어보는 과정이다.

상담자: "○○가 이제 동생에게 화내지 않고 잘 지낸다고 엄마를 통해 들었어. 동생이 요구하면 화내지 않고 동생을 위해 학교도 같이 가 주고, 아플 때 약도 사 온다고 하시더라. 이런 행동을 하는 네 의도는 무엇이고, 무엇이 너로 하여금 동생을 돌보아 주게 했을까?"

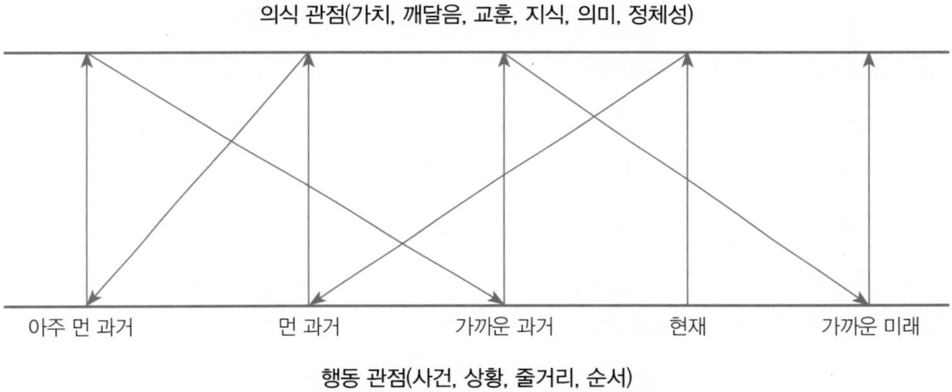

그림 13-1 재저작 대화

출처: White (2010).

(2) 입장 진술 지도

재저작 대화에서 행위적 관점과 정체성 관점에 따라 질문을 하면서 내담아동의 삶에서 소외되어 있던 문제에 집중할 수 있도록 이야기를 구성하는 과정에서 입장 진술 지도(statement of position map) 기법은 매우 효과적으로 활용될 수 있다. 입장 진술 지도는 내담아동이 가진 문제에 대해 자신이 어떤 입장을 가지고 있는지 확인할 수 있게 하므로 자신의 삶에서 문제가 주는 영향력 파악과 더불어 이를 대처하기 위한 방안을 준비할 수 있도록 돕는다.

입장 진술 지도는 2가지로 구분된다. 입장 진술 지도 1은 내담아동이 문제를 어떻게 경험하는 지에 대한 것으로, 특정 상황에서 발생하는 문제에 대해 알아보는 것이다. 내담아동이 가진 지배적인 이야기를 중심으로 내담아동의 문제를 외재화시키는 데 효율적으로 활용될 수 있다. 입장 진술 지도 1은 4단계로 구성되어 있으며, 이러한 과정을 통해 내담아동과 문제는 분리될 수 있다. 내담아동이 가진 문제가 자신의 삶에서 어떤 위치에 놓여 있는지 알게 되고, 자신이 왜 그러한 행동을 하게 되는지 알게 해 준다. 1단계는 경험에 가깝게 문제를 정의하는 과정으로, 내담아동이 자신의 경험과 동떨어진 방식에서 자신의 경험에 가깝게 자기 나름의 방식으로 문제를 정의 내릴 수 있게 한다. 내담아동의 언어를 사용하여 그가 속한 가족, 문화, 경험을 통해 만들어진 자신의 문제를 표현할 수 있도록 한다. 2단계는 문제와 결과 탐색하기 과정으로, 내담아동이 호소하는 문제가 아동의 삶에 어떤 영향을 미치는지 파악할 수 있도록 한다. 3단계는 문제의 영향력을 평가하는 과정으로, 상담자는 내담아동이 호소하는 문제의 활동방식과 내용을 평가하고, 호소문제가 내담아동의 삶에 중요한 영향을 주고 있음을 알 수 있도록 한다. 4단계는 평가의 근거를 제시하는 과정으로, 내담아동이 내린 평가에 대해 '왜'라는 질문을 하는 것이다. '왜'라는 질문은 아동의 삶에서 중요한 것(지향하는 것, 목표, 결심)이 무엇인지 주목할 수 있게 하고, 그것을 이해할 수 있게 해 준다. 또한 내담아동이 값지게 얻은 것과 깨달은 것이 무엇인지 발견할 수 있게 돕는 역할을 하게 된다.

입장 진술 지도 2는 문제에 대립한 예외적인 삶을 다루는, 즉 대안적 이야기를 찾는 과정이다. 내담아동의 삶에 있어 문제에 대해 영향을 받지 않는 것에 관해 질문하면서 대안적 이야기를 열어 갈 수 있도록 돕는다. 입장 진술 지도 2의 단계는 다음과 같다. 1단계는 예외적 이야기를 정의하는 과정으로, 의미를 지닐 가능성을 가진 행동에 대해 질문한다. 내담아동의 실제 경험에 가까운 이야기를 자신만의 용어를 사용해 풍부하게 설명하도록 한다. 자신의 용어로 새롭게 정의하도록 하는 것은 모든 경험은 사람마다 각각 다르게 인식될 수 있음을 이해할 수 있도록 하기 위한 과정이다. 2단계는 예외적 이야기의 영향 탐색하기 과정으로, 친구 관계나 가족 등 여러 영역에서 나타나는 예외적 이야기의 영향력을 파악한다. 또한 예외적 이야기를 시간의 흐름에 따른 다른 새로운 사실과 관련성을 밝힘으로써 모두가 하나의 줄거리를 이루도록 할 필요가 있다. 3단계는 예외적 이야기의 영향력을 평가하는 과정이다. 내담아동으로 하여금 잠시 멈추어 서서 예외적 이야기로 인해 자신의 삶에서 나타난 변화를 확인하고, 그 경험을 말하면서 결과를 평가하게 한다. 이러한 경험은 기존에 잘 알고 익숙했던 것과는 대조적이기 때문에 더욱더 특이한 경험으로

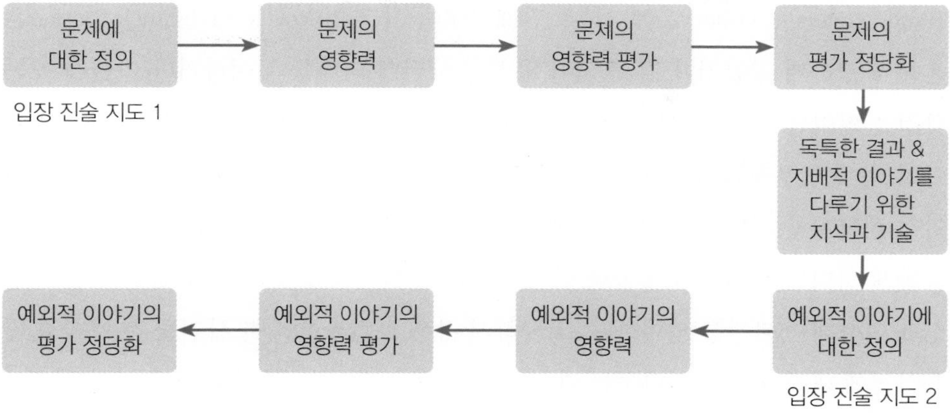

그림 13-2 입장 진술 지도

출처: Ramey, Young, & Tarulli (2010).

다가오게 된다. 4단계는 평가의 근거를 제시하는 과정으로, '왜'라는 질문을 통해 내담아동이 내린 평가에 대한 이유나 근거를 조명하도록 한다.

(3) 거푸집 짓기

내담아동이 독특한 결과를 통해 새롭게 구성한 대안적 이야기를 구축하기 위한 과정에서 거푸집 짓기 대화(scaffolding conversation)는 효과적으로 활용될 수 있다. 거푸집 짓기는 비고츠키(Lev Semenovich Vygotsky)의 이론을 토대로 개발되었다. 비고츠키는 주위 사람들과의 상호작용이 유아의 형식적 사고를 결정하는 매우 중요한 요소임을 주장하면서, 근접발달영역(Zone of Proximal Development) 이론을 제시하였다. 근접발달영역은 내담아동이 독립적으로 문제를 해결하는 데 있어서 가족이나 주변 사람들의 도움으로 성취할 수 있는 잠재적인 발달과 실제적으로 보이는 발달의 수준 간 차이를 의미한다. 내담아동으로 하여금 잘 알고 익숙한 것에서 시작하여 점진적으로 거리를 두도록 하면 삶의 사건이나 사물 사이의 유대 관계를 수립하는 연결고리를 만들어 가게 된다. 화이트(White, 2010)는 이러한 과정을 복합적 사고의 발달이라고 칭하였으며, 이러한 사고는 삶과 정체성에 대한 개념을 발달시키는 토대가 될 수 있다고 보았다.

이야기치료에서 거푸집 짓기는 5단계로 구성되어 있으며, 각 단계는 거리두기와 관련하여 과업이 존재하고, 과업을 달성하면 다음 단계로 나아가게 된다(Ramey,

Traulli, Frijters, & Fisher, 2009). 하위 단계 거리두기 과업(low-level distancing tasks)은 흔히 발생하지 않았거나 별 관심이 없었던 사건에 의미를 부여하거나 이름을 짓는 과정을 의미한다. 별 관심을 가지지 않는 사건은 내담아동이 가지고 있던 지배적 이야기 속에서 부정적인 영향력을 긍정적인 영향력으로 바꿀만한 새롭게 구성될 대안적 이야기를 의미한다. 중간 단계 거리두기 과업(medium-level distancing tasks)은 새롭게 의미를 부여하기 시작한 익숙하지 않은 사건들을 찾아내 그 사건들 간 관련성을 찾아내는 과정을 의미한다. 익숙하지 않은 사건과 익숙한 사건들 간 차이점 및 유사성에 대해 이야기를 나누는 과정 또한 이에 해당한다. 중상위 단계 거리두기 과업(medium-high-level distancing tasks)은 관련성을 찾아낸 익숙하지 않은 사건들에 대한 반영과 평가를 통해 무언가를 깨닫고 배우도록 내담아동을 촉구하는 과정이다. 상위 단계 거리두기 과업(high-level distancing tasks)은 지금까지 겪은 사건들을 통해 내담아동이 새롭게 발견한 독특한 결과를 확인하고 자신의 삶 속 환경과의 관련성을 조명하여 의미를 부여하는 과정이다. 자신의 삶 속에서 정체성의 개념을 형

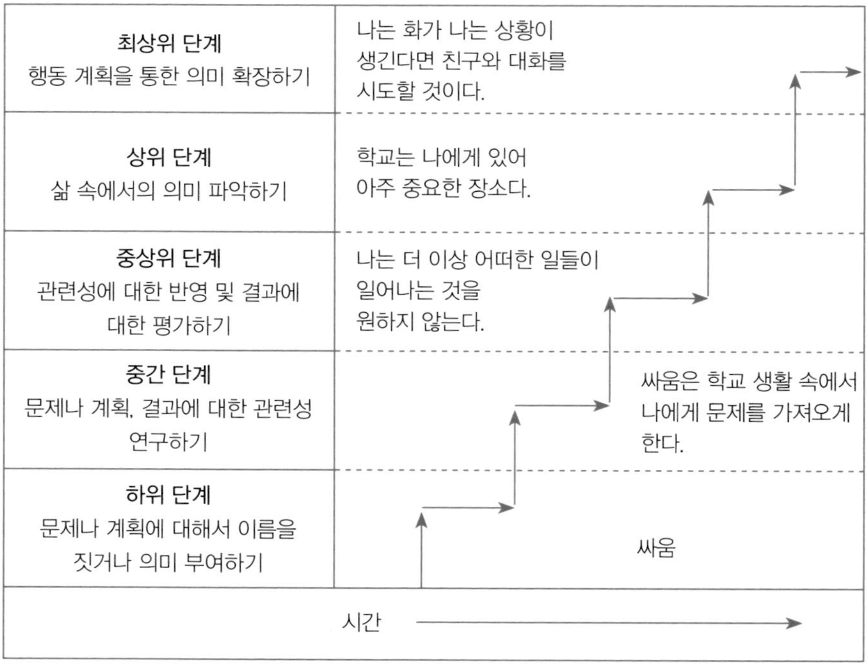

그림 13-3 거푸집 짓기 대화 과정

출처: Ramey, Tarulli, Frijters, & Fisher (2009).

성할 수 있도록 돕는 과정이기도 한다. 최상위 단계 거리두기 과업(very-high-level distancing tasks)은 하위 단계들을 통하여 새롭게 형성된 아동의 새로운 정체성을 강화하기 위한 과정이다. 새롭게 발달된 대안적 이야기 개념을 토대로 행위를 계획하고 실행에 옮기는 작업을 통해 미래의 삶에 미칠 수 있는 긍정적인 영향력에 대해 상상해 볼 수 있도록 도울 필요가 있다.

(4) 회원재구성 대화

내담아동은 문제에 직면하게 됨으로써 중요한 관계가 끊어지고 고립되는 경험을 하게 된다. 지배적 이야기에 사로잡혀 있을 경우 관계적 어려움을 경험하고 있더라도 자신만의 해석으로 현재의 부정적 상황을 감추고자 한다. 대인관계에서의 부정적 상황을 수정하여 내담아동의 삶에서 그들의 정체성 구성에 중대한 역할을 하는 대인과의 관계를 회복시키는 역할, 즉 회원재구성 대화(re-membering conversation)를 통해서 그들의 정체성을 재구성할 수 있는 기회를 가질 수 있게 한다(Brockmeier, 2002).

회원재구성 대화는 그동안 내담아동을 고립시켜 온 것에 대해 도전하는 기회를 준다. 즉, 수동적으로 단순히 기억나는 회상이 아닌 중요한 사람과의 관계, 자신의 현재 모습, 미래 모습에 대해서 의도적으로 다시 생각하게 하는 것이다. 회원재구성 대화는 크게 2단계로 구성되어 있다. 1단계는 다음과 같은 순서로 진행한다. 첫째, 소중한 사람이 내담아동의 삶에 어떻게 기여하였는지 생각해 본다. 둘째, 소중한 사람의 눈에서 본 내담아동의 정체성이 무엇인지 생각해 본다. 셋째, 그 사람과의 관계가 내담아동의 생각을 형성하는 데 어떤 영향을 줄 수 있는지 생각해 보도록 한다.

2단계는 다음과 같은 순서로 진행한다. 첫째, 내담아동이 소중한 사람에게 어떤 영향을 미쳤는지 생각해 본다. 둘째, 내담아동과의 관계가 그 사람으로 하여금 자신의 생각을 만들어 가는 데 어떠한 영향을 줄 수 있는지 생각해 보도록 한다.

4. 아동상담 사례

이야기치료 아동상담에서 상담자는 내담아동이 겪은 사건 중 현재의 문제를 극복해 낼 수 있는 단서인 독특한 결과에 대해 발견해 줄 필요가 있다. 독특한 결과는 새롭고 다른 이야기로 향하는 입구나 출발점이 되기 때문이다. 다음에서 설명하고 있는 사례는 상담자가 내담아동의 이야기 속 독특한 결과를 발견하게 되고, 독특한 결과를 행동 관점과 의식 관점의 질문을 통해 재저작하여 새로운 대안적 이야기를 만들어 가는 과정이다(Morgan, 2000).

- 인적사항: 멜라니(8세, 여아)
- 의뢰사유: 멜라니는 친구와 말다툼으로 인하여 불편한 거리감을 가지고 있다. 다시 우정을 회복하여 예전처럼 잘 지내고 싶지만 생각처럼 되지 않고 있다. 친구관계에서 어려움을 느끼고 있는 멜라니를 돕기 위해 부모는 상담센터에 의뢰하였다.
- 호소문제: 멜라니와 레베카는 싸움과 말다툼으로 인해 몇 주간 대화를 하지 않고 있다. 시간이 흐를수록 멜라니와 레베카의 사이는 점점 멀어지고 있다. 그들의 가족들은 평소 친분이 두터운 사이로 가족끼리 자주 왕래하였는데, 가족들이 함께 주말을 보낼 때도 멜라니와 레베카는 서로 이야기를 나누지 않았다. 둘 사이의 갈등이 길어질수록 부모들 또한 만남을 유지하는 데 어려움을 가지고 있다.
- 상담내용: 멜라니와 레베카는 몇 주간 대화를 하지 않았는데, 최근에 일어났던 한 사건에 대해 상담자에게 이야기하였다. 멜라니는 레베카에게 "이것은 웃기는 일이야. 이것이 모든 것을 망치고 있네. 우리는 말을 시작해야 해."라고 말했다고 하였다. 멜라니는 이 일에 대해 섬광처럼 번쩍이는 순간이었다고 상담자에게 말하였다. 멜라니가 레베카에게 이야기한 상황을 상담자는 독특한 결과로 보고, 그들의 관계에 대한 대안적 이야기를 발전해 나갔다. 재저작 대화를 활용한 행동 관점 질문과 의식 관점 질문을 통해 멜라니는 새로운 대안적 이야기를 만들어 낼 수 있게 되었다. 새로운 대안적 이야기 또한 기존에 자신이 가지고 있던 발견하지 못한 독특한 이야기임을 알게 되었다.

다음은 멜라니가 레베카에게 한, "이것은 웃기는 일이야. 이것이 모든 것을 망치고 있네. 우리는 말을 시작해야 해."라는 독특한 결과가 재저작 대화(행동 관점 질문과 의식 관점 질문)를 통해 새로운 대안적 이야기로 만들어지는 과정을 보여 준다.

■ 행동 관점 질문(독특한 결과의 세부사항들)에 대해서는 (−)로 표시하였으며, 의식 관점 질문(사건의 의미를 끌어내기)에 대해서는 (+)로 표시하였다.

상담자: 그래서 너는 정말로 레베카에게 가서 그렇게 말을 하였구나. 그렇지?(−)

멜라니: 네.

상담자: 그것에 대해 조금 더 말해 줄래? 너희 둘은 어디에 있었어? 학교, 레베카의 집? 이 일은 어디에서 일어났어?(−)

멜라니: 도서관 가는 길이었어요. 우리는 따로 걸어가고 있었고, 저는 그것을 말해야겠다고 생각했어요.

상담자: 그러면 어떻게 그런 일이 생기게 되었어? 그렇게 하기 위해서 멜라니는 어떻게 준비했지?(−)

멜라니: 저는 주말에 레베카의 집에 갔는데, 제 남동생이 레베카의 동생과 놀고 싶어 했는데 제가 레베카와 말하지 않아서 같이 놀 수 없어서 동생이 정말로 슬퍼했어요. 저는 그때부터 이것이 저와 레베카뿐만 아니라 모든 사람의 생활까지 망쳐 놓고 있기 때문에 그만해야 한다고 생각했어요.

상담자: 네가 말하기 전에 얼마 동안 그것에 대해서 생각하였어?(−)

멜라니: 음, 한 4~5일이요.

상담자: 그러면 네가 그것을 해야 한다고 얼마나 생각했지? 많이? 아니면 조금?(−)

멜라니: 많이요. 너무 많이 생각해서 잠도 못 자고 숙제도 못 했어요.

상담자: 그래서 너는 무언가를 잘해 나가는 것을 좋아한다고 말할 수 있겠어? 그것이 너의 특징이라고 할 수 있니?(+)

멜라니: 네. 저는 사람들과 잘 지내기 위해서 노력하는 것이 중요하다고 생각해요.

상담자: 그래서 그때 무슨 일이 일어났지?(−)

멜라니: 레베카는 자기도 오랫동안 말하지 않는 것에 대해서 동의하고 있다고 했고, 자기도 친구가 되고 싶다고 했어요.

상담자: 레베카가 또 무슨 말을 했니?

멜라니: 자신이 말할 용기가 없었는데, 제가 자기에게 말을 걸어서 기쁘다고 이야기했어요.

상담자: 레베카는 그 말을 하기 위해서 많은 용기가 필요하다고 생각했구나. 너도 그렇게 생각하니? 또 다른 것이 필요하다고 생각해?(+)

멜라니: 네. 용기요. 전에는 정말로 불안했고, 그것을 말하러 가기 위해서는 용감해져야 했어요.

– 중략 –

상담자: 주말 이후에 레베카와 너에 대해 생각해 온 것을 좀 더 이야기 해 줄래? 그것은 일을 해결하는 것이 중요하다고 보는 것과 관계 있니? 모든 사람이 즐겁게 사는 것에 관심을 두는 것과 관계 있니? 아니면 레베카를 너의 친구로 사귀고 싶어 하는 너의 희망과 관계 있니?(+, –)

멜라니: 모두 다요. 레베카와 전 예전에 좋은 친구였고 많은 것을 함께 해 왔어요. 그래서 서로 이야기를 한다면 우리는 이 일도 해결할 수 있고 모두 공평해질 수 있다고 생각했어요.

상담자: 공평이 네가 말하고 싶은 거야?(+)

멜라니: 네. 누군가와 친구가 되고 싶으면 공평은 정말 중요한 것이라 생각해요.

상담자: 레베카에게 말하고 싶은 우정에서 중요한 다른 것들은 무엇이지?(+)

멜라니: 저는 친구에게 친절하게 말하는 것이 중요하다고 생각해요.

상담자: 그날 레베카에게 어떻게 말을 했니? 친절한 말솜씨를 사용했니? 아니면 다른 기술을 사용했니?(+, –)

멜라니: 저는 그렇게 했어요. 다른 사람이 저에게 어떻게 말해 주기를 원하는지 생각했어요. 그것이 내가 레베카에게 말했던 방법이에요.

– 중략 –

상담자: 네가 바라는 대로 친구에게 말하는 그 방식의 이름이 있니?(+)

멜라니: 공평과 친절하게 말하기예요.

상담자: 공평하고 친절하게 말하기라. 이것은 새로운 것일까? 아니면 멜라니가 오랫동안 지니고 있던 것일까?(–)

멜라니: 오랫동안이요.

활동

1. 외재화

이 활동은 내담아동과 문제 사이를 분리하는 과정으로, 내담아동이 자신이 가진 문제를 자신과 분리함으로써 객관적 시선으로 문제를 바라볼 수 있게 한다. 이를 통해 내담아동이 자신이 한 문제에 대해서 자신이 문제가 있었던 것이 아니라 문제로 인해 문제가 있었다는 점을 인식할 수 있게 된다.

1) 나를 괴롭히는 문제에 이름을 붙여 보고, 그림으로 표현해 봅시다.

나를 괴롭히는 문제의 이름은 (　　　　　　　　　　　　　)입니다.

2) 작성한 문제에 대해서 친구와 인터뷰해 봅시다.

생김새	
크기	
색	
자주 나타나는 장소	
문제가 좋아하는 것	
문제가 나에게 자주 하는 말	
문제가 나에게 바라는 것	

2. 상대적 영향력 질문

상대적 영향력 질문은 문제의 내력을 탐구하는 데 매우 유용한 방법으로 내담아동이 가지고 있는 독특한 결과를 발견할 수 있도록 돕는 탐색 과정이기도 하다. 이 활동에서는 내담아동이 현재 가지고 있는 문제가 언제부터 나타난 것인지 파악하기 위해 시간에 따라 문제가 차지한 위치를 표시해 보도록 한다. 다음으로, 내담아동 자신이 문제보다 더 컸던 시기와 문제가 자신보다 더 컸던 시기를 파악하여 문제를 이겨 낸 자신만의 독특한 경험을 발견할 수 있도록 돕는다.

1) 맨 처음 그 문제를 인식한 시간은 언제이고, 얼마나 오래 되었는지 적어 봅시다.

2) 그 문제는 언제부터 나에게 있었는지에 대해 일직선 위에 표시해 봅시다.

문제에 붙잡힌 나 문제와 분리된 나

(오늘) ______

(3일 전) ______

(일주일 전) ______

(한 달 전) ______

(1년 전) ______

3) 문제의 힘이 가장 컸던 시기와 나의 힘이 더 컸던 시기에 대해서 적어 봅시다.

문제의 힘이 컸던 시기	나의 힘이 더 컸던 시기
언제, 어디서, 누구와 무엇을 하였는지에 대해 자세히 적어 보기	

4) 문제를 나에게서 분리해 멀어지게 하려면 어떻게 해야 하는지 생각해 봅시다.

______

______

______

제14장

수용전념 아동상담

수용전념 아동상담은 인지나 정서의 직접적인 변화보다는 내담아동이 경험을 수용하는 것에 중점을 둔 이론으로, 수용과 마음챙김, 전념과 행동변화 과정을 통해 심리적 유연성을 증진시키는 인지행동적 상담이라 할 수 있다. 이 장에서는 심리적 유연성을 구성하는 6가지의 핵심적 치료 요소, 즉 심리적 수용, 인지적 탈융합, 현재에 머무르기, 맥락으로서의 자기, 가치 있는 방향 정의하기, 전념 행동에 대해 알아보고자 한다. 또한 심리적 유연성을 향상시키기 위한 주요 상담기법으로 마음챙김과 은유, 역설법 그리고 행동과제에 대해 알아보고자 한다.

1. 수용전념 이론의 발달

수용전념치료(Acceptance and Commitment Therapy: ACT)는 인지행동치료(CBT)의 제3세대 중 하나로, 헤이즈에 의해 발전된 이론이다. 헤이즈(Steven C. Hayes)는 사람들이 감각적으로 느끼고 생각하는 것을 있는 그대로 수용하고, 이것이 인간의 인지구조 틀 속에 그저 존재하기만 하는 생각이나 감정일 뿐임을 깨닫게 하는 인지적 탈융합과 마음챙김을 통해 심리적인 건강 회복과 삶의 질을 증진시킬 수 있다고 보

헤이즈(Steven C. Hayes, 1948~)

왔다. 인지행동치료에서는 인간이 가지는 부정적인 사고나 비합리적인 신념을 긍정적이고 합리적인 것으로 수정하여 그에 따르는 정서와 행동적인 측면을 변화시키고자 한다. 고통을 유발하는 심리적인 문제를 직접적으로 다루고, 이를 이겨 내는 것을 목표로 한 것이다. 반면, 수용전념치료에서는 부정적인 정서와 행동 그 자체를 경험하고 수용할 것을 강조하면서, 고통이 일어나는 과정을 알아차리고 수용하도록 한다. 헤이즈는 내담자와 함께 자신에게 가치 있는 삶에 전념할 수 있도록 그 고통과의 다툼에서 해방되기 위한 목표를 설정하여 내담자와 상담할 필요가 있다고 하였다(Hayes, Strosahl, & Wilson, 1999).

기존의 행동주의 이론에서는 언어가 인지와의 밀접한 관련성으로 인해 인간의 행동에 복잡한 영향을 미친다는 점을 다루지 않았다. 반면, 수용전념치료에서는 인간의 언어가 가진 특성으로 인해 심리적 경직성이 일어나게 된다고 주장하였다. 이를 토대로 수용전념치료에서는 인간의 고통은 언어적인 맥락 내에서 발생할 수 있으며, 이러한 언어적 과정을 이해하고 수정하는 것이 상담자의 역할이라고 하였다. 이는 수용전념치료의 기초가 되는 관계구성틀 이론(Relational Frame Theory: RFT)에 의해 설명된다.

헤이즈가 2005년에 출간한 『마음에서 빠져나와 삶 속으로 들어가라: 새로운 수용전념치료(Get out of your mind and into your life: The new acceptance and commitment Therapy)』는 베스트셀러가 되었다. 또한 미국의 대표적인 시사 주간지 『타임(Time)』에서 '헤이즈는 자신의 연구 분야에서 최고의 권위자이다.'라는 주제로 게재되기도 하였다. 헤이즈가 출간한 또 다른 주요 저서로는 『마음챙김과 수용: 인지행동 전통의 확장(Mindfulness and acceptance: expanding the cognitive-behavioral tradition)』이 있으며, 대표적인 논문으로는 「수용전념치료, 관계구성틀 이론 그리고 행동치료의 세 번째 물결(Acceptance and commitment therapy relational frame theory and the third wave of behavior therapy)」이 있다. 현재 헤이즈는 미국의 네바다 대학교의 심리학과 교수로 재직하고 있으며, 인간의 언어와 인지를 분석하고 이를 토대로 다양한 심리적 문제를 해결하는 데 도움을 주기 위해 계속해서 노력하고 있다.

이러한 수용전념치료는 어떤 부분에서 아동과 긴밀하게 연결되어 있다고 할 수 있다. 이는 배움을 위한 개방적인 태도와 수용을 위한 준비의 개념을 포함하고 있는 마음챙김의 의미와 일치하는 부분이 있다는 것이다. 아동은 성인에 비해 호기심이 많고 새로운 경험이나 아이디어를 더 잘 받아들일 수 있다는 특성을 가지고 있어 배움에 대해 덜 비판적이고, 상담자가 아동의 세계에 들어가는 것이 어렵지 않을 수 있다(Goodman, 2005). 또한 아동은 성인에 비해 언어적으로 덜 경직되어 있어 은유적인 내용과 경험을 더욱 유연하게 받아들일 수 있다(Greco, Blackledge, Coyne, & Ehrenreich, 2005). 이와 관련하여 마음챙김 기반의 치료를 지지하였던 학자들은 아동기가 특정한 심리적 반응이 형성되기 이전이므로 어떤 문제가 발생하기 전에 예방이나 중재가 가능할 것이라 여겨 아동・청소년에게 수용전념치료의 적용을 현실화시키기 시작하였다(Heffner, Greco, & Eifert, 2003; Murrell, Coyne, & Wilson, 2004). 아동을 대상으로 한 수용전념치료는 언어과정으로 인해 발생하게 되는 생각과 행동의 경직성이 개인의 가치 있는 삶을 어떻게 방해하는지에 초점을 두고 있다(O'Brien, Larson, & Murrell, 2008). 이러한 수용전념치료는 다양한 아동・청소년 집단에 성공적으로 적용되었으며(Greco, Blomquist, Acra, & Mouton, 2008; Murrell & Scherbarth, 2006), 현재까지도 수용전념치료를 활용한 상담 및 프로그램 개발과 관련 연구들이 진행되고 있다(유새봄, 손정락, 2018; Hancock, Swain, Hainsworth, Dixon, Koo, & Munro, 2018; Wicksell, Kanstrup, Kemani, Holmstrom, & Olsson, 2015).

2. 기본개념

1) 기능적 맥락주의

기능적 맥락주의(functional contextualism)는 수용전념 아동상담의 철학적 기초가 되는 것으로, 개인의 이상행동을 설명하기 위해 그러한 행동이 발생한 배경과 상황을 이해할 수 있도록 하는 가장 유용한 개념이다. 여기서 맥락(context)이란 인간의 행동이 발생하는 순간과 관련하여 일어나는 선행사건과 그 결과를 모두 포함한 의미이며, 문제의 원인이 되는 선행사건과 그 결과에 해당하는 행동과 관련된 개인의 강화 및 처벌의 역사를 일컫는 개념이기도 하다. 기능적 맥락주의에서는 개인이 하는 행동의 형태나 유형보다는 행동의 기능(function)에 더욱 관심을 가지며, 기능을 알아내기 위해서는 행동이 발생하는 맥락을 이해할 필요가 있다고 보았다(김채순, 2012). 예를 들어, 아동이 손을 높이 들었다면 어떠한 목적에서 그 행동을 했는가를 살펴보아야 한다. 학교의 교실에서 손을 들었다면 질문하기 위해서인지, 신호등 앞에서 손을 들었다면 횡단보도를 건너기 위해서인지, 혹은 비행기를 손가락으로 가리키기 위해서인지 등과 같이 그러한 행동을 하고 있는 맥락을 알아야만 행동의 기능을 알 수 있다.

심리학 이론의 대부분은 철학적 기반을 기계론(mechanism)에 두고 있는데, 기계론에서는 마치 마음이 다양한 부품으로 이루어진 기계인 것처럼 다루어진다. 즉, 기계가 고장이 나게 되면 기계에 들어 있는 부품이 불량이거나 기계의 구조적 결함으로 보면서 잘못된 부품을 교체하거나 제거하여 기계가 다시 자신의 역할을 제대로 수행할 수 있도록 한다. 이처럼 내담아동에게서 문제가 되는 감정이나 생각을 '잘못된 것' '망가진 것' '병리적인 것'으로 보고, 이를 제거하거나 수정해야 한다고 보았다(김동구, 송향주, 2014). 이러한 기계론적 개념을 토대로 상담을 진행하는 상담자는 내담아동이 상담에 오는 이유를 자신이 스스로 망가졌다고 생각하고, 어느 한 부분이 잘못되었거나 고장이 났다고 생각하여 이를 고치기 위한 것이라고 이야기한다(Harris, 2009). 하지만 수용전념 아동상담에서는 이와는 대조되는 태도를 보인다. 기능적 맥락주의의 관점에서는 내담아동이 가지는 모든 생각과 감정은 태생적으로 잘못되었거나 기능을 하지 못하거나 혹은 병리적인 것이 아니라고 보았다. 즉, 내담아동의 생각이나 감정, 기억 자체가 직접적인 문제를 일으킨다기보다는 심리적 경직성을 유발하는 인지적 융합과 체험 회피를 포함하는 맥락 내에서 내담아동의 감정이나 생각, 기억들이 해로운 기능을 하여 삶을 악화시킨다고 할 수 있다.

따라서 증상이나 부정적인 감정을 감소시키거나 없애려고 하기보다는 내담아동의 감정이나 생각을 둘러싸고 있는 관계들을 수용함으로써 그것들이 더 이상 문제가 아니라고 인식하게 하는 것이다. 다시 말해, "부정적인 감정이나 생각은 그저 하나의 생각이나 감정으로 존재하고 있을 뿐 그 이상도 그 이하도 아니므로 그저 바라보기만 한다."(김춘경 외, 2016)를 강조하는 것이 맥락주의적 관점이다. 예를 들어, 정원에 보잘것없는 잡초가 있고, 이것을 없애기 위해서는 정원을 망가뜨려야만 한다고 가정해 보자. 이 잡초는 우리를 화나게 하고, 이것이 정원에서 사라지거나 더 이상 자라지 않는다면 정원이 얼마나 깨끗해지고 예뻐질까에 대하여 생각하는 데 많은 시간을 보내게 할 것이다. 또한 그 잡초를 보지 않기 위해 우리는 정원으로 나가는 것을 회피하게 되고, 일상생활에 지대한 영향을 미치게 될 것이다. 하지만 이 잡초를 보잘것없는 잡초가 아닌 자연적인 환경에서 우연히 자라난 하나의 식물일 뿐이라고 생각하게 된다면, 우리와 잡초의 관계는 달라질 것이다. 그 잡초를 없애기 위해 신경 쓰지 않아도 되고 더 이상 화를 낼 필요가 없어지게 되며, 정원을 마음대로 걸어 다닐 수 있게 된다(Harris, 2009).

이러한 기능적 맥락주의의 목표는 충만하고 의미 있는 삶, 가치를 추구하는 삶을 살아가기 위해 개인의 경험을 둘러싼 맥락을 이해하고 그에 따르는 행동의 기능을 예측하여 삶을 살아감에 있어서 이 또한 자연스러운 일임을 수용할 수 있도록 하는 것이다. 특히 내담아동의 경우에는 고통이나 괴로움을 유발하는 가족적 맥락을 살펴볼 필요가 있다. 내담아동의 부정적인 생각이나 행동에 대한 맥락으로서 부모 혹은 가족 구성원이 내담아동의 행동이나 생각을 강화시키는 잠정적인 역할을 할 수 있다. 따라서 내담아동을 대상으로 한 기능적 맥락의 분석은 내담아동의 주변에서 내담아동이 가지는 문제에 대해 생각해 볼 수 있는 부모의 관점에 관심을 둘 수 있어야 한다. 또한 부모가 내담아동의 긍정적인 행동 변화를 위해서는 아동에게 부정적인 경험도 필요할 수 있음을 이해할 수 있도록 도와야 한다(손정락, 이금단, 이정화, 2012).

2) 관계구성틀 이론

수용전념 아동상담에서 내담아동의 정신적 병리에 대한 이해는 관계구성틀 이론에 기반을 두고 있다. 관계구성틀 이론이란 기능적 맥락주의와 관련하여 내담아동이 학습을 통해 형성한 언어와 인지적 구조의 틀에 맞춰 생각하고 행동한다는 관점으로서, 인간의 언어와 생각이 서로 관계를 맺어 나가면서 전개되는 맥락적인 요인이 정서적 · 심리적 측면에 영향을 미침으로써 잠재적으로 변화를 불러오게 된다는 점을 강조한다(Hayes, 2005). 즉, 수용전념 아동상담에서는 '고통은 인간에게 있어 보편적이고 정상적인 것이다.'라고 가정하고 있으며, 고통을 만들어 내는 근원은 내담아동이 사용하는 언어에 있다고 보았다. 내담아동의 언어와 인지는 여러 가지의 상황들을 통해 임의적으로 추론하여 서로 관계를 구성하게 되고, 다양한 경험을 통해 학습하게 된다. 이는 관계적 맥락 속에서 직접적인 경험이나 자극이 아니라 개인에게 발생하게 되는 사건을 둘러싸고 있는 언어적인 활동과 같이 간접적인 수단을 통해 새로운 의미와 기능을 가진 행동이 나타나게 된다(정종진, 2015). 예를 들어, 냄비라는 단어를 학습하게 된 어린아이가 가스레인지의 불 위에 올려져 있는 냄비를 만지게 된다고 가정해 보자. 불에 달아올라 뜨거워진 냄비를 만진 아이는 깜짝 놀라게 되고, 심한 경우 두려움을 느끼게 된다. 이후 냄비라는 단어를 들을 때마다 몸이 움츠러들거나 흠칫 놀라게 될 수도 있다. 이처럼 언어와 인지는 내담아동의 직접적인 행동을 통해 서로 간에 관계가 맺어질 때 심리적인 의미가 만들어지게 된다.

언어의 특성들과 관련하여 관계구성틀 이론이 가지는 4가지의 주요한 관점을 통해 수용전념 아동상담을 이해할 수 있다(Ciarrochi & Bailey, 2008). 첫째, 내담아동의 경험보다 언어과정이 우위를 차지한다. 동물의 경우 이전의 경험에 의지해 행동하는 반면, 내담아동은 경험과 언어 둘 중 하나를 선택하여 행동한다. 예를 들어, 누군가가 아동에게 "저 과일을 먹으면 죽을 수 있어. 그러니 먹으면 안 돼."라고 말한다면, 아동은 그 과일에 대한 나쁜 경험이나 기억이 없음에도 불구하고 그 과일을 피하게 될 것이다. 이는 자신이 직접 경험하지 않았지만, 언어를 통한 평가로 인해 과일을 피하게 되는 행동을 선택하였음을 보여 준다.

둘째, 언어는 경험을 변화시킨다. 언어는 양방향(bidirectional)으로 작용하면서 경험과 연관되어 있다. '위험'이라는 단어로 예를 들어보면, 그 단어만으로는 아동에게 위협을 가하진 않지만 '위험'이라는 단어를 들은 아동은 공포감을 느끼고 손바닥에 땀이 나는 등 이완되어 있던 감정을 아주 빠르게 두려운 감정으로 바꿔 버린다. 즉, '위험'이라는 말은 내담아동의 정서적 · 신체적 경험을 변화시킨 것이다(Hayes, Barnes-Holmes, & Roche, 2001).

셋째, 언어는 잠재적인 회피의 대상들을 크게 확대시킨다. 사람들은 불쾌한 감정이나 생각을 종종 회피하고자 한다. 여기서 경험의 회피는 정서나 사고, 기억과 같은 개인의 부정적인 경험을 감소시키기 위한 것으로, 단기적으로는 효과가 있을 수 있지만 장기적으로는 오히려 부정적인 경험에 더욱 압도되는 상황으로 이어지게 된다(Wenzlaff & Wegner, 2000). 언어로 표현되는 부정적인 감정이나 기억들을 회피하다 보면 그 경험이 주었던 혐오적 기능으로 인해 이전보다 회피하는 대상의 범위가 점점 확대되게 된다.

넷째, 언어과정은 맥락에 의해 통제된다. 즉, 개인적인 경험에서 나오는 행동은 자신과 관련이 있는 주변 환경의 자극과 반응으로 인해 유지되거나 증가 혹은 감소하게 된다(Blackledge, 2003). 예를 들어, "내 인생은 가치가 없어."라는 말만으로는 인생이 가치 없을 수 없지만, 내담아동의 이러한 부정적인 생각과 행동에 대해 주변 사람들이 동의하거나 "맞아. 삶은 다 그런 거야."라는 반응을 보이게 된다면, 환경적 맥락으로 인해 내담아동은 부정적인 생각이나 문제행동을 강화시키게 된다. 또한 '가치 없음'이라는 특정한 언어가 가지는 힘과 기능으로 인해 내담아동은 앞으로 살아가면서 자신의 삶에서 가치 없는 행동을 스스로 선택하게 된다.

3) 심리적 유연성

심리적 유연성(psychological flexibility)은 수용전념 아동상담에서 이루고자 하는 궁극적인 목적으로서, 언어와의 지나친 동일시로 인한 심리적 경직성(psychological inflexibility)에서 벗어나기 위한 정서적 기능의 핵심이다. 여기서 유연성은 변화하는 환경의 요구에 대처하는 개인의 민감성(sensitivity)을 의미하는 것으로, 심리적 유연성은 의식이 있는 존재로서 순간의 경험에 완전히 접촉하며 자신이 가지고 있는 가

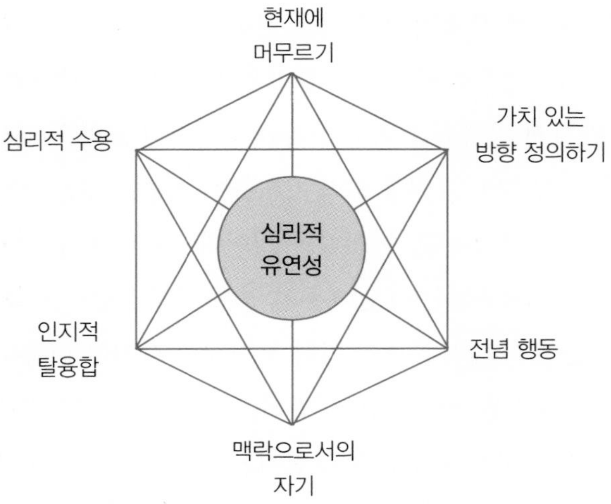

그림 14-1 심리적 유연성의 육각형 모델

출처: Harris (2009).

치를 따르는 방향으로 행동을 지속하거나 변경시키는 능력을 말한다(Hayes, Follette, & Linehan, 2004).

이러한 심리적 유연성은 심리적 수용, 인지적 탈융합, 현재에 머무르기, 맥락으로서의 자기, 가치 있는 방향 정의하기, 전념 행동이라는 6가지의 핵심적인 상담요소로 구성되어 있다(Harris, 2009).

(1) 심리적 수용

심리적 수용(psychological acceptance)은 사적 경험에서 오는 부정적인 생각이나 감정, 감각, 기억들을 방어하는 것이 아니라 마음을 개방하여 있는 그대로 기꺼이 수용하는 것을 의미한다. 여기서 수용은 포기하거나 항복하는 것을 의미하는 것이 아닌 단순히 고통스러운 생각이나 감정, 기억 등을 위한 공간을 만들어 주는 것을 의미한다(Hayes, Wilson, Gifford, Follette, & Strosahl, 1996). 즉, 수용전념 아동상담에서는 심리적 수용의 가능성을 강조함으로써 고통스러운 생각이나 감정을 삶의 전체로 받아들이기보다는 일상생활 속 누구나 겪을 수 있는 삶의 일부분일 뿐이라는 것을 느낄 수 있도록 한다. 다시 말해, 심리적 수용은 부정적인 생각이나 감정을 물리치기 위해 해 왔던 노력을 내려놓고, 자신의 내적 경험을 관찰하고 포용하여 가치 있는 행동을 추구하는 시도가 된다.

심리적 수용은 개인의 부정적인 감정을 직접적으로 줄이려고 시도하지는 않지만, 결과적으로는 간접적으로 부정적인 감정을 감소시키게 된다(Ciarrochi & Bailey, 2008). 고통스러운 사적 경험을 회피하기 위한 직접적인 노력은 오히려 사적 경험의 강도를 증가시킬 수 있지만, 그러한 노력 자체를 내려놓는 것은 노력으로 인해 나타나는 혐오적인 감정을 감소시킬 수 있다는 것이다. 예를 들어, 부정적인 감정에서 벗어나기 위해 게임을 사용하는 내담아동의 경우 일시적으로는 효과가 있을 수 있지만, 장기적으로는 게임의 사용으로 인해 부정적인 감정이 더욱 심해지게 되거나 게임중독과 같은 문제가 발생하게 된다. 반면, 내담아동이 부정적인 감정을 수용하는 경우에는 비록 그 감정이 불쾌할 수도 있지만, 그것을 관찰하고 포용함으로써 게임이 아닌 다른 대안적이고 가치 있는 선택을 하게 된다.

수용의 근본적인 개념은 일상생활에서 수동적인 의미를 전달하고 있어, 몇

몇 학자들은 수용의 적극적인 태도와 의미를 전달하기 위해 기꺼이 경험하기(willingness)라는 용어를 사용하기도 한다. 기꺼이 경험하기는 의도적으로 자신의 가치와 부합하는 삶의 방향을 설정하고, 적극적으로 나아가는 것을 경험하는 과정에서 자신의 경험에 대해 개방적인 태도를 갖는 것을 의미한다(Hayes et al., 1999). 이것은 쉽게 바꿀 수 있는 사건이나 상황 혹은 행동을 수용하라는 의미는 아니다. 게임중독 문제를 가지고 있는 내담아동을 예로 들면, 게임을 계속해서 하고 있는 자신의 행동을 수용하라는 것이 아니라 게임을 하고 싶은 충동과 게임을 포기하는 데서 오는 상실감을 수용하고, 자신의 부정적인 감정을 해소하기 위해 게임에 의존하였던 것을 중단할 때 나타나게 되는 정서적인 고통을 수용하라는 것이다(Hayes & Smith, 2005). 즉, 수용전념 아동상담에서는 내담아동이 자신의 사적 경험이나 행동을 수용하기보다는 자신을 힘들게 하는 생각이나 느낌, 감정, 기억 등을 회피하지 않고 경험하기 위한 선택의 가능성을 높임으로써 수용 행동을 구축하고자 한다.

(2) 인지적 탈융합

수용전념 아동상담에서 인간은 언어적으로 구성한 관계틀에 기초하여 사건을 재구성하게 된다고 보았으며, 그 사건에 따른 개인의 행동을 지배하게 된다는 인지적 융합(cognitive fusion)으로 인해 정신병리가 나타난다고 보았다(Hayes et al., 2001). 예를 들어, 자신의 실패한 경험들에 대해 '나는 실패자이다. 내 인생은 망했다.'라는 언어적인 표현을 통해 명명하게 되면 내담아동은 이러한 생각을 사실로 믿게 되고, 이를 유지하기 위해 어떤 일에도 최선의 노력을 하지 않거나 회피하는 등의 부정적인 행동을 하게 된다는 것이다. 이러한 언어의 지배성으로 인해 내담아동은 심리적 경직성이 증가하게 되고, 사건이나 경험에 직접적으로 접촉할 수 있는 반응 범위가 좁아지게 된다.

개인의 생각은 단지 하나의 문장일 뿐 특정한 사건이나 경험이 아님을 인지하게 되면 탈융합이 이루어지게 된다. 인지적 탈융합(cognitive defusion)은 생각을 회피하거나 억제하지 않고, 생각으로부터 분리된 독립체로서 자신을 객관적으로 바라보는 것을 의미한다. 즉, 자신의 내부에서 발생하는 생각과 감정의 형태나 빈도를 직접적으로 바꾸기보다는 생각이나 감정의 흐름을 알아차림으로써 생각이 흘러가는 과정에 초점을 두는 것이다(Harris, 2009). 이러한 인지적 탈융합의 궁극적인 목적은 개인의 생각 속에 담겨 있는 내용에 끌려다니지 않고 거리를 두어 이를 관찰하면서 기능적이고 중요한 방향으로 나아가게 하는 것이다(Stoddard & Afari, 2014).

기존의 인지행동상담에서는 부정적이고 비합리적인 사고의 내용을 논리적이고 합리적인 내용으로 변화시키면 행동과 감정도 함께 변화될 것이라고 보았다. 반면, 수용전념 아동상담에서는 행동에 영향을 미치는 사고의 과정에 초점을 두어 어떤 사건이나 경험에 대한 개인의 평가를 살펴보고 파괴적인 언어의 위력을 감소시켜야 한다고 보았다(Wilson, 2009). 다시 말해, 수용전념 아동상담의 관점에서 인지적 탈융합은 부정적인 생각을 사라지게 하거나 보다 합리적인 사고로 바꾸는 것이 아니라 그러한 생각이 나타나든 나타나지 않든 상관없이 유익하게 살아갈 수 있게 하는 것이다. 인지적 탈융합을 경험한 내담아동은 현재 주어진 상황에서 어떤 것이 적절하고 효과적인 행동인지 찾을 수 있고, 그 행동에 집중할 수 있게 된다(Luoma, Hayes, & Walser, 2007).

(3) 현재에 머무르기

현재에 머무르기(being present)는 지금 여기에 집중하여 현재 순간과 접촉하면서 완전하게 자신의 경험을 의식하는 것을 말한다(Harris, 2009). 즉, 개인이 가지고 있는 구조적 틀에 맞춰 재구조화되어 있는 세계에서 벗어나 외부에서 오는 자극과 이로 인해서 발생하게 되는 내면에서의 느낌과 생각, 기억 등이 진행되는 과정 모두에 직접적인 주의를 기울이며 이를 알아차리는 것을 의미한다. 개인의 경험에서 비롯된 생각이나 감정과 투쟁하는 것을 내려놓고 현재의 순간에 주의를 집중함으로써 지금 여기에서 어떤 일이 벌어지고 있는지 정확하게 인식하고, 자신의 행동을 지속하거나 수정하는 데 필요한 근거가 되는 중요한 정보를 수집하도록 하는 것에 목표를 둔다(인경, 2009).

인간에게 있어서 자신의 과거를 되돌아보고 미래에 대한 새로운 계획을 세우는 능력은 아주 중요하고 유용한 능력이다. 하지만 이러한 능력은 사람들이 과도하게 과거와 미래에 관심을 돌리게 되면서 현재를 살아가고 있는 우리의 삶을 잃어버리게 하는 문제를 가지고 온다. 톨스토이(Lev Nicolayevich Tolstoy, 1918)는 "우리에게 가장 중요한 시간이 있으니 그것은 바로 지금이라는 것을 기억하라. 그 시간은 우리가 무엇인가를 할 수 있기에 가장 소중한 것이다."라고 하였는데, 이 말은 우리의 삶은 지금 이 순간을 중심으로 일어나고 있는 일에 집중할 필요가 있음을 말해 준다.

과거와 미래가 인간의 생각으로서만 존재하는 것이라면, 그 생각은 현재에 발생하는 것이다. 즉, 내담아동이 자신의 과거로부터 어떤 것들을 배우기 위해 회상해 볼 수는 있지만, 회상은 현재에 일어나는 것이며, 우리가 미래에 대한 새로운 계획을 세워 나가는 것 또한 현재에서 일어나는 것이다. 따라서 현재에 머무르는 것은 자신이 가지고 있는 가치와 부합하는 삶을 살아가는 데 중요한 역할을 한다. 우리가 가치에 따라 행동하지만, 그 행동에 대해 지금 여기에서 최선을 다하여 참여하고 노력하지 않는다면 무언가를 놓치고 있다는 것이다. 인지적 융합으로 인한 정서적 회피는 현재에 머무르는 것을 방해하지만, 심리적 유연성과 활력을 향상시키기 위해서는 현재에 머무르는 것이 필요하다. 현재에 머무르는 것은 자신에게 고통을 주었던 구속에서 벗어나 자유로워질 수 있으며, 개인의 전체 경험에 대한 만족감을 높여 줄 수 있다.

(4) 맥락으로서의 자기

인간은 다양한 사회화 훈련과정을 통해 무의식적으로 자신이 어떤 사람인지에 대한 정의를 내리게 되는데, 이는 개념화된 자기(conceptualized self)라고 불린다. 개념화된 자기는 자신이 만든 믿음이나 자신의 존재를 설명하기 위해 '나는 똑똑하다.' 또는 '나는 실패한 사람이다.' 등과 같이 '나는 ~이다'라는 방식으로 서술하여 표현하게 된다. 개념화된 자기와의 융합은 사회 공동체의 관점에서 살펴보았을 때 대체로 긍정적이다. 사람들과의 관계 속에서 살아가면서 다른 사람들의 반응이나 행동은 우리에게 영향을 미치게 되고, 이로 인해 다른 사람들이 우리의 행동을 이해할 수 있도록 해 주며 이후의 행동들에 대해 예측할 수 있게 해 주기 때문이다. 하지만 개인적인 차원에서는 이러한 개념화된 자기가 문제로 작용할 수 있다. 다시 말해, 개념화된 자기는 개인적인 정체성을 형성하여 주변에서 발생하는 상황을 평가하고, 자신의 행동을 통제하며 문제를 해결하는 데 도움을 주지 못하게 된다는 것이다. 즉, 자신이 어떤 사람인지에 대해 스스로 정의를 내린 것에 맞추어 살아가는 자기를 의미하는 것으로, 과거의 나 자신뿐만 아니라 현재와 미래의 나를 결정하게 되면서 심리적 경직성을 초래하게 된다(Hayes et al., 1999). 예를 들어, 아동이 초등학교를 다니면서 '나는 공부를 못하는 열등생이야.'라고 자신에 대해 정의를 내렸다면, 초등학교를 다닐 때뿐만 아니라 중학교와 고등학교에 진학하여서도 자신은 공부를 못하는 아이라고 생각을 하게 되어 공부를 포기하거나 자신감이 부족한 학생이 되어 버릴 수 있다.

또 다른 예로, 한 학생이 '나는 의사의 아들이야. 의사는 좋은 직업이야. 나는 의사가 되어야 해.'라는 내용으로 자신의 정체성을 정의한다면, 앞으로 그가 하는 모든 행동이 자신이 가지고 있는 개인적인 가치와 부합하지 않더라도 이러한 생각과 믿음에 의해 이끌려 가게 된다. 이처럼 사회적인 상황을 고려한 언어적 과정은 일관성과 정당성을 추구하며 평가하려는 마음을 가지게 하고, 이로 인해 개인의 삶을 제한하는 언어적 구속에 갇히게 된다(김춘경 외, 2016). 이러한 개념화된 자기가 자신의 정체성과 충돌하게 되는 경우, 내면에서 고통과 투쟁을 일으킬 수 있으며 자신이 중요하게 생각하는 것이나 가치를 잃어버리게 된다. 또한 언어적인 설명에는 한계가 있으므로 개인의 행동에 영향을 미치는 과거의 모든 경험과 맥락을 완전히 알 수 없어 삶에 대한 불완전한 이해를 초래하게 된다(Luoma et al., 2007). 자신에 대한 평가와 관련된 개념화된 자기는 자기 자신에게 부여한 언어적 규칙으로 인해 자신의 행동을 과도하게 통제하고 조직화하게 된다.

한편, 수용전념 아동상담에서는 자기를 언어적으로 표현되는 내용 그 자체가 아니라 여러 가지의 경험을 관찰하고 그 경험들과 관계를 맺는 맥락적 주체로 보았다. 즉, '저 아이는 그걸 해낼 수 있는 능력이 없어.'와 같이 나에 대해서 다른 사람들이 생각하는 내용은 내가 아니며, '나는 똑똑해.'와 같이 나에 대해 나 자신이 생각하는 내용 또한 내가 아니라는 것이다(이선영, 안창일, 2012). 이와 관련하여 맥락으로서의 자기(self as context)라는 개념이 나오는데, 이는 개인적인 사건이나 상황이 일어나는 맥락을 살펴보고 지금 여기에서의 경험을 관찰하는 자기를 의미하는 것으로, 관찰하는 자기(observing self) 혹은 관찰자 관점(observer perspective)이라고도 한다. 맥락으로서의 자기는 어떠한 경험들이 일어나는 상황에서 개념화된 자기를 중심으로 해석하거나 집중하지 않고, 오롯이 자신의 경험과 그로 인해 발생하는 생각이나 정서적 반응에 대해 관찰하고 자각하는 것이다(Hayes et al., 2006). 맥락으로서의 자기는 지금 여기에 기반한 현재의 경험과 정서적 반응과의 접촉을 통해 증진될 수 있으며, 인지적 탈융합과 심리적 수용을 촉진할 수 있다는 점에서 중요하다. 이처럼 맥락으로서의 자기를 이해하고 관찰자의 관점에서 자신의 삶을 관찰하게 되면, 자신의 역할과 태도에 대해 가지고 있던 각본을 토대로 하는 행동이 아닌 자신이 가지고 있는 가치에 기반하여 자신의 행동을 선택하게 된다(손정락, 2015). 따라서 상담자는 내담아동이 자신에 대해 알아차리고 수용하기 위해 개념화된 자기와 맥락으로서의 자기를 구분할 수 있도록 해야 한다.

(5) 가치

가치(value)는 자신이 하고 싶은 무엇인가를 자유롭게 선택할 수 있도록 하는 것으로, 자신이 지향하는 삶의 방향으로 나아가기 위해 수행하는 행동에 대한 강화물로 작용한다(DuFrene & Wilson, 2012). 일과 사랑, 가족, 대인관계, 취미생활, 종교 등과 같이 삶의 질과 관련된 다양한 영역 속에서 자신이 지향하는 삶의 방향과 일치하는 가치를 명료화할 필요가 있다. 예를 들어, 가치가 과녁이라고 할 때 과녁이 없다면 활을 쏘는 사람은 어느 곳으로 화살을 쏘아야 하는지 알 수 없고, 정해진 방향 없이 화살을 쏘게 되는 경우에는 원하는 것을 얻지 못하고 에너지만 낭비하게 될 수 있다. 따라서 과녁이 활을 어느 방향으로 쏘아야 하는지 알려 주는 것과 같이, 가치는 지향하는 삶의 방향을 확인할 수 있도록 해 준다.

가치는 목표(goals)와 차이가 있다. 목표는 그 자체로 완결되거나 달성 가능한 끝을 이야기하는 반면, 가치는 인간의 행동이 지속되는 복잡한 흐름 속에서 추출할 수 있는 방향성이다. 교육과 졸업을 예로 들어보면, 졸업하여 학위를 취득하는 것은 목표 행동을 이루었음을 보여 주지만, 교육은 전 생애 동안 계속해서 이뤄 나갈 수 있는 것으로 끝이 없다는 점에서 가치라고 할 수 있다(손정락, 2016). 처음부터 가치와 목표가 정해져 있는 것은 아니지만, 상담과정에서 내담아동이 지향하는 가치가 무엇인지 명확하게 하기 위해서는 가치와 목표를 구분할 수 있도록 해야 한다. 가치는 그 자체를 위해 행해지는 것이지만, 목표는 이러한 가치를 위해 존재한다. 즉, 어떤 순간에 실행으로 옮겨질 수 있는 의미 있는 행동을 선택하는 것을 설명하기 위해 '가치'라는 용어를 사용한다(Hayes et al., 1999). 목표는 가치에 기여하면서 획득할 수 있는 구체적인 성취를 의미한다. 예를 들어, '친구들에게 인기 있는 사람이 되기'가 가치라면, '친구들의 이야기를 잘 들어 주기'는 목표가 된다. 따라서 목표는 전 생애적으로 볼 때, 가치를 향해 가는 과정에서 현재 내가 어느 지점까지 와 있으며, 내가 가고자 하는 방향으로 제대로 가고 있는지를 확인할 수 있는 이정표와 같은 역할을 한다고 할 수 있다.

수용전념치료에서는 가치를 발견하는 것이 아니라 만들어 나가는 것이라고 보았다. 예를 들면, 학생이라는 위치에서 가질 수 있는 가치로서 공부를 열심히 하는 것을 발견하는 것이 아니라 초등학교 2학년 때 공부를 하는 방법과 중학교 2학년 때 공부를 하는 방법을 서로 달리하여 자신의 가치를 만들어 나가는 것이다. 즉, 주어진 상황에 따라 개인이 가진 가치는 진화하게 되고, 스스로 만들어 가게 된다. 다른 사람들로부터 존경받거나 집단의 일원으로서 소속감을 느끼기 위해 타인의 시선에서 자신의 가치를 발견하는 것은 진정한 가치라고 할 수 없다. 수용전념치료에서의 가치는 자신에게 주어진 상황에서 어떻게 행동할 것인지에 대해 자신이 선택하는 것과 관련된 것으로 진정으로 나타내고 싶어 하는 것을 반영해야 한다(Stoddard & Afari, 2014).

(6) 전념 행동

전념 행동(commitment action)은 내담아동이 자신이 선택한 가치의 방향으로 동기 부여하여 걸음을 내딛는 것으로, 통합된 삶을 살아가기 위한 단계적인 행동과정이다(Eifert & Forsyth, 2005). 여기서 전념은 개인의 가치와 일치하는 삶을 살아가는 데 필요한 지속 행동과 변화 행동을 모두 포함한다. 즉, 변화가 필요한 영역에서는 변화 행동을, 변화가 불가능한 영역에서는 지속 행동과 기꺼이 경험하기를 통해 목표를 성취하기 위한 행동과정을 지속하게 된다(문현미, 2006). 주어진 상황에서 요구되는 전념적 행동의 구체적인 형태는 개인의 가치에 따라 해당 상황에서 할 수 있는 것이 무엇인지와 가장 효과적인 행동이 어떤 것인지가 달라지게 된다(Luoma et al., 2007).

전념 행동의 궁극적인 목표는 스스로 선택한 영역에서의 전념 행동을 다른 영역으로 확장하여 개인의 가치에 따른 전념 행동을 일반화시키는 것이다. 이러한 전념 행동은 다음의 4단계로 진행된다. 1단계에서는 변화해야 하는 삶의 영역을 스스로 선택하고, 2단계에서는 선택한 영역에서 추구하는 가치를 선택한다. 3단계에서는 선택한 가치에 따른 목표를 설정하며, 4단계에서는 목표 달성을 위한 구체적인 행동과 그에 따른 어려움을 수용함으로써 함께 나아간다(Baer, 2006). 전념 행동은 가치를 향해 나아가면서 불안과 걱정, 실망 등의 부정적인 정서적 평가와 접촉하게 될 수 있으나 이를 기꺼이 경험함으로써 심리적 유연성을 구축할 수 있는 기회를 가지게 된다.

전념 행동은 스스로 유연하고 지혜로운 전념 행동을 유지할 수 있을 때까지 충분히 연습하는 것이 중요하다. 전념 행동을 구축하는 과정에서는 다루기 쉬운 작은 목표로 시작해서 더 큰 목표로 행동의 범위를 늘려 갈 필요가 있다. 작은 목표를 이루었던 성공경험은 위계적으로 설정한 목표에서 다음 단계에 참여할 수 있는 동기를 증가시켜 준다. 또한 어려움을 기꺼이 수용하는 것은 한 번에 이루어질 수 없으므로 작은 목표에 도달하기 위한 제한된 상황에서 기꺼이 수용하기를 경험해 봄으로써 더 큰 목표를 향해 가면서 발생할 수 있는 어려움을 기꺼이 수용할 수 있게 된다.

3. 수용전념 아동상담의 실제

1) 상담목표

수용전념 아동상담의 궁극적인 목표는 내담아동의 심리적 유연성을 증진시키는 것이다. 이를 위해 상담자는 내담아동이 자신의 생각이나 느낌을 '말하는 대로'가 아니라 '있는 그대로' 생각하고 느낄 수 있도록 도와야 한다. 또한 내담아동이 이전의 사적인 경험으로 인한 자동적 사고와 반응에도 불구하고 자신이 설정한 가치를 향해 나아갈 수 있도록 도와야 한다. 수용전념 아동상담에서는 정신병리적인 문제나 심리적 고통을 맥락 내에서 발생하는 역동적인 행동으로 보고 있으므로, 심리적 고통을 경험하고 있는 내담아동이 심리적 고통을 없애기 위해 노력하기보다는 심리적인 고통과의 투쟁에서 벗어나 자유로워짐으로써 심리적 고통과 함께 활기차고 의미 있는 삶을 향해 자신의 행동을 선택할 수 있는 힘을 키우는 것이 주요한 과제이다.

2) 상담과정

수용전념 아동상담에서는 심리적 유연성을 향상시키기 위한 6가지의 핵심적인 상담요소를 토대로 상담과정이 진행된다. 먼저, 내담아동에게 심리적 유연성의 중요성에 대해 인식하도록 한 후에, ① 현재에 머무르기 , ② 인지적 탈융합 기술 습득하기, ③ 심리적 수용 기술 습득하기, ④ 맥락으로서의 자기 알아차리기, ⑤ 가치 있는 방향 정의하기, 그리고 ⑥ 가치에 따른 전념 행동 지속하기 등의 핵심적인 상담요소를 통해 효과적인 행동 패턴과 심리적 유연성을 향상시키고자 한다(김춘경 외, 2016; Hayes et al., 2004). 이 6가지의 핵심과정은 분리되어 단계별로 이루어지는 것이 아니라 다이아몬드의 6면처럼 유동적으로 각각의 요소들이 상호작용하면서 이루어진다. 다시 말해, 심리적 유연성은 현재에 머물며 자신의 경험을 완전히 알아차리고 가치에 따라 행동하는 능력으로서, 심리적 유연성을 획득하기 위해 6가지의 핵심적 요소들이 동시에 이루어지게 된다(김동구, 송향주, 2014).

이러한 6가지 핵심요소는 다시 2가지로 나누어지는데, 하나는 마음챙김(mindfulness)에 의한 수용과정(acceptance process)이며, 다른 하나는 전념(commitment)에 의한 행동 변화과정(behavior change process)이다. 즉, 수용전념 아동상담에서는 마음챙김에 의한 수용과 전념에 의한 행동 변화라는 2가지 과정을 통

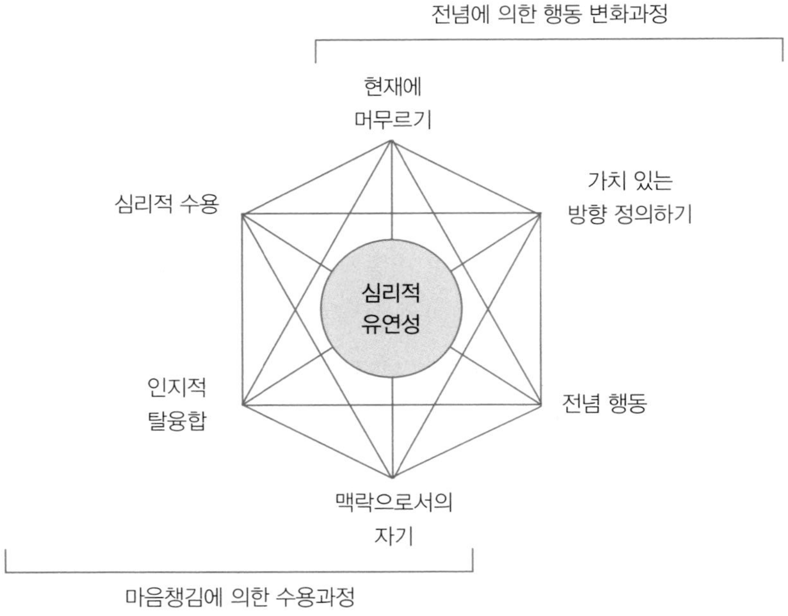

그림 14-2 수용전념 아동상담의 6가지 핵심 상담과정

출처: Luoma et al.(2007).

해 심리적 유연성을 획득하여 행동을 변화시키는 결과를 가져오도록 한다(Hayes et al., 2004).

마음챙김에 의한 수용과정에는 심리적 수용과 인지적 탈융합, 현재에 머무르기, 맥락으로서의 자기를 포함하고 있으며, 전념에 의한 행동 변화과정에는 현재에 머무르기, 가치 있는 방향 정의하기와 전념 행동, 맥락으로서의 자기를 포함하고 있다. 이 두 과정에 현재에 머무르기와 맥락으로서의 자기는 모두 포함되어 있다. 이는 수용전념 아동상담의 궁극적인 목적인 심리적 유연성을 획득하는 것은 현재에 충분히 접촉하면서 지금 여기에서의 경험을 조망함으로써 얻어질 수 있기 때문이다.

헤이즈가 제시한 6가지 상담과정 이외에 아이퍼트와 포사이스(Eifert & Forsyth, 2005)는 상담과정을 수용전념치료의 약자(ACT)를 따라 3단계로 나누어 설명하였다(김동구, 송향주, 2014). 1단계는 생각과 감정을 수용하고 현재에 머무는 것(Accept your thoughts and feelings, and be present)이고, 2단계는 아동의 가치에 따른 방향을 선택하는 것(Choose a valued direction)이며, 3단계는 행동으로 옮기는 것(Take action)이다. 이는 심리적 유연성을 향상시키기 위한 6가지 핵심과정을 3가지의 기능적 단위로 축약한 것이다.

3) 상담기법

수용전념 아동상담의 목표는 인지적 융합과 경험적 회피에서 벗어나 심리적 유연성을 기르는 것으로, 궁극적으로 심리적 경험을 방해하는 언어적 과정을 중립화함으로써 인지적 탈융합을 이루고자 하는 것이다. 따라서 수용전념 아동상담에서는 인간의 언어로 인해 인지적 융합이 발생한다는 관점을 기반으로 하여 심리적 경직성을 불러일으키는 언어적 구성에서 벗어나기 위한 기법으로 마음챙김과 은유, 역설법 등을 사용한다(Harris, 2009). 또한 행동치료의 제3세대로서 행동과제와 같은 행동치료의 기법을 사용하기도 한다.

(1) 마음챙김

마음챙김은 수용전념치료와 마찬가지로 행동치료의 제3세대로서, 개방성을 가지고 현재의 순간에 집중하며 비판단적으로 경험함으로써 자신의 감각과 감정, 사고를 수용하는 것을 의미한다(Kabat-Zinn, 2003). 마음챙김 기법은 심리적 경직성을 초래하는 경험적 회피 전략을 감소시키고 원하지 않는 내적 경험의 빈도와 강도를 변화시키는 효과가 있다. 즉, 심리적인 문제나 어려움에 직면하였을 때 다양한 반응을 이끌어 내는 능력을 증진시킬 수 있다(Zettle, 2007). 수용전념 아동상담적 접근에서 마음챙김은 과거에 대한 후회와 불안, 미래에 대한 걱정과 두려움, 그 외의 불쾌한 감정이나 생각 등을 수용하게 함으로써 내담아동이 자신의 가치를 이해하고 확인할 수 있게 해 주고, 현재에 맞는 유연한 방식으로 전념 행동에 참여할 수 있도록 해 준다.

전형적인 마음챙김 기법은 여러 가지 명상으로 구성되어 있으며, 여기에는 호흡 명상과 먹기 명상, 손 명상, 시냇물에 흘러가는 나뭇잎 명상 등이 있다. 호흡 명상(breath meditation)은 숨을 들이마시고 내쉬는 과정을 반복하면서 자신의 호흡에 집중하도록 하는 것이다. 내담아동이 호흡하는 동안 신체의 움직임을 느껴 보도록 하고, 호흡을 방해하는 생각이나 감정, 충동 등이 떠오를 때는 흐트러진 자신의 호흡을 알아차리고 순순히 인정한 후 다시 호흡하는 것에 집중할 수 있도록 한다. 먹기 명상(eating meditation)에는 대표적으로 건포도 먹기 명상이 있다. 건포도 먹기 명상은 건포도를 시각 · 후각 · 청각 · 촉각 · 미각을 통해 느껴 보는 것으로, 일상생활 속에서 그냥 지나쳐 갔던 다양한 감각과 느낌에 집중해 볼 수 있도록 한다. 먹기 명상에서는 건포도 이외에 젤리나 초콜릿, 방울토마토 등 주변에서 쉽게 구할 수 있는 재료를 활용할 수도 있다. 손 명상(hand meditation)은 5분 동안 손의 모양과 색, 주름, 핏줄, 손톱 등을 관찰하고 손과 손가락을 움직이면서 그에 따른 변화를 살펴보는 것이다. 이는 내담아동이 당연하게 여겼던 신체의 한 부분에 감사함을 느끼며 스스로 움직여 보고 집중함으로써 성취감을 느낄 수 있도록 한다(Harris, 2009). 시냇물에 흘러가는 나뭇잎 명상(stream with leaves floating along the surface of the water)은 시냇물을 따라 떠내려가고 있는 나뭇잎을 상상해 보는 것으로, 현재 떠오르는 생각이나 감정을 그 나뭇잎 위에 올려놓고 떠내려가는 것을 지켜보는 것이다(Hayes et al., 1999). 이 명상은 나뭇잎 위에 올려놓은 고통스러운 생각이나 감정에 집중하여 시냇물이 흐르는 속도를 빠르게 혹은 느리게 하는 것이 아니라 처음에 상상하였던 시냇물의 속도를 유지하면서 그저 나뭇잎 위에 생각이나 감정을 올려놓았음을 알아차리고, 나뭇잎이 시냇물 아래로 사라질 때까지 흘러가는 것을 지켜보는 것이다.

(2) 은유

수용전념 아동상담에서는 개인의 고통이 심리적 경직성으로부터 나타난다고 하였으며, 심리적 경직성은 언어적 규칙과 언어의 덫에 걸려들어 발생하는 것이라 하였다. 이에 수용전념 아동상담에서는 언어가 가지는 문자적인 영향력을 완화하기 위해 은유를 사용하기도 한다(Stewart, Barnes-Holmes, Hayes, & Lipkens, 2001). 은유(metaphor)란 하나의 개념을 다른 무언가에 비유하여 설명하거나 전달하는 것을 말한다. 은유는 대화의 도구로서 인간의 생각과 감정을 동시에 활성화하고, 단순히 말을 하거나 듣는 것이 아니라 언어를 경험하게 한다. 상담과정에서 발생하는 은유는 내담아동이 실제 상황에서 느꼈던 것과 비슷한 생각이나 느낌, 감정, 행동 등을 불러일으키는 다양한 언어적 맥락을 제공함으로써 추상적이었던 개념 속에서 구체적인 것을 찾을 수 있도록 한다. 따라서 상담자는 내담아동이 가지는 독특한 은유과정을 따라가면서 그들의 언어적 규칙과 주관적인 경험을 이해할 수 있게 된다(김춘경 외, 2016).

은유는 단편적인 문장으로 제시되기보다는 하나의 스토리와 같은 특징을 가지고 있어 정서적이고 지각적인 부분에서 풍부한 교훈적 가르침을 제공해 준다는 장점이 있다. 이는 환경과 직접적으로 접촉하지는 않았지만, 모방을 통해 간접적으로 경험하게 함으로써 자신의 경험을 더욱 인상적인 것으로 만들어 준다. 다시 말해, 은유를 활용하여 내담아동에게 제시되는 상황에서 자신들이 선택한 행동에 대한 구체적인 결과를 살펴볼 수 있다는 점에서 실제 상황과 유사한 경험을 재경험하게 된다. 또한 현실에서 내담아동의 눈에 띄지 않고 넘어갔던 어떠한 상황들이 두드러지게 나타나는 몇 가지의 특징에 의해 다시 주의를 끌게 되면서 언어적 규칙에 따라 자신을 통제하였던 울타리에서 벗어나 자유롭게 해 준다(손정락, 2016).

(3) 역설법

역설법은 마음챙김이나 은유와 반대로, 오히려 생각을 떠올리지 않도록 함으로써 회피와 통제의 부적절함을 스스로 느끼도록 하기 위한 기법이다. 즉, 어떠한 주제(예, 가장 먹고 싶은 음식, 가장 보고 싶은 연예인 등)에 대해 생각하지 않고, 머릿속에 떠오르지 않도록 하는 활동을 통해 생각하지 않으려고 할수록 더욱 머릿속에 떠오르게 된다는 것을 깨닫게 하는 것이다. 이는 자신의 부정적이고 고통스러운 감정이나 생각들을 의도적으로 회피하고 통제하는 것은 비효과적인 대처방식이었다는 것을 스스로 이해하도록 한다(Csikszentmihalyi, 1999). 이 기법은 마음챙김과 은유가 진행되는 방식과는 다르지만, 궁극적으로 현재의 순간에 발생하는 고통이나 부정적인 생각, 정서, 두려움 등을 회피하거나 통제하지 않고 이를 수용하도록 만든다는 점에서는 비슷하다.

수용전념 아동상담에서는 역설법을 활용하는 것과 관련하여 "창조적으로 절망하라."(Hayes et al., 1999)라고 이야기한다. 창조적 절망감(creative hopelessness)은 부정적이고 고통스러운 감정이나 생각을 통제하려고 하는 것이 소용없음을 직접 경험함으로써 나타나는 자연스러운 감정을 의미한다. 수용전념 아동상담에서는 이러한 창조적 절망감을 촉진하여 효과가 없는 정서적 통제에서 벗어나 그러한 감정이나 생각을 수용할 수 있도록 유도한다(Zettle, 2007). 긍정적인 의미가 담긴 창조적이라는 단어와 부정적인 의미가 담긴 절망감이라는 단어를 함께 사용하는 것이 이상할 수 있다. 여기서 창조적이라는 것은 불필요한 경험적 회피와 통제 전략을 포기하고 자신이 선택한 가치와 일치하는 방향으로 삶을 살아가는 것에 관심을 가질 때 오는 열린 마음을 이야기한다. 또한 내담아동이 현재까지 고통을 감소시키기 위해 해왔던 경험들이 효과가 없었음을 깨달음으로써 절망감을 느끼게 될 수 있지만, 이는 내담아동의 고통을 정당화시켜 주고 수용이 필요하다는 타당한 근거가 될 수 있으므로 창조적이라고 할 수 있다(문현미, 2006).

이러한 창조적 절망감을 경험하기 위해 수용전념 아동상담에서는 내담아동에게 '강아지 생각하지 않기(do not think about the puppy)'와 같은 역설적 은유법을 사용하기도 한다(Stoddard & Afari, 2014). 이 기법은 "지금부터 선생님과 함께 한 가지 짧은 연습을 해 보려고 해요. ○○는 몇 초 동안 강아지에 대해 생각하지 않아야 해요. 강아지 이외에 다른 것에 대해서는 생각할 수 있어요. 꼬리를 흔들면서 멀리서 달려오고 있는 강아지에 대한 생각이 떠오르면, 그런 생각들을 밀쳐 내고 강아지에 대해 생각하지 않아야 해요. ○○는 지금부터 다른 어떤 것을 생각해도 되지만 무엇을 생각하든지 간에 강아지에 대해선 생각하면 안 돼요."라는 지시문을 통해 진행된다. 이후 내담아동에게 강아지에 대해 몇 번 생각하였는지, 어떤 모습들이 떠올랐는지, 그 생각이 얼마나 지속이 되었는지에 대해 질문함으로써 평상시에는 강아지에 대해 얼마나 생각하는지와 비교함으로써 생각하지 않으려고 할 때 더 많이 생각난다는 것을 이해할 수 있도록 한다.

(4) 행동과제

수용전념 아동상담에서의 행동과제는 하나의 명확한 기법이라기보다는 내담아동의 행동을 변화시키기 위한 다양한 기법들을 통틀어서 이야기한다. 수용전념 아동상담의 6가지 핵심요소를 크게 2가지의 과정으로 나누어 볼 때, 그중 하나가 행동의 변화와 관련이 있다. 특히 이전의 바람직하지 못한 행동을 감소시키기보다는 새로운 행동을 시도해 보는 것을 목적으로 하고 있어 행동치료의 주요 개념인 강화와 처벌 중 강화에 초점을 두고 있다. 이러한 행동과제에는 행동을 몇 가지 단계로 구분하여 단계별로 행동을 강화시킴으로써 점진적으로 바람직한 행동을 유도할 수 있도록 하는 행동 조성(shaping)과 아동이 새로운 행동을 연기하면서 상담자로부터 행동에 대한 피드백을 받을 수 있도록 하는 역할놀이(role play)가 있다. 그 밖에도 밴듀라의 사회학습 이론의 핵심요소인 모델링, 그리고 이미 하고 있었던 긍정적인 행동 중 단순한 행동을 한 가지 선택하여 이를 조금 더 복잡한 행동으로 연결시킴으로써 새로운 행동을 학습하도록 하는 행동 연쇄법 등이 있다.

4. 아동상담 사례

수용전념 아동상담에서는 내담아동이 하는 생각의 내용을 바꾸려고 노력하지 않는다. 다만, 그 생각이 자신의 인생을 지배하고 있으며, 행동을 통제한다는 절대적인 믿음에서 벗어날 수 있도록 한다. 이와 관련하여 수용전념 아동상담의 핵심요소 중 하나인 인지적 탈융합은 생각이 일어나는 과정을 알아차림으로써 생각이 행동을 통제하지 않는다는 것을 경험하는 것이다. 즉, 내담아동이 가지는 생각 자체가 나쁘다고 이야기를 하기보다는 자신의 생각을 알아차릴 수 있도록 "지금 ○○의 마음이 말하고 있는 것이 무엇인가요?"라고 할 수 있으며, 그 생각의 효율성을 살펴보기 위해 "그것이 도움이 되는 생각인가요? 그것은 ○○의 삶을 풍요롭고 의미 있는 것으로 이끌어 주나요?"와 같은 질문을 통해 내담아동이 스스로 그러한 생각이 실현 가능한지에 대해 판단해 볼 수 있도록 한다. 다음은 인지적 탈융합을 위해 실현 가능성에 대한 질문을 활용하여 상담을 진행한 사례(Harris, 2009)이다.

- 인적사항: 에밀리(12세, 여아)
- 의뢰사유: 자신이 뚱뚱하다고 생각하여 학교에서는 밥을 조금만 먹거나 거의 먹지 않고 집에 와서 군것질을 많이 하는 악순환이 반복되고, 거울을 보다가 소리를 지르는 모습에 놀란 어머니가 상담실로 함께 찾아왔다.
- 호소문제: 평균의 체형을 가지고 있음에도 불구하고 자신이 뚱뚱하다고 이야기한다.
- 상담내용: 상담을 하면서 에밀리가 '나는 너무 뚱뚱해.'라는 생각을 가지고 있다는 것과 이것이 절대적인 진실이라고 믿고 있다는 것을 알게 되었다. 상담자는 이러한 에밀리의 역기능적인 생각을 변화시키기보다는 이러한 생각이 떠올랐을 때 그 생각에 사로잡히지 않고 조금 더 효과적인 대처방안을 시도할 수 있도록 하기 위해 인지적 탈융합을 시도하였다.

에밀리: 전 너무 뚱뚱해요.

상담자: 여기서 나는 에밀리가 뚱뚱한 것이 사실인지 아닌지에 대해 토론하지 않을 거야. 여기에서 관심을 가지는 것은 무엇이 더 나은 삶을 살아가는 데 도움이 되는가에 대한 것이지. 에밀리의 마음이 '나는 너무 뚱뚱해.'라고 이야기할 때, 에밀리가 그 생각에 사로잡혀 있다면 어떤 일이 벌어질까?

에밀리: 제 모습이 보기 싫고, 스스로가 너무 역겹다고 느껴져요.

상담자: 그 다음에는?

에밀리: 그 다음에는… 뭐… 우울해지죠.

상담자: 에밀리의 모습이 찍혀 있는 비디오를 내가 보게 된다면, 스스로에 대해 역겹고 우울하게 느끼고 있는 에밀리가 무엇을 하고 있는 모습을 보게 될까?

에밀리: 소파에 앉아 TV를 보면서 아이스크림을 먹고 있는 모습이요.

상담자: '나는 너무 뚱뚱해.'라는 생각은 에밀리의 생활에 어떤 도움이 되는 것 같아?

에밀리: 별로 도움이 되지는 않아요. 그냥 더 속상하고 우울해져요.

상담자: 그렇다면 '나는 너무 뚱뚱해.'라는 생각이 에밀리에게 좋은 것 같지 않아 보이네.

에밀리: 네. 하지만 제가 뚱뚱한 건 사실인걸요.

상담자: 다시 한번 이야기를 하지만, 나는 여기서 에밀리와 '나는 너무 뚱뚱해.'라는 생각이 사실인지 거짓인지를 따지려는 것이 아니라 그러한 생각이 도움이 되는가에 대해 집중했으면 좋겠어.

에밀리: 네.

상담자: 에밀리는 그런 생각들이 머릿속에 떠올랐을 때 그 생각에 사로잡혀 운동을 하거나 식단조절을 하는 등 조금 더 도움이 되는 방향으로 나아갈 수 있도록 동기부여를 해 주었니?

에밀리: 아니요.

상담자: 그렇다면 그런 생각에 사로잡히기보다는 '나는 너무 뚱뚱해.'라고 마음이 말할 때, 그런 생각에 사로잡히지 않는 기술을 배워 보는 건 어떨까?

활동

1. 비눗방울 불기

이 활동은 현재에 머무르기와 관련된 것으로, 내담아동이 비눗방울을 부는 과정과 비눗방울이 날아가는 모습들을 관찰하면서 지금 여기에 집중하고 주의를 기울일 수 있도록 하는 것이다(Stoddard & Afari, 2014).

① 비눗방울을 불 수 있는 공간을 마련하여 내담아동에게 편안하게 비눗방울을 불어 보도록 한다.
② 비눗방울을 불기 위한 과정(막대를 거품 용액에 묻히기, 숨 들이마시기, 숨 내쉬기)에 주의를 기울이도록 한다.
③ 비눗방울을 분 이후의 과정(방울이 커지는 모습, 떠오르는 모습, 날아가는 모습, 터지는 모습)을 관찰하도록 한다.
④ 상담자 혹은 다른 사람이 2단계와 3단계를 진행하는 것을 살펴보고, 비눗방울이 만들어지는 과정과 날아가는 모든 과정을 관찰하도록 한다.
⑤ 다음의 활동지를 통해 내담아동이 비눗방울을 관찰하면서 만나게 된 생각이나 느낌, 기억, 신체적 감각을 살펴보도록 한다.

1) 내가 부는 비눗방울을 바라보면서 어땠는지 생각해 봅시다.

생각	
느낌	
기억	
신체적 감각	

2) 다른 사람이 부는 비눗방울을 바라보면서 어땠는지 생각해 봅시다.

생각	
느낌	
기억	
신체적 감각	

2. 하늘과 날씨

이 활동은 맥락으로서의 자기와 관련이 있는 것으로, 내담아동이 관찰자의 관점에서 자신의 불쾌한 감정이나 생각, 신체적 감각, 부정적인 기억 등을 바라볼 수 있도록 하는 은유법이다(Harris, 2009).

날씨는 계속해서 변화하지만, 날씨가 좋았다가 나빴다가 아무리 변덕을 부리더라도 하늘에게는 아무런 해를 가할 수 없습니다. 다시 말해, 아주 매서운 눈보라, 가장 강력한 폭풍우, 가장 큰 태풍이 온다고 하더라도 이것들은 하늘을 아프게 하거나 상처를 주지 않습니다. 하늘은 날씨가 아무리 나빠지더라도 날씨가 존재하기 위한 하나의 공간일 뿐입니다. 때때로 우리는 하늘이 그곳에 있다는 것을 잊어버리지만, 하늘은 여전히 그곳에 있습니다. 그리고 때때로 우리는 하늘이 먹구름으로 가려져 보이지 않을 때도 있습니다. 그러나 우리가 짙고 어두운 먹구름보다 더 높이 올라간다면, 우리는 다시 맑은 하늘을 볼 수 있습니다.

여기서 날씨는 우리의 불쾌한 감정이나 생각, 느낌, 부정적인 기억을 의미하고, 하늘은 이러한 부정적인 감정이나 느낌들이 지나가더라도 그곳에 여전히 존재하고 있는 나 자신을 이야기한다. 즉, 우리가 느끼는 부정적이고 불쾌한 감정이나 생각, 기억들은 나 자신에게 직접적으로 해를 가하거나 영향을 미치지 않는다는 것을 이해할 수 있도록 돕기 위한 활동이다.

1) 나에게는 어떤 날씨들이 있는지 생각해 봅시다.

2) 그러한 날씨들은 얼마나 자주 변덕을 부렸고, 그 날씨가 지속이 되었는지 생각해 봅시다.

3) 날씨가 변덕을 부리는 동안 하늘은 어떠했는지 생각해 봅시다.

3. 20년 후의 내 모습

이 활동은 가치를 명확히 하기 위한 것으로, 20년 후의 내 모습을 상상하여 자신은 누구인지, 내가 되고 싶어 하는 사람의 유형이나 살아가고 싶은 방식 등은 어떠한지에 대해 보여 준다.

1) 20년 후의 내 모습을 상상해 본다면, 20년 동안 나는 무엇을 위해 살아왔는지 생각해 봅시다.

2) 그 일은 나에게 어떤 의미인지 생각해 봅시다.

3) 나는 그것을 이루기 위해 어떤 노력을 하였는지 생각해 봅시다.

4) 20년 후 나의 생일날 친구들을 불러 파티를 한다고 상상해 본다면, 나의 생일을 축하하기 위한 현수막에 뭐라고 적혀 있을 것 같은가? 나를 꾸밀 수 있는 수식어를 사용하여 설명해 봅시다.

5) 20년 후 이 모든 것이 이루어진 생일 파티에서 어떤 이야기를 하고 싶은지 생각해 봅시다.

4. 잘못된 기차 기다리기

이 활동은 심리적 수용과 인지적 탈융합, 전념 행동을 연습해 볼 수 있는 것으로, 자신이 선택한 가치와 일치되는 방향으로 계속해서 나아가지 못하게 방해하는 것과 이러한 방해물에 갇혀 버린 느낌에 대해 알아보는 활동이다(Stoddard & Afari, 2014). 이 활동은 앞으로 나아가는 데 방해물들이 있더라도 앞으로 나아가지 못하고 갇혀 있는 것보다는 이를 알아차리고 가치를 향해 집중을 유지해 나가는 것을 목적으로 하고 있다.

1) 내가 기차를 타고 가고자 하는 방향(가치)은 어디인지 생각해 봅시다.

2) 나의 가치와 일치하는 방향으로 나아가고자 할 때, 나를 방해하는 고통스러운 생각이나 감정, 기억, 신체적 감각 등을 기차의 승객들에게 적어 봅시다.

3) 기차가 출발하는 것을 방해하는 승객들을 보면서 어떤 생각이 드는지 설명해 봅시다.

4) 만약 기차의 승객들이 내리지 않는다면 기차를 출발시키기 위해 어떻게 해야 하는지 생각해 봅시다.

● 참고문헌 ●

1장 참고문헌

강문희, 손승아, 안경숙, 김승경(2007). **아동상담**. 경기: 교문사.

강진령(2013). **상담과 심리치료**. 경기: 양서원.

권석만(2012). **현대 심리치료와 상담이론**. 서울: 학지사.

김성회(2013). 상담이론에 대한 이해. 양명숙 외 (편), **상담이론과 실제**(pp. 15-50). 서울: 학지사.

김춘경(1994). **아동상담: 이론과 실제**. 서울: 학지사.

김춘경, 이수연, 이윤주, 정종진, 최웅용(2016). **상담의 이론과 실제**. 서울: 학지사.

김헌수, 김태호(2006). **상담의 이론과 실제**. 서울: 태영출판사.

이형득(1987). **상담의 이론적 접근**. 서울: 형설출판사.

장문선(2014). **심리학 용어사전**. 한국심리학회. http://www.koreanpsychology.or.kr

정원식, 박성수, 김창대(1999). **상담의 원리**. 서울: 교육과학사.

Ainsworth, M. D., Blehar, M., Waters, E., & Wall, S. (1978). *Patterns of attachment*. London: Routledge.

Bartholomew, K., & Horowitz, L. M. (1991). Attachment styles among young adults: a test of a four-category model. *Journal of Personality and Social Psychology*, *61*(2), 226-244.

Brammer, L. M., Abrego, P. L., & Shostrom, E. L. (1993). *Therapeutic psychology: Fundamentals of counseling and psychotherapy* (6th ed.). Englewood Cliffs, NJ: Prentice Hall.

Corey, G. (2013). *Theory and practice of counseling and psychotherapy* (9th ed.). Belmont, CA: Brooks/Cole Publishing Company.

Corsini, R. J. (2001). *Handbook of innovative psychotherapies* (2nd ed.). New York: Wiley.

Geldard, K., & Geldard, D.(1997). *Counseling children*. 김광웅, 박인전, 방은령 역(2004). 아동상담. 서울: 중앙적성출판사.

Gelso, C., & Fretz, B. (1992). *Counseling psychology* (2nd ed.). Orlando, FL: Harcourt.

Gladding, S. T. (2005). *Counseling theories: Essential concepts and applications. Upper Saddle River*, NJ: Pearson Education.

Hayes, S. C., Strosahl, K., & Wilson, K. G. (1999). *Acceptance and commitment therapy: Understanding and treating human suffering*. New York: Guilford Press.

Hazan, C., & Shaver, P. R. (1987). Romantic love conceptualized as an attachment process. *Journal of Personality and Social Psychology, 52*, 511-524.

Kelly, G. (1955). *The psychology of personal constructs*. New York: Norton.

Neukrug, E. (2007). *The world of the counselor: An introduction to the counseling profession* (3rd ed.). Tomsons. Book/Cole.

Parloff, M. (1976). Shopping for the right therapy. *Saturday Review, 21*, 14-16.

Perls, F. S., Hefferlin, R.F., & Goodman, P. (1951) *Gestalt therapy, excitement and growth in the human personality*. New York: The Julin-Verlasg.

Prochaska, J. O., & Norcross, J. C. (2003). *Systems of psychotherapy: A transtheoretical analysis* (5th ed.). Pacific Grove, CA: Brooks/Cole.

Thompson, C. T., & Rudolph, L. B. (1992). *Counseling children* (2nd ed.). 김영숙, 이재연 역(1993). 아동을 위한 상담이론과 방법. 서울: 교육과학사.

2장 참고문헌

곽금주(2016). 발달심리학: 아동기를 중심으로. 서울: 학지사.

권석만(2015). 현대 성격심리학-이론적 이해와 실천적 활용. 서울: 학지사.

김기현, 김미애, 김선숙, 전은화, 황윤숙(2014). 유아발달. 경기: 공동체.

김춘경, 김숙희, 최은주 류미향, 조민규, 장효은(2018). 활동을 통한 성격심리학의 이해. 서울: 학지사.

김춘경, 이수연, 이윤주, 정종진, 최웅용(2016). 상담학사전. 서울: 학지사.

송명자(1995). 발달심리학. 서울: 학지사.

이미리, 김춘경, 여종일(2019). 청소년 심리 및 상담. 서울: 학지사.

Achenbach, T. M. (1982). *Developmental Psychopathology*. New York: Wiley and Sons.

Blocher, D. (1987). On the uses and misuses of the term theory. *Journal of Counseling and Development, 66*, 67-68.

Dinkmeyer, D. (1973). *Developing understanding of self and others (DUSO II)*. Circle Pines, MN: American Guidance service.

Evns, R. (1967), *Dialogue with Erik Erikson*. New York: Harper & Row.

Havighurst, R. J. (1952). *Developmental tasks and education* (2nd ed.). New York: Longmanas Green.

Hjell, L. A., & Ziegler, D. J. (1981). *Personality Theories: Basic assumptions, research and applications* (7th ed.). 이훈구 역(1983). 성격심리학. 서울: 법문사.

Johnson, J. H., Rasbury, W. C., & Siegel, L. J. (1986). *Approaches to Child Treatment*. New York: Pergamon.

Lerner, R. M., Skinner, E. A., & Sorrell, G. T. (1980). Methodological implications of contextual/dialectic theories of development. *Human Development, 23*, 225-235.

Liebert, R. M., & Liebert, L. L. (1998). *Personality: strategies & issues*. 조현춘, 조현재, 문지혜 역(2002). 성격심리학. 서울: 시그마프레스.

Maslow, A. (1968). *Toward a Psychology of Being*. New York: Van Nostrand.

Miller, P. H. (1983). *Theories of Developmental Psychology*. NY: W. H. Freeman and Company.

Rothbaum, F., & Weisz, J. R. (1989). *Child Psychopathology and the Quest for Control*. Newbury Park, CA: Sage Publications.

Wood, S. E., Wood, E. G., & Boyd, D. (2015). *Mastering the World of Psychology*, 김초복, 장문선, 허재홍, 김지호, 진영선, 곽호완, 박영신 역(2015). 심리학의 세계. 서울: 학지사.

3장 참고문헌

권석만(2015). **현대 성격 심리학: 이론적 이해와 실천적 활용**. 서울: 학지사.

김춘경, 김숙희, 최은주, 류미향, 조민규, 장효은(2019). **활동을 통한 성격심리학의 이해**. 서울: 학지사.

김춘경, 이수연, 이윤주, 정종진, 최웅용(2010). **상담의 이론과 실제**. 서울: 학지사.

김환, 이장호(2006). **상담면접의 기초**. 서울: 학지사.

송영혜, 김현주(2010). 모래상자 놀이의 심리치료적 요인 탐색. **놀이치료연구–한국아동심리재활학회, 14**(1), 21-32.

심수명(2010). **기독교 상담적 관점에서 본 정신 역동 상담**. 서울: 다세움.

이만홍, 황지연(2007). 역동심리치료와 영적탐구. 서울: 학지사.

이무석(2003). 정신분석에로의 초대. 서울: 이유.

정문자, 제경숙, 이혜란, 신숙재, 박진아(2016). 아동상담의 이해: 유아기에서 학령기까지. 경기: 양서원.

최영민(2017). 대상관계이론으로 쉽게 쓴 정신분석. 서울: 학지사.

Baller, S. (2007). *Trade effects of regional standards liberalization: A heterogeneous firms approach*. The World Bank.

Carver, C. S., Scheier, M. F., & Scheier, M. F. (2004). *Perspectives on personality*. Boston: Allyn and Bacon.

Freud, A. (1968). Indications and contraindications for child analysis. *The Psychoanalytic study of the child, 23*(1), 37-46.

Freud, S. (1905). *Jokes and their Relation to the Unconscious. SE*, 8. London: Hogarth.

Freud, S. (1938). Constructions in analysis. *International Journal of Psycho-Analysis, 19*, 377-387.

Gabbard, G. O. (2014). *Psychodynamic psychiatry in clinical practice*. American: Psychiatric Pub.

Kennedy, H., & Moran, G. (1991). Reflections on the aim of child analysis. *The Psychoanalytic Study of the Child, 46*(1), 181-198.

Miserandino, M. (2011). *Personality psychology: Foundations and findings*. US: Pearson Higher Ed.

O'Connor, K. J. (2000). *The play therapy primer*. (2nd ed.). New York: Wiley.

Sharf, R. S. (2004). *Theories of psychotherapy and counseling Pacific Grove*. CA: Brooks/Cole.

Solnit, A. J., Cohen, D. J., & Neubauer, P. B. (1993). *The many meanings of play*. 대한아동정신의학회 역(2013). 놀이, 그 경이로운 세계, 마음이 자란다 정신분석적 놀이치료. 서울: 학지사.

Spiegel, S. (1989). *An interpersonal approach to child and adolescent psychotherapy*. Jason Aronson.

Spiegel, S. (1989). *An interpersonal approach to child therapy: The treatment of children and adolescents from an interpersonal point of view*. Columbia University Press.

wonderfulmind 홈페이지. https://wonderfulmind.co.kr/anna-freud-sigmund-freud/

4장 참고문헌

권석만(2012). **현대 심리치료와 상담 이론**. 서울: 학지사.

김보애(2005). **모래놀이치료의 이론과 실제**. 서울: 학지사.

김보애(2008). **모래놀이여행**. 서울: 가톨릭출판사.

김성민(2001). **분석심리학과 기독교**. 서울: 학지사.

김유진(2017). 성격유형검사를 활용한 집단활동이 초등학생의 학급응집력 및 사회성에 미치는 영향. 부산대학교 행정대학원 석사학위논문.

김정택, 심혜숙(1993). 어린이 심리유형검사(C-MBTI)의 한국표준화에 관한 일 연구. **한국심리유형학회지, 1**(1), 1-20.

김춘경, 김숙희, 최은주, 류미향, 조민규, 장효은(2018). **활동을 통한 성격심리학의 이해**. 서울: 학지사.

김춘경, 이수연, 이윤주, 정종진, 최웅용(2016). **상담의 이론과 실제**. 서울: 학지사.

김효원, 박부진(2015). 의사소통 증진 부모훈련을 병행한 모-자 모래놀이치료가 ADHD 아동의 모-자 관계에 미치는 효과. **한국아동학회 학술발표논문집**, 201-202.

박정희(2020). 해석학적 단일사례 효과성 설계(HSCEDS)에 의한 ADHD 청소년 모래놀이치료 과정과 성과. 강원대학교 일반대학원 박사학위논문.

서현아, 좌승화, 엄세진, 안영혜, 허수윤, 박소윤(2016). **영유아 생활지도**. 서울: 공동체.

오세진(2013). 그림동화에 구현된 융의 개체화 과정. 배재대학교 일반대학원 석사학위논문.

이부영(1998). **분석심리학-C. G. Jung의 인간심성론**. 서울: 일조각.

이부영(1999). **그림자: 우리 마음 속의 어두운 반려자-분석심리학의 탐구 01**. 경기: 한길사.

이부영(2002). **자기와 자기실현**. 서울: 한길사.

이부영(2006). **분석심리학-Jung의 인간심성론**. 서울: 일조각.

이유경(2001). 왜 심층심리학인가?: S. 프로이트에서 C. G. 융으로. **사회이론, 19**, 330-363.

이유경(2007). **융 심리학적 모래놀이치료**. 서울: 분석심리학 연구소.

이정숙, 고인숙(2002). **모래놀이치료: 아동치료와 가족치료**. 서울: 하나의학사.

이평순(2014). 학대받은 아동의 모래놀이치료: 소녀 영웅의 자아강화 사례연구. **모래놀이치료연구, 10**(2), 117-142.

전지현(2018). 애착으로 인해 불안 및 우울의 정서문제를 보이는 아동의 모래놀이치료 사례연구. **아동가족치료연구, 16**, 59-89.

전현주, 정미숙(2018). 위기청소년의 정서치유에 미치는 만다라 도형심리의 활용 상담사례. **예술인문사회융합멀티미디어논문지, 8**(4), 809-821.

정문자, 제경숙, 이혜란, 신숙재, 박진아(2016). **아동상담의 이해: 유아기에서 학령기까지**. 서울: 학지사.

정여주(2001). 만다라와 미술치료. 서울: 학지사.

진교훈, 윤영돈(2003). 융 심리학의 인간학적 함의에 관한 연구. 사대논총, 66, 73-104.

채혜정(2009). 모래놀이치료 속에 나타난 동화의 치유적 의미와 역할. 영유아아동정신건강연구, 2(2), 89-112.

한금정(2004). 초등학생의 성역할정체감 유형 분석과 의식향상 프로그램이 양성성 증진에 미치는 효과에 관한 연구. 경기대학교 교육대학원 석사학위논문.

허소임(2019). 언어로서의 미술: 해석학적 관점의 미술치료. 서울여자대학교 일반대학원 박사학위논문.

Adler, G., Fordham, M., & Read, H. (1973). *Collected Works of CG Jung: The First Complete English Edition of the Works of CG Jung*. NJ: Princeton University Press.

Allan, J. (1997). Jungian play psychotherapy. *Play Therapy Theory and Practice: A Comparative Presentation*, 100-130.

Boa, F., & Von Franz, M. L. (1988). The way of the dream. Windrose Publications.

Carey, L. (1990). Sandplay therapy with a troubled child. *The Arts in Psychotherapy, 17*(3), 197-209.

Douglas, C. (2008). Analytical psychotherapy. *Current Psychotherapies*, 107-140.

Feist, J., & Feist, G. J. (2002). *Theories of Personality* (5th ed.). New York: McGraw- Hill.

Ferreira, R., Eloff, I., Kukard, C., & Kriegler, S. (2014). Using sandplay therapy to bridge a language barrier in emotionally supporting a young vulnerable child. *The Arts in Psychotherapy, 41*(1), 107-114.

Fincher, S. F. (1991). *Creating mandalas: For insight, healing, and self-expression*. Boston, MA: Shambhala.

Hall, C. S., & Nordby, V. J. (1973). *A primer of Jungian psychology*. US: Taplinger.

Jacobi, J. (1959). *Complex, archetype, symbol in the psychology of C. G. Jung*. 유기룡, 양선규 역(1986). C. G. Jung 콤플렉스, 원형, 상징. 대구: 경북대학교 출판부.

Jaffe, A. (1962). *Erinnerungen, Träume, Gedanken von C. G. Jung*. 이부영 역(2012). 회상, 꿈 그리고 사상. 서울: 집문당.

Jung, C. G. (1965). The Collective Unconscious and Archetypes. In R. Ellmann & C. Feidelson(Eds). *The Modern Tradition* (pp. 642-648). New York: Oxford UP.

Jung, C. G. (1984). *Grundwerk: in neun Bänden; [Auswahl]. 1. Grundfragen zur Praxis. Walter*. 한국융연구원 C.G.융저작번역위원 역(2001). 정신 요법의 기본 문제(융 기본 저작집 1). 서울: 솔.

Kalff, D. M. (1966). *Sandspiel*. Zurich: Rascher Verlag.

Lu, L., Petersen, F., Lacroix, L., & Rousseau, C. (2010). Stimulating creative play in children with autism through sandplay. *The Arts in Psychotherapy, 37*(1), 56-64.

McNiff, S. (1995). Auras and their medicines. *The Arts in Psychotherapy, 22*(4), 297-305.

Neumann, E. (1974). *The Great Moter*. 박선화 역(2007). 위대한 어머니 여신. 경기: 살림.

Russo, M. F., Vernam, J., & Wolbert, A. (2006). Sandplay and storytelling: Social constructivism and cognitive development in child counseling. *The Arts in Psychotherapy, 33*(3), 229-237.

Rychman, R. M. (2012). *Theories of personality*. Boston: Cengage Learning.

Scharf, R. (2015). *Theories of psychotherapy and Counseling: Concepts and Cases*. 천성문, 김진숙, 김창대, 신성만, 유형근, 이동귀, 이동훈, 이영순, 한기백 역(2019). 심리치료와 상담이론: 개념 및 사례(6판). 서울: Cengage Learning.

Schultz, D. P., & Schultz, S. E. (2016). *Theories of personality*. Boston: Cengage Learning.

Weinrib, E. (1983). *The sandplay therapy process. Images of the self*. Boston: Sigo.

한국MBTI연구소 홈페이지. www.mbti.co.kr

5장 참고자료

김춘경(2004). 아동상담 이론과 실제. 서울: 학지사.

김춘경(2006). 아들러 아동 상담. 서울: 학지사.

김춘경, 이수연, 이윤주, 정종진, 최웅용(2010). 상담의 이론과 실제. 서울: 학지사.

김춘경, 이수연, 이윤주, 정종진, 최웅용(2016). 상담학 사전. 서울: 학지사.

이형득(1992). 상담이론. 서울: 교육과학사.

Adler, A. (1927). *Menschenkenntnis*. 홍혜경 역(2016). 아들러의 인간이해. 서울: 학지사.

Adler, A.(1931). *What life should mean to you*. 설영환 역(2015). 아들러 심리학 해설. 서울: 선영사.

Adler, A. (1933). *Der Sinn des Lebens*. 최호영 역(2019). 일, 사랑, 관계로 읽는 아들러 심리학. 서울: 을유문화사.

Adler, A. (1966). *Menscbenkenntnis*. Frankfurt/M.

Adler, A. (1973). *Der Sinn des Lebens*. Frankfurt/M.

Ansbacher, H., & Ansbacher, R. (1956). *The individual psychology of Alfred Adler: A systematic presentation in selection from his writings*. San Francisco, CA: Haper & Row.

Beames, T. B. (1992). *A student's glossary of Adlerian terminology* (2nd ed.). Chicago, IL: Adler School of Professional Psychology.

Bitter, J. (2014). *Theory and practice of family therapy and counseling* (2nd ed.). Belmont, CA: Brooks.

Bitter, J. R., & Nicoll, W. G. (2000). Adlerian Brief Therapy with Individuals: Process and Practice. *Journal of Individual Psychology, 56*(1), 31-44.

Corey, G. (2001). *Theory and Practice of Counseling and Psychotherapy* (6th ed.). 조현춘, 조현재 역(2003). **심리상담과 치료의 이론과 실제**. 서울: 시그마프레스.

Dreikurs, R. (1967). *Psychodynamics, psychotherapy, and counseling. Collected papers*. Chicago: Alfred Adler Institute.

Dreikurs, R. (1973). *Psychodynamics, psychotherapy and counseling: Collected papers of Rudolf Dreikurs, M. D.* Chicago: Alfred Adler Institute.

Griffith, J., & Powers, R. L. (2007). *The lexicon of Adlerian psychology*. Virginia: Adlerian Psychology Associate.

Kaplan, H. B. (1991). Sex differences in social interest. *Individual Psychology: Journal of Adlerian Theory, Research & Practice, 47*(1), 120-123.

Kottman , T. (2011). *Play therapy: Basics and beyond* (2nd ed.). Alexandria, VA: American Counseling Association.

Kottman, T., & Meany-Walen, K. (2016). Adlerian family play therapy. In E. Green, J. Baggerly & A. Myrick (Eds.), *Integrative family play therapy*. Lanham, MD: Rowman & Littlefield.

Lundin, L. (1989). *Alfred Adler's Basic Concepts and Application*. 노안영, 강만철, 오익수, 김광운, 송현중 역(2001). **애들러 상담이론-기본개념 및 시사점**. 서울: 학지사.

Maniacci, M., Sackett-Maniacci, L., & Mosak, H. (2014). Adlerian psychotherapy. In D. Wedding & R. J. Corsini (Eds.), *Current psychotherapies* (10th ed.). Belmont, CA: Brooks.

Mills, J., & Crowley, R. (2014). *Therapeutic metaphors for children and the child within* (2nd ed.). New York, NY: Routledge.

Mosak, H. (1977). *On purpose*. Chicago, IL: Alfred Alder Istitute.

Mosak, H. H., & Maniacci, M. (1999). *A primer of Adlerian psychology: the analytic behavioral-cognitive psychology of Alfred Adler*. Philadelphia: Taylor & Francis.

Mosak, H. H., & Shulman, B. H. (1974). *The lifestyle inventory*. Chicago: Alfred Adler Institute.

Nelson, C. A. & Sheridan, M. A. (2011). *Whither opportunity?*. New york: Russel sage foundation.

Nelson, J. (2011). *Positive discipline* (Rev. ed.) New York, NY: Ballantine.

Raimy. V. (1975). *Misunderstandings of the self.* San Francisco: Jossey-Bass.

Rattner, J. (1963). *Individual psychologie.* Munchen/Basel.

Sweeney, T. J. (1989). *Adlerian counseling: A practical approach for a new decade.* Bristol: Taylor & Francis Group.

Sweeney, T. J. (2009). *Adlerian Counseling and Psychotherapy*. New York: Routledge.

Watts, R. E., & Pietrzak, D. (2000). Adlerian "encouragement" and the therapeutic process of solution-focused brief therapy. *Journal of Counseling and Development, 78*, 442-447.

6장 참고문헌

권석만(2015). **현대 성격 심리학: 이론적 이해 와 실천적 활용.** 서울: 학지사.

김창대, 김진숙, 이지연, 유성경(2008). **대상관계이론 입문.** 서울: 학지사.

김춘경, 김숙희, 최은주, 류미향, 조민규, 장효은(2018). **활동을 통한 성격심리학의 이해.** 서울: 학지사.

이재훈(1991). 참자기와 거짓자기의 문제. **기독교사상,** 35(5), 214-223.

이향숙, 박성옥, 정영선, 류진아, 황미영, 이기영, 서명원, 강은주(2012). **아동상담 이론과 기법.** 양서원.

정문자, 제경숙, 이혜란, 신숙재, 박진아(2016). **아동상담의 이해: 유아기에서 학령기까지.** 경기: 양서원.

최영민(2017). **대상관계이론으로 쉽게 쓴 정신분석.** 서울: 학지사.

최영희, 김영희, 심희옥, 심미경(2016). **아동 상담의 이론과 실제.** 서울: 창지사.

Abram, J. (2008). Donald Woods Winnicott (1896-1971): a brief introduction. *The International Journal of Psychoanalysis, 89*(6), 1189-1217.

Clancier, A., & Kalmanovitch, J. (1987). *Winnicott and paradox: From birth to creation* (Vol. 358). Taylor & Francis.

Frankland, A. (2010). *The little psychotherapy book: Object relations in practice*. 김진숙 역(2019). **대상관계 심리치료 실제.** 서울: 학지사.

Fulgencio, L. (2007). Winnicott's rejection of the basic concepts of Freud's metapsychology 1. *The International Journal of Psychoanalysis, 88*(2), 443-461.

Jacobs, M. (1995). *DW Winnicott* (Vol. 8). 김은정 역(2014). **도널드 위니컷.** 서울: 학지사.

Mitchell, S. A., & Black, M. J. (2016). *Freud and beyond: A history of modern psychoanalytic thought*. UK: Hachette.

Scharff, D. E., & Scharff, J. S. (1991). *Object relations couple therapy*. Northvale, NJ: Jason Aronson.

Winnicott, C. (1980). *Fear of breakdown: A clinical example. International Journal of Psycho-Analysis, 61*, 351-357.

Winnicott, D. W. (1958). The capacity to be alone. *International Journal of Psycho-Analysis, 39*, 416-420.

Winnicott, D. W. (1971). *Therapeutic Consultations in Child Psychiatry. In Therapeutic Consultations in Child Psychiatry*. 이재훈 역(1998). **그림놀이를 통한 어린이 심리치료**. 한국심리치료연구소.

Winnicott, D. W. (1980). *The maturational processes and the facilitating environment: Studies in the theory of emotional development*. International Universities Press.

studylib 홈페이지. https://studylib.net/doc/5487206/donald-winnicott-university-of-winchester

novaescola 홈페이지. https://novaescola.org.br/conteudo/8586/para-winnicott-isto-nao-e-so-um-cobertor

7장 참고문헌

강정원(2002). 치료놀이를 통한 부적응 행동 유아의 사회적 관계 증진과정. 중앙대학교 대학원 박사학위논문.

김창대, 김진숙, 이지연, 유성경(2008). **대상관계이론 입문**. 서울: 학지사.

김춘경, 김숙희, 최은주, 류미향, 조민규, 장효은(2018). **활동을 통한 성격심리학의 이해**. 서울: 학지사

유중근(2018). **애착이론 BASIC**. 청주: MCInstitute.

Ainsworth, M. D., Blehar, M., Waters, E., & Wall, S. (1978). *Patterns of attachment*.

Bartholomew, K., & Horowitz, L. M. (1991). Attachment styles among young adults: a test of a four-category model. *Journal of personality and social psychology, 61*(2), 226.

Bowlby, J. (1944). Forty-four juvenile thieves: Their characters and home-life. *International Journal of Psycho-Analysis, 25*, 19-53.

Bowlby, J. (1956). Mother-child separation. In K. Soddy (Ed.), *Mental health and infant development. Vol. 1. Papers and discussions* (p. 117-112). Basic Books, Inc.

Bowlby, J. (1973). *Attachment and loss: Volume II: Separation, anxiety and anger. In Attachment and Loss: Volume II: Separation, Anxiety and Anger* (pp. 1-429). London: The Hogarth press and the institute of psycho-analysis.

Bowlby, J. (1988). *Clinical applications of attachment: A secure base.* London: Routlege, 85.

Bowlby, J. (1998). *Attachment and loss: Sadness and depression*. London: Pimlico.

Bretherton, I. (1985). Attachment theory: Retrospect and prospect. *Monographs of the society for research in child development*, 3-35.

Bretherton, I. (1991). Intentional communication and the development of an understanding of mind. *Children's theories of mind: Mental states and social understanding*, 49-75.

Carlson, V., Cicchetti, D., Barnett, D., & Braunwald, K. (1989). Finding order in disorganization: Lessons from research on maltreated infant's attachments to their caregivers: Theory and research on the causes and consequences. *In Child maltreatment: Theory and research on the causes and consequences* (pp. 494-528). Cambridge University Press.

Duschinsky, R. (2015). The emergence of the disorganized/disoriented (D) attachment classification, 1979-1982. *History of Psychology, 18*(1), 32.

Holmes, J. (2005). *John Bowlby and attachment theory.* 이경숙 역(2013). **존 볼비와 애착이론**. 서울: 학지사.

Kagan, J. (1982). *Psychological research on the human infant: An evaluative summary*. WT Grant Foundation.

Kaiser, D. H. (1996). Indications of attachment security in a drawing task. *The Arts in Psychotherapy, 23*(4), 333-340.

Marrone, M. (2014). *Attachment and Interaction: From Bowlby to Current Clinical Theory and Practice Second Edition.* Jessica Kingsley Publishers.

Munns, E. (Ed.). (2000). *Theraplay: Innovations in attachment-enhancing play therapy.* 성영혜, 송주미 역(2006). **애착증진 치료놀이**. 서울: 나눔의 집

Pearson, J. L., Cohn, D. A., Cowan, P. A., & Cowan, C. P. (1994). Earned-and continuous-security in adult attachment: Relation to depressive symptomatology and parenting style. *Development and psychopathology, 6*(2), 359-373.

Rutter, M. (Ed.). (1980). *Scientific foundations of developmental psychiatry*. Heinemann Medical Books.

Schore, A. N. (2000). Attachment and the regulation of the right brain. *Attachment &*

human development, 2(1), 23-47.

Schore, A. N. (2003). Early Relational Trauma, Disorganizecl Attachment, and the Development of a Preclisposition to Violence. *Healing Trauma: Attachment, Mind, Body and Brain (Norton Series on Interpersonal Neurobiology)*, 107.

Wallin, D. J. (2007). *Attachment in psychotherapy.* 김진숙, 이지연, 윤숙경 역(2010). **애착과 심리치료.** 서울: 학지사.

Weiss, R. S. (1982). Attachment in adult life. *The place of attachment in human behavior*, 171-184.

simplypsychology 홈페이지. https://www.simplypsychology.org/ Konrad-Lorenz.html

sciencephoto 홈페이지. https://www.sciencephoto.com/media/684773/view/harlow-s-monkey-experiment

8장 참고문헌

김춘경, 이수연, 이윤주, 정종진, 최웅용(2010). **상담의 이론과 실제.** 서울: 학지사.

김춘경, 이수연, 이윤주, 정종진, 최웅용(2016). **상담학 사전.** 서울: 학지사.

신현균(2014). **내담 아동 심리치료의 실제.** 서울: 학지사.

유가효, 위영희, 문헌주, 이희정, 김태은(2010). **놀이치료의 이해.** 경기: 양서원.

이영희(1994). 칼 로저스의 인간중심 상담이론의 철학적 함의. **한국심리학회지**, 6(1), 1-20.

Axline, V. (1947). *Play therapy: The inner dynamics of childhood*. Boston: Houghton Muffin Company.

Axline, V. (1964). *Dibs*. 주정일, 이원영 역(2002). **딥스.** 서울: 샘터.

Baldwin, A.L., Kalhorn, J., & F. H. Breese, F. H.(1945). Patterns of parent behavior. *Psychoi. Monogr., 58*(268), 1-75.

Brammer, L. M., & Shostrom, E. L. (1968). *Therapeutic psychology: Fundamentals of actualization and psychotherapy*. NJ: Prentice Hall.

Combs, A. W. (1989). *Theory of Therapy: Guidelines for Counseling Practice*. SAGE Publications.

Gerald Corey(2001). *Theory and Practice of counseling and psychotherapy* (6th eds.). 조현춘, 조현재 역(2003). **심리상담과 치료의 이론과 실제.** 서울: 학지사.

Laing, R. D. (1965). *The divided self: An existential study in sanity and madness*. Penguin Books.

Landreth, G. (1991). *Play Therapy: The art of the relationship*. Muncie, IN: Accelerated Development, Inc.

Landreth, G. (2002). *Therapeutic limit setting in the play therapy relationship*. Professional Psychology: APA. org.

Mckay, M., Davis, M., & Fanning, P. (1983). *Message, Communication Tapes*. New Harbinger Publication.

O'Connor, K. J., & Braveman L. M. (1997). *Play therapy: Theory and Practice*. 송영혜, 이승희 역(2000). 놀이치료: 이론과 실제. 서울: 시그마프레스.

Quinn, R. D. (1950). Psycholotherapists' expressions as an index to the quality of early theraputic relationships. Doctoral dissertation, University of Chicago.

Rogers, C. (1957). The necessary and sufficient condition of therapeutic personality change. *Journal of Consult and Psycho, 21*, 95-103.

Rogers, C. R. (1959). *A theory of therapy, personality, and interpersonal relationships: As developed in the client-centered framework* (Vol. 3, pp. 184-256). New York: McGraw-Hill.

Rogers, C. (1961). *On Becoming A Person*. 주은선 역(2009). 진정한 사람되기. 서울: 학지사.

Rogers, C. (1977). *Carl Rogers on personal power: Inner strength and its revolutionary impact*. New York: Delacorte Press.

Rogers, C. (1987). Rogers, Kohut, and Ericson: A personal perspective on some similarities and difference. In J. K. Zeig (ed). *The evolution of psychotherapy*. New York: Brunner/Mazel.

Rogers, C. (1995). *A way of being*. 오제은 역(2007). 칼 로저스의 사람중심 상담. 서울: 학지사.

Rosemary A. Thompson (2003). *Counseling Techniques*. 김춘경 역(2007). 상담기법. 서울: 학지사.

Sanford, H. (1990). Client-centered psychotherapy. In J. K. Zeig & W. M. Munion (Eds.), *What is psychotherapy? Contemporary perspectives*. San francisco: Jossey-Bass.

Slack, S. (1985). Reflections on a workshop with Carl Rogers. *Journal of Humanistic Psychology, Spring. 25*, 35-42.

Standal, S. W. (1954). The need for positive regard: A contribution to Client-centered theory. University of Chicago.

Throne, B., & Sanders. P. (2003). *Carl Rogers* (3rd ed.). London: Sage Publications.

9장 참고문헌

김정규(1995). 게슈탈트 심리. 서울: 학지사.

김춘경, 이수연, 이윤주, 정종진, 최웅용(2010). 상담의 이론과 실제. 서울: 학지사.

노안영(2013). 게슈탈트의 이해와 적용. 서울: 학지사.

Beisser, A. (1970). The paradoxical theory of change. In J. Fagan & I. Shepherd(Eds.), *Gestalt Therapy Now.* CA: Science and Behavior Books.

Cartwright, D. (1951). *Field theory in social science: Selected theretical ppers by Kurt Lewin.* New York: Harper & Brothers.

Corey, G. (2001). *Theory and Practice of Counseling and Psychotherapy* (6th ed.). 조현춘, 조현재 역(2003). 심리상담과 치료의 이론과 실제. 서울: 시그마프레스.

Garzetta, L., & Harman, R. (1990). *Gestalt Therapy Dicussion with the master*. Springfield: Charles Thomas Pub.

Harman, R. (1989). *Gestalt therapy with group, couples, sexually dysfunctional men and dreams.* Springfield: Charles Thomas.

Houston, G. (2003). *Brief Gestalt Therapy*. 김지원 역(2018). 단기 게슈탈트 . 서울: 학지사.

Jacobs, L. (1989). Dialogue in Gestalt theory and therapy. *The Gestalt Journal, 12*(1), 1-25.

Levitsky, A., & Perls, F. S. (1970). The rules and games of Gestalt therapy. In Fagan & I. Shepherd (Eds.), *Gestalt therapy now.* CA: Science and Behavior Books.

Mortola, P. (2006). Windowframes: *Learning the art Gestalt Play Therapy the Oaklander Way.* 변명숙, 안연옥 역(2014). 게슈탈트 놀이. 서울: 시그마프레스.

O'Connor, K. J., & Braveman L. M. (1997). *Play therapy: Theory and Practice.* 송영혜, 이승희 역(2000). 놀이: 이론과 실제. 서울: 시그마프레스.

Oaklander, V. (2006). *Windows to our children.* 김정규, 윤인, 이영이 역(2006). 아동 및 청소년을 위한 게슈탈트 예술. 서울: 학지사.

Perls, F. S. (1969). *Gestalt Therapy verbatim.* Moab, UT: Real People Press.

Perls, F. S. (1973). *The gestalt approach and witness to therapy.* CA: Science and Behavior Books.

Perls, F. S.(1976). *The Gestalt Approach & Eyewitness to Therapy.* New York: Bantam Books.

Perls, F. S., Hefferline, R. E., & Goodman, P. (1951). *Gestalt Therapy. Excitement and Growth in the Human Personality*. New York: Delta.

Polster, E., & Polster, M. (1973). *Gestalt therapy integrated: Contours of theory and* practice. New York: Brunner/Mazel.

Resnick, L. B . (1991). *Shared cognition: Thinking as social practice*. American Psychological Association. https://doi.org/10.1037/10096-018

Simkin, J. S., & Yontef, G. M. (1984). Gestalt Therapy in : R. J. Corsini (ed.), *Current Psychotherapies*. Itasca, IL: Peacock.

Zinker, J. (1977). *Creative process in gestalt therapy*. New York: Vintage Books.

10장 참고문헌

강영심(2012). **최신행동치료**. 서울: Cengage Learning.

고인숙, 이숙희(2013). **아동상담**. 서울: 동문사.

권석만(2015). **현대 성격심리학: 이론적 이해와 실천적 활용**. 서울: 학지사.

김명희, 이현경(2011). **행동수정과 치료**. 서울: 교문사.

이성진(2001). **행동수정**. 서울: 교육과학사.

Carmody, T. P. (1978). Rational, Emotive, Self-Instructional, and Behavioral Assertion Training: Facilitating maintenance. *Cognitive Therapy and Research, 2*(3), 241-253.

Frew, J. E., & Spiegler, M. D. (2013). *Contemporary psychotherapies for a diverse world, 1st rev.* Routledge/Taylor & Francis Group.

Martin, G., & Pear, J. (2015). *Behavior modification: What it is and how to do it.* Psychology Press.

McClure, E. B., Brennan, P. A., Hammen, C., & Le Brocque, R. M. (2001). Parental anxiety disorders, child anxiety disorders, and the perceived parent-child relationship in an Australian high-risk sample. *Journal of Abnormal Child Psychology, 29*(1), 1-10.

McKay, M., & Wood, C. 8c Brantley, (2007). *The dialectical behavior therapy sleills work-boole: Practical DBT exercisesfor learning mindfulness, interpersonal rgfifzctiveness, emotion regulation, & Distress Tolerance*. Oakland, CA: New Harbinger Publishing.

Moote Jr, G. T., Smyth, N. J., & Wodarski, J. S. (1999). Social skills training with youth in school settings: A review. *Research on social work practice, 9*(4), 427-465.

Poppen, R. (1995). *Joseph Wolpe*. Sage Publications, Inc.

Smith, R., Michael, J., & Sundberg, M. L. (1996). Automatic reinforcement and automatic punishment in infant vocal behavior. *The Analysis of Verbal Behavior, 13*(1), 39-48.

Spiegler, M. D. (2015). *Contemporary behavior therapy*. New York: Nelson Education.

Spilsbury, J. C., Belliston, L., Drotar, D., Drinkard, A., Kretschmar, J., Creeden, R., ... &

Friedman, S. (2007). Clinically significant trauma symptoms and behavioral problems in a community-based sample of children exposed to domestic violence. *Journal of Family Violence, 22*(6), 487-499.

Stratton, N., Mendoza Alvarez, M., Labrish, C., Barnhart, R., & McMain, S. (2020). Predictors of dropout from a 20-week dialectical behavior therapy skills group for suicidal behaviors and borderline personality disorder. *Journal of personality disorders, 34*(2), 216-230.

Thoma, N., Pilecki, B., & McKay, D. (2015). Contemporary cognitive behavior therapy: A review of theory, history, and evidence. *Psychodynamic Psychiatry, 43*(3), 423-461.

Van Dijk, S. (2009). *The dialectical behavior therapy skills workbook for bipolar disorder: Using DBT to regain control of your emotions and your life*. New Harbinger Publications.

Watson, D. L., & Tharp, R. G. (2013). *Self-directed behavior: Self-modification for personal adjustment*. Toronto: Nelson Education.

Wolpe, J. (1990). *The practice of behavior therapy*. NY: Pergamon Press.

Wolpe, J. (1993). Commentary: The cognitivist oversell and comments on symposium contributions. *Journal of Behavior Therapy and Experimental Psychiatry, 24*(2), 141-147.

11장 참고문헌

Abela, J. R., & Hankin, B. L. (Eds.). (2008). *Handbook of depression in children and adolescents*. NY: Guilford Press.

Bandura, A. (1977). *Social learning theory*. Englewood Cliffs, NJ: Prentice-Hall.

Beal, D., Kopec, A. M., & DiGuiseppe, R. (1996). Disputing clients' irrational beliefs. *Journal of rational-emotive and cognitive-behavior therapy, 14*(4), 215-229.

Beck, J. S., & Beck, A. T. (1995). *Cognitive therapy: Basics and beyond*. New York: Guilford press.

Bennett-Levy, J., Lee, N., Travers, K., Pohlman, S., & Hamernik, E. (2003). Cognitive therapy from the inside: enhancing therapist skills through practising what we preach. *Behavioural and Cognitive Psychotherapy, 31*(2), 143-158.

Bernard, M. E., & Joyce, M. R. (1984). *Rational-emotive therapy with children and adolescents: Theory, treatment strategies, preventative methods*. NJ: John Wiley.

Christian, L. M., & Storch, E. A. (2009). Cognitive behavioral treatment of postpartum onset: Obsessive compulsive disorder with aggressive obsessions. *Clinical Case Studies, 8*(1), 72-83.

Clark, D. A., & Beck, A. T. (2010). *Cognitive therapy of anxiety disorders: Science and practice*. New York: Guilford Press.

DeRubeis, R. J., Tang, T. Z., & Beck, A. T. (2001). Cognitive therapy. *Handbook of cognitive-behavioral therapies, 2*, 349-392.

Durlak, J. A., Fuhrman, T., & Lampman, C. (1991). Effectiveness of cognitive-behavior therapy for maladapting children: A meta-analysis. *Psychological bulletin, 110*(2), 204-214.

Ellis, A. (1991). The revised ABC's of rational-emotive therapy (RET). *Journal of Rational-Emotive and Cognitive-Behavior Therapy, 9*(3), 139-172.

Emslie, G. J., Heiligenstein, J. H., Wagner, K. D., Hoog, S. L., Ernest, D. E., Brown, E., ... & Jacobson, J. G. (2002). Fluoxetine for acute treatment of depression in children and adolescents: a placebo-controlled, randomized clinical trial. *Journal of the American Academy of Child & Adolescent Psychiatry, 41*(10), 1205-1215.

Friedberg, R. D., & McClure, J. M. (2015). *Clinical practice of cognitive therapy with children and adolescents: The nuts and bolts*. Guilford Publications.

Harvey, A. G. (2002). A cognitive model of insomnia. *Behaviour research and therapy, 40*(8), 869-893.

Kaslow, N. J., Stark, K. D., Printz, B., Livingston, R., & Ling Tsai, S. (1992). Cognitive Triad Inventory for Children: Development and relation to depression and anxiety. *Journal of Clinical Child Psychology, 21*(4), 339-347.

McClung, T. (2000). *Rational Emotive Therapy adapted for adolescent psychiatric inpatients*. Unpublished manual, West Virginia University School of Medicine.

Meichenbaum, D. H. (1985). *Stress inoculation training*. New York: Pergaman Press.

Molnar, J. (2006). Cognitive-behavior therapy for depressed girls: A qualitative analysis of the ACTION Program. Unpublished dissertation.

Monnat, L. M. (2009). Mechanisms of change in CBT for depressed early adolescent girls: mediating effects of the cognitive triad on cognitive interventions for depressive symptoms. Unpublished dissertation.

Murphy, P., & Garavan, H. (2011). Cognitive predictors of problem drinking and AUDIT scores among college students. *Drug and alcohol dependence, 115*(1-2), 94-100.

Ollendick, T. H., Grills, A. E., & King, N. J. (2001). Applying developmental theory to the assessment and treatment of childhood disorders: Does it make a difference?. *Clinical*

Psychology & Psychotherapy: An International Journal of Theory & Practice, 8(5), 304-314.

Overman, W. H. (2004). Sex differences in early childhood, adolescence, and adulthood on cognitive tasks that rely on orbital prefrontal cortex. *Brain and cognition, 55*(1), 134-147.

Rudd, M. D., Joiner, T. E., & Rajab, M. H. (2001). *Treating suicidal behavior: An effective, time-limited approach.* Guilford Press.

Stark, K. D., Streusand, W., Arora, P., & Patel, P. (2012). Childhood depression: The ACTION treatment program.

Stark, K. D., Schmidt, K. L., & Joiner, T. E. (1996). Cognitive triad: Relationship to depressive symptoms, parents' cognitive triad, and perceived parental messages. *Journal of Abnormal Child Psychology, 24*(5), 615-631.

Stark, K. D., Schnoebelen, S., Simpson, J., Hargrave, J., Molnar, J., & Glenn, R. (2005). *Treating depressed children: Therapist manual for ACTION.* Ardmore, PA: Workbook Publishing.

Sudak, D. M., Beck, J. S., & Wright, J. (2003). Cognitive behavioral therapy: a blueprint for attaining and assessing psychiatry resident competency. *Academic Psychiatry, 27*(3), 154-159.

12장 참고문헌

김영애(2017). **가족치료 개념과 방법**. 서울: 시그마프레스.

김춘경, 이수연, 이윤주, 정종진, 최웅용(2016). **상담의 이론과 실제**. 서울: 학지사.

김희정(2017). **해결중심 단기치료 이해와 실제**. 서울: 학지사.

노혜련, 김윤주(2016). **해결중심 학교만들기: 학교폭력 예방과 대책**. 서울: 신정.

유재성, 장은진(2009). **아동과 청소년을 위한 해결중심 상담**. 서울: 학지사.

이국향, 김윤태(2020). 학교부적응 아동 지원을 위한 해결중심 가족상담 사례연구: 심리운동을 활용하여. **학습자중심교과교육연구**, 20(3), 371-399.

정문자, 송성자, 이영분, 김유순, 김은영(2008). **해결중심단기치료**. 서울: 학지사.

정문자, 정혜정, 이선혜, 전영주(2012). **가족치료의 이해**. 서울: 학지사.

정은(2019). **가족상담 모델과 사례**. 서울: 창지사.

제석봉, 김춘경, 천성문, 이영순, 김미애, 이지민(2014). **가족치료**. 경기: 정민사.

Bandler, R., & Grinder, J. (1979). *Frogs into princes: Neuro linguistic programming.* UT:

Real People Press.

Bannink, F. P. (2007). Solution-focused brief therapy. *Journal of Contemporary Psychotherapy, 37*(2), 87-94.

Berg, I. K., & De Jong, P. (1996). Solution-building conversations: Co-constructing a sense of competence with clients. *Families in Society, 77*(6), 376-391.

Berg, I. K., & Gallagher, D. (1991). Solution focused brief treatment with adolescent substance abusers. *Family Therapy Approaches with Adolescent Substance Abusers,* 93-111.

Berg, I. K., & Kelly, S. (2000). *Building solutions in child protective services.* New York: Norton.

Berg, I. K., & Steiner, T. (2003). *Children's solution work*. New York: Norton.

De Jong, P., & Berg, I. K. (2012). *Interviewing for solutions*. 노혜련, 허남순 역(2015). 해결을 위한 면접. 서울: 시그마프레스.

De Shazer, S. (1985). *Keys to solution in brief therapy.* New York: Norton.

De Shazer, S., & Molnar, A. (1984). Four useful interventions in brief family therapy. *Journal of Marital and Family Therapy, 10*(3), 297-304.

De Shazer, S., Berg, I. K., Lipchik, E. V. E., Nunnally, E., Molnar, A., Gingerich, W., & Weiner-Davis, M. (1986). Brief therapy: Focused solution development. *Family Process, 25*(2), 207-221.

Dielman, M. B., & Franklin, C. (1998). Brief solution-focused therapy with parents and adolescents with ADHD. *Children & Schools, 20*(4), 261.

Duncan, B. L., Hubble, M. A., & Miller, S. D. (1996). *Handbook of solution-focused brief therapy*. San Francisco: Jossey-Bass.

Freedman, J., & Combs, G. (2009). Narrative ideas for consulting with communities and organizations: Ripples from the gatherings. *Family Process, 48*(3), 347-362.

Frels, R. K., Leggett, E. S., & Larocca, P. S. (2009). Creativity and solution-focused counseling for a child with chronic illness. *Journal of Creativity in Mental Health, 4*(4), 308-319.

Hackett, P. (2002). Solution-focused work with young people: Thank goodness for the telly. *Context, 61*, 24-25.

Kress, V. E., & Hoffman, R. M. (2008). Empowering Adolescent Survivors of Sexual Abuse: Application of a Solution-Focused Ericksonian Counseling Group. *The Journal of Humanistic Counseling, Education and Development, 47*(2), 172-186.

Nelson, T. S., & Thomas, F. N. (Eds.). (2012). *Handbook of solution-focused brief therapy: Clinical applications*. UK: Routledge.

Nichols, M. P., & Davis, S. D. (2016). *Family Therapy: Concepts and Methods*. Hoboken, NJ: Pearson Education.

O'Connell, B., & Palmer, S. (Eds.). (2003). *Handbook of solution-focused therapy*. LA: Sage.

Sklare, G. B. (2005). *Brief counseling that works: A solution-focused approach for school counselors and administrators*. UK: Corwin Press.

Walter, J. L., & Peller, J. E. (1996). Rethinking our assumptions: Assuming anew in a postmodern world. *Handbook of Solution-focused Brief Therapy*, 9-26.

Walter, J. L., & Peller, J. E. (2000). *Recreating brief therapy: Preferences and possibilities*. New York: Norton.

13장 참고문헌

Bertrando, P. (2000). Text and context: narrative, postmodernism and cybernetics. *Journal of Family Therapy, 22*(1), 83-103.

Boscolo, L., Cecchin, G., Hoffman, L., & Penn, P. (1987). *Milan systemic family therapy: Conversations in theory and practice*. Basic Books.

Brockmeier, J. (2002). Remembering and forgetting: Narrative as cultural memory. *Culture & Psychology, 8*(1), 15-43.

Brown, J. (1997). Circular questioning: An introductory guide. *Australian and New Zealand Journal of Family Therapy, 18*(2), 109-114.

Burns, G. W.(2010). *101 healing stories Using Metaphors in Therapy*. 김춘경 역. **마음에게 들려주는 101가지 이야기**. 서울: 학지사.

Carr, A. (1998). Michael White's narrative therapy. *Contemporary Family Therapy, 20*(4), 485-503.

Combs, G., & Freedman, J. (1990). *Symbol, story, and ceremony: Using metaphor in individual and family therapy*. New York: Norton.

Combs, G., & Freedman, J. (2012). Narrative, poststructuralism, and social justice: Current practices in narrative therapy. *The Counseling Psychologist, 40*(7), 1033-1060.

Erickson, M. H., & Rossi, E. L. (1979). *Hypnotherapy, an exploratory casebook*. Irvington Publishers.

Haley, J., & Richeport-Haley, M. (2012). *Directive family therapy*. Routledge.

Hayles, N. K. (2008). *How we became posthuman: Virtual bodies in cybernetics, literature, and informatics*. University of Chicago Press.

Hoffman, L. (1988). A constructivist position for family therapy. *The Irish Journal of Psychology, 9*(1), 110-129.

Inger, I. B. (1993). A dialogic perspective for family therapy: the contributions of Martin Buber and Gregory Bateson. *Journal of Family Therapy, 15*(3), 293-314.

Morgan, A. (2000). *What is narrative therapy?*. Adelaide: Dulwich Centre Publications.

Norrick, N. R. (2005). Interactional remembering in conversational narrative. *Journal of Pragmatics, 37*(11), 1819-1844.

O'Connor, T. J., Davis, A., Meakes, E., Pickering, R., & Schuman, M.(2004). Narrative Therapy using a Reflecting team: An Ethnographic Study of Therapists' Experiences. *Contemporary Family Therapy, 26*(1), 23-39.

Ramey, H. L., Young, K., & Tarulli, D. (2010). Scaffolding and concept formation in narrative therapy: A qualitative research report. *Journal of systemic therapies, 29*(4), 74-91.

Ramey, Hr. L., Tarulli, Do., Frijters, J. C., & Fisher, L. (2009). A Sequential Analysis of Externalizing in Narrative Therapy with Children. *Contemporary Family Therapy, 31*, 262-279.

White, M.(2010). *Maps of Narrative Practice*. 이선혜, 정슬기, 허남순 역. **이야기치료의 지도**. 서울: 학지사.

White, M., & Epston, D. (1990). *Narrative means to therapeutic ends*. New York: Norton.

Wiener, N. (1950). Cybernetics. *Bulletin of the American Bulletin Academy of Arts and Sciences, 3*(7), 2-4.

Zelený, M., & Hufford, K. D. (1992). The application of autopoiesis in systems analysis: Are autopoietic systems also social systems?. *International Journal Of General System, 21*(2), 145-160.

14장 참고문헌

김동구, 송향주(2014). **수용전념치료 핵심과 적용**. 서울: 연세대학교 대학출판문화원.

김채순(2012). 수용전념 및 인지행동 심리치료 프로그램이 청소년의 우울증, 심리적 수용 및 자기통제에 미치는 영향. 창원대학교 일반대학원 박사학위논문.

김춘경, 이수연, 이윤주, 정종진, 최웅용(2016). **상담의 이론과 실제**. 서울: 학지사.

문현미(2006). 심리적 수용 촉진 프로그램의 개발과 효과: 수용-전념 치료 모델을 중심으로. 가톨릭대학교 대학원 박사학위논문.

손정락(2015). 수용 전념 치료(ACT)에서 관계 틀 관점으로 은유를 이해하고, 활용하고, 창조하기. **한국심리학회지: 건강, 20**(2), 371-389.

손정락(2016). **수용전념치료(ACT) 은유(메타포) 모음집**. 서울: 시그마프레스.

손정락, 이금단, 이정화(2012). **아동과 청소년을 위한 수용과 마음챙김 치료**. 서울: 시그마프레스.

유새봄, 손정락(2018). 수용전념치료(ACT)가 아동기 정서적 피학대 경험이 있는 대학생의 복합 PTSD 증상, 수용 및 외상 후 성장에 미치는 효과. **디지털융복합연구, 16**(3), 561-572.

이선영, 안창일(2012). 불안에 대한 수용-전념치료의 치료과정 변인과 치료 효과. **한국심리학회지: 상담 및 심리치료, 24**(2), 223-254.

인경(2009). 수용 및 전념치료(ACT)의 명상작업. **한국명상치료학회: 명상치료연구, 3**, 6-32.

정종진(2015). 주요 개념을 통해서 본 수용전념치료(ACT)의 이론적 기초와 치료기법. **교육연구, 29**, 1-30.

Baer, R. A. (2006). *Mindfulness-based treatment, approaches: Clinician's guide to evidence base and applications*. 안희영, 김재성 역(2009). **마음챙김에 근거한 심리치료**. 서울: 학지사.

Blackledge, J. T. (2003). An introduction to relational frame theory: Basics and applications. *The Behavior Analyst Today, 3*(4), 421-433.

Ciarrochi, J., & Bailey, A. (2008). *A CBT-practitioner's guide to ACT: How to bridge the gap between cognitive behavioral therapy and acceptance and commitment therapy*. Oakland, CA: New Harbinger Publications.

Csikszentmihalyi, M. (1999). If we are so rich, why aren't we happy?. *American Psychologist, 54*(10), 821-827.

DuFrene, T., & Wilson, K. (2012). *The wisdom to know the difference: An acceptance and commitment therapy workbook for overcoming substance abuse*. Oakland, CA: New Harbinger Publications.

Eifert, G. H., & Forsyth, J. P. (2005). *Acceptance and commitment therapy for anxiety disorders: A practitioner's treatment guide to using mindfulness, acceptance, and values-based behavior change*. Oakland, CA: New Harbinger Publications.

Goodman, T. A. (2005). Working with children. *Mindfulness and psychotherapy*, 197-219.

Greco, L. A., Blackledge, J. T., Coyne, L. W., & Ehrenreich, J. (2005). Integrating Acceptance and mindfulness into treatments for child and adolescent anxiety disorders. In *Acceptance and mindfulness-based approaches to anxiety* (pp. 301-322). New York: Springer.

Greco, L. A., Blomquist, K. K., Acra, S., & Moulton, D. (2008). Acceptance and commitment therapy for adolescents with functional abdominal pain: Results of a pilot investigation. Unpublished Manuscript.

Hancock, K. M., Swain, J., Hainsworth, C. J., Dixon, A. L., Koo, S., & Munro, K. (2018). Acceptance and commitment therapy versus cognitive behavior therapy for children with anxiety: Outcomes of a randomized controlled trial. *Journal of Clinical Child & Adolescent Psychology, 47*(2), 296-311.

Harris, R. (2009). *ACT made simple: A quick-start guide to ACT basics and beyond.* Oakland, CA: New Harbinger Publications.

Hayes, S. C. (2005). Stability and change in cognitive behavior therapy: Considering the implications of ACT and RFT. *Journal of Rational-Emotive and Cognitive-Behavior Therapy, 23*(2), 131-151.

Hayes, S. C., & Smith, S. (2005). *Get out of your mind and into your life: the new acceptance and commitment therapy: an experiential approach to behaviour change*. New York: Guilford Press.

Hayes, S. C., Barnes-Holmes, D., & Roche, B. (2001). *Relational frame theory: A post-Skinnerian account of human language and cognition*. New York: Kluwer Academic/Plenum Publishers.

Hayes, S. C., Follette, V. M., & Linehan, M. (Eds.). (2004). *Mindfulness and acceptance: Expanding the cognitive-behavioral tradition.* New York: Guilford Press.

Hayes, S. C., Luoma, J. B., Bond, F. W., Masuda, A., & Lillis, J. (2006). Acceptance and commitment therapy: Model, processes and outcomes. *Behaviour research and therapy, 44*(1), 1-25.

Hayes, S. C., Strosahl, K., & Wilson, K. G. (1999). *Acceptance and commitment therapy: Understanding and treating human suffering*. New York: Guilford Press.

Hayes, S. C., Wilson, K. G., Gifford, E. V., Follette, V. M., & Strosahl, K. (1996). Experiential avoidance and behavioral disorders: A functional dimensional approach to diagnosis and treatment. *Journal of Consulting and Clinical Psychology, 64*(6), 1152-1168.

Heffner, M., Greco, L. A., & Eifert, G. H. (2003). Pretend you are a turtle: Children's responses to metaphorical versus literal relaxation instructions. *Child & Family Behavior Therapy, 25*(1), 19-33.

Kabat-Zinn, J. (2003). Mindfulness-based interventions in context: past, present, and future. *Clinical Psychology: Science and Practice, 10*(2), 144-156.

Luoma, J. B., Hayes, S. C., & Walser, R. D. (2007). *Learning ACT: An acceptance & commitment therapy skills-training manual for therapists*. Oakland, CA: New

Harbinger Publications.

Murrell, A. R., & Scherbarth, A. J. (2006). State of the research & literature address: ACT with children, adolescents and parents. *International Journal of Behavioral Consultation and Therapy, 2*(4), 531.

Murrell, A. R., Coyne, L. W., & Wilson, K. G. (2004). ACT with children, adolescents, and their parents. In *A practical guide to acceptance and commitment therapy* (pp. 249-273). New York: Springer.

O'Brien, K. M., Larson, C. M., & Murrell, A. R. (2008). Third-wave behavior therapies for children and adolescents: Progress, challenges, and future directions. *Acceptance and mindfulness treatments for children and adolescents: A practitioner's guide*, 15-35.

Stewart, I., Barnes-Holmes, D., Hayes, S. C., & Lipkens, R. (2001). Relations among relations: Analogies, metaphors, and stories. In S. C. Hayes, D. Barnes-Holmes, & B. Roche (Eds.), *Relational frame theory: A post-Skinnerian account of language and cognition*(pp. 73-86). New York: Kluwer Academic/Plenum Publishers.

Stoddard, J. A., & Afari, N. (2014). *The Big Book of ACT Metaphors: a practitioner's guide to experiential exercises and metaphors in Acceptance and Commitment Therapy*. Oakland, CA: New Harbinger Publications.

Tolstoy, L. (1918). *The three questions. Tolstoy L. What Men Live By and Other Tales*. Boston, MA: The Stratford Company.

Wenzlaff, R. M., & Wegner, D. M. (2000). Thought suppression. *Annual review of Psychology, 51*(1), 59-91.

Wicksell, R. K., Kanstrup, M., Kemani, M. K., Holmström, L., & Olsson, G. L. (2015). Acceptance and commitment therapy for children and adolescents with physical health concerns. *Current Opinion in Psychology, 2,* 1-5.

Wilson, K. G. (2009). *Mindfulness for two: An acceptance and commitment therapy approach to mindfulness in psychotherapy*. Oakland, CA: New Harbinger Publications.

Zettle, R. (2007). *ACT for depression: A clinician's guide to using acceptance and commitment therapy in treating depression*. Oakland, CA: New Harbinger Publications.

찾아보기

인 명

내용

저자 소개

김춘경(Kim, Choon-Kyung)

독일 Aachen 대학교 교육학과 철학박사

현 경북대학교 아동학부 교수

〈저서〉

『아동상담: 이론과 실제』(2004, 학지사), 『청소년상담』(공저, 2006, 학지사)

『청소년 집단상담 프로그램』(공저, 2015, 학지사), 『상담의 이론과 실제』(공저, 2016, 학지사)

『상담학사전 5권 세트』(공저, 2016, 학지사), 『활동을 통한 성격심리학의 이해』(공저, 2018, 학지사)

『아들러의 인간관계론』(2018, 학지사), 『청소년 심리 및 상담』(공저, 2019, 학지사) 외 다수

김숙희(Kim, Sook-Hee)

경북대학교 아동가족학과 이학박사

현 경북대학교 아동학부 외래교수, 중독상담전문가, 법무부 교정위원

〈저서 및 논문〉

『활동을 통한 성격심리학의 이해』(공저, 2018, 학지사)

「어머니의 정신건강과 유아의 수면간의 관계에서 모아 간 의사소통능력의 매개효과」(공동, 2016)

「수면시간별 자기통제력과 회복탄력성이 학교폭력 가해행동에 미치는 영향」(공동, 2016)

「교정시설 수용자의 아동기 외상, 초기부적응도식, 영성 및 정서행동문제 간 구조분석」(공동, 2019)

최은주(Choi, Eun-Joo)

경북대학교 아동가족학과 이학박사

현 유원대학교 학생상담센터 전임교수

〈저서 및 논문〉

『활동을 통한 성격심리학의 이해』(공저, 2018, 학지사)

「기혼 직장여성의 일상스트레스가 우울에 미치는 영향에서 일 만족도 매개효과」(공동, 2017)

「부모의 문제성 음주에 따른 모우울, 행복감, 가족기능, 아동 문제행동 간 구조분석」(공동, 2018)

조민규(Cho, Min-Kyu)
경북대학교 아동가족학과 이학박사
현 경북대학교 아동학부 외래교수, 경대아동가족상담연구소 소장
〈저서 및 논문〉
『청소년 집단상담 프로그램』(공저, 2015, 학지사)
『활동을 통한 성격심리학의 이해』(공저, 2018, 학지사)
「학대경험 수준에 따른 아동의 정서문제가 학교적응에 미치는 영향」(공동, 2014)
「아동이 지각한 양육태도, 공감능력, 내재화 및 외현화 문제행동 간 구조분석」(공동, 2018)
「아동의 완벽주의와 열등감, 외로움 간 구조적 관계와 애착유형에 따른 잠재평균분석」(공동, 2019)

성정혜(Sung, Jung-Hye)
경북대학교 아동가족학과 이학박사
현 경북대학교 아동학부 외래교수
〈논문〉
「유아의 기질에 따른 어머니의 부부갈등과 우울, 유아의 수면문제 간의 구조분석」(공동, 2018)
「부모의 교육열과 아동의 자아존중감, 내재화 및 외현화 문제, 학교적응 간 구조적 관계」(공동, 2019)
「아동기 자녀의 미디어기기 중독과 관련 변인 간의 구조분석」(공동, 2020)

아동상담의 이해
Understanding Child Counseling

2021년 2월 25일 1판 1쇄 발행
2022년 8월 10일 1판 2쇄 발행

지은이 • 김춘경 · 김숙희 · 최은주 · 조민규 · 성정혜
펴낸이 • 김진환
펴낸곳 • ㈜학지사
04031 서울특별시 마포구 양화로 15길 20 마인드월드빌딩
대표전화 • 02-330-5114 팩스 • 02-324-2345
등록번호 • 제313-2006-000265호

홈페이지 • http://www.hakjisa.co.kr
페이스북 • https://www.facebook.com/hakjisa

ISBN 978-89-997-2349-0 93180

정가 20,000원

저자와의 협약으로 인지는 생략합니다.
파본은 구입처에서 교환해 드립니다.